예학과 심학

내일을여는지식 철학 12

예학과 심학

유 권 종 지음

한국학술정보㈜

서 문

　지나간 약 12년의 기간은 필자에게는 예학으로부터 심학으로 연구의 관심사가 변화하는 시기였다. 박사학위논문을 다산예학연구라는 주제로 제출한 뒤로 예학을 전공하는 사람으로 알려지게 되었고, 예학 연구하는 사람들과 만나서 함께 예서를 읽을 때에는 예학관련 서적들을 대할 때마다 과제는 많고 연구할 일은 많다는 사실에 용기를 내야 한다고 생각하였다.

　공부를 해가면서 차츰차츰 갖게 되는 또 하나의 호기심은 유학에서 예학이 차지하고 있는 독자적인 영역 못지않게 유학전체와 관련되어 있는 예학적 진실의 체계로 향하였다. 그 예학적 진실의 한 영역에 심학이 자리잡고 있어서 예학 전공자의 관심을 강하게 끌어당기고 있었다. 그래서 본서에 담은 연구논문들은 예학에 관한 주제를 다루면서도 심학과의 연관성을 음으로 양으로 담고 있다. 이러한 모습은 예학 전공자라고 하여도 실은 禮文 자체에 대한 천착을 게으르게 한 것이 커다란 이유이기도 하지만, 다른 한편으로는 禮文만을 다루는 것으로는 의미의 충족이 이루어지지 않았기 때문이기도 하였다.

　그리고 이 연구논문들을 작성하는 시기에 병행하였던 연구는 예의 교육학적 효용성을 확인하기 위하여 인지과학, 교육학, 심리학 분야의 전공자들과 함께 한 학제간 연구였다. 이 연구들은 과거의 예조문의 탐색보다는 그것의 현대적 구현가능성을 모색하는 것을 중심과제로 삼는 것이었다. 따라서 이 시기에 병행된 조선시대 유학자들의 예학에 관한 연구도 예 실천이나 예의 학습이 인격의 변화에 어떻게 관여하는가 하는 점을 유학자들의 언설을 통해서 확인하는 것에 초점을 맞춘 것이 많다.

본서에 담은 연구논문들은 1990년 초엽부터 한 유학자의 예학의 구조를 충실하게 분석해보려고 하는 태도에서 이루어진 것도 있고, 예학을 중심적 고찰영역으로 삼으면서도 당시 논란이 되었던 성리학과 실학의 관계를 재점검해보려는 의도를 담은 고찰도 있다. 그리고 한때 퇴계 이황의 예학을 몇 차례 고찰하면서 퇴계의 예학을 현대 예교육의 모델로 삼기 위한 이론적 근거와 그 현대적 응용의 가능성을 모색한 것도 있으며, 나아가서 예학의 연구 영역을 철학적으로 재조정하기 위하여 연구의 틀과 고찰의 대상을 새롭게 조망한 연구도 있다. 또 일부 유학자에 대해서는 예학과 심학의 상호관계를 더 분명히 밝혀보고자 분석해보기도 하였다. 아직까지 조선시대 유학, 그 중에서도 예학과 심학의 상호관계에 대해서는 그 관계를 일반화하여 말하기에는 이르다. 왜냐하면 학자들마다 이 관계를 보여주는 양상이 다르다는 점도 그 이유이지만, 또 그 관계를 노출시키지 않거나 무시하고 있는 유학자들도 많기 때문이다. 다만 여기서 다룬 유학자들 대부분은 예학과 심학의 영역의 상호관계를 잘 보여주는 학자들이다. 그 때문에 본서의 제목도 예학과 심학이라고 정하게 된 것이다.

이러한 연구들을 하나의 서적으로 묶어서 출판하게 되어서 심히 송구스럽다. 왜냐하면 본서가 담은 내용이 그리 체계적이지 못하다는 점, 그리고 아직은 정형화된 이론을 독자들께 보여드리지 못한다는 점 때문이다. 다만 그동안 진행해 온 연구의 내용을 한 군데 모아서 좀 더 체계화된 학문적 성과를 내도록 비판과 질정을 받기 위한 것이 본서의 출판의 이유이다. 그리고 이를 정리함으로써 향후 더 전문화되고 체계화된 연구성과를 모색하려는 것도 하나의 취지이다. 그래서 그동안 이루어진 연구 성과들을 시간적 순서와 연구주제의 유사성에 따른 연속성을 살려서 두서없지만 모아보았다. 따라서 이 서적에 게재된 글은 어떠한 순서를 정하지 않고 관심사에 따라서 필요한 것을 골라 읽는 것이 좋은 방법일 듯하다.

2009년 10월
흑석동 華潭書室에서 유권종 삼가 씀

旅軒 張顯光의 예학사상 / 269

近代 嶺南 禮制의 事例와 그 特徵
　　　—「家禮補闕」을 중심으로 — / 399

禮學의 務實觀을 통해서 본 性理學과 實學의 연속성과 불연속성1)

1. 서 론

禮學이란 禮經 내지 禮書에 규정된 禮, 또는 규정에 없는 禮를 그 근거 원리로부터 실천과 실용 실효까지 연구하는 학문이다. 퇴계학파는 退溪(李滉, 1501~1570) 당시부터 『儀禮』, 『禮記』 등의 경전과 주석 그리고 중국의 당대부터 송대, 명대에 이르기까지 중국에서 통용되던 많은 禮書에 입각한 禮學을 심화하였다. 본고는 퇴계학파의 禮書 연구나 禮說에 관한 분석과 평가에 앞서서 禮學이 퇴계학파의 유학과 어떻게 연관되는가를 살펴보려는 데에 목적이 있다.

---

1) 원제: 朝鮮時代 退溪學派의 禮學思想에 관한 哲學的 考察, 『退溪學報』102, 사단법인 退溪學研究院, 1999. 1

퇴계의 학문은 禮學 이외에도 理學, 道學, 心學, 實學, 聖學으로도 호칭된다.[2] 그럼에도 불구하고 그의 유학에는 일관성이 있다. 즉 聖學을 지향하고 心法을 근간으로 삼는 그의 유학적 관점이 그것이다.[3] 致知와 力行, 眞知와 實踐, 居敬과 窮理 등등 그의 학문 방법들도 精一執中의 聖學과 存體應用의 心法의 구체적 원리들로서 상호 연관되어 있다.[4] 그의 禮學은 이들과 긴밀한 관련하에 성립한다.[5] 그 점에 주목하면서 퇴계학파에서 예학을 추구한 입장과 목적 그리고 기타 학문영역 — 理學, 心學, 實學, 聖學 등과의 연관관계를 해명하고자 한다.

기왕의 연구들은 성리학자들의 禮學은 理學的 사고를 기반으로 성립하고, 또한 수양론과 긴밀한 관련이 있다고 밝힌다.[6] 그리고 17세기에 들어와 禮學이 흥성한 것은 理氣論에 입각한 心性의 문제에 대한 연구와 수양의 실천 등과 깊은 관련이 있음을 기존의 연구는 밝히고 있다.[7] 그러나 그와 달리 17세기 초반부터 嶺南의 학자들과 畿湖의 학자들이 대립해온 예송에서 나타난 예설의 차이와 四端七情論辯에서

---

2) 이 명칭들은 주자성리학의 異稱이다. 본 고에서는 心學, 實學, 聖學, 理學을 특별한 구별 없이 사용하되, 필요한 경우 구별하기로 한다. 다만 禮學은 그중 禮라는 특수한 영역에 관한 것으로 구별한다.
3) 增補退溪全書(成均館大 大東文化研究院刊) 1책 『聖學十圖』 心統性情圖 退溪說明부분, 所謂精一執中之聖學 存體應用之心法……
4) 퇴계의 학문방법론에 대한 연구는 다음과 같은 연구들을 참조할 필요가 있다.
　李相殷, 「退溪의 學問과 思想」 『退溪學研究』 退溪先生四百週忌紀念事業會 1972.
　李完栽, 「退溪先生의 學問的 方法」 上同.
　尹絲淳, 「退溪의 人間과 思想」 退溪學報 5·6집 1975.
　裵宗鎬, 「李退溪哲學의 方法論」 退溪學報 39집 1983.
　申龜鉉, 「自省錄」을 통해 본 退溪의 爲學方法論 退溪學報 48집 1985.
　安炳周, 「退溪의 學問觀 — 心經後論을 중심으로」 退溪學研究 제1집 단국대 퇴계학연구소 1987.
5) 앞의 연구논문들에서도 敬의 원리가 곧 禮와 긴밀하게 연관됨을 말해준다. 또 尹絲淳, 「退溪의 心性觀에 관한 研究」 『韓國儒學論究』 현암사, 1982. 122~125쪽에서는, 퇴계의 사단칠정설의 궁극적 지향도 中이란 가치를 담는 禮의 진실한 실천에 있다고 밝힌다. 이 연구는 퇴계의 유학은 禮學에 대한 근원적 지향성이 내재함을 시사한다.
6) 윤사순, 「성리학과 禮사상」(『조선시대 성리학의 연구』 고려대 민족문화연구소, 1998)에서는 禮의 성리학적 기반을 다루고, 금장태, 『퇴계학파의 사상1』(集文堂, 1996)에서는 禮學을 대체로 修養論과의 연관 속에서 다루었다.
7) 윤사순, 「조선조 예사상의 연구」 『한국유학사상론』 예문서원 1997 참조.

나타난 理氣論의 차이와의 직접적인 이론적 연관성은 없다는 견해[8] 그리고 이기론적 연구의 심화와 예학의 발달은 별도의 흐름이라는 견해도 제기되었다.[9] 예송에서의 예설의 차이와 이기론의 차이의 사이에 직접적인 이론적 연관성은 찾기 어렵지만, 이기론적 연구의 심화와 예학의 발달은 별도의 흐름이라는 견해는 타당하지 않은 것 같다.

퇴계 또는 퇴계학파에서 禮學은 理學, 心學, 實學, 聖學 등과 긴밀한 관련하에 발달한다. 그러한 연관성에 주목하면서 그들의 상호 의존 관계를 포괄적으로 설명할 수 있는 개념을 제안하고 그 타당성을 밝혀보고자 한다. 그래서 논자가 제안하는 개념은 '務實'이다.

退溪에게 있어서 務實은 實學에 대한 지향과 실천을 의미하는 개념이다. 원래 實學의 개념은 노장사상과 불교의 虛無와 空寂에 대항하고 일상생활에서 儒敎的 人倫道德의 實踐을 강조하기 위하여 北宋시대의 理學者들이 창안해낸 것이다.[10] 退溪는 朱子學을 實學이라고 지칭하는데[11] 아무리 聖賢의 格言이라도 주체의 眞知와 力踐이 결여되면 實學이 될 수 없다는 그의 입장을 주목해야 한다.[12] 퇴계의 實學 개념은 주체의 眞知 力踐을 요청하는 것이다. 先王의 교육하는 법을

---

8) 근래에 지두환 교수는 퇴계의 理發說과 율곡의 氣發一途說이 예설의 차이에 긴밀한 관련이 있다는 견해를 폈으나, 이를 이봉규 교수가 반박하였고, 이와 유사한 입장에서 고영진 교수는 비록 양 학파의 심성론이나 수양론 및 이기론과 예설은 관련이 있는 것은 사실이지만, 예설에서의 차이는 경서에 대한 관점, 예 자체의 원리 등에 의하여 비롯된 것이라고 하여 이기설의 입장 차이와 예설의 차이는 대체로 무관하다는 입장을 취한다. 자세한 내용은 이봉규, 「예송의 철학적 분석에 대한 재검토」 大東文化研究 제31집, 고영진, 『조선중기 예학사상사』 한길사 1995 결론 참조.

9) 고영진, 위의 책.

10) 李相殷, 「「국사」敎科書의 性理學敍述批判」 ― 우리나라 性理學의 性格과 그 實學과의 關係를 中心으로 ―, 退溪學報 5·6집 1975, 11~13면. 선생은 실학의 의미를 1 天理의 實在(眞實無妄), 2 天理의 實現(事物當然之理의 實踐躬行), 3 知·行의 至誠無息으로 ― 貫하는 誠實性으로 정의하였다. 그리고 윤사순, 「실학의미의 변이」(『조선시대 성리학의 연구』고려대 민족문화연구소 1998)도 참조함.

11) 증보퇴계전서, 2책 349면 하, 「朱子書節要序」, 或曰聖經賢傳誰非實學.

12) 위와 같은 책 379면 상「題南季憲箴銘後」, ……書以與之 季憲質美而志篤 苟眞知力踐之爲務 篇篇句句皆實學也 不然染俗而壞志 得少而自足 則雖聖賢格言 目陳左右 亦空言也 其奚補哉.

담은 『小學』과 『大學』에는 가르침에 순서가 있어서 그 학문은 實을 구하는 것(務實)이라고 퇴계는 말한다.[13] 주자학에서 『小學』, 『大學』은 예절에 입각한 인륜도덕의 교육부터 修己와 治人 모든 과정의 공부를 가르치는 교과서이므로, 務實의 개념은 퇴계에게 있어서 유학을 實學이 되게끔 하는 전반적인 원리가 되는 셈이다. 퇴계에 이어서 栗谷(李珥, 1536~1584)도 務實의 중요성을 대단히 강조하였고[14], 후기 실학에서도 그 관념은 하나의 전통으로 이어졌다.

그러나 퇴계학파의 禮學에서 務實은 禮에 근거한 實로써 도학적 실학의 재정립을 목적하는 점이 특징이다. 예를 들면, 西厓의 제자인 愚伏(鄭経世, 1563~1633)은 陸王學, 道家, 佛教를 異端으로 배척하는 태도를 계승하면서, 異端의 그릇된 점을 禮를 거론하여 설명하고 이단 학문에 대하여 개방적인 芝峯(李晬光, 1563~1628)을 비판한다.[15] 그 사실은 17세기 전반기에 實學 또는 務實의 개념이 각각 다르게 발달 되고 있음을 암시한다.[16] 그리고 이때를 전후하여 追崇과 服制 같은 喪祭禮를 중심으로 한 儀禮에 관한 논의가 禮訟(典禮論爭)으로까지 변한다. 당시에 禮訟이 치열했던 까닭은 儀禮 해석의 차이에도 불구하고 正學(實學)과 邪學을 구분 짓는 界限은 곧 禮라는 의식이 성리학자들에게 공유되고 있었기 때문이라고 생각된다.

퇴계학파는 퇴계와 퇴계를 연원으로 삼는 성리학자들의 집단적 禮意識을 보여줄 것이다. 퇴계학파의 務實이란 이러한 예의식에 기초하여 기존의 성리학적 탐구와 실천에서 획득된 공부방법을 체계화할 때에, 禮와의 관련도를 높임으로써 그 실천성과 실효성을 더욱 높이려는 지향성이 내포된 개념이다.[17]

---

13) 증보퇴계전서 1책 478 하단, 「答黃仲擧論白鹿洞規集解」, 先王教人之法……其教之有序而 學之務實也如此.
14) 황의동, 「栗谷의 務實思想」.
15) 拙稿, 「愚伏의 禮學思想」 『愚伏鄭經世先生硏究』 愚伏先生紀念事業會 1996, 68면 참조.
16) 후기실학의 선구자인 李晬光은 「條陳懋實箚子」라는 懋實을 강조하는 實學사상이 담겨 있다. 實學개념의 분화 발전에 대해서는 윤사순, 「실학의미의 변이」 참조.

본 고에서는 이러한 사고에 기초하여 務實의 의미와 務實에 의한 退溪學派의 유학의 특성을 설명할 수 있음을 논증하려고 한다. 그리고 아울러 후기실학과 성리학 사이에 존재하는 연속성과 불연속성을 설명하는 단서를 찾으려는 것도 부수적 목적이다.

2. 퇴계학파의 유학

1) 퇴계학파의 학문과 저술

이 글에서 퇴계학파의 범위는 일단 퇴계와 直傳 再傳 弟子들에 한 정한다.[18] 직전 제자는 月川(趙穆, 1524~1606), 艮齋(李德弘, 1541~ 1596), 鶴峯(金誠一, 1538~1593), 西厓(柳成龍, 1542~1607), 寒岡 (鄭逑, 1543~1620), 栢潭(具鳳齡, 1526~1586), 芝山(曺好益, 1545~ 1609), 勿巖(金隆, 1525~1594) 등이고, 예학과 관련 깊은 재전제자는 서애의 제자 愚伏(鄭經世, 1563~1633), 蒼石(李埈, 1560~1635), 寒 岡의 제자 眉叟(1585~1682) 등이다. 퇴계학파의 성립시기도 논란의 여지가 있지만[19] 그 점에 관한 고찰은 생략한다. 다만 퇴계로부터 재

---

17) 논자는 퇴계학파에서 예학사상의 무실사상에 관하여 고찰한 바가 있다. 앞의 논문과 『무실사상의 예학적 심화 / 서애학파』 『조선 유학의 학파들』 예문서원 1996 참조.

18) 퇴계학파의 범위와 관련하여, 이가원의 「退陶弟子列傳」(『退溪學及其系譜的研究』 退溪學研究院 1989)은 퇴계학이 조선 유학에 끼친 광범위한 영향을 말하지만, 학파를 설정한 것은 아니다. 금장태의 『퇴계학파의 사상 I』(집문당, 1996)과 김기현의 「주리설의 확립과 도덕적 인간학 / 퇴계학파」(『조선 유학의 학파들』 예문서원, 1996)가 구체적으로 퇴계학파를 거명하여 다룬 것이다. 전자는 퇴계의 직전제자를 퇴계학파의 주요 인물로 삼고 재전제자들은 '퇴계학파의 계승'이라고 구분한다. 본 고에서는 금 교수의 저서를 기준으로 퇴계학파의 영역을 재전제 자들까지로 정한다.

19) 윤사순 선생은 사단과 칠정에 관한 퇴계와 고봉과의 논변이 율곡과 우계와의 논변으로 이어지면서 그 결과 주리설과 주기설의 분화가 이루어지고 그것이 한국 유학사상 최초로 발생한 문제 중심의 학파라고 설명한다. 금장태 교수에 의하면 영남학파와 기호학파가 본격적으로 구분된 것

전제자들까지 하나의 학파적 단위로 고찰함으로써 그들에게 공유되었거나 지속되었던 유학사상의 특징을 구명하고자 한다.

재전제자들까지만 한정해서 보면, 퇴계학파는 心學과 禮學의 상호의존관계를 긴밀히 하여 聖學을 발전시켰다.[20] 太極, 天命, 心性 등 본원적인 문제에 대한 理氣論的 천착은 줄어들고 퇴계 당시의 논쟁적 태도도 지속되지 않았다. 오히려 聖學의 원리를 따라서 心得 自得을 위한 眞知와 實踐, 致知와 力行을 지향하는 工夫가 일반화하였다. 이 때문에 心法의 터득을 위한 공부가 주된 思潮가 되었던 것이다. 그 점을 그들의 저술을 통해서 대략적이나마 살필 수 있다.

먼저 퇴계는 「延平答問跋」, 『朱子書節要』, 『宋季元明理學通錄』, 「易東書院記」, 「景賢錄改正」, 「靜庵趙先生行狀」 등의 저술로써 道統의 전수과정과 그 구체적 내용을 중국으로부터 조선에 이르기까지 정립하고 있다. 또 그는 『改訂天命圖』, 「答黃仲擧書論白鹿洞規集解」, 「心經後論」, 『聖學十圖』를 비롯한 「答奇高峯書辯四端七情」, 「心無體用辯」, 「答奇明彦書改致知格物說」, 『啓蒙傳疑』 등의 저술을 남겼다. 그 가운데 그의 『心經』 중시의 경향(『心經後論』), 『改訂天命圖』, 「答奇高峯書辯四端七情」, 「心無體用辯」에서 心과 性情의 문제에 대한 그의 천착은 道學의 心學化를 보여준다.[21] 그 이전의 士林派의 道學이 『小學』 위주의 공부를 중시했다면, 퇴계 이후는 그 입장을 聖學 속에 수용하면

은 퇴계의 성리설에 정면으로 대립된 입장을 밝힌 율곡이 기호학파의 중심인물로 인식되면서부터이다.(『퇴계학파의 사상Ⅰ』 17쪽) 그러나 이와 달리 김기현 교수는 퇴계의 再傳제자들로부터 퇴계학파의 존재를 인정할 수 있다는 입장을 취한다.(앞의 글 163쪽) 사실적인 배경에 대해서는 李樹健, 『嶺南學派의 形成과 展開』 ―潮閣 1998 참조.

20) 김기현, 「퇴계학파·주리설의 확립과 도덕적 인간학」 『조선 유학의 학파들』 예문서원 1996 161~162쪽에 의하면 퇴계의 학문은 문인들에 의하여 한편으로는 理氣論과 修養論이 중심이 되는 心學으로, 다른 한편으로는 禮經과 禮書에 대한 연구와 실천을 지향하는 禮學으로 발전하였다고 하여 心學과 禮學을 竝行으로 파악하지만, 논자는 聖學의 구도하에 양자의 상호 의존관계라고 보고자 한다.

21) 李相殷, 「退溪의 學問과 思想」 『退溪學硏究』에서 退溪學問의 배경으로 『心經附註』 『性理大全』 『朱子大全』을 들고 그에 바탕한 퇴계의 학문의 형성을 설명하고 있다. 특히 퇴계는 주자의 학문과 더불어 眞西山의 心學의 영향을 많이 받았음을 이 논문은 밝히고 있다.

서 다시 『心經』에 입각하여 心法을 터득하는 공부를 강조한 점이 뚜렷한 차이이다. 『聖學十圖』는 심학의 원리[心法]가 근간이 되는 聖學을 보여준다.

그의 제자들에게서 『朱子書節要』를 계승한 『朱書節要稟質』(月川), 『朱子書節要講錄』(艮齋), 『朱文酌海』(西厓・愚伏) 등의 편찬이 있었고, 또한 퇴계의 『心經』 중시 경향을 계승하는 『心經稟質』(月川), 『心經質疑』(艮齋), 『心經發揮』(寒岡), 『心經質疑考誤』(芝山) 등이 편찬되었다. 또한 『聖學十圖』 이후에 이를 계승하는 도설이 퇴계학통에서는 끊임없이 편찬되었다.[22] 이 같은 자료들을 통해서 퇴계와 그의 제자들이 心學에 입각한 聖學의 이념을 공유하면서 그것을 전승하고 공고하게 다져갔음을 미루어 알 수 있다.[23]

또 퇴계와 그 문인들 사이에 冠婚喪祭의 儀禮를 비롯한 다양한 儀禮 절차와 기물 또는 變禮의 해석 등에 관한 논의가 고도의 정밀성을 보여주고, 퇴계 문인들에게서 禮書가 편찬되고 禮經 禮書에 대한 주석서가 출현하였다.[24] 그것은 聖學의 실현을 위한 구체적 규범을 정립하는 또 하나의 실천으로 보인다. 대표적인 예서는 다음과 같다. 퇴계와 제자들의 喪祭禮에 관한 문답을 편집한 『退溪喪祭禮問答』, 鶴峯의 『喪禮考證』, 서애의 同名의 書, 寒岡의 『昏儀』, 『冠儀』, 『五先生禮說分類』, 『家禮集覽補註』, 『禮記喪禮分類』, 芝山의 『家禮考證』, 「曲禮首章圖」, 勿巖의 『家禮講錄』 등이 있고, 서애의 문인인 愚伏의 『思問錄』, 蒼石의 「宴居備覽十箴 幷疏」, 한강의 문인인 眉叟의 「十二月令考訂」, 『經禮類纂』 등이다.

퇴계학파의 禮學은 우선 퇴계가 지닌 禮經과 禮書에 대한 견해를

---

22) 琴章泰, 「聖學十道」 註釋과 朝鮮後期 退溪學의 展開」 退溪學報 48집, 1985에 의하면 조선 말기까지 퇴계학통에서 지속적으로 연구되었다. 보충(도설.)
23) 물론 이 시기에 율곡학파 쪽에서도 聖學의 지향을 보였다. 당시 주자학 계통의 학자들 사이에 聖學에 대한 경쟁적인 지향이 있었음을 의미한다.
24) 퇴계의 예학에 대해서는 周何, 『李退溪의 禮學』 退溪學報 19집, 1978 참조.

바탕으로 하여 그 특성을 살필 수 있다. 퇴계는 三禮 가운데 『周禮』
에 대해서는 그 실천의 가능성에 대해서 회의적이었던 반면에 『儀禮』,
『禮記』에 대해서는 물론 절대적인 신뢰를 부여하지 않았지만, 예를 연
구할 때에 고증적 전거와 합당한 판단의 근거의 원천으로서 중시하는
태도를 취했다.[25] 그리고 그는 『朱子家禮』, 『儀禮經傳通解』, 『丘氏家
禮』, 『張子語』, 『高氏喪禮』 및 『國朝五禮儀』 등 주로 儀禮에 대한
연구와 실천에 많은 관심이 있었다. 그의 禮學은 경전에 근거하여 정
밀하면서도 폭넓은 고증과 훈고, 깊은 사색과 직접적인 체험에 근거하
여 실천 가능한 禮를 정립하는 점에서 후학들의 귀감이었다. 이러한
그의 禮學의 태도가 그의 문인들에게도 계승 강화되었던 것이다.

퇴계 이후의 예학은 『주자가례』에 대한 고증과 훈고 등의 실증적
방법에 입각한 연구를 통하여 『주자가례』의 실천 가능성을 제고하려
는 흐름과, 『주자가례』를 벗어나서 禮經에 대한 주석이나 그에 입각한
실천 儀禮의 정립 내지는 朱子 이전의 北宋시대의 禮사상과 儀禮에
관한 논의를 정리하는 흐름으로 나누어 볼 수 있다. 전자는 『家禮集覽
補註』, 『家禮講錄』, 『家禮考證』 등이 대표적이고, 후자는 『五先生禮
說分類』, 『禮記喪禮分類』, 『思問錄』, 「月令考證」, 『經禮類纂』 등이
대표적이다. 이같이 비록 『주자가례』에 대한 태도가 다름에도 불구하고,
전반적으로는 보다 광범위하고도 상세한 실증적 典據와 事例를 동원하
여 合禮的 판단의 진실한 기준을 연구했던 점에서는 공통점이 있었다.

2) 心學과 禮學

위의 내용은 퇴계학파에서 禮學과 心學의 상호 긴밀한 의존관계임
을 보여준다.[26] 이 心學이란 유학의 修己治人의 본령을 유지하면서도

---

25) 周何, 「退溪의 群經意識」 退溪學報 32집 1981 참조.

그 방법과 원리는 精一執中의 心法 또는 心性의 存養 등으로 귀결시키는 학문이다. 퇴계학파 당시에 理學이나 道學과도 함께 사용되지만 이 시기에 특히 강조되었던 학문명칭이 심학인 듯하다. 그런데 理氣論에 입각한 이론적인 천착은 감소하면서 心學과 禮學이 동시적으로 심화되는 현상은 왜 발생하는가? 그 현상은 유학의 방법에 있어서 어떠한 변화를 의미하는가? 그 답을 구하기 앞서서 먼저 그 시대의 상황을 간단히 짚고자 한다. 시대상황은 그것과 반응하는 선비의식을 추정하는 하나의 지표가 되기 때문이다.[27]

먼저 朝鮮朝 儒學의 동향에 많은 영향을 주는 중국의 상황은 명나라의 말기에 사대부들의 극심한 도덕적 타락과 서민들에 대한 불법적인 횡포 그리고 이른바 陽明 左派의 大衆講學운동의 활발한 전개가 문제가 되었다. 이 상황이 명나라 말기의 주자학 계통의 학자들에게는 儒學的 秩序의 붕괴를 의미하는 신호로 보였다.[28] 그리고 "당시 중국의 지배적인 지적 전개가 朱熹의 理의 철학에 대해 고도로 비판적"[29]이었던 상황인데도, 퇴계가 朱子學을 선택하고 그것의 전파와 계몽을 위해서 그의 학문적 열정을 바친 사실은 주목하지 않을 수 없는 것이다.

조선의 상황은 16세기 초반부터 17세기 말에 걸친 기간 동안 여러 차례의 士禍, 과전법체제의 붕괴, 관리들의 부정부패, 전란과 그 후유증 등이 繼起하였다. 또한 이른바 異端, 예를 들면 陸王學, 佛敎, 道家 사상들도 관학의 부실과 침체를 틈타서 유행하였다. 주자학이 다시 강조되는 것은 그 문제들을 타개하고 至治의 이상을 회복하자는 의도

---

26) 우복에게서는 심학과 예학이 하나의 학문 체계로서 결합되어 있음을 확인할 수 있다. 졸고, 「愚伏 鄭經世의 禮學 硏究」 동양철학 제6집 1995, 191~195면 참조.
27) 시대적 배경과 학문적 상황에 관해서는 朴鍾鴻, 「退溪의 時代的背景」 『退溪學硏究』 退溪先生四百週忌紀念事業會 1972와 友枝龍太郎, 「李退溪의 羅整庵·王陽明 批判」 退溪學報 제32집, 李雲九, 「退溪의 斥異論 小考」 退溪學報 제33집 참조.
28) Kai-wing Chow, The Rise of Confucian Ritualism in Late Imperial China *Ethics, Classics, and Lineage Discourse,* Stanford University Press, Stanford, California 1994, pp.14~43.
29) 杜維明, 「朱熹의 理哲學에 대한 退溪의 獨創的 解釋」 退溪學報 35권 1985, 30쪽.

가 작용한 것이다. 즉 士氣의 振作, 전란의 와중에서 상실되다시피 한 사람들의 常性과 人倫 道義의 회복, 유교적 정치이념의 구현 등등 퇴계학파의 유학은 이 시대의 문제를 해결한다는 목적의식을 떠나서 이해하기는 어렵다.

그렇지만 그러한 과제의 해결에 꼭 주자학만이 가능하다고 하는 이유는 무엇일까? 그가 주자학을 聖學, 實學 그리고 心學 등으로 지칭하는 것이 그 답의 단서가 되지 않을까? 즉 聖學의 명칭은 聖人 聖君에 의한 至治는 주자학을 통해서 가능하다는 점 그리고 다른 학문들도 聖人이 될 수 있다고 주장하지만, 주자학만이 성인이 될 수 있는 실질적인 효과가 있는 학문(實學)이라는 확신이 그에게 있었다고 할 수 있다.

그리고 당시는 心에서 문제 해결의 열쇠를 찾으려는 학문적 경향이 지배적일 때였다. 여러 학문들(불교, 양명학, 주자학)은 각각 心에 대한 분석과 체험을 달리하면서 경쟁적인 이론의 수립과 실천의 길에 있었다. 陸王系뿐 아니라 程朱系의 유학에서도 각자의 학문을 心學으로 지칭한 것도 적절한 예이다. 퇴계는 주자학 중에서도 西山(眞德秀, 1178~1235) 계통의 心學을 수용하여 그 경향을 보였다. 그는 독서와 실천적 체험의 과정에 의해서 『心經附註』의 진실성을 확신하게 되었고[30], 그 확신은 그의 추종자들에게 전승됨으로써 공동의 신념으로 정착되었다. 또 『小學』의 律身的 修己의 중요성을 인정하면서도 그것의 내면적 승화를 중시함으로써, 그의 聖學은 心法을 근간으로 하여 특히 내면에서의 깨달음[31] 또는 自得을 관건으로 삼는 유학으로 확고하게 정초하였다. 그로써 퇴계는 理學에 새로운 방향을 부여하였다고 평가된다.[32]

---

30) 이에 대해서는 이상은, 「退溪의 學問과 思想」 및 申龜鉉, 「西山 眞德秀의 「心經」과 退溪 李滉의 心學」退溪學報 53집 1987, 안병주 앞의 논문 참조.
31) 그는 聖學十圖 心學圖說에서 人心을 欲에서 깨닫는(覺) 마음, 道心을 義理에서 깨닫는 마음이라고 설명한 程復心의 말을 인용하였다.
32) 杜維明, 「李退溪의 知的 自我定義의 한 考察」退溪學報 40집 1983, 27~28쪽. 퇴계의 心法에 관한 이해가 없으면 퇴계의 학문 전반에 관해 제대로 이해할 가능성이 전혀 없다고 주

그러나 그의 깨달음과 자득은 陸王의 心學, 佛敎의 心學과는 다른 것이다. 그 이유는 전자의 頓悟的인 성격, 후자의 厭事求忘, 惡動耽靜을 추구하는 점 때문이라고 할 수 있다.[33] 그의 입장에 따르면 이들의 심학은 心에 치우쳐서 실제의 人倫行事를 소홀히 하거나 기피하기 때문에 實效를 거둘 수 없는 것이다. 그의 입장은 점진적이면서도 대단히 구체적인 人倫의 실천, 특히 儀禮의 습관화에 의한 事理의 터득이야말로 自得을 가능케 한다는 것이다.[34]

그것이 심학과 예학의 상호 의존되는 이유인데, 그 점을 다시 정리해 본다. 첫째 孔子를 모범으로 삼아서 공부에 진력한 퇴계의 태도가 주요한 이유이다.[35] 聖人으로서 공자의 경지는 "七十而從心所欲不踰矩"로 표현된다. 이 경지는 心의 작용이 禮와의 일치됨을 보여준다. 둘째 바로 그 점이 心과 禮와의 상관관계를 중요시 하도록 한다. 원래 眞德秀의 心學도 心法의 계통에 공자의 克己復禮, 四勿(非禮勿視 非禮勿聽 非禮勿言 非禮勿動)[36]같이 禮에 의존하는 가르침을 올려놓고 있으며, 그것을 내면과 외면이 번갈아 나아가서(內外交進) 仁을 행하는 工夫라고 보는 주자의 견해를 거기에 註로 붙였다.[37] 공자의 克己復禮와 四勿의 가르침은 개인의 心과 身을 禮로써 합치시켜서 仁을 구하는 방법이다. 퇴계학파에서는 心 내부의 분열상(四端과 七情, 人心과 道心), 心身의 미묘한 상호 관계에 주목하고 성인의 성취는 心과 身 양자에 대한 철저한 수양으로만 가능하다는 학문적 태도를 지녔다. 그것이 그들에게서 心學이 禮學과 결합되지 않으면 아니 되는 이유였던 것이다.

즉 그들의 학문적 목적은 개인의 心身 양면에 合禮的 성향을 확고히

장한다. 또 퇴계를 心學에 있어서 독창적 사상가라고 평한다.
33) 이에 대해서는 申龜鉉의 앞의 논문 58~59쪽 참조.
34) 증보퇴계전서 2책 238~239면 「答琴聞遠」에서 禮를 실천함으로써 얻어지는 효과를 당시인의 구체적인 사례를 거론하여 설명하면서 禮실천을 권유한다. 퇴계의 禮 지향의 절실한 태도를 보여준다.
35) 그는 『논어』를 수양의 교과서로 간주한다. 증보퇴계전서 2책 221~222면, 「答李宏仲」.(乙丑)
36) 『論語』 顔淵篇.
37) 『心經』 三溪書院摹刻 景文社 影印本 卷1 31장.

하는 것이므로, 禮의 학습과 心性의 存養에 대한 철저한 체험 위주의 공
부를 중시하였다. 心學과의 결합이 그들의 禮學을 단순한 訓詁 考證을
능사로 삼게 하지 않았던 것이다. 儀禮의 습관화와 事理에 대한 내면적
자각이 곧 聖學의 목적 성취에 있어서 중요한 방법이라고 할 수 있다.

3. 退溪의 務實觀

1) 聖學과 務實

　퇴계는 성인의 경지에 어떻게 해야 도달하는가 하는 것이 평생의 관
심사였고, 그 길을 발견하고 확인하는 공부에 몰두했던 선비였다. 그
결과로 얻어진 것이 『聖學十圖』이다. 『聖學十圖』에서 그는 朱子가 체
계화한 理學의 세계관과 인간관에 근거를 두고 心의 역할과 敬의 태도
를 중추적인 원리로 삼는 聖學의 원리와 방법 절차 요령을 열 개의 그
림과 설명으로 저술하였다.[38] 퇴계의 학문 여정의 결산과도 같은 이 저
작은 특히 그의 실천적 체험과 확신에 근거한 저술이라는 점 때문에
그의 實學 내지는 務實의 정신을 이해하는 데 중요한 자료가 된다.
　퇴계의 학문과 교육의 태도에 대해서, 그의 문인 禹性傳은 "學을
논함에는 반드시 성현에 근거하고 自得한 實로써 참작하며 사람을 가
르침에는 반드시 彛倫을 주로 하되 理致를 먼저 밝히게 한다."[39]고 하
였다. 이치를 밝힌다는 것은 窮理 察理에 속하는 일이고, 彛倫을 실천
하는 것은 力行에 속한다고 구분할 수 있다. 그것이 곧 퇴계의 務實에
서 핵심적인 내용일 터이지만, 전반적으로 퇴계의 학문태도는 다음과

---

38) 『聖學十圖』의 전체적인 체계를 분석해서 퇴계의 철학을 논한 글은 高橋進의 「退溪哲學의 體
　　系的 構成」 ― 聖學十圖를 基礎로 ―, 退溪學報 제40집 1983이 있다.
39) 李相殷, 「退溪의 學問과 思想」 『退溪學研究』 63쪽에서 재인용.

같이 정리된다. 이상은 선생의 견해를 빌면, 퇴계는 첫째 경전에 나오는 구구한 이론들을 일일이 스스로 검증해 보고 그 長短得失을 세밀하게 따져 보면서 용이하게 결론을 내리지 않으며, 둘째 장구한 시일을 두고 자기 몸에 체험해 보아서 합당하고, 셋째 옛 성현의 말에 비추어 부합하는 데가 있고, 넷째 이론이 논리에 합당하다고 인정될 때 비로소 결론을 내린다.[40] 그러므로 퇴계의 聖學의 내용과 형식을 결정했던 진리의 기준은 단지 논리적 합당성뿐 아니라 검증에 의한 '실증성'과 체험에 의한 '實效性', '성현의 말씀'까지 포함하는 매우 복합적인 것이다.[41] 그것들을 기준으로 삼아서 저술된 것이 『聖學十圖』인 셈이다.

聖學은 주렴계가 『通書』에서 '聖人은 배워서 될 수 있다.'(聖可學)고 한 것에서 근원하는 개념인데[42], 程明道의 "聖人은 반드시 공부하여 될 수 있다."는 것도 퇴계는 언급하고 있다.[43] 聖學이 주자학을 표방하는 주된 학문 명칭으로 부각된 것은 아마도 조선 유학의 특징적 현상인 듯하다.[44] 성학에는 '聖人의 學'과 '聖王의 學'(帝王學)이라는 두 가지 의미가 있지만 실은 같은 내용이며[45], 경지를 얻어서 聖人 내지 聖王이 되는 길을 내용으로 삼는 학문을 뜻한다.[46]

---

40) 위의 논문 62~63쪽.
41) 杜維明, 「朱熹의 理哲學에 대한 退溪의 獨創的 解釋」 退溪學報 35집 1982, 16쪽에서 杜 교수는 퇴계의 사고의 내용과 형식을 결정했던 요인은 단지 이치상의 진리뿐 아니라 '실효성'도 포함된다고 강조한다. 그러나 이상은 선생의 견해는 이보다 더 많은 것을 제시하고 있다.
42) 퇴계가 『聖學十圖』에 게재한 朱子의 太極圖說解에도 '聖可學'이라는 문구가 있다.
43) 증보퇴계전서 2책 214상, 「答李宏仲」, 大槪明道以聖人爲必可學……
44) 중국에서 聖學이란 명칭은 북송시대 程顥로부터 그 용례가 발견된다.(『二程粹言』 권36) 그 뒤에 楊時, 胡宏, 張栻, 王守仁 등도 聖學이란 용어를 사용하였지만, 聖學이 저술의 표제로 등장한 것은 周汝登이 編輯한 『聖學宗傳』(萬曆36년(1608)과 劉宗周(1578~1645)의 『聖學宗要』이다. 주여등의 저술은 유교와 불교(특히 禪)를 회통시키려는 목적과 頓悟를 중시하는 학문적 입장에서 이루어졌다. 유종주는 주자학과도 다르고 양명학과도 다른 유학적 입장을 지녔다. 이러한 사실에 근거하면 더 상세한 조사가 필요하지만 일단 시기적으로도 퇴계의 『聖學十圖』 저술은 이들보다 앞서고 또 주자학 계통에서 본격적으로 聖學을 표상하는 작업을 시도한 사례로 간주될 것이다.
45) 李相殷, 「聖學十圖譯解」 退溪學報 2집 1974, 105면.
46) 張淑必, 『栗谷 李珥의 聖學研究』 고려대 민족문화연구소 1992, 11쪽에서 율곡의 聖學개념에 대한 정의를 참조.

성인 성왕이란 인간으로서 지녀야 할 모든 德과 禮를 성취한 인물이므로 그 경지에 이르는 방법에도 여러 단계와 절차가 있다. 퇴계가 엮은 聖學의 방법이란 다음과 같이 정리된다. 唐虞시대의 五敎, 禹임금의 精一執中의 心法, 공자의 克己復禮와 四勿, 孟子의 存心養性 등으로 계통화되는 心法들을 계통화하고, 그것을 義理에 대한 窮究 또는 깨달음[眞知]과 義理(人倫)의 實踐(力行)이라는 知行의 竝進으로 요약하고, 다시 그들을 集約하고 一貫하는 상위의 원리를 持敬으로 제시한다. 經傳에 대한 체험적 이해를 바탕으로 實功과 實效를 적극적으로 고려한 聖學의 방법론을 담은 『聖學十圖』는 그 점을 여실히 보여준다. 따라서 그것은 퇴계의 務實 관념의 원리와 내용을 이해할 수 있는 단서를 내포하고 있는 것이다.

그가 설명하는 聖學의 實效로부터 務實의 단서를 찾아보도록 한다. 「進聖學十圖箚」에서 聖學에는 大端이 있고 心法에는 至要가 있으며 그것으로써 入道의 間과 積德의 기초를 보인다고 그는 말했다.[47] 그는 그 大端과 至要가 持敬이라고 밝히고, 그 속에 공자의 思와 學의 상호 계발과 상호 補益의 방법뿐 아니라, 動과 靜의 일관, 內面과 外面의 합일, 顯과 微의 일치를 가능하게 하는 방법을 포괄한다고 설명한다.[48] 持敬에 의하여 얻는 성학의 귀결이란 다음과 같다.

> "진실을 많이 쌓고 오랜 세월을 노력하게 되면 자연스럽게 마음과 理가 하나로 물들어서(心與理相涵) 모르는 사이에 모든 것을 환히 꿰뚫어 알게 되고, 학습과 그 일이 서로 익숙해져서(習與事相熟) 점차로 그것을 행하는 데 순탄하고 편안하게 됩니다. 처음에는 각각 그 한 가지씩만 힘썼지만 여기에 이르면 곧 하나로 합해질 수 있게 되는데, 이것은 실제로 孟子가 말하는 '학문을 깊이 파고들어 자득하는 경지'(深造自得之境)이니 살아 있는 동안에 어찌 그만둘 수 있

---

47) 증보퇴계전서 1책 195~196면, 聖學有大端 心法有至要 揭之以爲圖 指之以爲說 以示入道之門 積德之基.
48) 위의 책 197면, 持敬者又所以兼思學 貫動靜 合內外 一顯微之道也.

는 경험이겠습니까? 다시 그것을 좇아서 힘써서 부지런히 나의 온
재주를 다한다면 顔子의 마음이 인을 어기지 않는다는 것이 되니
나라를 위하는 사업이 그 안에 있게 되고, 曾子가 忠恕로 일관을
대답한 것이 되니 道를 전하는 책임을 제 자신에게 두게 하며, 日用
에서 畏敬의 태도를 떠나지 않게 되어 中和의 位育의 공을 이룩할
수 있고, 德行이 彛倫을 벗어나지 않아서 天人合一의 妙를 여기서
얻게 되는 것입니다."[49]

　務實은 다음과 같은 성학의 단계적인 실효를 목적한다. 우선 心與
理의 相涵, 習與事의 相熟이 첫 번째이고, 두 번째 단계는 顔子의 三
月不違仁, 曾子의 一貫의 경지인데 이는 하나의 구별되는 단계라기보
다는 앞의 단계에 도달했어도 만족하여 그만두지 말고 證得의 노력으
로써 궁극적인 경지에 도달하는 중간과정을 비유한 것이다. 마지막이
中和에 의한 位育의 功을 이룩하고 天人合一의 妙를 얻는 경지이다.
이는 「朱子書節要序」에서 伊洛의 학문으로 거슬러 올라가서 洙泗의
학문까지 도달하여 비로소 聖賢의 학문을 자신의 학문으로 삼는 경지
가 됨[50]을 뜻한다.

2) 務實의 의미

　문자의 구성으로 보면 務實개념은 務와 實의 조합이다. 務에는 명
사적 의미와 동사적 의미가 있는데, 동사적 의미로는 힘쓰다(勉強), 구
하다(求), 이루다(成), 향하다(趣), 우러러 본받다(慕) 등으로 사용된다.

---

49) 위의 책 197~198면, 至於積眞之多 用力之久 自然心與理相涵 而不覺其融會貫通 習與事
　　相熟 而漸見其坦泰安履 始者各專其一 今乃克愶於一 此實孟子所論深造自得之境 生則烏
　　可已之驗 又從而俛焉 孳孳旣竭吾才 則顔子之心不違仁 而爲邦之業在其中 曾子之忠恕一
　　貫 而傳道之責在其身 畏敬不離乎日用 而中和位育之功可致 德行不外乎彛倫 而天人合一
　　之妙斯得矣.
50) 증보퇴계전서 2책 350 상 「朱子書節要序」.

이 의미들이 聖學과 관련되면, 聖人의 경지 자체와 그를 목적하는 성리학 工夫과정에서 추구되는 단계적인 진실을 힘써서 구하거나 성취하는 노력을 강조할 때 사용하는 동사적 의미를 務字는 담고 있다. 實은 『孟子』에서 언급되는 仁의 實(事親)과 義의 實(從兄), 그것을 節文한 것이 禮의 實이라는 관념[51], 또는 朱子가 『주자가례』 서문에서 禮의 근본으로 언급한 '愛敬의 實'이라는 관념 등에 근거를 댈 수 있다. 『論語』 雍也 편의 '知者樂水 仁者樂山'에 대한 퇴계의 설명에서도 그 점이 잘 드러난다.

> "그러므로 나의 생각으로는 이 두 가지 樂(樂山樂水)의 뜻을 알려고 하는 사람은 仁者 智者의 氣象의 의미를 구하여야 하고, 仁者 智者의 기상의 의미를 구하려는 사람은 또한 어찌 다른 것을 구하리오? 내 마음을 돌이켜 보아서 그 實을 얻을 뿐이다(得其實)이다. 진실로 나의 마음에 仁과 智의 實이 있어 속을 채워서 밖으로 펼쳐지는 것이니, 樂山樂水는 切切하게 山과 물을 찾지 않아도 저절로 그 좋아함이 있게 되는 것이다. 이제 이것에 힘써야 함을 알지 못하고 다만 그 높고 푸른(巍巍然 蒼蒼然) 산의 모습을 보고서 '나는 이것으로써 仁者의 좋아함을 찾는다.'고 말하며, 물이 흐르는 모양(混混然)과 물이 가득한 모양(滔滔然)만을 보고서 '나는 이것으로써 智者의 좋아함을 찾는다.'고 말하지만, 내 생각으로는 그러한 생각은 이곳저곳 아무리 헤매어도(莽莽蕩蕩) 구하면 구할수록 가까이 가지는 못하는 것이다."[52](밑줄 논자)

즉 내면을 反省하면서 찾은 仁智의 實이 발휘될 때 樂山樂水가 자연스럽게 된다는 것이다. 그 實은 本性 내지 天理인데 그것은 實理라

---

51) 『孟子』離婁上, 仁之實事親是也 義之實從兄是也 智之實 知斯二者弗去是也 禮之實 節文斯二者是也.

52) 증보퇴계전서 2책 251면, 「答權章仲」, 故吾以爲欲知二樂之旨 當求仁智者之氣象意思 欲求仁智者之氣象意思 亦何以他求哉 反諸吾心而得其實而已 苟吾心有仁智之實 充諸中而暢於外 則樂山樂水不待切切然求 而自有其樂矣 今不知務此而徒見其巍巍然蒼蒼然者 曰吾以是求仁者之樂 混混然滔滔然者 曰吾以是求智者之樂 吾恐其莽莽蕩蕩 愈求而愈不近矣.

고도 표현된다. "생각건대 理가 발하여 四端이 될 때 의지하여 발하는 것(所資以發者)은 氣일 뿐이고 사단이 능히 발하게 하는 것(其所以能然)은 實理가 하는 것"[53]이라는 그의 언급은 仁智 곧 四端의 본질은 곧 實理임을 말해준다. 그가 四端七情論辯에서 理發說을 견지한 것은 그의 實理의 體用에 대한 自得과 體認이 기초가 된 듯하다. 그러므로 實理란 務實의 實을 일종의 존재론적으로 규정하는 개념이라고 할 수 있다.

또 앞에서 인용한 「進聖學十圖箚」의 내용을 정리한다면, 實은 첫째 至善한 天理와의 합일(心與理相涵)되는 마음, 둘째 視聽言動에 儀則이 습관화된 身, 셋째 動靜에 仁을 어기지 않는 태도, 넷째 忠恕로 一貫된 삶, 다섯째 나라를 위하는 사업, 여섯째 道를 전하는 책임, 일곱째 天人合一 등을 의미하는데, 그것들은 궁극적으로는 實理라는 존재에 근원하는 진실이 되는 셈이다.

이상의 분석과 서두에서 언급한 實學의 의미(주체의 진지 실천만이 實學이 되게끔 한다)를 연관지어 보면 務實은 '주체의 自覺과 自得을 꾀하는 공부의 노력을 일깨우기 위한 言明'이라고 할 수 있다. 또 퇴계가 艮齋(이덕홍)에게 답한 글에서, "그대가 질문한바 공부의 先後에서 법도를 세우고 모범을 삼으려고 한다면 반드시 『小學』을 먼저 하고 『大學』을 나중에 하되 規模와 節目은 각각 그 書에 있으니, 내가 얼마나 盡心盡力하여 구하느냐에 달려 있을 뿐이다."[54](밑줄 논자)고 한 언급 가운데 '(兩書의 規模와 節目을) 盡心盡力하여 실천할 것'을 권하는 사실이 곧 務實의 권유인 셈이다.

퇴계 유학의 완결된 구도를 보여주는 『聖學十圖』 이외에 『自省錄』은 퇴계가 직접 경험하고 성찰한 공부의 기초부터 궁극까지의 과정을 보여준다. 공부의 방법으로서 『自省錄』의 내용은 初學者들의 일반적

---

53) 위의 책 221면 下, 「答李宏仲問目」蓋理發爲四端 所資以發者氣耳 其所以能然 實理之爲也.
54) 위의 책 214면 上, 「答李宏仲」, 所問工夫先後 立程規模 則須先小學後大學而規模節目 各具於其書 在吾盡心盡力以求之耳.

인 문제(通患)를 다스리는 법, 학문의 기본자세, 학문의 要法, 名譽를 가까이함에 대한 경계 등으로 나눌 수 있다.[55] 이들도 역시 모두 實效를 목적한 實功이므로 務實에 들어간다. 그렇다면 퇴계의 유학에서 務實의 원리 또는 방법상의 특징은 무엇인가?

앞 절에서 인용한 「진성학십도차」의 내용 가운데, 궁극적인 實效인 성인의 경지에 앞서서 '처음에는 각각 그 한 가지씩만 힘썼지만 여기에 이르면 곧 하나로 합해질 수 있게 된다.'고 할 때 우선 心과 身 각각에 대한 공부가 필요하고, 그것이 합일되는 단계로 나아가는 과정을 보여주고 있다. 그렇게 心身의 합일을 바탕으로 顔淵의 不違仁, 曾參의 忠恕 一貫으로, 궁극적으로는 天人合一의 경지를 지향하는 것이다. 이렇게 본다면 務實의 방법상의 특징이 포착된다. 그것은 첫째 초학자의 문제점을 제거하고 根本田地를 확립하는 일, 둘째 窮理에 의한 理의 터득 및 學習에 의한 人倫 禮節의 熟練인데 이는 각각 心에 해당하는 일과 身에 해당하는 일이다. 셋째 '心－身'을 수렴하여 합일함으로써 지속성과 일관성을 획득하고, 넷째 그러한 지속성과 일관성으로써 天理 天道와 합일되는 궁극적 경지를 지향하는 삶의 자세를 확립하는 것이다.

특히 心身의 수렴과 합일은 務實에서 중요한 과제라고 생각된다. 眞知 實踐은 수레의 양쪽 바퀴, 사람의 두 다리의 관계라는 퇴계의 비유도 그러한 수렴과 합일을 지향하는 務實의 방법을 강조하는 것이다. 또 敬과 義가 갖추 지탱하고(敬義夾持), 知와 行이 함께 나아가며(知行竝進), 밖과 안이 한결같고(表裏如一), 本과 末을 함께 키우며(本末竝擧), 大源을 뚫어보고(洞見大源), 本末을 심어 세우는(植立本末) 퇴계 자신의 학문 태도[56]도 그러한 무실의 이념과 부합한다.

또 퇴계의 학문방법의 두 축이라고 하는 窮理와 居敬[57] 또는 眞知

---

55) 申龜鉉, 「「自省錄」을 통해 본 退溪의 爲學方法論」退溪學報 48집 1985의 분류를 따름.
56) 李相殷, 「退溪의 學問과 思想」 63면에서 퇴계선생언행록의 문인 정유일의 기록에서 부분 인용.
57) 李完栽, 「退溪先生의 學問的 方法」『退溪學研究』에서 정리한 퇴계의 학문방법론

와 實踐이 결국 務實의 두 축이 되는 셈이고, 그뿐 아니라 『聖學十圖』 전체를 일관하는 원리인 持敬은 眞知 - 實踐, 窮理 - 居敬을 다시 하나로 수렴하는 원리로서 務實의 최상의 범주가 되는 셈이다. 그러므로 敬은 身心에서 이루어지는 온갖 동작과 태도 및 情感과 思慮 등을 내면의 천리(實理)로 수렴하고, 다시 그것을 身心의 사려와 행동으로 펼쳐내는 과정을 일관해내는 人生의 도리로서 지녀야 할 務實의 最上의 원리가 되는 것이다.

3) 務實과 禮

務實의 최상의 범주는 持敬이라고 할 때, 敬은 一身의 主宰者인 心을 주재하는 원리이다. 더 정확히 말하면 敬은 마음에서 발휘되는 힘의 일종으로서 身과 心을 主宰하는 힘인 것이다. 그것을 힘이라고 보는 이유는 각종 人欲이나 昏愚한 생각에 의해서 분열되고 오도되는 心身을 理와 禮에 부합하도록 수렴 합일시키는 敬의 실질적인 작용에 있다. 예를 들면 善惡 가운데서 善을 택하여 人欲과 人心의 방해에도 불구하고 굳게 잡고 잃지 않는다는 의미의 擇善固執은 身心이 함께 義理(禮)를 固執하는 작용이 있을 때에야 가능한 것이다. 그것은 곧 身心의 合禮的으로 통일된 작용으로써 발생하는 善惡의 분별력, 심신의 다양한 작용을 善으로 모아가는 응집력, 善을 끝까지 놓지 않는 지속력 등으로 생각해 볼 수 있다.

그것이 곧 敬과 직결되는 것은 곧 敬이 主宰力임을 말하는 것이다.

窮理의 方法 -(1) 周悉的 把握 (2) 卽物觀의 立場: ① 虛心遜志 ② 愼思體察 ③ 沈潛玩索 ④ 積久漸熟
居敬의 方法 -① 整齊嚴肅 ② 主一無適 ③ 勿忘勿助 ④ 積久漸熟
裵宗鎬, 「李退溪哲學의 方法論」 退溪學報 39집 1983에서 정리한 퇴계의 학문방법론
窮理의 方法 - 格物致知論, 同異論, 知行竝進論, 窮理의 活法
居敬의 方法 - 身心肅然, 非著意와 非不著意, 敬義夾持[1]

또 敬이 있어야만 心身이 함께 實理에 부합하게 된다는 점, 또 人心과 人欲 등의 횡류를 막아내고 마음을 正直하고 행위를 방정하게 할 수 있다는 점(敬以直內 義以方外) 그리고 그러한 태도를 삶에서 지속적으로 유지할 수 있다는 점(三月不違仁, 忠恕一貫), 궁극적으로 從心所欲不踰矩, 天人合一의 지극한 경지에 오르게 한다는 점도 그러한 힘의 지속에 의한 것이라고 할 수 있다.

그렇다면 그러한 힘은 어디에서 오는가? 『聖學十圖』 제8도인 「心學圖」에서는 심을 本心과 良心, 大人心과 赤子心, 道心과 人心으로 대응시킨다. 이는 마음의 다양하고 갈등 분열하는 실상을 圖式으로 나타낸 것이다. 그런 마음이 惟精(擇善) 惟一(固執)을 통로로 하여서 敬과 연결되도록 도식화한다. 그림에서 敬을 둘러싼 개념들, 예를 들면 '戒懼', '愼獨'을 비롯하여 '克復'(克己復禮), '操存', '求放心', '養心', '盡心', '正心', '四十不動心', '七十而從心' 등은 주재력인 敬의 지속을 가능케 하는 방법들이다. 그것들은 禮실천과 불가분의 연관을 맺는 것이다. 또 예를 들면, 제9도 「경재잠도」와 제10도 「숙흥야매잠도」에 구체적으로 제시하는 실천 사항들은 곧 禮의 구체적인 세목들이다. 이러한 그림들에서 심법에 의한 주재력은 실제적인 禮실천에 의하여야만 확보된다는 그들의 의식을 읽을 수 있다. 禮가 심법에 관련되는 방식을 살펴보기로 한다.

"把捉은 操存을 말하는 것이니 선하지 않은 것이 아니다. 만약 活法을 얻지 못하면 도리어 揠苗助長의 근심이 될 것이다. 顔子의 四勿과 曾子의 三貴[58]를 보고 視聽言動의 容貌와 辭氣로부터 공부를 한다면 그것은 이른바 외면을 제어하여 그 내면을 기르게 한다는 것이다. 그러므로 程子는 말했다. '整齊嚴肅하기만 하면 마음이 통일되고 마음이 통일되면 非僻한 것들의 간섭이 저절로 없어진다.'

58) 『論語』 泰伯, 曾子言曰 鳥之將死 其鳴也哀 人之將死 其言也善 君子所貴乎道者三 動容貌 斯遠暴慢矣 正顔色 斯近信矣 出辭氣 斯遠鄙倍矣.

주자도 역시 말했다. '持敬의 요체는 단지 衣冠을 정제하고 思慮를 한결같게 하고 莊整齊肅하여 감히 기만하지 않고 감히 교만하지 않으면 곧 身心이 肅然하여서 表裏가 如一하게 된다.'"59)(밑줄 논자)

인용문에서 외면을 제어하여 그 내면을 기르게 한다는 사고는 心과 身의 상호 의존관계를 전제하지 않으면 불가능한 사고이다. 禮는 視聽言動의 당사자인 身의 작용을 義理에 맞게 제어하여 길들이는 방법이다. 그러한 禮의 실천에 의하여 마음이 통일된다는 것은 心學에 禮學이 결합되어야 하는 이유를 시사한다. 특히 퇴계는 초학자일수록 외면으로부터 내면으로 수렴해 들어가는 居敬의 방법, 즉 整齊嚴肅의 방법을 강조한다.60) 心法의 전수로 인식되는 그의 道統관념도 외면을 제어하여 그 내면을 기른다는 사고를 기초 또는 핵심으로 삼는다. 그가 唐虞三代의 학문을 五敎를 밝히는 것, 舜禹의 傳心의 法을 精一執中, 주공과 공자가 易을 체득한 학문을 敬義直方(敬以直內 義以方外)이라고 하면서 顔子의 四勿과 曾子의 三省을 爲仁之功 入道之實이라고 설명하는 것61), 또 宣祖를 위한 강론에서 程子의 四勿箴을 강론한 뒤에 四勿을 '朱子가 聖門에서 서로 전한 心法의 切要한 말씀'이라고 설명하는 것이 바로 그러한 증례이다.62) 克己復禮 四勿은 "仁으로써 마음을 보존하고 禮로써 마음을 보존한다."63)는 원리인데, 禮를 통한 실질적인 효과에 그가 전적으로 공감했음을 의미한다.

또 窮理-力行, 眞知-實踐의 내용은 본질적으로는 形而上의 天理

---

59) 증보퇴계전서 2책 130하, 「答禹景善問目・別紙」, 把捉卽操存之謂 非不善也 若未得活法 則反爲揠苗助長之患 觀顔子四勿曾子三貴 從視聽言動容貌辭氣上做工夫 所謂制於外所 以養其中也 故程子曰 只整齊嚴肅 則心便一 一則自無非僻之干 朱子亦曰持敬之要 只是 整衣冠 一思慮 莊整齊肅 不敢欺不敢慢 則便身心肅然 表裏如一矣.

60) 申龜鉉, 「「自省錄」을 통해 본 退溪의 爲學方法論」退溪學報48집 1985, 58쪽. 居敬의 방법은 主一無適 常惺惺 整齊嚴肅으로 거론하면서 整齊嚴肅을 초보자에게 특히 효과 있는 방법이라고 한다.

61) 증보퇴계전서 2책 317면 상. 「易東書院記」.

62) 증보퇴계전서 3책 연보 68세조.

63) 『孟子』離婁下, 孟子曰 君子所以異於人者 以其存心也 君子以仁存心 以禮存心.

이겠으나, 현상적으로는 구체적 人事儀則인 禮인 것이다. 그는 『中庸』에 대한 논의에서, '道가 분명하면서도 환하여서 쉽게 가리켜 볼 수 있는 것으로는 禮보다 나은 것이 없다.'[64]고 설명한다. 이는 그의 공부에서 窮理와 力行의 대상이 禮가 됨을 시사한다. 즉 一理인 天理와 그 節文인 禮의 관계는 본질적으로는 하나의 이치로 꿰지만 현상적으로는 천하만사로 현현하는 天理의 표상의 관계이다. 務實의 최상 범주인 持敬도 「숙흥야매잠도」에서 보여주듯이, 본질적으로는 인륜의 의리를 일관되게 지향하면서도 실제상으로는 夙寤, 晨興, 讀書, 應事, 日乾, 夕惕, 兼夙夜에 이르는 日常 日課의 다양한 禮실천으로 표상되는 것이다.

그 밖에 퇴계의 무실의 학문태도로서 간과하면 아니 될 것은 경전과 기타 문헌들에 관한 연구의 태도이다. 퇴계는 窮理와 力行 즉 知와 行이 병진하도록 하는 입장이지만, 먼저 窮理에 의하여 理致의 소재를 알아야 한다는 것이 그의 학문태도이다. 그에게 있어서 窮理란 居敬과 省察에 의한 涵養을 제대로 하기 위한 내면적 기준을 정립하는 일로서 중요성을 지닌다. 그의 궁리는 사물에 대한 철저한 분석, 분석의 종합, 다양한 관점(所從來, 所就, 同異, 先後, 顯微, 體用, 動靜, 分合, 粹粕, 表裏, 精粗, 必然, 當然, 形而上, 形而下)의 活看(융통성을 발휘하여 적용해보는 방법) 등으로 그 성격이 파악된다.[65] 이로써 성학의 실효란 근본적으로 정확한 이치의 파악이 근본이라는 점도 알 수 있다. 퇴계는 성학의 내용을 전해주는 경전 등의 문헌에 대해서는 철저한 인식방법을 추구한다. 이 점도 문헌이 전하는 진실에 접근하는 방법으로 볼 수 있다. 그의 방법은 곧 參訂과 考論이다.[66] 이러한 그의 학문태도가 곧 예학에 있어서의 주석과 저술을 풍부하게 하는 근원이 되었던 것이다.

---

64) 증보퇴계전서 2책 216면 下, 「答李宏仲」別紙 道之粲煥明盛 可指而易見者 莫過於禮.
65) 신귀현, 앞의 논문 60~61면 참조.
66) 『聖學十圖』「숙흥야매잠도」의 讀書도 敬의 원리에 일관되는 것이다. 여기서 독서에서의 敬이란 聖師所言에 親切敬聽하고 弟子問辨에 反覆參訂한다고 하였다. 또 柳鐸一, 「退溪의 文獻觀과 文獻學的 學風의 展開」退溪學硏究 제2집 단국대 퇴계학연구소 1988 참조.

4. 務實觀의 禮學的 繼承

1) 經書 註釋과 저술

退溪의 文獻 이해의 방법적 요체를 參訂과 考論이라고 할 때, 그것은 窮理를 통한 眞知로 나아가기 위한 기초적인 방법이라고 할 수 있다. 그는 「啓蒙傳疑序」에서 다음과 같이 말했다. "사람의 의견은 異同이 없을 수 없다. 仁者가 그것을 보면 仁이라 말하고 知者가 그것을 보면 知라고 말한다. 반드시 참작하고 균평하게 본(參訂) 다음에야 그 歸趣를 알 수 있으며, 그 증거로 삼는 내용들이 간혹 幽經과 僻書에서 나오면 반드시 詳考하고 논증한(考論) 다음에야 그 옳은 뜻(義類)을 알게 된다."고 그는 말하였다.[67] 퇴계의 參訂은 眞相을 판별하는 방법이라면 考論은 객관성을 획득하는 방법이라고 할 수 있다.[68]

퇴계는 문헌연구의 방면에서 周悉한 窮理, 또는 參訂과 考論에 입각한 철두철미한 연구태도로써 당시의 註釋學을 커다랗게 진전시킨 학자로 평가된다. 그는 周悉的 窮理 이외에도 虛心遜志, 愼思와 體察, 沈潛과 玩索, 積久와 漸熟이라는 窮理의 복합적이고 꾸준한 과정을 거쳐야 함을 강조했다. 『宋季元明理學通錄』[69], 『聖學十圖』, 『啓蒙傳疑』四端七情論辯 往復書翰, 『退溪喪祭禮問答』 등이 그러한 예이다. 그의 저술은 관련 문헌에 대한 광범위하고 정확하고 상세한 훈고와 고증적인 기초 위에 성학의 올바른 학문적 기초를 세우려는 務實의 정신을 담고 있다. 그의 이 정신이 그의 문하에서 聖學과 관련된

---

67) 「啓蒙傳疑序」, 人之所見 不能無異同 仁者見之 謂之仁 知者見之 謂之知 必須參訂而後 得其歸趣 其所援證之言 或出於幽經僻書 必須考論而後 見其義類.
68) 柳鐸一, 위의 논문 47면.
69) 山崎道夫,「朱子行狀退溪輯注의 意義 -崎門學派에 있어서의 존중」退溪學報 19집, 1978 참조.「朱子行狀退溪輯注」란 본래 『송계원명이학통록』에 들어 있던 주자행장 부분을 일본에서 단행본으로 간행한 것을 말한다.

각종 저술을 활발하게 생산하는 계기가 되었음은 물론이다. 그들의 예학관계 저술들은 講錄, 考證, 考訂, 類纂, 分類, 補註, 圖說 등등의 형태로 나타났다.

먼저 講錄類로는 勿巖의 『家禮講錄』이 그것이다. 그의 문집에는 이외에도 『太極圖說講錄』, 『通書講錄』, 『小學講錄』, 『古文眞寶前集講錄』 등이 함께 수록되어 있다. 이 講錄들은 勿巖이 弱冠의 나이로 퇴계의 강의 내용을 직접 기록한 것인데 원전에 대한 註疏와 訓詁가 그 주된 내용이다. 특히 부분적인 한글 뜻풀이, 개념, 인물, 행적, 사실, 기물 등에 대한 간략한 설명, 기타 문구의 경전적 전거와 인물적 전거를 함께 밝힌 이 강록들은 대체로 학습과 실천을 목적한 것으로 보인다. 金應祖가 후기에서 밝힌 것처럼, 『家禮講錄』은 物則을 갖추고 『太極圖說講錄』, 『通書講錄』은 道體를 밝힌 것으로서 전자는 天理의 節文을 밝히고 후자는 道體의 精微함을 천명함으로써 양자는 상호 보완의 성격을 지닌다.[70] 또한 『做人錄』에서 그는 『中庸』의 尊德性과 道問學의 상호관계를 圖說로 표상하고, 그 속에서 齊明盛服을 靜時의 수양, 非禮不動을 動時의 수양으로 나누고 다시 그것을 敬으로써 一貫하는 修身의 이치를 표상한다.[71] 그의 講錄類의 저술은 心學 또는 理學이 禮學과 긴밀한 상호 의존관계를 형성하는 務實의 이념을 내포하는 것이다.

考證의 종류로는 鶴峯의 『喪禮考證』과 西厓의 똑같은 이름의 『喪禮考證』, 芝山의 『家禮考證』이 대표적이다. 『家禮考證』은 『주자가례』 본문과 楊復의 註文도 함께 고증한 것이다. 芝山의 문인 潛谷(金堉)의 序文에 의하면 '文字가 이해되지 않는 것, 事物 가운데 궁구하기 어려운 것을 그 出處를 고찰하여 밝히고 많은 經史를 인용하여 증명하면서 그 사이에 본인의 견해를 붙여서'[72] 『주자가례』 이해를 용이하게

---

70) 韓國文集叢刊(이하 총간으로 약칭함) 38책(勿巖集) 533면 상.
71) 위의 책 509면.
72) 「家禮考證序」凡文字之未解者 事物之難究者 考其出處而明之 多引經史而證之 間亦附以己意.

하려는 목적으로 저술된 것이 『가례고증』이다. 또 학봉과 서애의 『상례고증』은 양자가 차이는 있지만 『주자가례』의 체제에 따라서 『禮記』의 내용을 보완하는 형식으로 喪禮의 절차와 내용을 고증한 점에서는 차이가 없다.[73] 이들은 퇴계학파의 예학에서 이루어진 실증적이고 객관적인 방법에 입각한 家禮연구서로서 의의가 크다.

퇴계의 門人으로서 禮學의 大家로 이름난 寒岡의 예학 방법은 다음과 같다. 문헌의 精究와 證訂 그리고 여러 禮書 國典을 취합하고 比較互證하면서 『儀禮』를 근본으로 삼고 時王之制를 참고하는 방법이다.[74] 이에 입각해서 『家禮集覽補註』, 『昏儀』, 『冠儀』, 『五先生禮說分類』, 『禮記喪禮分類』, 『五服沿革圖』, 『深衣製造法』 등을 저술하였다. 독자적인 예설을 체계화하기보다는 기존의 예학적 성과를 分類하는 작업을 정밀하고 광범위하게 한 것이 그의 예학의 특색이다.[75] 그리고 그의 禮學은 『주자가례』의 외연을 벗어나 북송시대의 예학과 『禮記』와 같은 경전의 세계로 범위를 넓혔음도 알 수 있다. 『五先生禮說分類』는 家禮뿐 아니라 王朝禮까지도 예학의 범위로 넓혔다는 점을 보여준다. 또 『洙泗言仁錄』, 『心經發揮』 등 그의 저술과 관련지어 보면 그의 禮學은 단지 禮文의 考據에만 치중한 것이 아니라, 聖學의 구도 아래서 心學的 수양론과 경세론과의 연관을 맺고 추구되었음을 미루어 알 수 있다.

그의 문인인 眉叟는 古經에 입각한 독자적인 禮說의 수립과 체계화를 이룩한다. 그의 『十二月令考訂』은 『禮記』, 『春秋』, 『周官』, 『書經』 등에서 聖王의 제도에 해당하거나 그것을 증험할 수 있는 내용들을 채집하여서 十二月令의 차례대로 배정하여 만든 것이다.[76] 그는 또 『心學圖』를 지어서 聖學의 요체를 도식화하였는데, 그도 역시 예학과 심

---

73) 고영진, 『조선중기 예학사상사』 한길사 1995, 157~166면 참조.
74) 寒岡全書 下 11면, 「寒岡言行錄」, 凡講禮之書 無不精究證訂 以至大明典禮 及我國朝五禮儀 大典等書 亦皆聚互證 本之以儀禮 參之以時制.(문인 李堉 기록)
75) 琴章泰, 『退溪學派의 思想Ⅰ』집문당, 142~143면 참조.
76) 記言 卷4, 「十二月令考訂序」.

학을 결합하여 聖學을 지향하는 의식을 지녔던 것이다. 그러나 그는
이전의 선비들보다도 古經의 세계에 대한 학문적 탐구의 깊이를 한층
더하였고, 그로 인해서 후기실학의 단서를 열어주고 있는 인물로 파악
되기[77] 때문에 앞으로 후기실학과 성리학과의 연관성을 밝히기 위해서
자세한 고찰이 필요한 인물이다.

서애의 문인인 愚伏의 『思問錄』은 『易學啓蒙』과 『禮記』에 대한
것인데, 예학 저술로는 후자가 해당한다. 우복은 여기에서 74항목을
설정하여 주로 陳澔의 『禮記集說』의 문제점에 대한 비판과 考訂을
행하였다. 그의 비판의 방식은 첫째 禮의 이념 또는 원리에 입각한 변
론, 둘째 『禮記』, 『周易』, 『論語』, 『儀禮』, 『周禮』, 『爾雅』, 『孝經』, 『孟
子』 등의 經과 朱子說에 입각한 고증과 변론, 셋째 理氣論 등 철학적
이치에 의한 새로운 해석, 넷째 文勢, 文法, 文義를 照觀하는 비판,
다섯째 訓詁에 의한 誤字의 교정 등으로 말할 수 있다.[78] 이는 그의
경학적 고찰과 치밀한 辨析이 돋보이는 저술로서, 철학적 사변, 경학
적 고증과 훈고 등의 방법을 융합하고, 실천과 실효를 적극 고려한 실
용적 예학의 정신의 발휘라는 점에서 중요한 의의를 지닌 저술이다.

2) 禮研究와 理學的 思考

퇴계학파는 退溪의 務實觀을 어떻게 계승하고 있을까? 禮실천에 의
한 수양에 앞서서 禮에 관한 知的 기반을 어떻게 구축했을까? 앞 절
에서 살핀 문헌학적 연구는 禮文에 관한 博學과 精解로서 예학의 기
초를 닦는 작업이라고 할 수 있다. 그것은 禮가 지니는 合理性, 時宜,
應用과 變禮의 원칙, 규범형식의 정당성 등을 經傳 내지는 先儒의 설

---

77) 金駿錫, 「許穆의 禮樂論과 君主觀」 東方學志 연세대 國學硏究院 54, 55, 56합집 1987
　　及 琴章泰, 『退溪學派의 思想 I』 240~241면, 참조.
78) 拙稿, 「愚伏의 禮學思想」 113~124면.

명, 고증과 훈고 등의 방법을 통해서 구명하는 작업이다. 이러한 사고가 禮學의 務實觀의 확립에 기여하였다고 할 수 있는 점이다.

당시의 禮연구란 우선 수양의 원리와 관련된 연구 그리고 각종 禮에 관한 논의를 통한 禮制를 정립하는 연구(예를 들면 왕실 의전으로서 대원군의 追崇이나 喪服制度와 같은 문제의 해결) 그리고 變禮의 정립에 관한 연구 등등의 분야가 있다. 이러한 연구 내용들은 각각 당면한 상황에 따라 주제가 다르고 그 논의의 방식과 결과가 다르지만, 보편적으로 天理에 근거하거나 人情에 부합하는 禮를 정립하고 그것을 실현하는 데에 초점이 맞추어진다. 그 때문에 각각의 상황에서 天理의 所在, 또는 人情이 편안히 여기는 바를 禮의 근거로서 모색하는 작업이 필수적으로 진행이 되기 마련이다.

그 때문에 퇴계 이후에 禮學이 심화되면서 특히 禮의 형이상적 근거에 대한 학문적 천착과 함께 禮의 절대성에 대한 인식이 고조되어 가는 현상을 관찰할 수 있다. 주목할 것은 寒岡의 『五先生禮說分類』의 禮總論이다. 禮總論은 禮와 理가 일치시되는 근거를 여러 문헌 속에 散在해 있는 송대 이학자들의 언설들을 취합한 것이다. 한강이 여기에서 喪祭에 관한 禮說의 分類에 앞서서 禮의 형이상적 근거에 관한 학설을 먼저 총론으로 제시한 것은, 喪祭의 儀禮가 곧 天理의 節文으로서 절대성을 지니는 근거를 선유들의 언설로써 입증하는 의도를 지닌다고 보인다. 그리고 송대 선유들의 禮에 관한 理學的 분석과 설명에 의하여 禮의 본질에 대한 이해를 심화시키고자 하는 것이 그의 의도라고 파악된다.

예를 들면 禮總論에는 다음과 같은 글들이 취합되었다. 橫渠의 "禮는 理이다. 理를 알면 禮를 제정할 수 있다. 禮文의 殘闕은 모름지기 먼저 禮의 의미를 찾아 얻고, 그런 다음에 禮를 관찰하면 이 理에 부합하는 것은 곧 成人의 禮制이고 부합하지 않는 것은 諸儒가 더해 넣은 것이다."79) "人情이 편안히 여기는 바가 곧 禮이다. 그러므로 禮는

義로 말미암아 발생하는 것이다."80) 이러한 횡거의 언급들은 禮를 理 또는 義와 동일시하는 관점을 보여준다. 또 "禮는 단지 외면에 드러나 는 것만이 아니고 형체가 없는 예(無體之禮)도 있다. 대체로 禮의 근 원은 마음에 있다. 禮라는 것은 聖人이 완성한 법(成法)이니, 禮를 제 외해 버리면 천하에 다시는 道가 없게 된다."81) 이는 禮가 절대시되는 이유를 설명하고 있다.

그 밖에도 明道의 "禮는 理이고 文이다. 理는 實이고 本이며, 文은 華이고 末이다."82)는 언급은 禮의 구성요소에 대한 분석이고, 伊川의 禮序에서 "생각건대 그 설명은 粗한 것은 應對와 進退의 사이에 있고, 精한 것은 道德 性命의 근본(要)에 있다."83)고 하는 언급은 禮에는 精 과 粗의 두 측면이 있으며, 그 때문에 禮가 인간의 사고와 행위 즉 表 裏를 관통하여 합일시킬 수 있음을 시사하는 것이다. 이와 비슷한 언급 이 愚伏의 『養正篇』 서문에서 인용된 伊川의 "灑掃應對는 形而上者" 라는 언급이다.84) 灑掃應對는 人事가운데서 至近한 것이고, 형이하의 것 가운데서도 지극히 조잡하고 천한 것이지만, 그 속에 至理를 품고 있으므로 仁을 행하는 근본이 그 속에 들어 있다는 의미이다.

禮를 理와 동일시하여 양자를 함께 절대시하는 사고, 禮의 한 요소 로서 理를 상정하고 그것을 實이라고 보는 사고, 灑掃應對는 形而上 者라고 하는 사고 등은 禮學에서의 務實의 관념은 禮의 實로서 理를 찾고 구현하는 것임을 보여준다. 그리고 그것을 역으로 생각하면 理를 담은 규범으로서 禮文은 務實의 형식으로서 그 절대성을 인정받게 된 다는 점도 알 수 있다. 그러므로 당시의 理學의 연구와 그 성과가 다

79) 寒岡全書 下책 201면 상, 又曰禮者理也 知理則能制禮 禮文殘闕 須是先求得禮之意 然後 觀禮 合理者即是聖人之制 不合者即是諸儒添取.
80) 위와 같은 곳, 又曰人情所安即禮也 故禮所以由義起.
81) 위의 책 200면 하, 張子曰 禮非止著見於外 亦有無體之禮 盖禮之原在心 禮者聖人之成法 也 除了禮天下更無道矣.
82) 위의 책 199면, 伯子曰 禮者理也文也 理者實也本也 文者華也末也.
83) 위의 책 200면, ……盖其說也 粗在應對進退之間 而精在道德性命之要.
84) 愚伏集 권15, 24張 前, 「書養正篇後示桂兒」.

시 규범으로서 禮의 절대화와 禮에 의한 수양의 필요성에 대한 인식을 심화하는 데에 커다랗게 기여하고 있음을 보여주는 것들이다.

먼저 수양에 관련된 禮의 원리를 설명하는 방식을 살펴보기로 한다. 이미 밝혀진 것처럼 퇴계의 심성수양을 통해서 얻고자 하는 存天理의 상태가 '합례적 행위의 실천'으로부터 가능한 것임을 의미할 때, 퇴계는 天理와 禮를 동일한 가치의 表裏로 생각하고 있었음을 짐작할 수 있다.[85] 즉 '禮는 理의 節'[86]이라고 생각하는 퇴계가 理發에 의한 四端의 심정을 氣發에 의한 七情과 구별해 보았던 이유는, 자연적으로 禮에 부합되는 心情의 발휘가 어떻게 가능한가라는 문제의식에서 출발했기 때문이라고 생각된다.

이러한 퇴계의 문제의식을 계승하면서 그것을 예학적으로 다듬어낸 학자로서는 愚伏을 들 수 있다. 그는 퇴계의 理發說을 단지 心情의 발출에 그치지 않고 合禮的 행위의 동기로 해석하는 입장을 시사한다. 『禮記』 玉藻篇의 九容 가운데 足容重 手容恭에 대한 해석에 있어서 우복은 "運奔 執捉하는 것은 氣이고 重할 것을 기필(必)하고 恭할 것을 기필하는 것은 理"라고 설명한다.[87] 이는 栗谷의 "發動하는 것은 곧 氣이다."는 풀이와 다르다.[88] 즉 율곡의 입장은 四端七情에 대한 해석에서와 같이 합례적 행위의 발출도 氣發로 설명하는 것이다. 그러나 우복의 '重(恭)할 것을 기필한다.'(必)는 것은 행위가 禮에 中節하는 원인 내지는 所從來를 밝히는 것이라고 볼 수 있는데, 그것을 그는 理라고 규정하는 것이다. 이는 퇴계로부터 정립된 理發의 논리가 合禮的 행위의 원인을 설명하는 근거로 계승된다고 볼 수 있는 증거로 삼을 수 있다. 그러나 그러한 논의가 사단칠정논변처럼 치밀하지는 않다. 그 점은 이미 論辯에서 定論이 형성되었다는 의식 때문이라고 추측된다.

---

85) 이 점을 밝힌 연구는 尹絲淳, 『退溪哲學의 研究』 고대출판부 1986, 129~131면 참조.
86) 叢刊 51책(艮齋集) 55면 하, 禮者理之節.
87) 愚伏集 卷14, 26張 前.
88) 위와 같은 곳.

또 다른 문제로서, 退溪의 理氣互發說과 栗谷의 氣發一途說의 분립은 과연 禮訟에서의 禮說의 차이와 관련이 있는 것인가? 이는 17세기 전반에 활발하게 전개되는 啓運宮 喪에서의 服制문제나, 仁祖의 所生父인 定遠大院君의 追崇(元宗으로 추숭됨)에 관한 논의, 己亥服制 禮訟 등에서 退溪 문하에 드는 南人들의 禮說이 栗谷을 계승하는 沙溪, 尤菴 등의 禮說과 다른 점은 왜 발생하는가 그리고 그에 대한 해명은 과연 사단칠정에 관한 理氣論的 입장의 차이와 과연 관련이 있는가 등의 의문이라고 할 수 있다.

理氣互發說과 氣發一途說은 근본적으로 수양론상의 내면적 심정의 발출의 원리와 관련된 논의이다. 반면에 추숭 논의 혹은 禮訟은 객관적 규범의 정립과 그것의 적용에 관한 논의이다. 그러므로 양자는 원래부터가 범주상의 상위가 있는 것이다. 때문에 서로 다른 범주의 것을 비교하고 연관지으려고 할 때는 논리상의 비약이 나타나게 되는 것이다.

그러나 그러한 범주상의 차이가 있다고 하더라도, 근본적으로 그것이 統과 分, 常과 變, 情과 義의 상호 관계를 논하는 것이고 특히 성리학자들에 의한 것이라면 그러한 논의에 理氣論的인 발상이나 관점이 배제될 수는 없는 것이다. 그렇다고 한다면, 수양론상에서 나타난 이기론의 차이와는 다른 각도에서 현실과 역사 그리고 義와 情, 常과 變, 理와 勢, 統과 分, 名分之守와 愛敬之實, 正과 偏 등의 상호 관계를 논하는 이론적 구도의 차이를 밝히는 것이 필요하다.

3) 수양관

퇴계 문인들의 務實的인 태도는 禮에 관한 문헌적인 연구뿐 아니라

人倫禮節의 躬行實踐에 의한 修身을 일반화하였다. 心學과 禮學의 상호 조화에 입각한 퇴계의 務實의 이념은 직전 재전 제자들에게 계승되면서, 학문상의 비중이 禮學에 더 치중되는 현상도 나타나게 된다. 그 때문에 禮學의 관점에서 禮의 의미를 중심으로 삼는 務實이 강조되는 현상이 나타난다.

먼저 월천은 『心經稟質』에서 「人心道心精一執中圖」를 두 차례 작성하여 퇴계에게 품질하고 퇴계의 後定圖를 받게 된다.[89] 그리고 『朱書節要稟質』에는 四勿로써 靠定하고 또 義理로써 融液게 하는 점진적인 공부에 관한 퇴계의 설명이 있다. 또 그는 전날에 퇴계가 克己復禮說에 대한 朱子의 禮를 理로 뜻을 새기는[訓] 내용이 이해되지 않음을 고백한다.[90] 그는 空虛하고 形影이 없는 理자로써 禮를 해석하면 배우는 사람의 의혹을 풀기 어렵다고 지적하는데, 이는 下學의 구체적인 대상으로서 禮의 실제성을 추구하는 경향으로 추측되는 점이다.[91] 그는 克己復禮란 一視, 一聽, 一言, 一動으로부터 靜時, 默時, 坐時, 立時에 이르기까지 한결같이 禮로써 한다면 자연스럽게 마음은 올바른 곳에 보존되고 개인의 사사로움은 누를 수 있게 된다는 의미인데, 이 이치의 의미는 精微하고 縝密하여서 종전에는 깨닫지 못했던 것이라고 고백한다.[92] 이러한 그의 깨달음에 대한 고백은 중요하게 받아들여야 할 점이다. 단순한 지식으로는 이전에도 많이 접했던 것이지만, 그것이 진실한 것임을 자각하게 되었다는 것은 克己復禮가 드디어 그의 躬行實踐에 의한 수양의 준칙으로 확정되었음을 시사하는 것으로 이해되기 때문이다.

서애의 예학적 입장을 잘 보여주는 것은 그의 「兵法」이라는 글이다. 여기서 "일이 그 차례를 얻으면 禮라 말하고 物이 그 和를 얻으면 樂

---

89) 叢刊 38책, 443면.(月川集 『心經稟質』)
90) 위의 책, 432면.(月川集 「上退溪先生」)
91) 上同, 今復攬取空虛無形影之理字 以解著實劉憑據之禮字而欲學者解惑 似無意.
92) 上同, 如一視一聽一言一動 以至靜時默時坐時立時 無不以禮 則自然心存於正 而有以克己之私矣 此正精微縝密之義 而從前不悟 今乃知其如是云.

이라 말하니……천하의 어느 한 가지 일도 禮樂 아닌 것이 없다."고 그는 말한다.93) 이 같은 그의 이해는 모든 행위와 사려 특히 성학의 공부의 절차를 禮로 간주하는 태도라고 해석된다. 그리고 그의 「知行說」에서 논하는 眞知94), "교화의 근본은 원래 존재하는 곳이 따로 있는데 사람을 만드는 도구는 책에만 달려 있는 것은 아니다."는 언급95), "성현의 학문은 思를 주로 했으니 思가 아니면 口耳之學"이라고 한 언급96) 등은 퇴계의 務實의 이념에 대한 계승으로 보인다. 또 그가 월천에게 보낸 서한에서는 학문의 근본을 操存涵養과 收拾放心일 뿐이라고 하면서 그것이 근본 터전이 됨을 말한다.97) 그에 의하면 根本田地의 확립이란 학문과 사변을 할 수 있는 힘을 획득하는 것이다.

그리고 그의 문집에서 理氣論이나 心性論 등에 관한 문자는 비중이 매우 작고, 예에 관한 의문과 답변이 많다. 그는 「答趙士敬」에서 喪禮 때의 練服에 관한 논의에서 『주자가례』, 『丘氏儀節』, 『儀禮經傳通解』, 『禮記』 등의 글과 張載의 예설 등을 근거로 한 치밀한 고증과 변론을 시도하였다.98) 그 밖에도 「喪葬質疑」, 『喪禮考證』 같은 儀禮에 관한 저술들도 단순한 문헌학적 검토와 저술에 그치는 것이 아니다. 이러한 저술들은 그의 학문적 관심이 다름 아닌 철두철미 禮로써 일관하는 삶의 기준을 확립하려는 데에 있었음을 보여준다.

학봉도 서애와 마찬가지로 理氣論이나 심성론에 관한 이론적 탐구는 대단히 적다. 그의 「上退溪先生問目」은 모두 여섯 번에 걸쳐서 작성된 것인데, 그중 다섯 번째까지의 문목의 25개 조목들은 喪葬禮와 祭禮를 진행할 때에 일의 曲折에 따라서 발생하는 의문들을 질문한 내용들이다. 간단한 예를 하나 들면, 忌祭를 당하여 尊客이 찾아왔을

---

93) 叢刊 52, 295면.(西厓集)
94) 위의 책, 289면.
95) 위의 책, 290면.
96) 위의 책, 294면.
97) 위의 책, 200면.
98) 위의 책, 197~200면.

때 素餐을 대접해도 좋은가99), 極尊의 손님이 아니면 다 素餐으로 대접해야 한다고 했는데 그러면 極尊의 손님이란 年齡으로 말하는 것인가 爵位로 말하는 것인가이다.100) 또 李相殷 선생의 검토에 의하면『退陶先生言行通錄』全 기록의 3할의 비중을 차지하는 것이 鶴峯의 기록인데, 특히 喪葬禮를 주로 하는 禮制에 관한 내용이고, 心身修養과 持敬工夫에 관한 것도 많지만 理氣論에 관한 기록은 대단히 적다. 이러한 점에 주목하면서 李 선생은 그의 학문태도를 孔子의 原始儒學的인 爲學정신을 따르는 입장에서 下學人事를 강조했던 것으로 해석한다.101) 이러한 고찰에 근거하면 학봉은 下學人事로서 禮實踐을 절대시하였음을 의미한다. 이 점이 퇴계학파의 공통적인 聖學의 務實을 지향하는 학문적 성향을 형성했던 것이다.

下學人事로서 禮실천을 절대시하는 태도가 예학적 수양론의 정립으로 이어진 것은 愚伏이다. 愚伏은 퇴계의 聖學과 心學을 계승하고 그것을 禮學의 원리로써 일관하는 체계화를 이룩한 학자이다. 그의 수양론은 다음과 같이 정리된다. 첫째 理本氣用說이다. 理本은 合禮的인 삶은 天理로부터 출발해서 天理로 귀결되어야 옳다는 점, 氣用은 삶의 과정에서 禮에 의한 理의 구현을 말한다고 해석된다. 이를 종합하면 理本氣用은 禮(理)에 의한 삶의 일관성과 합리성을 표상하는 원리라고 생각된다. 그는 "聖人이 되는 공부는 단지 精一 두 글자에 있다."고 하면서, 精=擇善=博文, 一=固執=約禮로 등식화한다. 둘째 統體工夫說이다. 이는 身體에 공을 들여서(禮를 행함) 存心養性하고, 이 存心養性에 의하여 확보된 心의 주재력과 변별력으로써 다시 사고와 행위 일체를 조절한다는 방법론적 의미를 내포한다. 즉 檢身에 의한 治心을 원칙으로 삼는 통체공부설은 수양론의 핵심에 禮의 實踐을

---

99) 叢刊 48책 213면.(鶴峯集)
100) 위의 책, 214면.
101) 李相殷,「鶴峯先生의 學問思想의 傾向」『학봉의 학문과 구국활동』학봉선생기념사업회 1993년, 94면.

놓는 입장인 것이다. 셋째 統體工夫는 身心의 相互 交制의 관념과 연관된다. 身心의 相互 交制란 그의 수양론 전반에 해당하는 원리이다. 이는 身에 공을 들이면 그 결과는 身뿐 아니라 心에도 나타나고, 心에 공을 들이면 그 결과가 心뿐 아니라 身에도 나타나는 것이 필연이라는 의미인데, 그의 수양에 관한 언설들은 그러한 의미를 자세히 보여준다. 넷째 그는 그러한 예학적 수양론을 일관하는 원리로서 敬 또는 誠을 대단히 강조한다.[102]

우복은 務實의 개념을 禮와의 관련 속에서 사용한다. "聖人은 務實하고 務文하지 않는다."는 언급이 그것이다.[103] 이때 文과 實은 『論語』의 文質彬彬에서 언급되는 文과 質의 관계와 같다. 이 말은 일차적으로 禮文을 올바르게 파악하되 실천은 그 文보다 實質을 실천하는 것이어야 한다는 의미로 이해된다. 이는 虛禮虛飾을 경계하는 것이면서도 궁극적으로는 퇴계 이래로 강조되었던 務實의 이념을 禮學의 범주로 재해석한 것이라고 할 수 있다. 그의 이 관념은 務實을 '下學의 第一義'[104]라고 하는 데서 예학적 수양론의 歸趣를 象徵한다. 그리하여 퇴계가 지향했던 바와 똑같은 表裏一致 前後一貫하는 이상적인 聖人의 경지를 지향한 것이 우복의 예학이었던 것이다.

4) 경세관

「戊辰六條疏」는 성학의 이념이 바탕이 된 퇴계의 경세론을 담고 있다. 앞에서 살핀 성학의 내용은 무엇보다도 德治와 禮治를 지향하면서 정치의 근본을 중시하는 것이다.[105] 특히 聖學을 정치의 근본으로 삼

---

102) 이상의 내용은 拙稿, 「愚伏의 禮學思想」 79~97면 참조.
103) 愚伏集 5권 34장 前, 「玉堂應求言箚」.
104) 위의 책, 권12, 27장 前 「答金萬悅」.
105) 疏의 6조목은 첫째 繼統을 重히 하여 仁孝를 온전하게 할 것, 둘째 참소를 막아서 兩 宮을 친하게 할 것, 셋째 聖學을 돈독히 하여 정치의 근본을 세울 것, 넷째 道術을 밝혀 人心을

는 것이 그렇다. 이 疏에서 聖學의 정치이념의 특색을 꼽자면 다음과 같다. 첫째 그의 정치론을 근본주의라고 규정할 수 있는 이유는 정치에 있어서 體에 바탕하여 用의 대강을 말하고 있기 때문이다. 예를 들면 重繼統 全仁孝, 敦聖學 立治本, 明道術 正人心 疏에서 제시된 여섯 항목이 모두 그렇게 볼 수 있는 것이다. 둘째 정치의 근본이념이 유교의 仁愛를 지향하면서도 禮制에 입각한 합리성과 공정성을 기준으로 정치원리화하는 점이다. 예를 들면, 繼統을 중시하는 점은 宗法제도에 입각한 질서의 준수가 곧 仁孝의 근본임을 말하는 것이다. 이러한 퇴계의 입장은 유교정치의 명분과 실질을 종법이라는 예제를 중심으로 합일시키려는 禮治의 이념으로 계승되어 갔다. 마지막으로 비록 禮制의 중요성을 언급하고 있더라도 예의 형식적인 면보다는 그 실질을 중시하는 태도를 보인다. 즉 災譴을 만났을 때 君主의 修省을 통한 愼과 實을 얻어서 天意를 감격시켜야 함을 말하는 것이 그것이다.106) 그 때문에 禮文의 형식적 준수보다는 上敬 下恤의 태도로 修德 行政하여야 함을 강조하는 점은 곧 그의 정치사상에 있어서의 務實의 중요한 사항이다. 그것을 통해서 그는 결국 國人과 천지자연까지도 感化시켜서 전체가 조화되어 합일되는 경지로 이끄는 것이 성왕의 역할임을 강조하려고 한 것이다.107)

퇴계의 경세관은 西厓에게서 다음과 같이 계승되고 있다.

> "제왕의 학문은 경륜을 귀하게 여기는데 반드시 本末을 함께 거행하고 體用을 두루 갖춥니다. 안으로는 心身과 性情의 미세함으로부터 바깥으로는 정사를 베풀기까지 차례를 따르고 조목마다 통하여 고운 것과 거친 것, 큰 것과 작은 것을 어느 하나도 꿰지 않는 것이 없습니다. 큰 것으로 말하면 천지 사방(六合)을 경륜하고 작은 것으

바로잡을 것. 다섯째 본심을 미루어 耳目을 통할 것. 여섯째 修省을 정성스럽게 하여 하늘의 사랑(天愛)을 이어받을 것 등이다.
106) 증보퇴계전서 1책 190～191면.
107) 上同.

로 말하면 추호같이 세밀한 일에도 힘을 씁니다. 그런 다음에 비로소 本體에 밝고 쓰임에 적절한 학문이 되는 것이어서 본체는 있으나 쓰임은 없는 문제로 빠지지 않게 되는 것입니다."[108]

　서애가 지향하는 '본체에 밝고 쓰임에 적절한'(明體適用) 학문은 퇴계의 성학적 경세관의 계승이다. 위의 글에서 그는 循序하고 條達함으로써 精粗, 巨細 어느 하나도 잃지 않는 완벽한 정치의 실행을 논하고 있다. 이러한 정신이 그의 실제상의 정치적 경륜과 그의 저술에 반영되어 나타났다. 그는 전란 시 倭敵에 대항하는 신병법으로서 중국에서 효험을 본 浙江兵法을 훈련시켰고, 사실, 「戰守機宜十條」, 「山城說」 등에서 우리 지형에 알맞은 전략과 병법을 제시하였다. 이러한 사실에서 그가 원리와 실정에 두루 밝은 즉 體用을 겸비한 경세가임을 알 수 있다. 그의 경세에 대한 학문적 태도는 鹽鐵유통과 設堡屯田 등 개혁안을 제시할 때에 '浮文을 줄이고 근본과 실질에 힘쓰기'(略浮文 敦本實)를 강조한 데서[109] 禮制에 근거하되 그 實質과 根本의 구현을 중시하는 점을 보여준다.

　愚伏은 특히 務實관념에 입각하여 군주의 정치적 태도를 논한 것이 많다. 그는 「玉堂應求言箚」에서 "聖人은 務實하고 務文하지 않는다."고 언급하고, 虛文에 힘쓰면 表裏不同 前後相違하게 되어 爲政은 진실성과 신뢰를 잃어 돌이킬 수 없는 혼란을 불러일으키게 된다고 경계한다. 우복의 경세관 역시 퇴계와 서애로부터 전승한 體用겸비의 사고를 그대로 계승하면서, 특히 禮를 중심으로 삼는 務實관념을 보여준다. 그가 宣祖에게 올린 「玉堂請自强箚」, 光海君에게 올린 「應求言敎疏」, 仁祖에게 올린 「弘文館八條箚」 등은 전란의 중간 또는 전란이 끝난 후에 국정 운영과 사회 재건의 방침을 務實(務本)의 정신에

---

108) 叢刊 52책 157면(西厓集) 「柳祖訒上疏回啓」, 若夫帝王之學 貴於經綸 必須本末兼擧 體用該備 內自心神性情之微 外及政事施措之間 循序條達 精粗巨細無一不貫 大則經綸 六合 小則密勿秋毫 然後方爲明體適用之學 而不歸於有體無用之議.
109) 위의 책, 96면(西厓集) 「陳時務箚」 甲午四月.

입각하여 제시한 것이다. 그는 이 글들에서 국난을 극복하고 국가의 自强을 위해서는 근본적으로 廟享을 엄숙하게 임금[宣祖]이 직접 봉행함으로써 임금과 臣民이 정신적으로 일치단결할 수 있는 구심점을 만들어야 함을 강조했고, 宗統의 올바른 확립을 통한 大義名分의 존중과 임금의 전후 일관된 언행과 표리가 한결같은 태도, 특히 禮制에 준하여 공정성, 객관성, 합리성을 존중하는 정치의 실행, 국가재정의 절검과 비축으로써 愛民하는 민본정치의 추구 등과 같은 내용을 건의하였다. 나라의 근본을 세우고 실질과 실효에 힘쓰는(立本務實) 것이 그의 경세관의 핵심이라고 할 수 있다.[110]

蒼石의 「燕居備覽十箴 幷疏」는 『聖學十圖』의 전통을 계승한 것이며, 體天, 法祖, 尊賢, 愛民, 愼習, 遠慮, 聽諫, 去邪, 存誠, 務學의 차례로 구성되었으며 正君과 養德을 주요 목적으로 삼는다. 그의 경세론의 근본은 성학 또는 심학에 두고 있으면서도 실제의 정치는 禮制 禮讓에 의하여 풀어가야 함을 역설한 점이 특징이다. 즉 聖學에 근본하여 治道를 밝히려는 그의 태도는 「請務聖學以爲出治之本疏」에 나타나 있고, 禮敎를 강조하는 태도는 「請行禮讓之敎疏」에 나타나 있다. 그리고 禮의 실천에 있어서 虛文보다는 實質에 힘써야 한다는 務實의 정신도 그의 「玉堂雷異箚」에 보인다. 이 외에도 仁祖反正 후에 문제되었던 元宗追崇에 관한 議禮에서 그는 愚伏과 마찬가지로 追崇이 非禮임을 논하여 반대하는 입장을 취했다.(「論追崇非禮疏」) 그는 1626년에 올린 「玉堂箚」와 그것과 연관해서 제3箚, 제5箚, 제6차, 제7차, 제8차 등의 글에서 宗統의 重의 소재에 따른 禮의 隆殺의 기준을 상세히 논하였다. 그는 우복과 더불어 퇴계학파에서 禮에 대한 정밀한 지식은 물론이고 그것을 務實의 이념으로 인도한 예학 사상가였다.

---

110) 拙稿, 「愚伏의 禮學思想」 99~102면 참조.

5. 결 론

본고에서 논증하고자 한 것은 '務實'이 퇴계학파의 예학과 이학, 심학, 성학, 실학과의 연관성을 보여주는 개념인가 그리고 그렇다고 한다면 그 방식은 무엇인가 하는 점이었다. 다소 장황한 논술을 통해서 살펴본 바로는 務實은 퇴계학파의 성학, 심학, 이학을 實學이 되게끔 하여주는 원리를 표방하는 개념이라고 말할 수 있다. 퇴계의 實學이란 경전이나 성현의 격언에 그대로 주어져 있는 내용 자체를 가리키는 것이 아니라, 공부를 행하는 주체의 노력과 관련된 개념이다. 즉 주체가 그 내용을 盡心盡力하여 자득했을 때 비로소 확인되는 진실과 실효가 있어야만 성립하는 것이 實學인 것이다. 따라서 퇴계학파의 선비들이 퇴계의 聖學을 자신의 實學으로 성취하기 위한 道程에 들어섰을 때 염두에 두지 않을 수 없는 것이 務實이었다. 務實은 문헌에 대한 참정과 고론, 理氣論, 心性論에 대한 궁리를 바탕으로 心身에 대한 수양 그리고 禮의 학습 및 인륜의 실천 등을 통하여 聖人의 至治실현을 목적하는 것이다. 그러므로 이학, 심학을 포괄한 의미의 聖學을 행하는 주체가 實學을 성취하는 절대적인 과정이 務實이다.

이 務實의 관념은 禮와의 不可分의 관계를 맺고 있다. 퇴계의 성학은 심학(심법)을 중심 원리로 삼는 것인데, 그것은 그가 계승한 진덕수의 심학이 원래 禮와의 연관성을 대단히 중시하는 데에 연유한다고 할수도 있다. '退溪의 務實觀'에서 퇴계가 심학의 입장을 더욱 강화하여서 그것을 聖學의 원리로 확립하는 내용을 고찰하였다. 퇴계의 이러한 입장은 그의 문하에서 禮에 대한 문헌학적 연구 — 고증, 주석, 분류, 집람 등등 — 와 저술을 풍부하게 생산하는 결과를 가져왔고, 수양론과 경세관에 있어서 禮의 원리에 의하여 의미가 보강된 務實觀을 형성하는 결과를 가져왔다. 동시에 理氣論을 비롯한 理學의 諸 原理는 禮의 형이상적 근거와 수양 및 실천의 원리를 해명하고 정당화하는 작업과 긴밀한 관련을 맺게 된다고 할 수 있다.

퇴계의 務實觀은 비록 禮에 따르는 수양과 실천을 전제로 하더라도 어디까지나 心學의 원리를 중심으로 주장된 것이다. 그러나 퇴계의 재전제자들의 단계에 이르면 그 무실은 예학의 심화에 힘입어서 下學을 절대시하기에 이르렀다. '務實觀의 禮學的 繼承'에서 살폈듯이 愚伏의 務實을 下學의 第一義로 간주하는 입장이 그 증례이다. 그렇게 될 수 있었던 연유는 여러 선비들의 저술, 수양관, 경세관으로 살펴보았다. 이상과 같은 고찰을 더하여 생각해 보면, 퇴계학파에서의 務實의 관념은 禮學의 심화발전에 의하여서 심학의 공고화에 기여하였다고 할 수 있다. 이는 퇴계의 心性修養論 중심의 心學이 禮學의 발달과 심화에 따라서 심성보다는 신체에 노력을 들이는 身教를 중심으로 유학을 추구하는 변이가 발생하고, 그것이 후기실학의 下學 중시의 수양과 인륜실천 방식에 전조가 되었던 것으로 해석될 소지가 있는 것이다.

원래 퇴계학파의 선비들이 理學과 心學 또는 禮學을 별도의 학문체계로 보았는가의 여부는 앞으로 더 고찰해야 할 과제에 속한다. 그러나 지금까지 고찰한 그들의 務實觀에 의하여 말할 수 있는 것은 그들의 의식 속에서 심학과 이학 그리고 예학은 하나의 통일되고 일관된 원리로 융합되고 있다는 점이다. 특히 그것을 실천적 공부를 통하여 하나로 융합하라고 하는 것이 務實이고, 그러한 의미에서 퇴계학파에서 務實이란 絶對絶命의 要請的 意味를 지니는 개념이었다고 생각된다. 또 그러한 까닭에 퇴계와 그의 학문을 계승하는 선비들의 학문세계에서 이학과 예학이 별도의 흐름으로 발전해 왔다고 하는 견해는 수용하기 어려운 것이다.

본 고에서 또 한 가지 얻고자 했던 결론은 예학적 무실관을 통해서 성리학과 후기실학의 연속성과 불연속성을 설명해 보고자 하는 것이다. 지면의 제약 때문에 상세한 논술을 하지 못했지만, 본 고의 결과를 통해서 퇴계학파의 예학적 무실관념은 성리학이 후기실학으로 전환 내지는 변화했음을 설명할 수 있는 개념이 될 것으로 판단된다. 퇴계 성학과 후기실학을 잇는 가교적 역할자로 추정되는 眉叟, 星湖 그리고 退溪를 私淑한 茶山 등이 그러한 연관성을 시사한다.

본 고에서 밝힌 내용에 의거하여 생각하면 두 학문조류 사이의 연속성이란 務實의 관념을 통해서 추정될 수 있다. 퇴계 당시부터 강조되어 온 務實의 이념과 정신은 후기실학에서도 그대로 연속되는 점, 務實과 下學人事 간의 연관성에 대한 인식 증대는 후기실학에서 下學人事의 실천 중시 사상의 기반이 되었을 것으로 추측된다. 또한 禮制에 의한 객관적 합리적인 정치를 행함으로써 신뢰를 얻어야 한다고 주장하는 퇴계학파의 선비들의 禮治관념 역시 후기실학자들에게 이어진다. 그리고 성학을 목적으로 한 퇴계학파의 문헌연구, 즉 참정과 고론의 방법, 주석과 고증을 중시한 점은 후기실학의 고증학을 중시하면서도 의리를 추구하는 정신의 근원이 되었을 것으로 보인다. 따지고 보면 성리학과 후기실학은 儒學이라는 범주 안에서 서로 만나기 때문에 많은 점에서 유사성이 있다고 할 수 있지만, 성학이 전통으로 확립된 상황에서 발생하는 상호 관계는 앞으로의 연구가 더 밝혀야 할 부분이라고 할 수 있다.

그러나 그와 달리 성리학과 후기실학과의 관계는 茶山이나 惠崗 등에 의하여 대표되는 理氣論的 사유구조의 탈피, 四書三經 위주의 교과서적 체제에서 六經 내지는 四書六經 교과서적 체제로의 변화, 주자학의 절대적인 존숭으로부터 주자학의 권위를 상대화시키는 점, 유학의 본령을 심학보다는 身敎로 파악하는 다산의 입장 등은 양자의 사이에 존재하는 불연속 현상들로 고찰할 수 있는 내용들이다. 이는 務實에서 實의 외연과 내포에 변화가 일어났음을 시사한다. 예를 들면 후기실학자들이 추구하는 實의 의미가 심성 수양 위주의 正德의 의미로부터 利用厚生, 經世致用 등의 의미가 주축이 된 것도 뚜렷한 불연속성의 징표로 보아야 할 것이다.

앞으로 이에 대해서는 더 깊고 상세한 고찰이 필요하다고 할 수 있지만, 일단 잠정적인 결론을 내리면 역사적으로 그리고 인맥에 있어서 퇴계학파는 후기실학자로 이어진다고 할 수 있듯이, 유학적 관점에 있어서도 연속성이 있다. 그 반면에 양자 사이의 불연속성도 있다. 그 연속성과 불연속성을 함께 설명할 수 있는 범주로서 務實의 관념은 유용성이 작지 않을 것으로 생각된다.

退溪의 心學과 禮[1]

1. 서 론

儒學에서의 心學이란 일단 인간의 마음에 관한 성찰을 담고 있지만, 그것이 단지 철학적 성찰, 혹은 과학적 방법에 입각한 마음 실체의 해명이란 쪽에 목적을 두었던 학문은 아니다. 그보다는 마음을 수양함으로써 궁극적으로 성인의 인격 성취를 지향했던 것이 심학이다.[2] 성인의 인격은 從心所欲不踰矩 경지에 이른 공자의 인격이 모델이 될 것이다. 퇴계의 심학은 그것을 眞知와 實踐, 居敬과 窮理의 방법을 통해서 실천하고 그것들의 타당성을 자신의 체험에 입각하여 직접 검증

1) 『韓國思想史學』21, 韓國思想史學會, 2003. 12
2) 劉權鍾, 「조선시대 유학자들의 인식으로 본 마음의 구조와 작용에 대한 구성주의적 성찰」, 2003 AKSE Conference Proceedings, Association for Korean Studies in Europe, 2003. 4.

하고자 노력한 결과의 기록이라는 점에서 중요하다.

그동안 철학 분야에서 이루어진 많은 연구들은 심학을 개념적 차원에서 분석하고 해명하는 것에 노력을 집중하였다. 그러나 그 개념들과 言命들의 논리적 정합성을 분석하는 연구만으로는 퇴계 심학의 실제에 대한 이해에 도달하기 어렵다. 그리고 그의 심학의 實際의 상태에 대한 이해가 단지 그가 사용한 개념과 명제의 지시 대상에 대한 문자적 풀이에 머물러도 안 될 것이다. 그보다는 퇴계의 마음 경험을 따라 중험하는 연구가 필요할 것이다. 퇴계가 심학으로써 운용한 방법이나 그 결과로 도달한 경지의 실제에 대한 구명과 논의는 앞으로도 지속적으로 탐구해야 하는 과제이다. 가능하다면 퇴계의 심학에서 제시한 방법과 그 효용에 대한 분석, 퇴계 심학의 특징이나 장점에 대한 분석과 평가도 예전보다 더 상세하고도 실증적인 차원까지 나아가야 할 것이다.

또 퇴계의 사유에 대한 이해에 대해서도 개념의 분석에 머물지 않고 그러한 개념을 낳은 퇴계의 先槪念的 理解에 접근할 필요가 있다.[3] 그렇게 되면 우리는 퇴계의 개념과 명제가 생산되고 운용된 구조를 풀어갈 수 있을 것이다. 퇴계의 사유의 세계를 구별하자면, 퇴계의 개념과 그것이 지시하는 대상으로 이루어진 세계를 제1계(the first order)라 하고, 퇴계가 그 개념을 선택하고 적용하고 운용하였던 사유의 세계는 또 다른 계통으로서 제2계(the second order)라 구별할 수 있다. 달리 말하면, 객관적 실재로 상정되어 왔던 세계와 그것에 대립해 있는 주체의 관계가 제1계라고 한다면, 제2계는 그것을 관찰하는 관찰자의 체계를 의미한다. 후자는 전자를 낳았던 것이지만, 철학적 분석의 대상에서는 소외되어 온 부분이다. 제1계에 대한 연구를 넘어서, 제2계에 대한 분석은 그러한 개념들을 운용했던 퇴계의 이해를 이해하는 것 (understanding understanding)이다. 지금까지의 연구가 제1계에 집중된

---

3) 先槪念的 이해에 대해서는 마크 존슨 지음 노양진 옮김, 『마음속의 몸』 철학과 현실사, 2000, 서문 참조.

분석을 해왔다면, 이제는 제2계에 관한 분석과 이해도 시도할 때이다.

지금은 인간의 마음에 관한 논의가 철학이나 심리학뿐 아니라 인지과학, 생물학, 신경과학, 뇌과학, 교육학, 인공지능 등에서 매우 많은 이론을 양산하면서 활발하게 진행되고 있다. 특히 문화심리학, 인류학, 최근의 언어철학, 언어학의 관점들에 의하면 인간의 마음은 단지 인간 내면의 문제에 국한되는 것이 아니라 외부의 환경 또는 문화와 무한히 반복되는 상호 관계 속에서 형성되고 발전해 온 것이다. 이 학문들의 관점을 원용하거나 참고하여 퇴계 심학을 연구한다면, 퇴계 심학에 대한 새로운 인식을 낳을 것이고, 그 현대적 의의를 다시 평가할 수 있을 것이다.

그렇다고 할 때 퇴계의 심학은 어느 영역에서 다루어야 바람직한 것인가? 이는 유교를 현대의 어느 학문의 영역에서 다루어야 하는가라는 질문과도 통한다. 그에 대한 답은 심학이라는 학문의 성격을 어떻게 파악하는가 하는 것과 관련이 있다. 기존에는 주로 철학과 심리학에 의한 연구가 주가 되었다. 그 사실은 심학을 일종의 철학이나 심리학으로 파악했음을 의미한다. 그러나 퇴계의 심학이 서구에 근원을 둔 philophia로서의 철학이란 학문의 산물도 아니고, 심리학과 심학은 구별되는 것이고 보면[4], 심학의 탐구 방법이나 원리가 철학이나 심리학의 그것들과 유사성은 있다고 하더라도 꼭 철학적 방법이나 심리학의 방법으로만 연구해야 하는 것은 아니다.

심학이란 퇴계가 자신의 수양의 과정에서 얻은 마음 경험과 그로부터 사색된 마음의 활동 및 변화에 대한 총체적인 기록인 것이다. 그 기록의 총체성은 곧 인간 존재와 그 진취적 인격성취에 관련된 방법과 의미의 총체성이다. 그렇다면, 퇴계 심학의 기록들은 철학적 심리학적 분석과 고찰뿐 아니라, 교육학은 물론 현대의 뇌과학이나 신경과학, 인

---

4) 劉權鍾, 崔祥鎭, 「한국인의 마음속에 形象化된 '마음': 한국인의 마음모델 구성을 위한 기초연구」, 東洋哲學硏究 第34輯, 東洋哲學硏究會 2003. 9.

지과학, 나아가서 의학, 인류학 등의 관점에서도 다룰 수 있는 자료가 되는 것이다. 다양한 현대 학문의 방법에 의한 연구가 가능하게 된다면 퇴계 심학은 현대 학문들의 논의에 중요한 논점들을 제공할 뿐 아니라, 인간의 마음 문제에 관한 해명의 한 방법으로서 새로운 시사를 할 것이며, 경우에 따라서는 현대인들의 정신적 질병의 치유와 건강한 삶의 회복에도 필요 적절한 방법을 제시할 수 있을 것으로 생각한다. 즉 퇴계의 심학에 관한 이해는 어느 한 분야의 학문에 한정시킬 수 없는 다양한 학문적 접근을 필요로 한다. 나아가서 인지과학에서처럼 다학문 간의 융합적 체제에 의한 연구 방법이 심학 연구에 적용될 수 있다면, 퇴계의 심학이 내포하고 있는 인간 마음에 관한 유학자의 체험과 분석에 의한 또 다른 마음의 진실이 더 깊게 그리고 더 포괄적으로 밝혀질 수 있을 것으로 생각된다.

본 연구에 이 학문들의 관점을 모두 수용할 수는 없는 것이지만, 앞으로 그러한 학문들에 의한 퇴계 심학에 관한 고찰과 논의의 단서를 찾기 위해서, 본 연구는 기존의 심학 연구들이 소홀히 했거나 무관심했던 心學과 禮와의 연관성에 초점을 맞추어 퇴계 심학의 현대적 의의를 탐구하고자 한다. 기존의 연구들이 심학을 다루면서 禮를 다루지 않은 것은 심학이 내면의 마음의 문제에 관한 학문이라는 인식에 갇혀 있었기 때문이라고 생각된다. 그때문에 객관적 문화 규범으로서 예를 마음과 동떨어진 것으로 간주하여서 이를 마음과 관련된 논의에서 배제시켰던 것이다. 그 결과 禮실천과 필수적으로 관련되기 마련인 몸과 마음의 경험을 적절히 포착하여 설명하는 데 소홀했던 것이다.[5] 본 연구는 먼저 퇴계의 심학이 예와 연관되는 형태와 방식을 정리하고, 왜 심학에서 예가 필수적인가 하는 점을 해명하고자 한다. 그리고 최근에 활발해졌거나 주목받고 있는 문화심리학, 언어철학 등의 관점과 방법

---

5) 논자의 선행연구들에서 얻었던 관점을 적용하면서, 유권종, 「退溪 禮學 研究의 과제와 전망」 退溪學報 109집, 退溪學研究院, 2001. 4, 「退溪 禮교육과 人格形成의 原理」, 儒敎思想研究 제18집, 韓國儒敎學會, 2003. 2.

을 참고로 하여[6] 퇴계 심학에서 마음과 문화와의 연관성, 마음과 몸의 관계 등에 관한 설명방식을 찾아보고, 퇴계 심학의 현대적 의의, 발전적 논의의 가능성을 모색하고자 한다. 그렇게 함으로써 퇴계 심학에 대한 논의의 방식을 다양화하고 탐구의 폭을 넓히고, 퇴계 심학이 현대 학문과 현대인의 삶에 대하여 어떠한 지혜의 빛을 던져줄 수 있을 것인가를 논하는 단서를 마련하고자 한다.

2. 心法과 禮

퇴계의 심학은 爲己之學의 한 방식으로, 居敬과 窮理를 방법으로 삼아서 眞知와 實踐을 추구하는 학문이고, 궁극적인 목적은 聖人의 인격을 성취하는 것이라고 정의할 수 있다. 퇴계는 33세에 『心經』을 읽은 뒤부터 『심경』을 평생토록 尊信하게 되었다고 밝히고 있다. 그리고 그가 평생토록 『심경』을 존신하게 된 것은 무엇보다도 心法이 그 안에 정밀하면서도 철저하게 제시되어 있기 때문이다.[7]

여기서 말하는 心法이 그의 심학의 방법론에서는 가장 핵심적인 개념이다. 심법이란 宋學의 전문용어인데, 이것이 본격적으로 사용된 것은 『中庸章句』의 朱熹의 글이다. 그는 『中庸』을 孔門에서 전하는 心法을 담은 글로 간주하였고[8], 『중용장구』 序에서는 그 연원을 『書經』

---

6) 문화심리학적 관점에 관해서는 유권종 최상진, 앞의 논문, 최상진 외, 『동양심리학』 지식산업사, 1999 서론, 유권종, 「유학에 대한 심리학적 연구의 성찰과 전망」 동아시아 문화와 사상 10, 동아시아문화포럼, 2003년 6월 참조. 언어철학의 관점에 관해서는 G. Lakoff & M. Johnson, *Philosophy in the Flesh: The Embodied Mind and Its Challenge to Western Thought*, published by Basic Books, 1999.(노양진 외 옮김, 『몸의 철학』 도서출판 박이정, 2002), 마크 존슨 지음 노양진 옮김, 『마음속의 몸』 철학과 현실사, 2000., G. Lakoff & M. Johnson, *Metaphors We Live By*, The University of Chicago Press, 1981. 참조.

7) 增補退溪全書 4冊, 169頁, 言行錄 권1, 「學問」 李德弘記, 先生自言 吾得心經 以後不通始 知心學之淵源 心法精徹 故吾平生 信此書 如神明 敬此書 如嚴父.

8) 『中庸章句』 首章解說, 此篇乃孔門傳授心法子思恐其久而差也.

大禹謨의 堯와 舜이 전하고 받은 人心惟危 道心惟微 惟精惟一 允執厥中의 방법에서 찾고 있다.9) 그리고 『중용장구』序에서 天命 率性을 道心이라 간주하고, 擇善固執을 精一로 간주하고, 君子時中을 執中으로 파악하고 있다.10) 그리고 『중용장구』序에 의하면, 이러한 심법의 요체는 道心으로 하여금 일신을 주재하게 하고 인심으로 하여금 그 명령을 따르도록 하는 것이다.11) 퇴계는 居敬 窮理와 眞知 實踐의 방법, 下學上達의 원리를 『중용』과 『심경』의 내용으로부터 발견하고 강조하였다. 그것이 잘 반영된 것은 「戊辰六條疏」, 『聖學十圖』 등이다. 특히 「무진육조소」 제3조의 내용과 『성학십도』에서도 「心學圖」, 「敬齋箴圖」, 「夙興夜寐箴圖」 등은 퇴계 심학에서 예가 왜 필수적인가 하는 점을 밝히기에 좋은 자료들이다.

이들로부터 퇴계 심학이 마음과 문화의 연관에 대해 시사하는 내용을 해석하도록 한다. 논자의 생각으로는 퇴계의 심법은 心身 전체를 대상으로 삼아서 혈기와 기력을 다스리고 存心養性을 하여서 궁극적으로는 성인의 心身一如의 경지로 나아가는 방법이다. 그런데 이러한 일련의 심법에는 禮가 필연적으로 관련된다.

이때의 禮는 적어도 다음 세 가지의 의미를 지닌다. 첫째, 문화의 표상으로서 禮이다. 공자가 흠모한 주나라 문화가 이에 해당할 것인데, 퇴계는 그것을 古禮라고 이상시하였고, 학습과 실천의 대상으로 삼았다. 그러므로 이 禮는 객관적 존재로서 지식의 대상이 된다. 둘째, 문화를 지향하게 하는 動因이 되는 당위 규범으로서의 예이다. 예를 들면, 인간이 어느 상황에서 어떠한 행위를 하여야 할 것인가를 결정하고자 할 때, 당위로서 실재하는 예규범은 인간이 행위를 선택하고 그

---

9) 『中庸章句』序, 蓋自上古 聖神繼天立極而道統之傳 有自來矣 其見於經則允執厥中者 堯之所以授舜也 人心惟危 道心惟微 惟精惟一 允執厥中者 舜之所以授禹也.
10) 위와 같은 곳, 其曰 天命率性 則道心之謂也 其曰 擇善固執 則精一之謂也 其曰 君子時中 則執中之謂也.
11) 위와 같은 곳, 必使道心 常爲一身之主 而人心 每聽命焉 則危者安 微者著 而動靜云爲 自無過不及之差矣.

것을 행하도록 요구하는 힘을 발휘한다. 그러므로 이때의 예는 인간에게 행위의 동기를 부여할 뿐 아니라, 도덕적 사유와 행위를 유도하는 힘으로도 작용한다. 셋째, 문화적 마음의 구성요소로서의 예가 있다. 그것은 인간의 본연성 가운데 하나인 禮가 일단 거론되지만, 나아가서 후천적으로 학습하면서 내면에 체득하게 되는 인지의 내용들이 역시 유교적 문화에 적응된 마음의 구성요소가 되는 것이다.

퇴계는 이러한 예가 본질적으로는 一理이므로 이 세 가지가 서로 다르다고 구분하지는 않지만, 현대의 시각으로 구분이 불가능한 것은 아니다. 첫째의 예와 관련하여, 그 역시 문화의 표상으로서 각종 禮經과 禮書에 기록된 禮를 지식의 대상으로 삼았다. 그리고 예경, 예서에 대한 독서 및 예에 대한 각종 논의와 문답을 통해서 문화의 이해와 문화의 표상에 대한 연구를 게을리 하지 않았다.

또 둘째의 예 의미와 관련하여, 퇴계 역시 예를 준행하고 학습함으로써 예문화에 적응하는 존재가 되도록 꾸준히 노력했다. 이는 그에게도 예는 인간에게 도덕적 삶을 지향하는 동기를 부여하고, 몸과 마음을 지속적으로 도덕으로부터 일탈하지 않도록 통제하는 규범적 통제의 장치이자, 몸과 마음이 일관성을 지니고 지속적으로 도덕을 지향해 나갈 수 있도록 인간의 힘을 길러주는 장치로 작용하였음을 의미한다.

셋째의 경우 퇴계의 사고에 따르면 心이 구비한 衆理는 萬事에 응하는 것인데, 이 만사의 형식적 비형식적 규범이 곧 예이다. 예를 학습하고 실천하게 되면 내면의 온갖 이치를 역시 더욱 상세하고도 폭넓게 확충되는 것인데, 그것은 맹자의 存心養性 내지 擴充과 다르지 않은 것이다. 그것을 인지과학의 인지체계라는 개념으로 표현한다면, 본성은 태생적 예[理] 인지체계이고, 확충이란 그 태생적 예[理] 인지 체계의 목록이 정밀함, 상세함과 체계적 부피를 확장하여 가는 것이라고 표현할 수 있다.

퇴계의 예학에서는 이들이 구분되기도 하지만, 사실상 인간의 수양과정에서 고루 관여되는 것이다. 이로부터 우리는 연구를 위한 대강의 단서를 얻고 논의를 시작할 수 있다. 그렇다면 퇴계가 이해하는 성인의 마음은 예라는 문화와 어떠한 관련이 있으며, 그 마음의 성질은 어떠한 것인가. 퇴계의 심학에서 심법과 예와의 연관관계가 무엇인가를 살피도록 한다.

1) 血氣의 다스림과 氣力의 강화

『심경』은 심법에 관한 經文과 유학자들의 格言들을 담은 경전이다. 『심경』은 『書經』 大禹謨의 人心道心章을 비롯하여 『詩經』 魯頌의 上帝臨女章, 『周易』 乾卦 九二의 閑邪存誠章, 坤卦 六二의 敬以直內章, 『論語』의 顏淵問仁章, 『禮記』 樂記 편의 禮樂不可斯須去身章, 『孟子』 養心章, 周子 養心說, 『通書』 聖可學章, 程子 視聽言動四箴, 范氏 心箴, 朱子 敬齋箴, 求放心齋銘, 尊德性齋銘 등이 그 주된 내용이다. 퇴계의 心學에서 강조되었던 眞知와 力行[實踐] 역시 이로부터 생각되었던 것이다. 『심경』에서는 禮의 학습과 실천을 심법의 중요하고도 필수적인 방법으로 꼽았다. 이러한 증례로 「樂記」 편에서 따온 禮樂不可斯須去身章을 먼저 꼽을 수 있다.

> 「樂記」에서 군자가 말하였다. 禮와 樂을 잠시라도 몸에서 버릴 수 없다. 樂을 다하여 마음을 다스리면 간이하고 곧으며 자애롭고 진실된 마음이 구름이 일어나듯 생긴다. 간이하고 곧으며 자애롭고 진실된 마음이 생겨나면 즐겁고, 즐거우면 편안하고, 편안하면 오래가고, 오래가면 하늘처럼 되고, 하늘은 신과 같으니, 하늘은 말을 하지 않아도 미더우며, 신은 노여워하지 않아도 위엄이 있으니, 樂을 다하여 마음을 다스리는 것이다. 예를 다하여 몸을 다스리면 장중하면서도 경건하다. 장중하면서 경건하니 엄정하고 위엄이 있는 것이다. 마음속이 평화롭지 않고 즐겁지 않으면, 비루하고 속이려는 마음이

들어오며, 외모가 잠시라도 장중하고 경건하지 않으면 업신여기는 마음이 들어온다.(中略) 그런 까닭에 禮와 樂의 도를 다하여 예악을 실천한다면 천하에 어려움이 없을 것이다.12)

이 글에서 禮樂은 바로 인식의 대상이 되는 문화적 표상이면서 동시에 행위를 촉발하는 규범적 요소가 된다. 이 글에서 주목되는 것은 예악으로써 몸과 마음을 다스린다고 하는 것이다. 악은 마음에 관계되고, 예는 몸에 관계되는 것으로 나누어 설명되었다. 그렇지만 예와 악을 함께 실천함으로써 몸과 마음을 함께 道理에 합당하게 하여 어려움이 없도록 한다는 점이 글의 요지이다. 이 내용에 대해서 朱子는 "마음은 평이해야 하고 어렵고 번거로움이 없어야 하니, 그런 까닭에 화평하지 않고 즐겁지도 않으면 비루하고 속이려는 마음이 침입하고, 장중하지 않고 경건하지도 않으면 안이하고 태만한 마음이 그 속에 침입한다고 말한 것이다."13)고 하였다. 여기서 말하는 장중함, 경건함이나 안이함, 태만함 등은 마음 상태의 양면이라고 할 수 있는데, 이러한 마음은 그대로 마음이라고도 할 수 있겠으나 혈기 자체이거나 혈기에서 비롯되는 마음으로서 사실상 몸과 일정한 관련이 있는 것이다. 그렇게 보는 근거는 같은 章 『附註』에 程子의 언급들이다.

옛날에는 玉을 몸에서 떼지 않았고, 까닭 없이 비파와 거문고를 거두지 않았고, 어려서부터 배움에 들어가 마흔 살이 되어서 벼슬에 나아갔으니 그런 까닭에 교양이라는 것이 갖추어졌다. 이치와 의리로써 그 마음을 길렀고, 禮와 樂으로써 그 血氣를 길렀으니 그런 까닭에 재질이 높은 사람은 성현이 되었고, 그보다 못한 사람 역시 훌륭한 선비가 된 것은 함양함이 지극했기 때문이다.14)

---

12) 『心經(附註)』(景文社 影印本) 卷2, 19張, 樂記君子曰 禮樂不可斯須去身 致樂以治心 則易直子諒之心 油然生矣 易直子諒之心生則樂 樂則安 安則久 久則天 天則神 天則不言而信 神則不怒而威 致樂而治心者也 致禮以治躬則莊敬 莊敬則嚴威 中心斯須不和不樂 而鄙詐之心入之矣 外貌斯須不莊不敬 而易慢之心入之矣(中略) 故曰 致禮樂之道 擧而錯之 天下無難矣.
13) 上揭書, 卷2, 22~23張, 問樂以治心 禮以治躬 曰 心要平易無艱深險阻 所以說 不和不樂則鄙詐之心入之矣 不莊不敬則易慢之心入之矣.

또 『심경』에는 伊川이 「表記」의 "군자가 장중하고 경건하면 날로 굳세어지고(莊敬日彊), 안이하고 방자하면 날로 구차해진다."는 말을 매우 좋아하였다는 글이 있다.[15) 여기서 말하는 굳세다(彊)는 말에 대해서 주자는 "의지도 강해야 하겠지만 氣力도 또한 강해야 한다."고 풀이했다.[16) 이렇게 莊敬을 血氣 내지 氣力과 연관짓는 것은 사리에 부합하는 마음의 획득, 또는 執中 등이 몸의 기력을 사용하는 것과 긴밀한 관련이 있음을 의미한다. 또 이에 관해서 이천은 "장중하고 경건하다는 것은 辛苦를 참아내어 스스로 날마다 規矩로 나아감을 스스로도 깨닫지 못하는 것"이라고 해명하고 있다.[17) 이러한 언급들은 신체의 힘에 해당하는 기력 내지 혈기를 마음의 주재에 복속시키기 위한 방법과 결과를 암시하는 것이다.

이 같은 『심경』과 『부주』의 글들에서, 기력이 중요한 까닭은 첫째로 안이한 버릇이 몸에 깃들지 않게 방어하는 힘이며, 둘째로 그것은 예에 맞는 행위와 태도를 잃지 않도록 하는 실질적인 힘이기 때문이라고 이해된다. 특히 후자와 관련하여 보면, 퇴계의 『聖學十圖』 제9도 「敬齋箴圖」와 제10도 「夙興夜寐箴圖」에서 제안하는 일상적 예 목록과 그것의 일상적 실행의 반복이 그러한 의미를 가진다. 즉 두 그림의 실천 결과도 역시 몸 전체의 기력을 씩씩하고 경건하게 길러가는 것이 되는 것이다. 그리고 한 가지 특별히 주목해야 할 점은 바로 앞에서 언급된 이천의 언급 가운데 "스스로 날마다 規矩로 나아감을 스스로도 깨닫지 못하는 것"이라는 점이다. 이는 의식하지 못하는 사이에 혹은 의식이 미치지 못하는 영역에서 모종의 발전이 있음을 이천을 비롯한 성리학자들이 주목하였음을 시사하는 말이다.

---

14) 上揭書, 卷2, 20~21張, 又曰 古者 玉不去身 無故不徹琴瑟 自成童入學 四十而出仕 所以敎養之者備矣 理義以養其心 禮樂以養其血氣 故其才高者爲聖賢 下者亦爲吉士 由養之至矣.

15) 上揭書, 卷2, 21張, 伊川先生 深愛表記 君子莊敬日彊 安肆日偷之語.

16) 上同, 問强是志强否 朱子曰 志也强 氣力也强.

17) 上同, 伊川云 人莊敬則日就規矩 莊敬自是耐得辛苦 自不覺 其日就規矩也.

퇴계는 이 같은 사고를 계승하고 있게 된다는 사실을 다음과 같은 그의 견해를 통해서 알 수 있다.

"把捉은 操存을 말하는 것이니 선하지 않은 것이 아니지만, 만약 活法을 얻지 못하면 도리어 揠苗助長의 근심이 될 것이다. 顔子의 四勿과 曾子의 三貴를 보고 視聽言動의 容貌와 辭氣로부터 공부를 한다면 그것은 이른바 외면을 제어하여 그 내면을 기르게 한다는 것이다. 그러므로 程子는 말했다. '整齊嚴肅하면 마음이 통일되고 마음이 통일되면 非僻한 것들의 간섭이 저절로 없어진다.' 주자도 역시 말했다. '持敬의 요체는 단지 衣冠을 정제하고 思慮를 한결같게 하고 莊整齊肅하여 감히 기만하지 않고 감히 교만하지 않으면 곧 身心이 肅然하여서 表裏가 如一하게 된다.'"[18]

위 글에서 容貌와 辭氣로부터 공부하는 것, 외면을 제어하여 그 내면을 기른다는 것은 마음의 통일을 얻기 위한 것이라고 이해할 수 있다. 그리고 身心肅然, 表裏如一과 같은 것은 신심이 통일되는 것을 의미한다. 이 통일은 혈기와 기력의 통제와 강화에 의해서 분출하는 욕망을 다스리고 잡다한 사념들을 제어할 수 있는 마음의 주재력이 확보되었음을 의미하는 것이 아닐 수 없다. 伊川이든 朱子든 혹은 退溪든 이러한 통일이 구체적으로 어떠한 요소들이 그들의 상호 관계를 어떠한 방식으로 변화시키는 것인가에 대해서는 더 상세한 수준에서의 언급이 없다. 다만 그 관찰이 혈기나 기력의 개념으로 표현하는 차원까지 도달했지만, 그보다 더 깊은 속사정에 대해서는 특별한 표현이 없는 듯하다. 바로 이 점이 오늘날 신경과학이나 인지과학, 혹은 인지심리학 등이 개입하여 해명해야 할 부분이 될 것이다.

---

18) 增補退溪全書 2册 130張下, 「答禹景善問目 · 別紙」, 把捉卽操存之謂 非不善也 若未得 活法 則反爲揠苗助長之患 觀顔子四勿曾子三貴 從視聽言動容貌辭氣上做工夫 所謂制於 外所以養其中也 故程子曰 只整齊嚴肅 則心便一 一則自無非僻之干 朱子亦曰持敬之要 只是整衣冠 一思慮 莊整齊肅 不敢欺不敢慢 則便身心肅然 表裏如一矣.(밑줄 논자)

본 연구의 주제와 관련해서 본다면, 혈기의 다스림과 기력의 강화가 예에 의해서 이루어진다는 것은 文化가 몸을 규제함으로써 마음의 작용에 일정한 방향과 지속성을 갖도록 해주는 역할을 하고 있음을 의미한다. 이것이 문화로서의 예가 심법에 관여하는 하나의 방식임에 틀림없다.

2) 心法의 두 축: 眞知와 力行

허버트 핑가레트(Herbert Fingarette)는 공자의 예를 인간적 충동의 문명적 표현이라고 규정하였다.[19] 퇴계의 심학은 바로 이러한 예의 학습과 일상적 실천으로부터 진지와 역행을 시작하여 궁극적으로 성인의 인격을 성취하는 것을 목적으로 삼는 것이다. 공자가 七十의 경지를 從心所欲不踰矩라고 표현한 것이나, 퇴계가 "畏敬이 日用을 떠나지 않아서 中和의 位育의 공을 이룩할 수 있고, 德行이 彝倫을 벗어나지 않아서 天人合一의 妙를 여기서 얻게 되는 것"[20]이라고 표현한 것에서, 유학 내지 심학은 예[理]와 일치된 심신의 체계 확립을 성인의 한 특성으로 보고 있음을 알 수 있다. 그리고 그것은 곧 예를 통해서 문명적으로 다듬어져서 세련된 자연적 상태로 있는 자아를 교양을 지닌 자아를 구성하는 방법이라고도 말할 수 있는 것이다.

일종의 理 실재론적 사고에 의해서 인간의 존재와 天道 혹은 禮문화와의 상응 부합의 가능성을 인정하는 것이 성리학이지만, 퇴계는 그것이 기질의 장애를 넘어서서 합치되는 것은 후천적 노력이 필요하고, 거기에는 여러 단계의 과정과 오랜 시간이 필요하다는 생각을 말한 것이다.[21] 퇴계는 인간이 지닌 신체적 능력과 마음의 능력을 하나로 모

---

19) 허버트 핑가레트 지음 송영배 옮김, 공자의 철학, 서광사.
20) 韓國文集叢刊 29册, 200頁, 畏敬不離乎日用 而中和位育之功可致 德行不外乎彝倫 而天
   人合一之妙斯得矣.
21) 劉權鍾, 「退溪禮學 研究의 과제와 전망」, 退溪學報 109집 참조.

아서 진지와 역행으로 관철하게 되면 그것이 가능하다는 점을 깨달았고, 실제 실천을 통한 체험을 바탕으로 그것을 말한 것이다.

그렇다면 진지와 역행의 방식과 그 내용을 검토하는 것이 필요하다. 이들 방식과 관련되어 설명될 禮는 단지 整齊嚴肅과 같이 행위를 통제하고 규범에 맞는 행위를 유도하는 작용을 하는 데 그치는 것이 아니다. 오히려 마음의 구성요소로서의 禮의 潛在態라고 할 수 있는 본성[본구된 衆理]을 일깨우는 방법이 되는 것이다. 이로부터 인간의 마음과 문화의 관계에 대한 퇴계의 이해를 이해할 수 있는 단서가 생길 것이다.

퇴계의 심학은 성인의 경지에 도달하기 위한 방법으로 居敬과 窮理, 眞知와 實踐 또는 眞知와 力行 등을 내세운다. 그의 「무진육조소」 제3조에서는 眞知와 力行에 대하여 언급하고 있다. 이를 중심으로 그 방법의 내용을 분석하고 특징을 살피기로 한다. 眞知는 대체로 마음을 써서 하는 공부라고 할 수 있지만 반드시 마음만은 아니라 몸의 노력도 뒷받침되어야 하는 것이고, 力行은 실천에 관계된 것으로서 주로 몸의 작용과 관계있지만 그렇다고 마음이 배제되면 불가능한 것이다. 사실 이로부터 퇴계의 심신관이 이원적인 것은 아니라는 추론도 가능하다. 그에 관한 논의는 지면 사정으로 생략하고, 다만 여기서는 심신이 분리되지 않는다는 것이 퇴계의 생각이라고 전제하고, 眞知 力行의 두 방법이 예로 대변되는 유교 문화를 내면에 건립하는 방법을 살피기로 한다.

가. 眞 知

퇴계가 眞知의 대상으로 삼은 것은 性情, 形色, 日用, 彝倫처럼 가까운 것으로부터 天地萬物과 古今事變의 잡다한 것에 이르기까지 至實한 이치와 至當한 법칙들인데, 그 모든 것을 그는 한 마디로 中이라고 정의한다.[22] 이 中이 禮이자 문화적 표상이라고 할 수 있는 것이다. 퇴계는 이를 모두 앎의 대상으로 삼고 있다. 그런데 그가 말하는 앎이란 궁극적으로는 執中으로 표현된다. 이 앎은 유교의 특징을 보여 주는 앎이고, 서구철학의 존재론이나 인식론과는 다른 맥락에서 이루어진 것이어서 그 특징에 주목할 필요가 있는 것이다. 그리고 이 집중에 도달하는 방법과 과정에 대한 퇴계의 설명은 자신의 수양공부에서 얻은 자가적 체험의 진실을 기술한 것이라고 추정된다. 그렇기 때문에 이에 대한 이해를 통해서 그의 마음 경험의 방식과 그 내용에 대한 더 실제적인 이해가 가능할 것으로 믿어진다.

퇴계는 博學, 審問, 愼思, 明辨을 致知의 절목이라고 하는데[23] 이 치지를 그는 진지와 같은 방법으로 이해하고 있는 듯하다. 퇴계는 이 네 가지 절목 가운데 愼思를 가장 중요하다고 했다. 그는 愼思가 곧 인심이 위태롭고 도심이 은미한 까닭을 아는 방법이고, 또한 精一의 방법을 스스로 터득하는 과정이라고 이해하고 있다. 이 같은 思의 의미는 그가 말하였듯이 踐履로 얻은 앎으로써 踐履가 미치지 못하는 영역[微]까지 생각하는 능력을 활용하여 앎을 확장하는 것이다.[24]

이 思의 작용을 자세히 설명해 보기로 한다. 그는 思는 마음에 구하여 증험이 있고 얻음이 있는 것을 말하는 것이라고 하였다.[25] 마음에 구한다는 것은 배움[博學]과 물음[審問]을 통해서 얻은 앎을 자신의 마음이 견지하는 기존의 앎에 견주어보는 것이라고 생각된다. 그 기존의 앎이란 첫째는 본구된 性으로서의 理, 둘째는 愼思의 순간에 이르기 직전까지 스스로 증험해서 인지적 목록에 포함시킨 앎으로서의 理를 그 내용으로 하는 것으로 판단된다. 그러므로 신사는 이러한 기존의 앎에 새롭게 얻는 앎을 대조하여 보고 그것이 상호 부합하거나 진

---

22) 韓國文集叢刊 29冊, 187頁, 臣請先以致知一事言之 自吾之性情形色日用彝倫之斤 以至 於天地萬物事變之多 莫不有至實之理至當之則存焉 即所謂天然自有之中也.
23) 上同, 故學之不可以不博 問之不可以不審 思之不可以不愼 辨之不可以不明 四者致知之目也.
24) 韓國文集叢刊 29冊, 199頁上, 盖聖門之學 不求諸心 則昏而無得 故必思以通其微.
25) 上同, 而四者之中 愼思爲尤重 思者何也 求諸心而有驗有得之謂也.

실이라는 판단이 들면 새로운 앎을 기존의 앎의 체계에 추가하는 방법이고, 그로 인하여 전체의 앎을 더욱 精細하게 엮고 넓게 확장하는 결과를 가져오는 것이다.

퇴계의 이 愼思에 대한 생각은 맹자가 강조했던 四端의 性을 확충하는 방법과 관련한다고 이해된다. 위의 분석과 관련하여 본다면, 思의 노력이 더욱 정밀하게 된다는 것은 본성뿐 아니라 그것으로부터 확충되어 있는 기존의 理[性]가 더욱 풍성하고 상세하게 된다는 것이다. 거기서 본성의 理와 확충된 理가 앎의 내용이다. 그러므로 신사를 꾸준히 반복함으로써 확충이 이루어지고, 확충이 지속되면서 내면의 앎, 즉 理 혹은 中의 내용이 더욱 넓어지기도 하지만 그 넓어짐이 또한 더욱 상세하고 정밀한 내용으로 가득 차게 된다는 의미로 이해된다. 이로써 마치 내면의 理의 (앎의) 그물을 더욱 넓고도 촘촘하게 엮어가는 형상을 비유적으로 연상해 볼 수 있다. 퇴계는 아마도 자신의 내면에 증가하는 理에 대한 앎의 과정을 확충이라는 隱喩에 의한 心像(image)을 통해서 이해하였을 것으로 추측된다.

또 하나 중요한 것은 積累이다. 積累란 愼思의 노력을 지속해서 앎을 쌓아가는 것을 말하는 것이지만, 퇴계는 그 상세한 방법을 제시하고 있어서 흥미롭다. 우선 그 방법은 敬, 窮理(즉 모든 사물의 所當然과 所以然의 까닭을 궁구함), 沈潛, 反覆, 玩索, 體認으로 거론된다.[26] 먼저 주자학을 계승하는 퇴계에 의하면 敬이란 整齊嚴肅, 主一無適, 常惺惺法, 其心收斂不容一物이라는 네 가지의 성질을 지닌 태도를 말한다. 이 가운데 整齊嚴肅이란 예를 실천함으로써 혈기를 통제하고 기력을 강화한다는 방법과 관계가 있는 것이고, 常惺惺法은 한 순간이라도 理를 놓치지 않는 주도면일하면서도 분명한 판단력이라면, 主一無適은 심신 전체의 내면적 활동을 理에 집중하여서 그것으로써 일관하는 태

---

26) 上揭書, 187頁下, 臣請因其發端 而益致其積累之功 其次第節目 依或問所示之詳 敬以爲主 而事事物物 莫不窮其所當然 與所以然之故 沈潛反覆玩索體認 而極其至.

도를 의미한다고 할 수 있고, 其心收斂不容一物은 일체의 사념, 잡념을 배제하고 理에 심신이 응집된 상태를 의미한다. 만일 理에 대한 앎이 미흡하고 거칠다면 이러한 主一無適이나 常惺惺法은 제대로 형성되거나 힘을 발휘할 수 없을 것이다. 이러한 점으로 본다면 執中과 敬은 상호 인과적이고 순환적인 관계에 있는 것이라고 할 수 있다.

그리고 窮理를 비롯하여 침잠, 반복, 완색, 체인은 執中을 성취하기 위한 방법인데, 집중의 단계로 가는 조건에 대한 그의 설명을 견주어 본다면 이들은 모두 심신의 모든 활동을 앎[理]과 일치시켜 가는 방법이라고 생각된다. 집중의 조건에 대해서 그는 침잠, 반복, 완색, 체인을 극진하게 함, 이 방법에 대한 오랜 세월에 걸친 功力, 그 결과로서 마음의 灑然融釋하고 豁然貫通한 상태의 체험, 體用一源과 顯微無間에 대한 앎이 진실이라는 자각 등으로 순차적으로 나타남을 설명한다.[27]

이상을 종합하면 그가 말하는 執中 혹은 眞知란 근본적으로 자신의 본성을 기준으로 삼고 愼思뿐 아니라 窮究와 沈潛, 反覆, 玩索, 體認의 노력까지도 방법으로 삼고, 앎[理]을 확충하여 가는 것이다. 그 앎이 나아가야 하는 상태에는 일단 그 理와 理 상호 간의 관계 및 그 理들이 體用一源이고 顯微無間하다는 궁극적 形而上의 진리에 대한 깨달음까지도 포함된다. 결국에는 執中의 능력을 함양시키는 것이 그 궁극적 목적인 것이다. 또 오랜 시간과 그 시간에 꾸준히 들이는 공력이 필수적이라고 그는 강조한 것이다.

여기서 진지의 성격과 관련된 몇 가지 특기할 점을 꼽자면 다음과 같다. 첫째 愼思, 窮究, 沈潛, 反覆, 玩索, 體認 등에 의한 앎의 擴充과 積累가 강조된 점이다. 이들은 뒤에서 살피게 될 力行과 상호 병진되어야 하고 상호 보완되어야 하는 방법이라는 점에서 서구철학에서 강조하듯이 순수사유로서의 이성을 활성화하는 것만은 아니라는

---

27) 上同, 至於歲月之久 功力之深 而一朝不覺其有灑然融釋 豁然貫通處 則始知所謂體用一源 顯微無間者 眞是其然而不迷於危微 不眩於精一而中可執 此之謂眞知也.

차이가 있다.

둘째 몸의 체험과 마음의 체험이 동시에 이루어진다는 점이 매우 중요하다. 즉 오랜 세월에 걸친 積累라는 것은 그 자체가 心身의 응집력과 일관성이 없으면 불가능한 것이다. 이는 역행과 관련하여 뒤에 언급할 사항이지만, 마음의 경험에 관해서 퇴계는 매우 중요한 발언을 했다. 그 증례는 愼思를 마음에 증험해 보는 것이라고 한 점 그리고 그 증험에 의하여 이른바 危微의 까닭과 精一의 방법을 진실로 알게 된다고 하는 언급, 오랜 積累의 끝에(공력이 깊어지면) 灑然融釋, 豁然貫通함이 있음을 절로 느끼게 된다는 점, 體用一源, 顯微無間의 형이상적 진리도 깨닫게 된다는 점 등이다.

셋째 이렇게 본다면 집중이란 퇴계란 유학자의 앎의 유형으로서 그 자체가 매우 독특한 것이다. 이를 분석적으로 설명한다면, 집중은 진리[中]에 대한 이해 그리고 진리인 것과 진리 아닌 것에 대한 변별 그리고 그것의 옳음에 대한 확인이 바탕이 된 상태, 나아가 언제라도 그 진리를 자유자재로 구사할 수 있는 상태를 의미한다고 생각된다.

넷째 더 특이한 것은 이 심법의 운용과 효험이 바로 퇴계가 자신의 마음으로써 자신의 마음을 대상으로 관찰하면서 얻은 체험적 진실로 볼 수 있다는 점이다. 그러한 의미에서 이는 현대의 심리학과는 다른 마음의 과학이라고 할 수 있을 것이다. 그 체험적 진실의 내용은 바로 집중이라고 하는 마음의 이상적 경지의 성취가 가능하다는 주장이다.

다섯째 나아가서 이는 서구의 심리학이나 인지과학이 마음을 대상으로 삼아서 그 실체와 현상에 관한 분석적 지식을 추구하는 것과 다르게 인간의 마음이 나아가야 할 궁극적 경지를 설정하고 그것을 향한 마음의 도덕적 구성 방법에 관한 지식을 제공한다는 점에서 근본적인 차이가 있다. 그렇기 때문에 퇴계의 진지란 인간의 마음 경험에 의한 이상적인 도덕적 마음 구성에 관한 방법론이며, 그 결과는 中으로 대변되는 禮의 문화적 체계가 내면세계에 그대로 건립된다는 점이다. 執

中은 규정된 예문으로서의 禮뿐 아니라, 禮文으로 규정되지 않았거나 禮文으로 일일이 규정할 수 없는 變禮, 權道에 해당하는 예까지도 모두 대응할 수 있는 잠재적 판단력과 실천력을 포괄하는 인지적 예 목록 체계가 성립된 상태임을 의미하는 것으로 설명 가능할 것이다.

나. 力 行

퇴계의 견해에 의하면 역행이란 진지와 상호 병진해야 하는 방법이다. 역행이 진지와 병행하는 방법이라고 할 때, 병행의 필요성이나 그 방식에 대한 퇴계의 견해는 이미 많은 분석이 행해졌다. 그런데 중요한 것은 진지가 의식 혹은 이성에 의한 知를 의미하고, 역행이 몸에 의한 실천에 의한 行으로 판연히 구분되는 것이 아니라는 점이다. 그보다는 앞에서 살핀 眞知 역시 신체의 실천이 수반되고 있으며, 신체의 조절에서 획득되는 힘이 진지의 꾸준한 추구의 바탕이 되듯이 역행도 그 점에서는 차이가 없는 것이다. 다만 진지와 다르게 역행을 통해서 강조하는 내용이 있는 듯하다. 역행의 방법은 어떠한가를 살피고 그에 입각해서 진지와 역행의 상호 병진에 관한 그의 심학적 방법론의 특징을 고찰하도록 한다.

역행의 항목으로서 퇴계는 誠意, 正心, 修身, 齊家와 戒懼 謹獨, 强志 不息 등을 거론하고 있다. 그는 이 항목들에서도 구체적 실천의 방법과 그 올바른 귀결을 말하고 있다. "誠意는 반드시 기미에 살펴 터럭만큼의 不實도 없게 하고, 正心은 반드시 動靜에 살펴서 한 가지 일의 不正도 없게 하고, 修身은 한 가지의 편벽함에도 빠지지 않게 하고, 齊家는 조금이라도 치우침에 버릇되지 않게 하여, 戒懼 謹獨하고 强志 不息하는 이 몇 가지가 力行의 절목입니다."[28] 여기서 戒懼 謹獨, 强志 不息은 앞의 誠意, 正心, 修身, 齊家를 하는 과정에서 수

---

28) 上同. 臣請復以力行之事言之 誠意必審於幾微 而無一毫之不實 正心必察於動靜 而無一事之不正 修身則勿陷於一辟 齊家則無狃於一偏 戒懼而謹獨 强志而不息 數者力行之目也.

반되어야 하는 행동 내지는 태도인데, 특히 계구와 신독은 욕망과 邪念을 경계하는 것이고, 强志와 不息은 『周易』乾卦의 君子以自强不息의 관념을 연상시키는 것으로서 성실의 태도를 강화하는 방법이라고 생각된다.

이러한 퇴계의 구체적 설명은 역행은 心身의 운용의 체계를 내면에 본구되었거나 확충된 禮에 맞게 정착시키는 것을 시사한다. 역행에 관해서 퇴계가 언급한 내용을 통해서 그 점을 살피도록 한다.

> 이제 전하께서는 이 몇 가지의 공부에 대하여 이미 그 시초를 열어 단서를 잡으셨으니 그 단서를 따라서 더욱 친절한 공부를 이루시기를 臣은 바랍니다. 그 규모와 宗旨는 두 책에서 가르치는 교훈에 따라 敬을 위주로 하여 때와 장소에 따라 생각마다 잊지 말고(念念提斯) 일마다 조심하여(件件兢業) 萬累 衆欲이 靈臺에서 씻어지고, 五常 百行이 至善에 연마되어 食息 酬酢하면서 義理에 잠겨 체험하고, 懲忿 窒慾하고 遷善 改過하여 誠 一에 힘쓰며, 廣大 高明하되 禮法에 떠나지 않고, 參贊 經綸하되 屋漏에 근원하도록 하는 것입니다. 이와 같이 하여 참을 많이 쌓아(積眞之多) 시일이 오래되면 자연히 義가 정밀해지고 仁이 익숙하여 그만두려 해도 그만둘 수 없어 자기도 모르는 사이에 성현의 中和의 경지에 들어가게 됩니다.[29]

이 글로 본다면 퇴계는 역행의 실효로 첫째 義가 정밀해지고 仁이 익숙하게 됨, 둘째 성현의 中和의 경지에 들어감을 꼽았다. 그리고 그렇게 되는 과정이 자신이 의식하지 못하는 사이에 저절로 이루어진다고 하는 설명도 주목할 점이다. 인이 익숙하게 되고, 의가 정밀해지는 것, 중화의 경지에 들어간다고 하는 것은, 첫째 앞서 살핀 바와 같이

---

29) 上揭書, 187~188頁, 殿下於數者之功 亦已啓其始而擧其緖矣 臣請因其擧緒而益致其親切之功 其規模宗旨 遵二書所垂之教敬以爲主 而隨時隨處 念念提斯 件件兢業 萬累衆欲 灑滌於靈臺 五常百行 磨礱乎至善 食息酬酢 而涵泳乎義理 懲窒遷改 而務勉乎誠一 廣大高明 不離於禮法 參贊經綸 皆原於屋漏 如是積眞之多 歷時之久 自然義精仁熟 欲罷不能 而忽不自知其入於聖賢中和之域矣.

본구된 理의 확충이 매우 넓으면서도 상세한 차원까지 이루어지는 眞知와 더불어서, 둘째 心身의 지속적인 꾸준한 활동에 의하여 심신 활동의 근원적 동기와 거기서 발출되는 모든 활동의 체계에까지 仁義가 주축으로 자리잡는 이른바 身體化(embodiment, 혹은 enaction)가 이루어짐을 말하는 것으로 이해된다. 또 자기도 모르는 사이에 저절로 성현의 경지에 들어간다는 것은 의식으로 포착되지 않는 더 심층적인 차원에서의 변화가 있었음을 감지한 것인데, 그것도 바로 身體化와 다름없는 것이다.

그렇다면 그것은 어떻게 하여 가능한 것일까? 위의 역행의 방법들은 심신 양면을 하나로 응집시키고 균형을 이루도록 함으로써 실효를 낳게 된다는 것도 그는 시사한다. 즉 그 방법은 우선 일관된 敬의 태도가 전제되는데 그때의 경은 心 또는 身 어느 한 쪽에 치우친 것이 아니라 양자를 일관하는 것이다. 그리고 그러한 일관의 내용이 百體가 天君의 명령에 따라 행하는 형태, 즉 心이 身을 주재하는 형태를 취한다.[30] 心이 身을 주재한다고 하더라도 그것이 실천되는 것은 심신이 一如한 상태로 표상되는 것이다. 그러므로 위 인용문의 義가 정밀해짐, 仁이 익숙해짐, 中和 등의 경지가 단지 철학에서 강조하는 이성적 사고의 산물이라고 할 수도 없고, 현상학처럼 엄밀한 內省에 의한 마음의 본질의 구명과는 거리가 있는 것이다. 그보다는 퇴계 자신이 心身 양면의 응집력을 유지하는 실천이 점진적으로 자신의 의식적 영역뿐 아니라 의식으로 포착하지 못하는 더 심층적인 영역에서의 변화까지도 가져오는 점을 감지한 내면적 체험의 결과를 언급한 것이라고 할 수 있다.

이와 관련하여 역행의 성격을 잘 보여주는 것은 積眞의 의미일 것이다. 眞의 의미는 도덕적 善으로서 위에서 언급했던 仁, 義, 中 내지 禮 등을 지칭한다고 생각된다. 또 그것을 축적함으로써 비로소 진실을

---

30) 上揭書, 187頁下, 以正其天君則百體從令.

진실이라고 깨달을 수 있다고 그는 생각한다.

축적이란 무언가 반복되면서 지속적으로 축적된다는 공간적 부피의 확장에 대한 은유이다. 그런데 이를 마음 안의 작용으로 본다면 형체가 없는 마음에 공간적 부피의 확장을 생각하는 것은 논리적으로 맞지 않는 것이다. 그렇지만 논리의 차원을 벗어난 은유의 차원에서는 그것이 불가능하지 않다. 오히려 철학적 논리적 사고의 단위가 되는 개념조차도 은유에 바탕을 두고 생성되었음을 그의 積眞, 積累 또는 擴充의 개념들이 잘 보여준다.

위 인용문에서 積眞이란 "敬을 위주로 하여 때와 장소에 따라 생각마다 잊지 말고(念念提斯) 일마다 조심하여(件件兢業) 萬累 衆欲이 靈臺에서 씻어지고, 五常 百行이 至善에 연마되어 食息 酬酌하면서 義理에 잠겨 체험하고, 懲忿 窒慾하고 遷善 改過하여 誠 一에 힘쓰며, 廣大 高明하되 禮法에 떠나지 않고, 參贊 經綸하되 屋漏에 근원하도록 하는" 작용의 꾸준한 반복의 결과로 나타나는 것이다. 이를 미루어 생각하면 적진이란 일련의 행위의 지속과 반복을 통해서 진실을 마음속에서 확증해가는 것이고, 그 확증의 결과로 仁義의 판단과 실천이 매우 정밀하고 숙련된 상태를 얻는 것임을 의미한다. 이 같은 적진의 의미로 미루어 본다면, 역행이란 일련의 과정을 꾸준히 성실하게 실천해가면서 유교의 진실이 진정하고도 절대적인 진실임을 자신의 체험을 통해서 확인하고 그것에 대한 확신을 가지도록 노력하는 것을 의미한다고 할 수 있다.

그리고 자기도 모르는 사이에 성현의 경지에 들어간다고 하는 점은 의식으로 포착되지 않는 내면의 심층영역에서 은미하지만 점진적인 변화가 있다고 하는 점을 감지한 데서 오는 표현이다. 이러한 언급이 많은 것은 퇴계가 인간의 의식으로 포착되거나 설명될 수 없는 영역이라고 하더라도 오히려 그 영역에서부터 일어나는 변화까지도 진지와 역행의 효과로 포착해 볼 수 있었음을 시사한다. 그리고 그러한 변화가

밑거름이 되어서 성인의 인격을 성취하게 된다는 것이 심법의 효과라
고 그는 포괄하여 설명하는 것이다.

3. 心의 體用과 敬

1) 心에 대한 이해

이상의 내용을 통해서 본다면 성인의 인격을 성취함을 목적으로 하
는 퇴계의 심법은 자연적 상태의 인간을 유교 문화를 체득한 인간으로
변화시키는 원리라고 할 수 있다. 그리고 ·인간의 문명화를 위한 방법
으로서 심법은 심신의 교육방법과 그 효과의 증험방법까지 포함하는
것이다. 심법이란 자기의 心身을 사용하여 자신의 심신을 이상적 경지
로 변화시키는 방법이다. 즉 심법이란 자신이 실천하고 그 실천의 결
과를 자신의 마음속에 스스로 증험하고, 그 증험의 결과를 다시 실천
에 반영하는 再歸的 循環을 중시하는 자기 성취의 방법인 것이다.[31]
심법의 실천에 의한 자기 인격의 구성과정이 재귀적이라고 할 때 이를
퇴계는 주로 마음의 활동들이라고 이해한다.

그렇다면 심법이란 내면의 여러 층차에 활동하는 다수의 마음들의
상호 작용 또는 길항작용을 조절하여서 이상적 인격체를 이루는 것이
므로 마음에 의한 마음 만들기가 되는 셈이다. 즉 앞서 살폈던 혈기의
통제와 기력의 강화, 진지 역행, 경 등의 방법은 그 역시 다양한 층차
의 마음의 활동을 인정하였음을 시사한다. 우리는 이 같은 그의 마음
에 대한 이해가 표현된 것으로서 「心統性情圖」와 心統性情의 명제
그리고 「心無體用辨」에서 心의 體와 用의 구별하는 사고를 떠올리게

---

31) 이에 대해서는 劉權鍾, 前揭論文들 참조.

된다. 「心無體用辨」에서 그는 체용의 심 외에 다른 심, 즉 체용이 없는 心을 인정할 수 없다고 밝힌다. 이 언명은 그의 마음의 층차에 대한 구별과 그렇게 구별되는 마음들의 관계에 대한 그의 심학적 이해의 틀을 시사한다. 그렇다고 할 때 서두에서 밝힌 것처럼 그것은 그의 어떠한 先槪念的 理解가 그러한 심학적 명제와 개념을 사용하도록 하였는가 하는 점도 궁금하다. 그러한 이유에서 우리는 마음에 관한 그의 선이해가 되었을 법한 생각의 구조를 살펴보기로 한다. 그 선이해의 구조에 대한 추론 역시 그가 언급한 개념들과 문자들에 의존하여 그 단서를 찾는 것이 가능하다.

그의 전반적인 마음에 관한 이해를 이끌었던 것 즉 先槪念的 理解의 틀은 心統性情이라고 추정된다. 이를 풀이하여 보도록 한다. 이에 따르면 퇴계가 생각한 마음의 부류는 세 가지로 나눌 수 있다.[32] 첫째, 퇴계가 강조했던 敬은 모든 마음을 주재하는 마음으로서, 온몸[一身]과 온 마음[一心]에서 주인의 성격을 갖는 마음이다. 이는 내면의 다른 마음을 통제하고 조절하는 마음이다. 그것은 操心 또는 存心의 상태도 거기에 포함될 것이다. 이것이 수양에 의하여 敬의 상태를 이루지 못하면 자기 마음대로 하는 마음으로 나타나는 것이다. 그것에는 放心이 포함될 것이다. 둘째, 본구적인 일정한 성향을 발휘하는 마음이다. 혈기에서 나오는 욕구는 타고난 기질성의 마음인데 이는 내면에 본래부터 존재하는 것으로서 개인마다 특질적 성향을 드러내는 마음이다. 그리고 그것이 敬과 같은 마음에 의하여 통제되고 조절된다면, 일정한 가치관 즉 유교의 理와 禮를 지향하는 성질로서 진지와 역행의 추진동력이 되는 마음이다. 퇴계는 이 마음이 본연성이라는 또 다른 내재적 본질의 작용이라고 이해하였다고 생각된다. 즉 이 마음의 부류에 이원적 실질을 인정한 것이 퇴계이다. 셋째, 四端과 七情의 心情과 意, 志, 念, 思, 慮 등의 마음은 상황발생적 마음이다. 즉 어떠한 상황

---

32) 여기서 구분하는 세 가지 마음에 관한 자세한 해설은, 劉權鍾 崔祥鎭, 前揭論文 參照.

을 감지하면서 발출하는 마음이다. 이 마음에는 사단과 칠정처럼 여러 가지 정감을 드러내는 것, 어느 것으로 향하는 마음(志), 무엇이 옳은가 좋은가를 판단하기 위해서 여러 가지를 견주어 보고 살피는 마음(意), 어느 상황에서든지 잊지 않고 무엇인가를 떠올리는 생각(念) 등으로 설명할 수 있다.

퇴계의 心統性情의 명제는 기질성／본연성의 이름으로 지명되는 마음의 속성과 상황발생적 마음이 전체적으로 주인성 마음에 의하여 통합되고 통솔되어야 한다는 사고와 관련이 있어 보인다. 이때 주인성 마음의 실재여부가 문제가 될 것이다. 心의 體用에서 기질성／본연성의 마음이 體에 해당한다면, 상황발생적 마음은 用에 해당한다고 볼 수 있다. 그리고 그것을 주재하는 또 다른 心, 즉 체용을 초월하는 心을 인정하지 않는 것은 체용이 일관되었을 경우에 그 자체가 마음 전체를 주재한다는 사고를 시사한다. 그 주재하는 마음이 敬이라고 한다면, 경은 어떤 별도의 실재로서의 마음이 아니라 체용이 일관성을 발휘하면서 저절로 발생하는 마음상태를 지칭하는 것으로 이해된다. 그렇다면 주인성 마음이란 별도의 실재가 아니고 다만 체용의 관계가 발생시키는 '상태'라고 할 수 있다.

2) 敬과 禮

그로써 본다면 역시 居敬하기 위한 공부가 별도의 마음을 찾는 공부가 아니다. 예를 실천해서 몸과 마음을 합일하고, 혈기에서 발생하는 욕망을 통제하고 기력을 강화하고, 진지와 역행을 꾸준히 하는 과정에서 저절로 居敬하게 된다는 것이 그의 사고인 것이다.

그 좋은 예는 그의 「숙흥야매잠도」이다. 「숙흥야매잠도」는 일상의 시간을 따라 예절을 실천하는 과정 중에 敬이 형성되고, 다시 그 敬이 그 예실천에 피드백되는 과정을 상징화한 것으로 보인다. 이렇게 이해한다면 경이란 예실천의 과정에서 저절로 심신이 응집되고 그것이 理致로 傾注되면서 형성되는 마음의 일관된 흐름과도 같은 상태라고 할 수 있는 것이다. 달리 말하면 유교 문화인 예[理]를 몸으로 수용하고 실천하면서 그에 대한 인지와 사고의 폭을 넓혀가고, 그렇게 해서 넓혀지는 인지와 사고의 힘으로써 기질성 마음을 통제하고 본연성 마음을 강화하는 과정에서 형성되는 마음 상태가 곧 경이다. 그리고 그 경은 다시 인지와 사고의 방향을 일관되도록 유지하고, 기질성 마음을 통제하고 본연성 마음을 강화시키는 마음의 작용을 하는 것이다. 그렇기 때문에 경은 예실천과 그에 대한 인지 및 愼思 등에 의한 확충의 작용이 없으면 형성되기 어려운 것이다. 그런 관점으로 본다면 경의 태도는 자기의 노력에 의해서 형성될 수있는 마음의 상태임이 분명하다. 그리고 그에 의해서 성인의 인격성취가 가능하다는 사실은 곧 敬을 유교적 문화에 부합하는 도덕적 자아의 구성원리로 볼 수 있도록 해준다.

또 중요한 것은 퇴계의 心의 體用에 대한 이해이다. 퇴계는 「心無體用辨」에서 "마음에 진실로 체와 용이 있으나 그 근본을 더듬어 보면 체와 용이 없다."[33]고 하는 蓮坊(李球)의 견해에 대하여, 그는 체와 용이 없는 마음이 근본이 되어 (체용이 구분되는)마음 앞에 있다는 의미로 파악하고 그러한 이중적 마음의 존재는 인정할 수 없다고 비판하였다. 이에 대해서 퇴계는 先秦의 경전에 體用의 개념이 없지만, 체용에 해당하는 개념으로서 『周易』의 寂感, 『禮記』의 動靜, 『中庸』의 未發 已發, 『孟子』의 性情이 있다고 말한다.[34] 이 외에 그것에 선행하거나 더 근본적인 마음이 없다고 하는 퇴계의 견해에 근거하여 해석하면, 性情 외에 별도의 마음은 없는 것이므로, 앞서 말한 기질성 / 본연성 마음과 상황발생적 마음 이외에 별도의 마음은 존재하지 않는다

---

33) 韓國文集叢刊 30冊, 413頁, 今蓮老之言曰 心固有體用 而探其本則無體用也.
34) 上揭書, 412頁 參照.

고 할 수 있다. 그렇다면 위에서 말한 주인성 마음으로서 敬은 體用의 관계를 벗어나서 존재하는 마음의 존재태가 아니라 기질성 / 본연성 마음과 상황발생적 마음의 체용적 관계 속에서 발생하는 마음의 상태라고 할 수 있을 것이다.

그리고 퇴계가 「傳習錄論辨」에서 행한 비판은 心의 動靜 體用과 관련된 퇴계의 異學 비판의 논지를 잘 보여준다. "陽明은 다만 外物이 마음에 累가 됨을 염려하여, 사람의 떳떳한 마음과 사물의 법칙으로서 진실되고 지극한 이치가 바로 내 마음에 갖추어진 이치이며, 講學하고 窮理하는 것은 바로 본심의 體를 밝히고 본심의 用을 통달하게 하는 것임을 알지 못하였다. 그리하여 마침내 事事 物物을 일체 쓸어버리고자 하여 모두 본심으로 끌고 들어가서 뒤섞어 말하였다. 이는 釋氏의 견해와 무엇이 다르단 말인가?"[35] 이는 陽明류의 심학은 事物에 대한 궁리와 강학을 통한 明體達用의 원리와 거리가 있다는 비판이다.

이 비판으로 본다면 앞서 살핀 마음의 작용과 예실천이 부단히 상호 피드백을 주는 역동적 과정 속에서 지속되는 인격형성의 과정은 心의 明體達用의 과정이라고도 볼 수 있는 것이다. 퇴계가 양명학 혹은 선학을 비판하고 배척하는 이유는 그들 학문의 귀결이 유교 문화와는 동떨어진 정감과 사고 및 행위의 체계를 지니는 인격체를 만든다는 우려 때문이라고 이해할 수 있다. 즉 퇴계의 異學 비판의 내용은 마음에 관한 불교의 개념, 양명학의 개념들이 마음의 실재에 대한 지칭에서 오류가 있다는 점에서만 해명될 사항이 아니라, 이러한 인격형성의 귀결이 유교의 문화와는 동떨어진 인격체로 구성된다는 점에 대한 그의 우려가 더 큰 요인이라고 할 수 있다.

마지막으로 『성학십도』의 구성에 관한 글로부터 그의 전반적인 유교 문화의 틀에 상응하는 마음 구성의 원리를 추론해 볼 수 있다.

---

35) 上揭書, 417頁, 陽明徒患外物之爲心累 不知民彝物則眞至之里 卽吾心本具之理 講學窮理 正所以明本心之體 達本心之用 顧乃欲事事物物一切掃除 皆攬入本心衰說了 此與釋氏之 見何異.

대개 위 두 그림은 단서를 찾아 확충하고 하늘의 도를 체득하여 도를 다하는 극치의 곳으로서 『소학』, 『대학』의 標準 本原이 되고, 아래 여섯 그림은 明善, 誠身, 崇德, 廣業을 힘쓰는 곳으로서 『소학』, 『대학』의 田地 事功이 되는 곳입니다. 그리고 敬이란 것은 또 形而上, 形而下에 다 통하는 것이니, 着工하고 收效함에 있어서 다 마땅히 종사하여 잃지 말아야 할 것입니다. 그러므로 주자의 말씀도 저와 같았고, 이제 이 十圖도 다 敬으로써 주를 삼았습니다.

그가 『소학』, 『대학』을 田地 事功이라고 한 것은 『소학』공부에서 예문화의 내면적 체계를 세우는 실질적 토대를 다지고, 『대학』의 공부로써 그것의 효과를 거두는 단계적 공부를 해야 하는 것으로 볼 수 있다. 그런데 중요한 것은 경이 없으면 그 효과를 거두지 못한다고 보는 그의 생각이다. 敬은 형이상, 형이하에 모두 통한다는 것, 十圖가 모두 敬으로써 주를 삼았다는 점, 그 그림의 구성이 『소학』, 『대학』의 표준 본원과 『소학』, 『대학』의 전지 사공을 두루 갖추었다고 하는 점, 혹은 공을 들이는 시초부터 효과를 거두는 마지막 단계까지 모두 敬에 종사해야 한다는 점 등이 그가 敬을 중시하는 이유이다. 이는 경이 혈기의 통제, 기력의 강화로부터 몸을 다스리고 마음을 통일하는 기초적 일, 형이하의 각종 예법[인사의 의칙]으로부터 형이상의 근원적 이치에 대한 정밀한 앎에 이르기까지 모든 일이 성사될 수 있도록 하는 요법임을 의미한다. 그러므로 이러한 경이 마음을 주재하는가 아닌가 하는 점이 사리와 예법에 통달하면서도 그 근원의 이치까지도 꿰뚫어 아는 지적 능력의 극대화를 이룰 수 있는 관건이 된다고 할 수 있다. 여기서 퇴계의 심법의 요체인 경은 심신이 응집되고 一如한 실천력을 갖추고 고도의 형이상적 근원까지도 知의 영역으로 포함시키는 능력의 소유자를 만드는 원리라고 할 수 있다.

그렇게 본다면 퇴계의 심학에서 예[문화]의 위상이 자연스럽게 정해진다. 우선 「경재잠도」와 「숙흥야매잠도」에서 보듯이 일상생활에서 준행하여야 하는 기준으로서 절대성을 갖는 것이 예법이다. 또 퇴계가 "敬畏가 日用을 떠나지 않아서 中和의 位育의 공을 이룰 수 있다."고 하는 성인의 경지에서도 역시 日用 즉 일상적 예실천은 敬의 상태의 절대적인 근원이 되는 것이다. 즉 경은 예에 뿌리를 박고서 끊임없이 생성되는 것이다. 그러한 일상적 예실천은 형이하의 일뿐 아니라 형이 상의 고원한 천리까지도 체득하고자 할 때 없어서는 아니 되는 절대적 요건이다. 그러한 의미에서 예는 심학에 시종일관하는 경 상태의 생성 기반이고, 모든 유교적 이치를 연역하고 터득하는 기본적 경험의 틀이 되는 셈이다.

퇴계가 강조한 義를 정밀하게 하고 仁을 익숙하게 하는 것, 執中에 도달하는 것이 근본적으로는 예에 의한 체험에서 그 내용이 정해지는 것이 아닐 수 없다. 그렇다면 퇴계에게서 예라는 규범과 그에 대한 몸과 마음의 경험은 유교의 도리에 대한 개념을 선정하고 적용하고 표현하는 모든 지적 활동의 根底가 되는 것이다. 달리 말하면 심신의 근저에서 유교 문화에 대한 지향성과 성취동기가 부단히 발출되도록 하는 내면의 근원이라고 할 수 있는 것이다. 그것이 바탕이 되어야 유교에 대한 지향성, 유교 문화에 대한 신념도 그치지 않는 것이다. 나아가서 성인의 인격을 성취하고자 하는 소망과 의지도 그로부터 강화되는 것이 아닐 수 없다.

4. 결 언

이상의 고찰은 심학에서 예[문화]가 관련되는 방식이 지엽적이거나 단편적인 것이 아니라, 심법 전체와 전 단계의 실천에 고루 관련되는 것임을 확인하고자 한 것이다. 이 고찰로써 聖學의 추구과정에서 始終 일관하여야 하는 태도로 강조된 敬의 상태에 도달하는 방식과 그것을 유지하는 방식에 禮가 두루 관련된다는 퇴계의 사고를 살필 수 있었다. 고찰의 내용에 따르면 眞知와 力行의 전 과정에도 禮가 필요하며, 더 근본적인 것으로 내려가서 心學을 실천하는 推動力의 근원인 혈기와 기력에 대한 통제와 강화에도 예는 필수적이다. 그리고 앞에서 살핀 것처럼 예의 작용은 신체의 작용과 신체로부터 연유하는 모든 마음의 상태를 통제 조절하는 것에서 그치지 않고, 형이상적 理, 太極 등고도의 추상적 개념에 관한 지식 형성의 기본 틀이 된다는 점에서도 예는 심학의 성취에 필수적이다.

원래 禮는 유교의 문화, 학문, 도덕의 외재적 규범에 한정되지 않고, 인간으로 하여금 그 문화와 학문 도덕을 실천하게 하는 활동의 동기를 부여하는 작용을 하는 것이다. 특히 朝鮮처럼 유교 문화로 사회통합을 이룬 곳에서는 예의 이러한 역할이 강하였다. 그런데 이러한 객관적 문화의 여건이 유교 문화로 통일되었다고 하더라도, 조선의 각 지역마다 그리고 학교마다, 또는 가정마다 유교 문화를 학습하고 실천하는 방식은 각자의 특수한 사정과 결부되어 각기 달랐던 것 같다. 그 특수한 사정은 개인의 내면적 능력이나 지향성 또는 관심사 등에 따라서도 역시 각각 다른 것이다. 그러한 차이는 곧 예로 대변되는 유교 문화에 대한 경험과 그 경험의 反芻와 吟味의 내용 그리고 그 경험의 내용을 음미하고 다양한 경험들의 연관관계를 유추해가는 사유, 그 경험에 근거하여 얻는 유교 문화에 관한 心像 그리고 그것을 유교적 개념으로 지칭하고 표현하는 과정이 학자마다 다르게 되는 이유라고 생각된다.

지금까지 학계의 일각에서는 퇴계와 高峯의 四端七情論辯에서 퇴계가 주장하였던 "四端은 理發한 것"이라는 명제에 대해서 논리적 부당함, 주자학적 전제의 誤適用이라는 비판을 하는 관점이 있었다. 그러나 이는 퇴계의 사단과 칠정에 관한 심성론의 개념과 명제에 대하여 제1계의 관점에서 관찰하고 비판한 것이다. 그와 달리 제2계의 차원에서 심성 작용의 관찰자로서 퇴계의 관찰의 체계를 살펴본다면, 즉 심성론의 개념과 명제의 성립에 작용한 퇴계의 先槪念的 理解를 살펴본다면, 퇴계의 사칠론과 고봉의 사칠론은 각각 타당성을 지니는 것으로 인정될 수 있을 것이다. 달리 말하면, 퇴계와 고봉의 어느 이론이 옳은가를 객관적으로 판정해 줄 기준은 없는 것이다. 그것보다는 퇴계는 나름대로의 心像에 근거하여 理氣 및 發 등의 개념들을 자신의 내적 경험 내용의 표상에 사용한 것이고, 高峯 역시 그러했다고 보는 것이 타당하다. 퇴계보다 약 260년 뒤의 실학자인 茶山이 그의 「理發氣發辨」에서 퇴계와 栗谷의 이론이 각각 정당성을 가진다고 변론한 것은 아마도 제1계로부터 벗어나 제2계의 차원에서 四七論을 관찰한 결과로 보인다.

퇴계가 비록 高峯과 논쟁은 하였더라도 결국에 제자들에게 사단칠정론과 같은 개념과 명제의 논구에 거리를 두도록 가르쳤던 까닭은 심학의 목적이 철학적 엄밀함을 동반한 개념체계와 논리체계의 정립에 있었던 것이 아니기 때문이다. 퇴계가 지향한 것은 聖人의 인격 성취였다. 그 목적을 성취하는 방법에 관해서 그는 기존의 유학 전통이 정립하고 물려준 학문적 유산을 충실히 그리고 철저히 증험하는 방법에 의하여 그 가치를 확인하고, 그에 대해서 굳은 믿음을 가졌다. 그는 그러한 증험의 방법과 기준을 내면의 理[禮]에서 구하였던 것이다. 즉 자신의 마음에 내재하는 앎=理[禮]에 견주어서 자신이 경험하는 내용의 善惡과 是非를 가리는 방법을 사용하였다. 그 기준이 되는 내용이 정밀해지면 정밀해질수록, 그 범위가 넓어지면 넓어질수록, 그 증험의 내용은 상세하고 정밀해질 뿐 아니라 널리 확장되는 것이다. 그러한 증험이 자신의 유교 문화에 대한 앎을 넓히고 사유와 행위의 숙련도를 높이는 결과를 가져옴은 물론이다. 그가 강조한 眞知와 力行은 심신이 합일되어 오랜 세월 동안의 공력을 들임으로써 앎이 착실해지고 행위가 숙련되는 것임을 뜻한다. 그 결과는 그가 말한 執中의 상태이고 孔子의 從心의 상태라고 생각된다.

이렇게 볼 때 그가 禪, 陽明류의 異學이 취하는 心學에 대해 비판하는 것은 단지 그들의 심학에 관련된 개념과 명제의 오류를 지적하는 것이 아니다. 그들의 심학이 日用의 예실천을 외면하고, 以心觀心의 방법을 취하는 실천 결과는 유교의 五倫을 비롯한 예문화의 체계와 방식을 수용하지 못하는 인격체를 구성하는 것이 된다는 것을 그는 우려하였던 것이다. 퇴계의 심학은 유교의 예문화의 체계를 내면세계에 건립하는 인격 수양의 방법으로서 朱子學의 이론을 자신의 체험과 사색으로 성취한 결과로 정립된 학문이다. 그러한 퇴계의 심학에서 예는 시작부터 끝까지 절대적 의미를 지니는 것이다.

이상에서 살핀 내용은 그동안 퇴계 심학에 관한 연구에서 예가 소홀하게 취급되어 온 점을 반성하고 그 점을 보완하기 위한 작업의 결과이다. 퇴계의 심학에서 예의 위상이 중요하다는 것은 마음이 몸의 체험에 입각하여 인간과 세계 그리고 삶의 방식에 대한 개념을 抽象하고 정립해 감을 의미한다. 이러한 점에 대한 더 자세한 분석과 고찰은 다음 과제로 남겨둔다.

참고문헌

韓國文集叢刊 29, 30책.

增補退溪全書.

心經附註.

心經註解叢編.

中庸章句.

사단법인 퇴계학연구원, 국역 퇴계전서.

尹絲淳, 『退溪哲學의 研究』 고려대학교 출판부, 1980.

琴章泰, 『聖學十圖와 퇴계철학의 구조』 서울대학교 출판부, 2001.

신귀현, 『퇴계 이황: 예 잇고 뒤를 열어 고금을 꿰뚫으셨소』, 예문서원, 2001.

劉權鍾, 「退溪 禮學 연구의 과제와 전망」 退溪學報 109집, 退溪學研究院, 2001. 4.

劉權鍾, 「退溪의 禮교육과 人格形成의 原理」, 儒教思想研究 18집, 韓國儒教學會, 2003. 2.

劉權鍾, 崔祥鎮, 「한국인의 마음속에 形象化된 '마음': 한국인의 마음모델 구성을 위한 기초연구」, 東洋哲學研究 第34輯, 東洋哲學研究會 2003. 9.

劉權鍾, 「유학에 대한 심리학적 연구의 성찰과 전망」 동아시아 문화와 사상 10, 동아시아문화포럼, 2003년 6월.

劉權鍾, 「조선시대 유학자들의 인식으로 본 마음의 구조와 작용에 대한 구성주의적 성찰」, 2003 AKSE Confernce Proceeding, Association for Korean Studies in Europe, 2003. 4.

崔祥鎮 외, 『동양심리학』 지식산업사, 1999.

마크 존슨 지음 노양진 옮김, 『마음속의 몸』 철학과 현실사, 2000.

허버트 핑가레트 지음 송영배 옮김, 공자의 철학, 서광사.

G. Lakoff & M. Johnson, Philosophy in the Flesh: The Embodied Mind and Its Challenge to Western Thought, published by Basic Books, 1999. (노양진 외 옮김, 『몸의 철학』 도서출판 박이정, 2002), 2000., G. Lakoff & M. Johnson, Metaphors We Live By, The University of Chicago Press, 1981, 참조.

Young – Chan Ro, The Korean Neo – Confucianism of Yi Yulgok, State University of New York Press, 1989.

退溪學派의 禮記 해석에 대한 고찰[1]

1. 서 론

　본 연구는 퇴계학맥에서 이루어진 『禮記』에 관한 해석의 사실을 밝히고, 그 해석의 내용 및 특징을 밝히는 것을 목적으로 삼는다. 『예기』는 조선시대 초기부터 예학의 경전으로서 여러 학자들의 독서와 강론의 대상이었고, 『朱子家禮』, 『儀禮』 등과 더불어 각종 예설의 근거로서 인용되거나, 올바른 예의 구명을 위한 판단의 근거로서 취급되기도 하였다. 이러한 사실들을 모두 포함하게 되면 매우 많은 『예기』 해석의 사례가 존재하는 셈이다. 그러나 본 연구에서는 그것을 모두 추적하여 밝히는 것은 다음 기회로 미루고, 비교적 뚜렷하게 『예기』의 전체 혹은 그 일부를 별도의 대상으로 삼아 일종의 경학적 관점에 따라서

1) 『한국의 철학』36, 경북대학교 퇴계연구소, 2005.2

해석이 이루어진 저술들을 주 고찰 대상으로 한정하고자 한다. 경학이라는 것은 단순히 경전의 문구를 인용하거나 그것을 모아서 일정한 자료집 형태의 저술을 만드는 차원에 머물지 않고, 經文이나 傳文에 대한 훈고와 고증, 변석 등의 비판적 검토를 통해서 경전의 의미를 재해석하거나 확증해가는 학문적 작업과 그 결과를 말한다고 할 수 있다.

또 논문의 고찰 범위와 관련하여 본 연구에서 다룰 퇴계학파의 범위도 퇴계의 재전제자의 단계에 한정하고자 한다. 이는 퇴계학파가 그 범위에 국한된다는 의미는 아니고 다만 논의의 편의를 위한 것이다. 그러나 학파라는 범주로써 퇴계와 그의 문인들 혹은 그의 학문적 계승자들을 포함하고 그 동질성을 논하는 것은 더 상세한 논의가 필요한 점인데, 이는 다음의 과제로 남겨둔다.

퇴계부터 그의 재전제자의 시기까지에 이루어진 저술들 가운데 『예기』를 경학적 관점과 방법으로 해석하거나 연구한 저술은 많지 않다. 따라서 『예기』의 經과 傳에 대하여 전반적으로 검토하고 해석한 저술들뿐 아니라 부분적으로 검토하고 해석한 저술 등도 고찰의 대상으로 포함한다. 그리고 송학이 발흥하면서 『예기』로부터 분리되어 별도의 경전으로 독립한 『大學』과 『中庸』에 관한 경학적 연구는 『예기』에 관한 경학적 연구와는 별도의 범주로 구분하고 본 연구의 대상에서는 제외하고자 한다.

이들에 대한 고찰을 통해서 『예기』에 대한 퇴계학파의 해석의 특징을 밝히는 한편, 기존의 연구들에서 논의된 퇴계학파의 예학적 특징을 연관지어 논의하기로 한다.

2. 조선 예학과 『예기』

조선의 유학자들로서 『예기』에 관한 경학적 연구가 본격화된 역사의 근원은 조선 초기의 陽村(權近)에게로 소급된다. 그의 『禮記淺見錄』은 『예기』에 관한 경학적 연구성과의 효시가 되는 것이다. 이후 많은 유학자들이 『예기』의 중요성을 인식하고 그에 대한 독서와 강학의 노력을 하였다. 그러나 양촌의 저술 이후 17세기에 이르는 기간 동안에는 『예기』의 경학적 연구성과로서 주목할 만한 것은 발견하기 어려운 것이 조선의 경학의 역사라고 할 수 있다. 이미 기존의 연구에서 밝혀졌듯이 『예기』에 관한 경학적 연구성과와 저작은 17세기에 들어서면서 본격화되고 있다고 볼 수 있다.[2]

예를 들면 沙溪(金長生)의 『經書辨疑』라든가, 遲川(崔錫鼎)의 『禮記類編』, 愚伏(鄭經世)의 『思問錄』과 같은 것은 기호와 영남에서 각각 예학이 자체의 발전을 하면서 나타나는 경학적 연구성과로서 주목할 만한 것이다. 그것이 기호 예학의 맥락에서는 17세기에서 18세기에 걸쳐 살았던 淸沙(金在魯)의 『禮記補註』라든가, 퇴계의 학맥에서는 기호 남인의 順菴(安鼎福)의 『禮記集說補』와 같은 형태의 저술들이 지속적으로 생산되었던 것이다.

그렇다고 할 때 『의례』와 『주자가례』를 중시하던 상황에서 조선 초에 중시되었던 『예기』가 다시 중시되었다고 하는 것은 어떠한 의미를 주는 것일까? 이는 『의례』와 『주례』에 대하여 『예기』가 그들의 이해에 대한 보완적인 경전의 역할을 하는 데서 그치지 않고, 『예기』만이 지니고 있는 가치에 이 무렵의 학자들이 다시금 주목하게 되었음을 의미한다. 이 가치가 무엇인가는 일률적으로 말할 수는 없는 것이고, 이후 이들의 경학적 저술에 대한 분석을 통해서 논해야 할 것이다.

이 학자들보다 앞서서 『예기』를 연구했던 陽村의 경학적 문제의식은

---

2) 고영진, 1995, 『조선중기 예학사상사』, 한길사, 25쪽에서는 15세기에는 『周禮』와 『禮記』가, 16세기에는 『儀禮』와 『朱子家禮』가 중시되었으며, 17세기 초반에는 『儀禮』와 『朱子家禮』 외에 다시 『禮記』가 부각된다는 이해를 보여주고 있다. 그런데 여기서 부각된다고 하는 의미가 반드시 『예기』에 관한 경학적 연구가 본격화되고 그 결과로서 『예기』에 관한 주석을 담은 저술이 출판된 것을 의미하지는 않는 것으로 보인다.

程子와 朱子의 「대학」, 「중용」 장구 작업과 같은 경전의 편차 조정 및 체제 정립의 의의를 높게 평가하면서 「중용」과 「대학」 이외의 『예기』 경전의 편차를 정립하는 쪽에 방향을 맞추고 있다.3) 물론 그의 『예기천견록』에 표명된 예에 관한 견해들은 고례의 의미와 체제에 대한 정밀한 분석과 추론이 중요한 것은 사실이지만, 전반적으로는 秦火 이래 흐트러진 『예기』의 편차와 장절의 재정립이 선행되어야 한다는 문제의식이 『예기천견록』에 기본적으로 작용하였다고 할 수 있다. 그러나 그렇다고 하더라도 그 역시 『예기』로부터 고례의 원형을 찾아내고 그것을 현실에 적용할 수 있는 방법을 모색하였던 작업도 역시 진지하게 이루어졌다고 할 수 있다. 그러한 태도가 16세기의 성리학자들에게 계승되면서 고전적 의례의 원형이나 원리를 『예기』로부터 구하는 학풍을 이룩했다고 추정된다.

대체로 기존의 연구의 관점을 빌면, 『예기』는 단순히 『의례』의 예문에 대한 보조적인 해설로서의 記에 불과한 것이 아니고, 오히려 『예기』는 『의례』보다도 더 풍부하게 古禮的 상황에 대한 총체적 인식에 접근할 수 있는 지식과 정보를 지니고 있는 경전이다.4) 또 중국의 戰國時期부터 秦漢 교체기에 걸친 시기에 이루어진 것으로 추정되는 『예기』가 지니는 장점은 『의례』의 그것과 구별되어 인식되어야 할 필요가 있다는 것이다. 『의례』는 주로 士 계급의 고례의 원형을 그대로 보여주는 데서 장점을 찾을 수 있다면, 『예기』는 이미 춘추시기와 전국시기의 혼란기를 겪으면서 그 권위와 가치가 상실되었거나 감소되었던 고례를 다시 회복하기 위하여 전국 말 진한 교체기의 儒者들이 시도했던 고례에 대한 재해석이 담겨 있다는 데서 장점을 찾을 수 있는 것이다.5) 그리고 그 고례도 단지 士禮에 한정되지 않고 「王制」 편과 같이 왕조례에 해당하는 예까지도 포함하고 있기 때문에 그 연구할 내용과 가치

---

3) 『예기천견록』.
4) 昌林, 2000, 『禮文化』 中國 社會科學文獻出版社, 34~45쪽 참조.
5) 上同.

가 작지 않은 것이다.

이러한 점에서 『예기』는 조선의 유학자들에게 고례에 관한 풍부한 이해와 더불어 『의례』 혹은 『주자가례』와 같은 예서들의 예문에 대한 해석학적 자료와 관점을 취득하는 근거가 되었다고 할 수 있다. 그로써 조선의 유학자들은 고례에 대한 이해는 물론이고 고례를 회복하면서도 時宜를 함께 추구할 수 있는 방법에 관한 지혜를 『예기』로부터 얻었다고 해도 틀린 말이 아니라고 할 수 있는 것이다. 이 점을 잘 보여주는 것이 眉叟의 『經禮類纂』의 서문이다. 性齋(許傳)에 의해 작성된 이 서문에서는 다음과 같이 『예기』의 성격을 규정하고 있다.

> 『예기』 역시 선왕의 예인데 세간에서 어떤 이는 그 속에 漢儒의 傳會가 있어서 의심스럽게 여기지만, 대체적으로 (『예기』는) 古經인 것이다. 삼대의 다스림에 뜻을 둔 사람이 이 三禮를 버려두고 어떻게 하겠는가?(중략) 그러나 예에는 고금에 시의의 다름이 있고, 시속의 부동이 있으며 王侯에 사용할 수 있는 것과 대부 사에 사용할 수 없는 것이 있으며, 대부 사에게 사용이 가능한 것이 있고 왕후에게 사용할 수 없는 것이 있다. 내 망령된 생각에 선생은 장차 이로써 참작하고 수윤하여 귀천을 구별하고 상하를 가르고 민지를 고정시키고자 하였으나 저술로 완성하지는 못하였을 뿐이다.[6]

물론 『경례유찬』은 전반적으로 『예기』의 예문에 근거해서만 편찬된 것은 아니지만, 대체로 『예기』의 경문을 많이 인용하고 기준으로 삼으면서 시의에 적합한 예를 정립하고자 한 점에서 일정한 해석학적 관점이 작용하고 있음은 미루어 짐작할 수 있다. 그 해석학적 관점은 무엇보다도 王侯와 대부 사의 예가 귀천과 상하 등에 있어서 뚜렷이 구별된다는 관점이 가장 근본적인 것으로 간주될 수 있을 것이다.

---

6) 眉叟全集 下(여강출판사 1985년 영인본) 989쪽, 「經禮類纂序」, 禮記亦先王之禮 而世或以間有漢儒之傳會爲疑 然大體古經也 有志於三代之治者 舍是三禮 奚以(중략) 然禮有古今之異宜 幼時俗之不同 有可用於王侯而不可用於大夫士者 有可用於大夫士而不可用於王侯者 妄意先生將以是參酌修潤 以別貴賤 以辨上下 以定民志 而未及成書者.

3. 퇴계학파의 주요 예학자와 예기 관련 저술

예학과 관련하여 볼 때 퇴계의 학맥을 형성한 직전 제자들은 月川 (趙穆), 艮齋(李德弘), 鶴峯(金誠一), 西厓(柳成龍), 寒岡(鄭逑), 栢潭 (具鳳齡), 芝山(曺好益), 勿巖(金隆) 등이고, 예학과 관련 깊은 재전제 자는 서애의 제자 愚伏(鄭經世), 蒼石(李埈), 寒岡의 제자 眉叟(許穆) 등이다. 재전제자들까지만 한정해서 보면, 퇴계학파는 心學과 禮學의 상호 의존관계를 긴밀히 하면서 聖學의 전통을 형성하고 발전시켰다. 실천적 학풍으로서 성학은 太極, 天命, 心性 등 본원적인 문제에 대한 理氣論的 천착은 줄어들고 퇴계 당시의 논쟁적 태도도 지속되지 않았 다. 그보다는 聖學의 원리를 따라서 心得 自得을 위한 眞知와 實踐, 致知와 力行을 지향하는 工夫가 일반화하였다. 이렇게 심득 자득을 위한 방법을 心法이라고 하는데, 심법에 포함되는 가장 기초적인 공부 가 바로 예의 학습과 실천이었다.[7]

퇴계는 「延平答問跋」, 『朱子書節要』, 『宋季元明理學通錄』, 「易東 書院記」, 「景賢錄改正」, 「靜庵趙先生行狀」 등의 저술로써 道統의 전 수과정과 그 구체적 내용을 중국으로부터 조선에 이르기까지 정립하는 한편, 『改訂天命圖』, 「答黃仲擧書論白鹿洞規集解」, 「心經後論」, 『聖 學十圖』를 비롯한 「答奇高峯書辯四端七情」, 「心無體用辯」, 「答奇明 彦書改致知格物說」, 『啓蒙傳疑』 등의 저술들에서 心과 性情의 문제 에 대한 이론적 천착을 시도함으로써 그의 道學은 心學化 경향이 뚜 렷하였음을 알 수 있다. 이전의 士林派의 道學이 『小學』 위주의 공부 를 중시했다면, 퇴계 이후는 그 입장을 聖學 속에 수용하면서 다시 『心 經』에 입각하여 心法을 터득하는 공부를 강조한 점이 뚜렷한 차이이다. 『聖學十圖』는 심학의 원리(心法)가 근간이 되는 聖學을 보여준다.

---

7) 졸고, 2003, 「퇴계의 심학과 예」 『한국사상사학』 21, 한국사상사학회.

퇴계와 그의 문인들이 聖學을 추구할 때 보여준 중요한 사실은　예의 원리적 근거와 다양한 규범 형식을 확립하기 위하여 예학에 대한 천착이 있었다는 점이다. 그들은 冠婚喪祭의 儀禮를 비롯한 다양한 儀禮절차와 기물 또는 變禮의 해석 등에 관하여 매우 정밀한 문답을 주고받으면서 논의를 진행하였고, 그러한 학풍이 퇴계 문인들로 하여금 禮書를 편찬하고 禮經 禮書에 대한 주석을 달도록 하였던 것이다. 그것은 聖學의 실현을 위한 구체적 규범을 정립하는 사업인 셈이다. 대표적인 예서는 다음과 같다. 퇴계와 제자들의 喪祭禮에 관한 문답을 편집한 『退溪喪祭禮問答』, 『이선생예설』, 鶴峯의 『喪禮考證』, 서애의 同名의 書, 寒岡의 『昏儀』, 『冠儀』, 『五先生禮說分類』, 『家禮輯覽補註』, 『禮記喪禮分類』, 芝山의 『家禮考證』, 「曲禮首章圖」, 勿巖의 『家禮講錄』 등이 있고, 서애의 문인인 愚伏의 『思問錄』, 蒼石의 「宴居備覽十箴 幷疏」, 한강의 문인인 眉叟의 「十二月令考訂」, 『經禮類纂』 등이다.

　　퇴계학파의 禮學은 우선 퇴계가 지닌 禮經과 禮書에 대한 견해를 바탕으로 하여 그 특성을 살필 수 있다. 퇴계는 三禮 가운데 『周禮』에 대해서는 그 실천의 가능성에 대해서 회의적이었던 반면에 『儀禮』, 『禮記』에 대해서는 예를 연구할 때에 고증적 전거와 합당한 판단의 근거의 원천으로서 중시하는 태도를 취했다. 그리고 그는 『朱子家禮』, 『儀禮經傳通解』, 『丘氏家禮』, 『張子語』, 『高氏喪禮』 및 『國朝五禮儀』 등 주로 儀禮에 대한 연구와 실천에 많은 관심이 있었다. 그의 禮學은 경전에 근거하여 예문의 타당성을 고증하거나 이치 또는 시의에 입각하여 예문의 필요성을 주장하는 태도를 취함으로써, 결과적으로는 현실적으로 실천 가능하면서도 명분과 의리가 갖추어진 예실천적 규범의 체계를 정립한 점에서 선구자적 역할을 하였다. 그러한 禮學의 태도가 후학들의 귀감이 되었고 계승 강화되었던 것이다.

　　퇴계 이후의 예학은 『주자가례』에 대한 고증과 훈고 등의 실증적

방법에 입각한 연구를 통하여 『주자가례』의 실천 가능성을 제고하려
는 흐름과, 『주자가례』를 벗어나서 禮經에 대한 주석이나 그에 입각한
실천 儀禮의 정립 내지는 朱子 이전의 北宋시대의 禮사상과 儀禮에
관한 논의를 정리하는 흐름으로 나누어 볼 수 있다. 전자는 『家禮輯覽
補註』, 『家禮講錄』, 『家禮考證』 등이 대표적이고, 후자는 『五先生禮
說分類』, 『禮記喪禮分類』, 『思問錄』, 「十二月令考證」, 『經禮類纂』
등이 대표적이다. 이 두 가지 경향이 나누어진다고 하더라도 전반적으
로는 더 광범위하고도 상세한 실증적 典據와 事例를 동원하여 合禮的
판단의 진실한 기준을 연구했던 점에서는 공통점이 있었다.

그렇다고 할 때 퇴계학파의 『예기』 해석의 사례로서 고찰해야 할
대상으로 떠오르는 것은 첫 번째 鶴峯(金誠一)과 西厓(柳成龍)의 『喪
禮考證』, 寒岡(鄭逑)의 『禮記喪禮分類』, 眉叟의 『경례유찬』, 「十二月
令考訂」과 같은 고증적 고찰의 부류, 두 번째 『예기』에 관한 부분적
고찰로서 芝山(曺好益)의 「曲禮首章圖」, 세 번째 『예기』 전반에 관한
해석과 연구로 愚伏(鄭經世)의 「思問錄」 등이다.

4. 퇴계학파의 예기 해석

1) 퇴계의 『예기』에 대한 태도와 실례

앞에서 언급한 바와 같이 퇴계의 문하에 『예기』에 대한 학문적 연구
의 전통이 존재한다고 할 때 그러한 전통의 시원은 일단 퇴계의 『예기』
를 대하는 학문적 태도로 소급된다. 그러나 퇴계의 문집에는 『예기』를
전적인 연구대상으로 삼아서 고찰하거나 그것에 대한 해설 혹은 주석
을 행한 내용은 발견되지 않는다. 다만 제자들의 문의에 대하여 답할

때 『예기』의 글을 인용하여 답하는 사례가 여러 서신에서 발견된다.

예를 들면 『퇴계선생문집』 권38의 「趙起伯의 問目에 답함」에서 4대 봉사의 학문적 근거에 대한 답을 할 때 『禮記』 大傳의 글을 인용하여 고례에는 반드시 4대봉사가 원칙이 아니었고, 정자의 예와 『주자가례』에 의하여 사대부의 4대봉사가 철칙으로 확립되었던 사실을 밝히는 점, 『예기』 鄕飮酒義의 글을 통해서 향법과 향례를 건립하는 원리 등에 대한 해명을 하였던 점 등이 그 예이다. 이러한 예들은 퇴계가 『예기』의 예문의 의미를 정확히 이해하고, 그에 입각하여 해당되는 예법에 대한 분명한 태도를 밝힌 사례에 해당한다. 퇴계는 『예기』뿐만 아니라 『의례』, 『주자가례』, 『구씨의절』, 『주역』 등으로부터 행례의 올바른 근거가 될 만한 것들을 고루 참조하여 행례에 관한 의문에 적절한 답을 제시하고자 하였던 것이다.

이러한 퇴계의 태도는 비록 『예기』에 대한 전문적인 탐구와 해명의 업적을 낳지는 않았지만, 후학들로 하여금 여타 경전들과 더불어 『예기』에 대한 깊은 관심을 지니도록 하는 계기가 되었다고 판단된다. 그러한 예의 하나로서 4대봉사에 관한 퇴계의 추론을 인용하고자 한다.

> 4대조까지 제사 지내는 것은 古禮에도 다 그렇지는 않았습니다. 『禮記』 大傳에, "大夫士는 큰일이 있으면 그 임금에게 허락을 얻어 高祖까지 干祫할 수 있다." 하였는데, 논설하는 이는 "祫祭는 본래 諸侯의 제사 이름이니 대부로서 고조까지 合祭하는 예는 아랫사람으로서 윗사람을 범하는 의의가 있으므로 간협이라 한다." 하였습니다. 이로써 살펴보면 4대까지 제사 지내는 것은 본래 제후의 예이고 대부는 집에 큰일이 있어 공을 세우면 반드시 그 임금에게 고한 뒤에 고조까지 제사 지낼 수 있으며, 이것을 고하는 것은 常祭가 아닙니다. 뒤에 와서 정자가 말하기를, "고조는 有服之親이므로 제사를 지내지 않을 수 없다." 하였고, 『주자가례』에도 정자의 논설을 따라 4대까지 제사 지내는 예를 정립하였던 것입니다. 대개 옛날에는 代마다 각각 사당을 달리하여 그 제도가 매우 컸으므로 대수의 등급을

엄하게 하지 않을 수 없었습니다. 그런데 후세에는 1廟만 만들고 龕 室을 나누어 제사 지낼 뿐이니, 제도가 매우 간솔하여 오히려 대수 를 통용하여 지낼 수 있으므로 옛날의 예를 변경한 것이 이와 같았 습니다. 이른바 '예는 비록 옛날에 없었더라도 의리로 제정하여 시 행할 수[義起] 있다.'는 것이 이것입니다. 지금 사람들이 3대까지 제 사 지내는 것은 時王의 제도이고 4대까지 제사 지내는 것은 程子 朱子의 제도입니다. 힘이 미칠 수 있으면 통용하여 행하는 것도 무 방할 듯합니다.[8]

퇴계는 『예기』 대전의 글을 통해서 고례에서 대부가 4대까지 제사 지내는 예는 고례에는 특수한 경우에 한정되고 일반적인 것은 아니었 다는 점을 밝히고, 정자와 주자에 의하여 대부에게 4대봉사가 일반화 되는 예론이 확립되었음을 밝혔다. 그리고 고례를 따르는 것이 원리라 고 하면서도 의리에 입각하여 정자와 주자의 예론을 수용할 수 있는 입장을 보여주었다. 퇴계가 『예기』를 대하는 태도는 이러한 방식에서 크게 벗어나 있지 않은 것이다. 즉 그는 현실에 합당한 예의 근거와 원리를 구하고자 할 때 『예기』의 예문을 참조하고 전거로 삼는 태도 를 취하였던 것이다. 그의 이러한 태도가 곧 후학들의 『예기』에 대한 고찰의 심도를 더하도록 한 계기가 되었다고 할 수 있다.

2) 고증서류

여기서 말하는 고증서류란 『예기』의 예문을 근거로 기존의 실행되 던 예, 특히 『주자가례』의 예의 타당성과 근거를 확보하는 작업의 결 과로 이루어진 저술류를 말한다. 이에 해당하는 것으로서 서애의 『상 례고증』과 학봉의 『상례고증』 및 한강의 『예기상례분류』와 같은 서적

---

8) 사단법인 퇴계학연구원, 2001, 『국역퇴계전서』 9, 196.

들을 들 수 있다. 이들은 상례에 관한『예기』의 예문을 인용하여 상례의 체제와 그 세부적 예문을 확정하는 내용을 담은 저술들이다. 이 가운데 현재 한강의 서적은 전하지 않기 때문에 고찰을 할 수 없다. 그리고 서애와 학봉의 저술에 대해서는 이미 선행 연구[9]가 있기 때문에 자세한 언급을 하는 것은 피하도록 한다. 이들은 상례의 의례 규범과 절차 등의 항목을 설정하기 위하여『예기』의 상례 관련 예문을 근거로 그 타당성을 고증하는 방식의 저술로 보인다.

이러한 저술들은 상제례에 치중되어 있다는 점이 특징인데, 이는 대체로 喪中에『예기』를 독서하게 되고, 그 결과『예기』의 중요성을 인식하고 그 내용을 정리하고자 하는 취지에서 이루어진 것이라고 할 수 있다.[10] 서애는 그의「題喪禮考證後」에서『주자가례』를 綱으로 하고 그것과 유사한 내용을 담은『예기』의 예문을 그 구체적인 절목으로 편찬한 것임을 밝혔다. 그런데 학봉의『상례고증』은 그것과는 구조가 꼭 같다고만 할 수는 없는 점이 있다. 선행 연구에서는 서애의 것이든 학봉의 것이든 모두『주자가례』를 근거로 하여『상례고증』이 이루어진 것으로 파악하였지만[11], 논자의 관점으로 본다면 원래 상례의 체제가 무엇인가를 탐구하는 것이 더 비중이 큰 목적으로 생각된다. 그렇게 생각하는 이유는 학봉의『상례고증』의 체제의 구성방식과 그 내용이 실상은 상례 관련『예기』의 원 예문을 이해하고자 하는 데에 더 큰 취지가 있는 것으로 파악되기 때문이다. 그 구성방식은『예기』가운데 상례와 관련이 있는 편들, 즉 雜記, 喪大記, 檀弓, 喪服小記, 問喪, 曲禮 등의 글에서 예문을 가져오고, 그것과 관련된 注疏를 부기하고 있는 형태이기 때문이다. 그러므로 전반적인 체제를『주자가례』에 맞는

---

9) 고영진, 앞의 책, 159~167쪽 참조.
10)『西厓先生文集』권18,「題喪禮考證後」, 余喪中讀禮記 旣昏塞過一二篇輒忘失 且患其記載浩博而雜出 愈難於參考也 於是以家禮所載群目爲綱 而其間節目 各以類附焉 分爲上中下三編.
11) 고영진, 위와 같은 곳.

가 아닌가의 여부로 보기보다는 상례의 고례적 원형을 회복하기 위한 목적에서 이러한 저술을 시도한 것으로 보는 것이 더 옳다고 생각된다.

이와 유사한 것이 眉叟의 『경례유찬』이다. 이 저술 역시 『의례』와 『예기』에서 상례와 제례에 관한 예문들을 근거로 상례와 제례의 의례 체제로 재구성한 저술이다. 전체 5권으로 구성되었는데 앞의 4권까지 상례에 관한 내용이고 마지막 1권이 제례에 관한 것이다. 『경례유찬』에서 중요하게 간주될 수 있는 것은 전반적인 체제와 의절의 구성이 『주자가례』보다는 『의례』와 『周禮』, 『예기』를 중심으로 그들에 담긴 古禮를 회복하고자 하는 관점과 태도를 보이는 부분이 많다는 점이다. 예를 들면, 제례에서 尸를 사용하는 예를 편성하고 있다는 점이다. 즉 隋釁逆牲逆尸, 相尸禮 등의 예문[12]에서 尸를 사용하는 예는 후일 茶山(丁若鏞)이 그의 『제례고정』에서 불편하기 때문에 시의가 없어진 예이며 당시 조선에서는 사용되지 않는다고 설명한 예이다.[13] 그리고 더 한 가지 중요한 특징은 미수는 『예기』를 통해서 대부 사와 구별되는 천자와 제후의 예를 확인하고 그것에 관한 예규범을 체계적으로 확립하기 위한 구도를 보여주었다는 점이다. 이는 상례뿐 아니라 제례에서도 뚜렷하게 관찰되는 점이다. 예를 들면 상례 조항에 備凶事라는 조항을 두고, 그 속에 『예기』 檀弓과 王制의 예문을 근거로 왕의 흉사에 대비하는 의례 조목을 설치한 것이 그러한 예이다.[14] 이 외에도 제례를 다룬 권에서는 『주례』와 『의례』의 예문을 인용하고 注疏의 설을 해설로서 부기하는 방식으로 왕후의 예를 밝히고 있다.

이와 똑같은 성격의 미수의 저술로서 간주될 수 있는 것은 『十二月令考訂』이다. 그런데 이는 『미수전집』에 실리지 않아서 전하지 않는 것으로 보이고 다만 그 서문이 『기언』에 전한다. 이에 의하면 이 저술은 古昔 聖王의 예제를 밝히기 위하여 『예기』, 『춘추』, 『주관』 등의

---

12) 출전.
13) 『祭禮考定』 祭儀考.
14) 『미수전집』 하 『경례유찬』 권2 참조.

당우시대의 고전과 기타 여러 성인의 서적들로부터 징험할 수 있는 예를 모아서 분류하고 그것을 12월령의 차례에 맞추어 고례를 考訂한 것이다. 고정된 내용은 節序 時物의 변화, 水旱, 凶札, 陰陽, 災異의 조짐, 郊天, 祭地, 종묘, 禘嘗의 뜻, 升沉, 瘞埋, 四燎, 六宗, 七祀, 八蜡의 보은, 庠序, 學校, 養老, 食饗, 禮樂, 教化의 방편, 巡狩, 朝覲, 會盟, 田獵, 籍田의 의식, 車輿衣服의 등급, 征伐, 六師의 위의, 賞刑, 政令의 시행, 耕耘蠶績의 근면함의 일들을 천자 제후로부터 대부 사는 물론 農工百隷의 업에 이르기까지 대략적으로 거론하였던 것이라고 밝히고 있다.[15] 이 역시 미수에게서『예기』를 비롯한 고례를 다룬 예경들이 고례를 회복하고 그에 입각한 당시의 예제의 체계를 재구성하고자 하는 의도에서 연구되었음을 시사하는 점이다.

3)『예기』해석류

가.「곡례수장도」

원래 영남 지역에서 살다가 평안도 지역으로 유배를 가게 된 지산은 『家禮考證』을 저술함으로써 퇴계학파의 예학적 맥락을 잇는 학문적 성과를 산출한 학자로 평가된다. 그는『가례고증』외에『예기』「곡례」편의 首章인 “毋不敬 儼若思 安定辭 安民哉”로써 일종의 문자도를 만들었다. 매우 내용이 간략하지만, 이는 그의『예기』해석이 퇴계에 의해서 진지하게 탐구된 심학 또는 성학의 과제를「곡례」편의 수장을 통해서 구조화하고자 하는 의도를 시사하는 점이다. 그렇게 볼 수 있는 이유는 다음과 같은 그의 분석적 설명과 그것을 구조화하는 방식에서 찾을 수 있다.

---

15)『미수전집』상 記言 권4「십이월령고정서」.

첫째 그는 毋不敬에 대해서 身心內外가 털끝만큼의 不敬이 없는 상태로 간주하는데, 이렇게 몸과 마음의 일관된 敬의 태도를 추구하는 것은 곧 퇴계로부터 강조된 경의 원리에 입각한 수양의 원리를 『예기』에서 일반화하려고 하는 학문적 의도를 보여주는 것이다. 그는 이를 함양과 성찰의 총론이라고 간주하고 있다.

둘째 儼若思에 대해서는 용모가 반드시 단정하고 엄숙하여 마치 생각하고 있는 듯한 모습이라고 설명하고 이것을 함양 때의 敬으로 간주한다. 그리고 安定辭는 성찰 때의 敬이라고 간주하고, 이를 말씀하는 것이 반드시 안정되어서 급하게 하지 않는 태도를 말한다고 설명한다.

셋째, 安民哉의 의미는 이러한 세 가지 태도로써 백성에게 임하면 백성을 편안하게 하지 않을 자가 없다는 것이라고 풀이하고, 이를 위 세 가지 방법의 효용이라고 간주한다. 이 문자도에 의하면, 毋不敬이 중추적 원리라면 이는 그것의 實效에 해당하는 것으로 보는 것이다.

이러한 지산의 문자도로서 「곡례수장도」는 간략한 구조를 지녔고, 『예기』 해석으로서 본격적이고 전반적인 것은 결코 아니지만, 경을 중시하는 퇴계 성학의 원리를 『예기』로부터 확인하고 구조화한 점에서 예에 입각한 성학의 구현을 목적으로 삼는 예학적 입장을 보여주었다고 판단된다.

나. 『思問錄』[16)

5. 결론: 퇴계학파의 『예기』 해석의 특징

퇴계의 학맥에서 『예기』에 대한 학문적 접근의 방식은 위에서 살폈

---

16) 사문록과 관련된 내용은 본서 395~407쪽까지의 내용을 참조하시오.

듯이 고증적 방식과 해석적 방식으로 크게 나눌 수 있을 것이다. 고증적 방식은 이미 퇴계에게서 단편적으로 시작되었지만, 『예기』를 대상으로 삼아 본격적인 고증의 방식을 취한 것은 학봉과 서애의 『상례고증』으로부터 찾아볼 수 있다. 그리고 미수의 『경례유찬』, 「십이월령고정」도 그러한 전통을 잇는 저술로 인정될 수 있다. 또 해석적 방식은 지산의 「곡례수장도」와 우복의 『사문록』을 들 수 있는데, 특히 『사문록』은 재전제자까지의 퇴계학맥으로 볼 때에 『예기』 해석의 치밀함과 아울러 고증에 입각한 변석이 매우 돋보이는 저술이다.

퇴계의 학맥에서 이루어진 『예기』에 관한 고증적 연구 혹은 해석적 연구가 기호지방의 율곡의 학맥에서 이루어진 연구와 비교할 때 어떠한 특징이 있는 것인가 하는 점에 대해서는 차후의 연구 과제로 미루더라도, 일단 다음과 같은 의의를 설명할 수 있을 것이다.

우선 『주자가례』를 하나의 미비된 예서로 간주하는 퇴계의 학문적 관점이 고경으로서의 『예기』를 예설의 중요한 논거로 활용하고 아울러 『예기』 자체에 관한 고증과 해석의 작업을 하도록 하는 계기가 되었다고 할 수 있다. 그리고 본론에서 고찰한 바에 의하면, 퇴계 이후 재전제자에 이르는 기간에 『예기』에 관한 연구는 매우 많은 진전이 있었다고 평가된다. 우선 양적으로도 퇴계 당시에는 『예기』의 일부 경문을 단편적으로 인용하여 예설을 확정하는 상태였던 것이, 서애와 학봉 그리고 미수의 단계에 이르면서 상례와 제례에 관한 『예기』 경문의 고증으로 더욱 전문화되면서 일정한 분량의 저술을 낳게 되었다. 또한 질적으로도 연구의 깊이가 심화되는 과정을 엿볼 수 있다. 우선 간단한 저술이지만 지산의 「곡례수장도」는 퇴계가 심혈을 기울였던 성학의 원리와 예학의 원리를 조화 및 상응시키려는 관점을 시사하는 것으로서, 당시 퇴계 문인들의 예학이 단순히 예문의 고증과 훈고에만 치중했던 것이 아니라 궁극적으로는 성학의 성취를 목적한 것이었다는 사실을 시사한다. 아울러 『사문록』은 앞에서 살폈듯이 禮의 이념 또는 원리에 입각한 변론, 經(『禮記』, 『周易』, 『論語』, 『儀禮』, 『周禮』, 『爾雅』, 『孝經』, 『孟子』 등)과 朱子說에 입각한 고증과 비판, 철학적 이치에 입각한 새 해석, 文勢, 文法, 또는 文義 照觀에 의한 비판, 훈고에 의한 誤字의 교정 등의 유형으로 그 해석학적 방법을 나누어 볼 수 있는데, 앞에서 분석한 결과에 의하면 『예기』의 經傳에 대한 해석이 이기론 및 예의 원리에 입각한 일종의 철학적 사유의 정밀함까지 보여주고 있어서, 예학적으로나 철학적으로 매우 중요한 가치를 지닌 저술이라고 판단된다.

또 미수의 『경례유찬』에서 대부 사와 구별되는 천자와 제후의 예에 대한 경문을 고증하는 것은 이 당시 퇴계의 학맥에 속하는 남인 계열의 학자들이 신분의 차등에 따른 예의 차등을 엄격하게 추구하는 학문적 태도를 시사하는 한편, 그로부터 이러한 남인들의 예학적 입장의 구체화를 확인할 수 있다. 이는 미수가 己亥禮訟에서 군왕을 위해서는 참최삼년복을 입는다는 입장, 즉 왕의 예와 대부의 예는 차등을 두어야 한다는 예학적 입장과 연관을 갖는 것이어서 주목되는 것이다.

이상과 같은 퇴계학파의 『예기』에 대한 연구가 활성화되고 더욱 전문적인 저술이 이루어졌던 것은 무엇보다도 古禮의 정확한 인식의 노력의 결과이자 동시에 예실천을 통한 개인 인격의 성취 및 인륜도덕에 입각한 사회질서의 회복이라는 과제의 자각에서 이루어진 결과라고 할 수 있다. 그리고 그러한 고례의 정확한 인식의 방법은 철저한 고증의 방식과 아울러 예의 원리에 대한 이기론적 검토와 기타 철학적 사유의 방식이 병행되었던 것으로 보인다. 이를 하나의 저술 속에 적절하게 구사한 것은 우복의 『사문록』이라고 생각된다. 이러한 저작들이 이후 퇴계학맥의 예학 발전의 중요한 토대가 되었다고 할 수 있다.

退溪와 茶山의 禮學 比較[1]

1. 서 론

  퇴계는 조선 중기의 성리학을 대표하는 유학자이고 다산은 이른바 조선 후기 실학을 집대성한 유학자이다. 이들의 학문은 성리학과 실학이라는 서로 다른 학문 명칭에서 보듯이 매우 차이가 크고 경향도 다른 것으로 인식되어 왔다. 학계에서 이러한 인식이 보편화되었던 것은 이미 오래된 일이고 이후에도 그것을 전적으로 부정할 만한 계기나 학문적 관점의 변화가 이루어진 것은 아니다.

  또한 뒤에서 다시 논할 내용이지만, 禮學 또는 禮說에 있어서도 퇴계와 다산의 견해는 다른 점이 매우 많다. 특히 다산이 편찬한 「喪禮四箋」, 「祭禮考定」 등 四禮 관련 저술은 퇴계의 예설과는 다른 예설

---

1) 『동양철학연구』40, 동양철학연구회, 2004. 12

들을 담고 있을 뿐 아니라 사례를 연구하는 기본적 관점과 방식에도 많은 차이가 있음을 시사한다. 바로 그러한 차이가 기존의 학계에서 말하는 성리학과 실학의 차이라고 하더라도 크게 문제될 것은 없는 것이다.

그러나 논자는 근래 몇 년 동안 과연 퇴계와 다산의 학문을 그렇게 다르다고 보는 것이 과연 전적으로 옳은가에 대한 의문을 품고 그 반론에 해당하는 글을 발표한 적이 있다. 이러한 글을 발표했던 의도는 다음과 같다. 퇴계와 다산이 비록 성리학과 실학을 각각 대표하는 학자이고 그들이 각각 구축했던 학문의 체계와 내용 및 관점 등에서 차이가 난다고 할지라도, 두 학자를 성리학과 실학이라는 분리된 전통에서만 보는 것은 전체를 보지 못하고 부분만 보는 방식이 될 것이다. 다시 말하면 조선 유학이라는 하나의 통합된 전통 속에서 양자를 연관지어 보는 것도 달리 가능한 관점이 될 것이다. 다산이 퇴계의 학문태도를 계승하고자 노력하였던 사례, 또한 다산의 학통이 근기영남학파의 종장인 星湖를 거쳐서 퇴계에까지 이어진다고 하는 점은 두 학자의 학문에는 성리학과 실학 사이의 불연속성뿐 아니라 조선 유학 전체의 전통을 형성하는 연속성도 존재함을 시사한다.

또한 학계에서는 실학을 성리학과 구분되는 학술용어로 사용하여 왔지만, 최근에는 실학의 용어와 개념이 이른바 조선 후기 실학에만 한정될 수 없을 뿐더러 실학이란 이름으로써 조선유학의 시기구분이나 유형구분을 하는 것이 큰 타당성이 없다는 주장도 제기되고 있다. 논자도 퇴계와 다산의 학문에는 務實의 원리를 각자의 유교적 목적을 성취하는 중추적 원리로 삼고 학문을 추구한 점을 논하고, 또 양자의 학문에는 연속성과 불연속성이 함께 존재하는 것으로 볼 수 있다고 함으로써 양자의 연관성을 논할 수 있는 가닥을 잡아보기도 하였다.[2]

두 학자의 예학을 비교하기 위하여 이러한 견해를 개진하는 이유는 다음과 같은 것이다. 한 학자의 예설은 전체 예학 나아가서 유학의 일

<hr>

2) 졸고, 2000, 「務實: 退溪 聖學과 茶山 實學」 孔子學 7호, 한국공자학회.

부이다. 그러므로 예설의 차이나 공통점에 대한 인식은 전체 유학적 체계를 고려한 가운데 이루어져야 한다. 그래야만 두 학자의 예설의 실질적 의의 혹은 근원적 의도까지도 파악할 수 있는 것이다. 즉 두 학자의 예설, 즉 祭禮의 절차에 관한 설명, 혹은 喪禮의 절차에 관한 설명은 전체적인 예학의 구도와 관련되어 있고, 나아가서 각 학자가 추구하는 유학적 이념의 성취와 관련되어 있는 것이다. 또한 그렇다고 한다면, 예절에 관한 설명이나 해석의 논리가 학자 별로 특이한 것이 있다고 한다면, 그것이 전체적인 예라는 규범체계 혹은 실천윤리의 체계 속에서 어떠한 의미와 위상을 지니고 주장되는 것인가 하는 점을 고찰하여야 할 것이다.

원래 예설이란 정확하고도 진실한 禮실천을 위하여 제시된 것이다. 그렇다고 한다면, 예설을 개진한 두 학자의 학문적 태도에는 유학적 실천이 예를 배제하고는 성립되기 어렵다는 공통된 의식이 작용하고 있었다고 해야 옳다. 달리 말하면 이 두 학자의 유학이 강조하는 務實에서 예가 필수 사항이라는 점이 매우 중요한 공통점이다. 예실천에 입각한 조선 유학의 務實의 전통을 퇴계가 본격화하였다면, 다산은 이를 새롭게 창조적으로 계승하였다고 판단할 수 있는 것이다. 따라서 이 두 학자의 예학과 예설 등에 관한 연구는 이 두 학자의 학문 사이에 존재하는 불연속성과 함께 연속성을 밝힐 수 있는 좋은 기회가 된다. 기존의 철학계에서의 연구가 주로 理氣論과 心性論이라는 영역에 초점을 맞추어서 연구한 결과 성리학과 실학의 차이를 강조하여 온 것과는 다른 귀결을 이 연구로부터 얻을 수 있을 것으로 기대된다.

본 연구에서는 두 학자의 예학을 비교하는 것을 목적으로 삼되, 먼저 각각의 예학과 예서를 중심으로 학문적 태도를 고찰하고 그로부터 각각의 예학의 목적과 그 방법 등에 관하여 살펴보고, 그 예학의 일단면으로서 양자의 예설을 선택하여 비교하도록 한다.

2. 禮書에 관한 검토

　　퇴계의 예학과 다산의 예학은 그 관심을 보이는 부분과 그리고 그것을 예서 혹은 예설로 표상해낸 영역과 방식에 많은 차이가 있는 것이 사실이다. 일단 그러한 차이가 두 학자의 예학의 범위와 관심사의 차이, 또는 예학의 방식의 차이를 의미하는 것이다. 그러므로 먼저 그에 대하여 일별함으로써 두 학자의 예학의 전체적인 범위와 관심의 영역에 대하여 고찰하고 그 결과로부터 예학의 공통점과 차이점에 대하여 분석하도록 한다. 예설을 비교하기 위해서는 먼저 공통된 예학적 관심 대상을 확보하고, 그에 관한 두 학자의 해설의 차이가 과연 무엇인가를 살피는 것이 순서이기 때문이다.

　　퇴계는 조선시대에 예학이 본격적으로 연구되기 시작한 시기에 예를 연구한 학자이다. 이 시기에는 아직까지 실생활에서의 정밀한 합례적 행위가 가능하도록 해줄 정도로 禮文(예규범)이 완비되지는 않은 상태였다. 당시에 퇴계의 문인들과 지인들은 예를 실천하는 과정에서 나타나는 예서의 미비점, 즉 예문의 미흡함, 혹은 결여 등을 경험하면서 그것을 보완하기 위한 목적으로 퇴계에게 정확한 예를 묻고 퇴계가 그에 답한 내용이 퇴계집 서한에 많이 기록되어 있다. 이러한 방식으로 퇴계 이후 많은 유학자들이 예를 행하면서 동시에 예문을 연구하고 상호 의견을 교환하였던 일들이 당시 예학 연구와 진지한 예실천의 분위기를 성숙시켰다. 퇴계는 그러한 시대적 학문 분위기를 조성하고 확장한 학자이며, 또한 정밀하고도 진지한 예학적 태도의 모범을 남긴 학자이다.

　　그러나 다산의 시기는 지루한 禮訟과 黨爭의 시기를 지났고, 사대부들 사이에 繁文縟禮, 虛禮虛飾의 지경에 이를 정도로 예에 대한 부정적인 인식이 팽배할 때이다. 그리고 다산 자신이 밝혔듯이 당시의 예는 過禮의 풍조 때문에 진정으로 지키기 어려운 면이 다분히 있었다. 다산이 새로운 예속의 형성과 예치의 방식을 제시하기 위하여 새로운 방식의 예서 저술을 하게 된 것은 이러한 시대적 요청에 따른 것으로 보인다.

다산의 활동시기를 전후한 시기에 성리학자들이 편찬한 예서와 다산의 예서는 여러 면에서 차이가 있다. 즉 당시 성리학자들은 성리학적 실천규범의 체계를 더욱 확고히 하고 완비하기 위하여 기존의 학설들을 수집하고 규정이 없던 禮文을 보완하여 하나의 종합적이고도 완비된 예서의 편찬을 추구했다. 예를 들면 李縡(1680~1746)는 「주자가례」의 체제를 유지하면서 그것을 조선의 현실에 맞도록 부연하고 증보하여 「四禮便覽」을 저술하였다. 이 밖에도 柳長源의 「常變通考」는 1783년에 완성되고 1830년에 간행되었는데, 이는 이전의 성리학자들에 의하여 개진된 예설들을 종합하고 또 常禮와 變禮를 모두 집성하여서 행례 시에 참고 열람할 수 있도록 하는 일종의 백과사전식 禮集에 해당한다. 그리고 李象靖(1710~1781)의 『四禮常變通攷』도 이와 유사한 성격의 예서이다. 이러한 예서 편찬은 사실 퇴계가 예설을 개진하고 행례 시에 필요한 예문을 모색하고 보완하던 예학 활동의 전통을 그대로 계승하는 것이라고 볼 수 있다.[3]

이와 달리 다산이 편찬한 四禮書는 행례 시의 열람을 위한 용도는 크지 않고, 오히려 예학적 연구결과를 체계적으로 제시한 연구서의 취지가 더 많은 것으로 보인다. 이러한 차이에 근거하여 본다면 다산 당시의 성리학자들의 예학이 보수적이라면 다산의 예학은 혁신적이라고 할 수 있다.

그러나 비록 사례의 영역에서 다산의 예서가 퇴계 혹은 다산 당시의 성리학자들의 예서와 많은 차이가 있다고 하더라도 그 사실이 반드시 퇴계의 예학 혹은 유학을 극복하거나 탈피하는 것일 수는 없다고 볼 수 있는 근거도 있다. 그것은 다산이 「정체전중변」에서 퇴계를 비롯한

---

3) 졸고, 1998, 「朝鮮後期 嶺南禮制의 事例와 그 特徵」, 건양대학교 예학교육연구원 발표논문.

많은 선유들의 예설을 토대로 그의 예설을 개진하고 있다는 사실, 또
그는 퇴계의 예설을 충실하게 계승하고 있다는 사실 등을 그 근거로
삼을 수 있다. 다시 말하면 퇴계와 다산의 예학에는 차이점과 아울러
공통점 내지는 상호 연관성이 있다고 볼 수 있다. 이 점을 앞으로의
연구를 통해서 설명해 보고자 한다.

1) 퇴계의 예서

먼저 퇴계의 예학 관련 저술은 독립된 것이 존재하지 않는다. 「退溪
集」에는 啓議로서 게재된 「擬上文昭殿議 幷圖」와 「擬上追崇德興君
議」, 권42에 「鄕立約條序 附約條」, 권12의 書院의 享祀를 논한 「答
李子發」 등 그리고 권37의 「答權章仲喪禮問目」을 비롯한 여러 書에
禮에 관한 문답이 존재한다. 체계적으로 예설을 개진하고 예문을 정립
한 禮書의 편찬이 없었던 점으로 본다면, 퇴계는 전문적인 예학자라고
하기 어렵고 또 그의 예학도 일정한 체계를 형성하고 연구된 것이라고
하기 어려울지 모른다. 그러나 그의 예학에 관한 내용은 그의 문집보다
는 그의 문도들에 의하여 편찬된 그의 예설집을 통해서 확인할 수 있고,
또 그의 예학적 태도와 지향하는 바에 대해서도 살필 수 있는 것이다.

퇴계의 예설들을 볼 때 퇴계는 三禮 가운데 「周禮」에 대해서는 그
실천의 가능성에 대해서 회의적이었던 반면에 「儀禮」, 「禮記」에 대해
서는 물론 절대적인 신뢰를 부여하지 않았지만, 예를 연구할 때에 고
증적 전거와 합당한 판단의 근거의 원천으로서 중시하는 태도를 취했
다.[4] 그리고 그는 「朱子家禮」, 「儀禮經傳通解」, 「丘氏家禮」, 「張子

---

4) 周何, 「退溪의 群經意識」 退溪學報 32집 1981 참조. 「국역 퇴계전서」 퇴계학연구원 5책
   125쪽. 그러한 일례로서 「答金敬夫·肅夫」의 글을 들 수 있다. 퇴계는 禮經에는 喪禮를 치
   르는 기간 동안 服을 갈아입는 횟수가 대여섯 차례나 되어서 번다하기 때문에 지키기 어렵고,
   따라서 그것을 간편화한 「朱子家禮」를 따르는 것이 좋다는 태도를 취한다.

語」, 「高氏喪禮」 및 「國朝五禮儀」 등을 연구하였고 따라서 주로 儀禮에 대한 연구와 실천에 많은 관심이 있었다고 할 수 있다. 그의 禮學은 위에 언급한 경전과 예서에 근거한 정밀하면서도 폭넓은 고증과 훈고, 깊은 사색과 직접적인 체험에 근거하여 실천 가능한 禮를 정립하는 점에서 후학들의 귀감이었다.

진지함과 정밀함을 함께 보여준 그의 예학적 태도에 의하여 개진된 그의 예설은 후학들에 의하여 禮書로 편찬됨으로써 오늘날까지도 매우 중요한 퇴계 예학 연구의 길잡이 역할을 한다. 그의 예설을 정리한 예서들은 다음과 같다. 퇴계와 제자들의 喪祭禮에 관한 문답을 편집한 「退溪喪祭禮問答」(혹은 「溪書喪祭禮問答」이로고도 함)과 「家禮講錄」 등이 있다. 전자는 퇴계의 제자인 趙振(1543〜?)이 퇴계와 그 제자들이 喪禮와 祭禮에 관해 문답한 내용을 모아서 엮은 것이라고 전한다.5) 간행연대는 정확하게 밝혀지지 않았지만, 대체로 16세기의 일로 생각된다. 그리고 후자는 역시 퇴계의 제자인 勿巖(金隆, 1525〜1594)이 퇴계의 「朱子家禮」 강의를 기록한 서적이다. 이같이 퇴계의 예설은 후대에 와서 집성되고 편찬된 서적들에 의하여 체계적으로 연구되고 계속되었다고 할 수 있다. 이후에도 孤山(李惟樟, 1624〜1701)에 의하여 주자와 퇴계의 예설을 함께 편찬한 「二先生禮說」과 星湖(李瀷)에 의하여 편찬된 「李先生禮說類編」, 그 뒤에 林應聲에 의하여 편찬된 「溪書禮輯」을 통해서 체계적 정리가 지속되었다.

퇴계의 예설에 관해서 문인들 혹은 후학들이 편찬한 내용을 통해서 본다면, 퇴계가 관심을 지녔거나 혹은 퇴계가 연구하고 언급했던 예의 범위를 대강이나마 정리해 볼 수 있다. 먼저 「이선생예설」에는 祠堂, 深衣, 居家雜儀, 議昏, 親迎, 廟見 등의 예, 喪禮의 절차들에 대한 예설, 이와 더불어 祭禮의 종류에 관하여 四時祭, 初祖, 禰, 忌日, 墓祭에 관한 항목들이 있으며, 國喪, 宗廟, 祧廟議狀이 함께 실려 있다.

---

5) 「溪書禮集」 跋.

「계서예집」에는 喪禮와 祭禮 그리고 婚禮, 國恤禮 등이 주요 내용으로 편집되어 있다.

이상에서 살핀 내용으로 본다면 퇴계의 예설은 주로 관혼상제 가운데 상례와 제례에 많은 비중을 두어서 개진되었음을 알 수 있다. 그러나 관례에 대해서는 특별히 주목할 만한 예설을 개진하지는 않은 것으로 보인다. 아울러 그의 국휼과 종묘에 관한 예설이 정리되어 후학들에게 전해졌다고 할 수 있다.

四禮에 관해서 퇴계의 예설은 주로 「주자가례」의 틀을 그대로 유지하되 「주자가례」의 미흡한 점이나 혹은 문제되는 점에 대하여 禮經 혹은 기타 예서를 참조하여 개진되었다. 이는 그가 「주자가례」의 일률적 추종보다는 時王之制 혹은 時俗을 고려하면서도 古禮의 정당함을 회복하고자 하는 방향을 추구했음을 의미한다. 그리고 그는 정해진 예문이 없는 경우에도 예를 강구해야 할 때, 人情에 부합하거나 혹은 道理에 부합한 예규범을 추론함으로써 합례적 실천의 규범을 마련하기에 노력하였다. 이렇게 보면 퇴계의 목적은 고례와 시왕지제 그리고 시속을 적절하게 융합하여 실천 가능하면서도 이치에도 부합하는 유교적 예문화를 사회에 건립하려는 목적의식을 지녔다고 판단된다. 이러한 그의 禮學의 태도가 그의 문인들에게도 계승 강화되었던 것이다. 퇴계의 예학은 寒岡, 芝山, 西厓, 鶴峯 등에게 계승되면서 예학의 전통을 형성하였다.[6]

2) 다산의 예서

다산의 예학은 그 학문적 영향의 근원을 星湖에게서 찾을 수 있다.

---

6) 졸고, 1999, 「朝鮮時代 退溪學派의 禮學思想에 대한 哲學的 考察」退溪學報, 102집, 퇴계학연구원.

다산은 그의 예학의 형성과정에서 성호의 禮式으로부터 많은 영향을 받은 것으로 판단된다. 그런데 성호의 예학의 근원에는 미수와 퇴계가 존재하고 있다는 점을 고려하면 다산은 퇴계의 예학에 대해서도 연원이 닿고 있다고 할 수 있다. 이 점은 그의 「정체전중변」이나 「제례고정」 등에서 퇴계의 예설을 인용하고 긍정적으로 평가하는 태도에서도 간접적으로 읽을 수 있는 점이다.

그러나 예서에 나타난 그의 예학의 영역은 퇴계의 것과는 다른 면이 많다. 우선 예에 관한 그의 저술로는 「經世遺表」 혹은 「邦禮草本」으로 불리는 國制에 관한 예서, 國恤 혹은 王朝禮에 관한 예서로서 「正體傳重辨」, 이와 관련된 예론으로는 「己亥邦禮辨」, 「辛巳服制辨」, 「八大君辨」, 「立後論」 등의 논문들, 이 밖에도 王朝禮에 관한 예서로서 「國朝典禮考」, 祭天儀禮를 중심으로 다룬 「春秋考徵」들이 있다. 그에 의하면 이 저서들에서 다룬 예는 邦禮라는 범주에 속한다. 이같이 방례에 관한 체계적 저술이 다양하고 또 방대한 분량으로 편찬되었다는 사실이 우선적으로 퇴계의 예서와 매우 다른 점이라고 지적될 수 있다. 그의 「경세유표」는 「周禮」에 입각하여 제시된 국가의 기구 조직과 운영에 관한 개혁안을 담아서 방례의 개혁에 관한 구상을 체계적으로 제시한 예서이다. 그 밖의 「정체전중변」은 顯宗朝 己亥年 服制 논쟁으로 발발한 禮訟의 문제점을 예학적 원리에 근거하여 분석하고 비판하는 견해를 담은 것이다. 이는 복제 및 그와 관련된 왕조의 예를 바로잡기 위한 예학적 대책을 제시한 것이다.

다산은 사대부에게 해당하는 예서를 별도로 편찬하였다. 이들은 본래부터 체계적인 예서를 편찬한다는 목적으로 편찬된 것이다. 따라서 퇴계의 예집과는 그 편찬 취지가 다른 면이 있는 것이다. 士大夫에게 해당하는 禮書로는 「喪禮四箋」을 비롯하여 「喪儀節要」, 「檀弓箴誤」, 「古禮零言」, 「禮考書頂」, 「祭禮考定」, 「嘉禮酌儀」, 「禮疑問答」 등이 있다. 관례 혼례를 묶어서 편찬한 것이 「嘉禮酌儀」이고, 제례에 관한 예서는 祭法考, 祭儀考, 祭期考, 祭饌考의 네 영역으로 제례를 분석한 「祭禮考定」이며, 상례에 관한 예서는 「喪儀匡」, 「喪具訂」, 「喪服商」, 「喪期別」의 네 영역으로 된 「상례사전」이다. 특히 「상례사전」은 중국 청대의 徐乾學의 「讀禮通考」의 저술 방식을 참조하되 그와는 다른 독자적인 방식으로 상례를 상의, 상구, 상복, 상기의 네 영역으로 나누어 편집한 점이 성리학자들의 예서와 뚜렷하게 차이 나는 점이다. 그 연구 방법은 考證, 意解 등의 방법을 동원하였는데, 결과적으로 매우 정밀하고 폭넓은 고증과 비교 논증, 해설을 담은 예서이다.

다산의 예학적 특징은 첫째 邦禮와 四禮의 상보적 구조를 추구한 점에서 찾을 수 있다. 이 상보적 구조 속에서 그는 엄격한 분별의 관점을 적용하여 예서 편찬을 한 것도 특징이다. 즉 그는 왕조례와 사대부례는 혼동할 수 없는 분수의 구별이 있으므로, 그것을 엄격히 구별하는 예를 명시하고자 하는 의도로 왕조례와 사대부례를 구분하여 예서를 편찬했으며, 나아가서 그것의 상호 보완을 통해서 王政의 구현을 지향했다고 할 수 있다. 이 외에 「儀禮」, 「周禮」, 「禮記」와 「春秋」를 禮學의 근본 경전으로 삼고 있는 점도 중요한 특징이다. 퇴계 역시 단지 「주자가례」에만 의존하지 않고 여러 경전과 예서를 다양하게 참고하여 자신의 예설을 개진하였지만 古經에 대한 천착도는 다산보다 미약하다고 할 수 있다. 그러나 다산의 경우는 以經證經의 고증 원리에 입각하여 古經에 근거한 고례를 정립하면서 고경에 대해 천착하는 정도가 퇴계에 비하여 매우 높았다고 판단된다. 둘째 그는 邦禮에 많은 연구와 저술을 하였지만, 鄕禮에 관한 저술이 없으며 鄕約을 鄕村敎化의 주된 전범으로서 활용하려고 하였던 의지가 성리학자들보다 상대적으로 약하다. 성리학자들의 鄕約 중시의 경향과 대조적인 다산의 방례 중시의 경향은 상대적이기는 하지만, 다산이 王政의 방식에 의거한 禮治 추구에 더욱 철저하였던 것으로 볼 수 있게 한다.[7] 셋째, 퇴계가

---

7) 졸고, 1991, 「茶山禮學硏究」 고려대 대학원 박사학위 논문 제4장 참조.

조선의 현실을 반영하면서도 중국의 예를 토착화시키는 데 관심이 컸다면, 다산은 중국과 조선의 상이한 현실을 반영한 예를 확립하기 위해서 노력하였다고 할 수 있다. 후술하게 될 내용으로서 그가 「제례고정」과 「상례사전」을 제시하면서 그것을 제후의 사에 해당하는 예서로 편찬하였던 것부터 그렇게 볼 수 있는 증거다. 그는 당시의 예속이 「주자가례」를 좇아서 四代奉祀를 당연시하는 것은 분수를 어기는 잘못임을 지적하였다. 즉 그에 의하면 중국의 士는 天子의 士이고 조선의 士는 諸侯의 士라는 차이가 있고, 따라서 조선의 사는 중국의 사보다는 한 등급 낮춘 예를 행하는 것이 옳다고 그는 주장한다. 이를 비롯하여 행례에 중요한 요소인 장소와 물건, 음식 등에 대하여 그는 퇴계와 마찬가지로 현실에서 구할 수 있거나 중국의 현실과 다른 점을 인정하고 형편에 맞는 예를 행하는 것이 옳다는 태도를 취한다.

3. 예학적 입장에 관한 고찰

예설의 비교에 앞서서 먼저 관심을 가지게 되는 점은 과연 어떠한 예학적 입장이 각각의 예설을 만들었는가 하는 점이다. 예설이란 각각의 禮節 혹은 禮儀에 대한 학문적 해설을 의미하는 것인데, 예절이나 예의는 전체적인 의례의 일부분이고 전체 절차의 한 단계에 해당하는 것이다. 그러므로 어느 학자의 예설은 전체 의례의 이해와 그것의 실천과 관련된 이념 혹은 원리에 의하여 그 근본적 관점과 설명의 방식이 정해진다고 할 수 있다.

퇴계의 학문은 전체적으로 聖學, 心學, 理學, 道學, 實學 등으로 지칭되었으며, 예학은 이러한 학문들과의 유기적 연관을 맺고 추구되었던 것이다. 그러므로 그의 예학적 입장은 이러한 학문 이념 혹은 원리와 무관할 수 없는 것이다.

그는 주자학을 실학이라고 지칭하는데, 실학이란 용어는 원래 북송의 성리학자들이 불교와 노장의 虛無와 空寂에 대립되는 유학적 진실을 강조하기 위하여 사용하기 시작한 것이다. 그 유학적 진실이란 일상생활에서 인륜도덕의 실천을 통해서 성취된다고 퇴계는 생각했다. 이 유학적 진실을 추구해 갔을 때 그 궁극에는 개인적으로는 성인의 인격 성취가 가능하게 된다고 하는 것이 그의 聖學의 이념이다. 이렇게 유학적 진실을 추구하는 것이 곧 務實이다. 그에게 있어서 무실은 실학을 지향하고 구현하기 위한 방법론적 의미를 담은 원리이다. 그리고 이학, 심학, 성학 그리고 실학이라는 명칭은 실제로 똑같은 하나의 학문적 실체를 각각 다른 관점에서 보고 이름붙인 것이라고 한다면, 무실은 다만 실학에만 유의미한 원리가 아니라 이학, 심학, 성학에도 똑같이 의미 있는 원리인 것이다. 그렇다고 한다면, 과연 어떻게 하는 것이 무실인가? 즉 무실의 실행 원리 혹은 방식은 무엇인가? 그에게서 무실은 특히 예와의 관련성이 절대적이다. 즉 무실은 예를 도외시하고는 성립할 수 없는 실천원리라는 의미이다.

퇴계의 학문세계에서 무실의 원리는 眞知와 實踐(혹은 力行), 知行竝進, 下學上達 등이 주축이 된다. 이 원리들은 유학의 人倫道義 혹은 天人의 理致를 체득하고 실천하는 것이 일상에서의 인륜도의와 관련된 예실천이 결여되면 불가능하다는 점을 말한다. 그렇다고 할 때 예실천이 예에 대한 앎과 필연적인 관련이 있음은 물론이다. 이렇게 예에 대한 앎과 관련되어 있는 것이 바로 예설이다. 그렇다면 본 연구의 주제인 예설은 유학적 원리로서 무실과 어떠한 관련이 있는 것일까? 그것은 궁극적으로는 실천과 관련되는 것이지만, 일차적으로는 진지를 위한 格物致知의 한 방식으로서 무실과 관련된다. 즉 진실한 예실천을 위해서는 먼저 예에 대한 정확하고 상세한 인지가 중요한 것이다. 그것을 위해서 올바르거나 적합한 예문에 대한 연구를 하게 되었던 것이다. 그러한 의미로 본다면, 퇴계와 다산의 예설비교는 정확하고 진실한 예실천을 염두에 둔 정확하고 진실한 예문에 대한 지식을 강구하는 작업의 방식과 그 내용이 어떠한 同異가 있는가를 비교하는 작업이 되는 셈이다.

예설이란 예절이 만들어진 취지, 예문이 의도하는 예실천의 목적에 대한 해명, 정확한 예문의 모색, 예문의 구조와 예절 상호 간의 관련성에 대한 분석, 예문의 경전적 근거, 예문의 이치에 대한 추론, 예문의 의리와 관련된 타당성 혹은 부당성, 예문의 용례, 예문의 실천가능성, 현실성 등에 대한 설명이다. 이는 일종의 지적인 탐구와 분석에 기초하여 이루어지는 것이다. 그러므로 예설은 예문의 정확한 강구가 일차적 목적이라면 예문의 의미를 분명히 이해하도록 하여 정확한 예실천을 모색하는 것은 그다음의 중요한 목적이다. 이에 기초하여 퇴계가 정확한 예설을 강구한 이유와 그 의의를 설명할 수 있다.

첫째, 이 시대에 유교적 인륜도의를 빈틈없이 실천하려는 士族들의 의지와 노력이 증진되는 데 반하여 「주자가례」의 규범은 대강만 있고 세목에서는 부족하였다. 그 때문에 예를 실행할 때에는 세부적인 예문이 더 충족되지 않으면 안 되었다. 즉 예의 세목에 관한 탐구와 논의가 필요하였다. 세목에 관한 탐구와 논의는 실상 기존 「주자가례」, 「국조오례의」 등에 규정된 예문을 근거로 하면서도 義理와 人情에 기준을 둔 추론, 현실성을 감안한 조율을 통해서 이루어졌다. 이는 당시 유학자들의 관심이 무엇보다도 합례적 생활을 하려는 데 있었고, 이를 충족시키기 위하여 實情에 적절하면서도 義理를 구비한 예문을 연구하고 모색하는 작업에 힘을 기울였음을 시사한다.

둘째, 퇴계는 禪불교 등을 경계하였음은 물론 陽明學에 대해서도 경계와 비판을 하였다. 그렇게 그 가르침들을 비판하고 배척하였던 이유는 그들이 곧 인륜도덕의 실천을 오도하게 된다는 점, 나아가서 성인의 인격을 성취할 수 있는 가르침이 되지 못한다는 점으로 요약할 수 있다. 예를 들어, 「전습록변」에서 그가 행한 비판은 예의 학습 및 실천을 경시하도록 할 수 있는 지행합일설의 부적절함에 초점이 맞추어져 있다. 이는 거꾸로 말하면 예의 학습과 실천의 중요성, 즉 下學上達에 의한 유교적 이상성취의 과정이 옳다는 그의 자각과 맥을 통한다. 지행합일보다는 지행병진을 강조한 그는 하학상달의 과정에는 반드시 일상생활에서의 예실천이 절대적인 기초가 된다고 간주한 것이다. 따라서 예설도 이와 관련이 깊었기 때문에 정확하고 세밀한 논의가 이루어졌다고 할 수 있다.

셋째, 그의 심학 또는 성학과 예학과의 연관성이다. 그의 학문은 대체로 심학과 성학을 큰 축으로 그 구도가 성립된다고 판단된다. 그의 학문세계에서 예학을 추구하되 그것은 항상 심학의 성과를 거두기 위해서 혹은 성학의 이상을 성취하기 위한 방편적인 차원에서 추구한 성격이 크다는 것을 의미한다. 그렇지만 그렇다고 하더라도 그 점이 그가 예학을 다른 분야의 학문보다 소홀히 했음을 의미하지는 않는다. 그의 학문의 체계나 혹은 방식을 보면 예의 실천이 없이는 도저히 그 목적과 이상을 성취할 수 없다. 그리고 그의 수신에 관한 방법론은 심성의 존양에 예실천이 절대적인 위상을 차지하는 것이며, 그의 양명학 비판에서도 드러났듯이 예실천에 기초한 知行並進은 곧 진지와 실천(혹은 역행)을 중시하는 그의 공부 원리의 기축이 되는 것이다.

넷째, 그의 유학에서 경학의 측면과 관련하여 본다면, 예학 역시 경학의 한 영역으로서 중요한 연구대상이 되었다. 퇴계는 비록 예서를 편찬하지는 않았지만, 문인들과 후학들이 퇴계의 예학을 계승하면서 경전과 여러 예서에 근거하여 정밀한 예문을 구하고자 노력하였는데 이것이 바로 예학을 예에 관한 경학으로 발전시키는 결과를 가져왔다. 그리고 그것은 당송시대의 예속보다도 선진시대의 고례를 지향하도록 하는 결과를 가져왔다. 실제로 그의 문하에서 西厓, 寒岡, 鶴峯, 芝山 등의 학자와 그들을 이은 愚伏, 眉叟에게서 예경에 대한 연구와 고례

의 천착이 더 심화되는 것도 이 같은 퇴계의 학풍이 기초가 되었다고 할 수 있다.[8]

다섯째, 남인의 예학의 일반적 경향과 태도를 형성한 학자가 곧 퇴계였다. 「주자가례」에 대한 서인들의 태도는 그 예식을 절대시하여 실천하는 경향이 일반적이었다면, 퇴계와 그를 계승한 학자들은 「주자가례」의 내용에 대하여 절대적으로 존신하는 태도를 취하지 않았다. 오히려 「주자가례」를 주자 장년기의 저술로서 더 보완되어야 할 예서로 간주하였고, 때문에 「의례」, 「예기」 등의 경전 등에서 예문의 근거를 확인하고 그것에 비추어 「주자가례」의 타당성을 인정하는 태도를 보였던 것이다. 이러한 퇴계의 경향은 결과적으로 「주자가례」의 사대부 위주의 예설에 대해서도 어느 한도 내에서만 그 타당성을 인정할 수 있다는 태도를 낳게 되었다. 직접적인 관련성에 대해서는 더 많은 연구가 필요하지만, 남인이 기해복제 논쟁에서 취하였던 사대부 예와 왕자의 예의 분수와 그 차이점을 강조하게 된 것도 이와 무관하지 않다고 생각된다.

다산의 예설에 대해서는 다음과 같은 예학적 배경과 의도가 있었다고 설명할 수 있다. 첫째, 다산의 시대는 오랜 당쟁의 세월을 거친 뒤 영조, 정조 두 임금이 탕평책을 펴면서 사색당파를 누르면서 왕정을 세워나가던 때였고, 다산은 왕정을 회복하려는 정조를 보필하는 신하였다. 남인의 당색에 속하던 그는 군왕의 왕도정치의 이념을 정당화하고 구체화할 수 있는 제도와 의례를 모색하는 것이 예학의 현실적 지향성이라고 할 수 있다. 이렇게 볼 때 그의 예설은 왕조례와 세속에서의 사대부례를 차별화하는 것을 추구한 점이 특징이 된다.

둘째, 당시의 학문 풍조는 다산의 눈으로 볼 때에 이학적 측면의 공리공담과 더불어 예학적 측면에서는 예학이 진실한 예실천을 유도하지

---

8) 졸고, 1996, 「예학적 무실사상의 심화」, 「조선유학의 학파들」 예문서원 참조.
   졸고, 1996, 「愚伏의 禮學思想」 「愚伏 鄭經世先生研究」 태학사 참조.

못하는 상황이었다. 까닭에 현실의 예속은 너무 사치하고 분수를 넘은 過禮와 진실한 마음이 결여된 虛禮가 문제가 되던 상황이었다. 이는 당시의 예속이 실정을 무시한 것도 이유가 되지만, 분수에 넘은 예절을 마치 마땅히 지켜야 하는 예로 강조한 예학의 책임도 크다는 것이 그의 판단이다. 때문에 그는 분수에 적합한 예문을 재정립하는 것을 일차적인 과제로 삼은 듯하다. 특히 그는 예학의 잘못된 예설들이 현실의 예실천을 오도한다고 보았고, 당시의 문제점을 진실성을 결여한 행례에서 찾았다. 그 문제는 禮의 문과 질에 관한 문제로 그는 해석하였다.

> 文이라는 것은 西周에서 盛하였다가 東周에서 衰하고 秦에서 滅하고 漢에서 꺼지고(熄) 唐에서 냉각되었다. 오직 그 文이 소멸되었기 때문에 德敎와 禮樂과 典章法度가 다시 일어날 수 없었으니 君은 君이 되지 못하고 臣은 臣이 되지 못하고 父는 父가 되지 못하고 子는 子가 되지 못하였던 것이고, 郊는 郊가 되지 못하고 禘는 禘가 되지 못하고 祖는 祖가 되지 못하고 宗은 宗이 되지 못하여 점차 쇠망해서 어둡고 캄캄하게 되어 다시는 찾아볼 수 없었다. 이는 文이 亡한 까닭에 質도 따라서 망한 것이다.[9]

그러므로 그는 옛날에는 그 文을 이루기 위해서 의당 먼저 그 質에 힘써야 했지만 당시는 그 質을 되살리기 위해서 의당 먼저 해야 할 것이 곧 그 文을 닦는 일이라고 주장한다. 이것이 다산으로 하여금 당시 성리학자들의 예학이나 혹은 세속의 예풍속에 대한 비판과 예의 개정으로 나아가도록 한 관념으로 판단된다.

셋째, 다산의 학문에 많은 영향을 끼친 사상은 천주교이다. 이는 이미 철학적 사고의 부면에서 많이 연구된 사항이다. 그러나 철학적 사고에 관한 부분뿐 아니라 예학적 태도에도 영향을 미친 것이 관찰된다. 우선 그는 천주교의 영향을 받아서 鬼神 관념에 변화를 보였다.

---

9) 「與猶堂全書」(신조선사본) 2집 9권 11장 후면.

귀신 관념은 상례 제례와 긴밀한 관련이 있는 것이고, 그 관념의 변화에 따라서 의례의 방식에도 변화가 생기는 것이다. 이는 천주교적 神 관념의 수용결과로 볼 수 있다. 그러나 비록 그러한 점에서는 변화가 있었다고 하더라도 다산은 천주교의 제사금지 방침에 대해서 오히려 제사의례와 상례를 철저하게 연구함으로써 유교 의례를 강화하고자 하였다. 특히 그가 일명 「自明疏」에서 밝힌 것과 같이 1791년에 발생한 진산사건에서 천주교에 대한 회의를 지니게 되었고, 금정찰방으로 좌천되었을 때는 정조의 뜻에 따라 천주교를 금지하는 데 관리로서 기여했다. 그의 천주교 신앙여부에 대해서는 논란이 있지만[10], 대체로 그의 문집에서는 천주교 신앙에 관한 증거나 흔적을 찾기 어렵다. 그리고 그가 상례와 제례를 비롯하여 관례, 혼례의 예문을 재정립하는 저술을 남긴 것은 그의 유교식 의례의 부흥에 의한 유교적 사회와 왕정의 재확립이라는 의지가 담겨 있다. 따라서 그가 강구한 예설 역시 그러한 문화의식의 발로라고 할 수 있다.

넷째, 그는 유학을 身教라고 생각하였다. 신교란 명칭은 그만의 독특한 것은 아니지만, 이는 그의 독특한 신체관에서 나온 개념이다. 그 개념에 의하면, 身은 마음과 몸을 함께 포함한 존재이며, 유교의 수신이란 바로 이렇게 몸과 마음을 두루 포함하는 신을 주체로 연마하는 것을 의미한다. 신교에 필요한 것이 바로 예문이다. 그는 제 몸이 바르면 명령하지 않아도 남들이 따른다고 하였다. 그렇다고 할 때 몸을 바르게 하는 공부는 바로 예의 학습과 실천에서 오는 것이다.[11]

---

10) 이광래, 2004, 「한국의 서양사상수용사」 열린 책들 참조. 이는 다산이 서교를 종국까지 신앙했다는 추론을 하고 있다.
11) 졸고, 1994, 「茶山 禮學의 哲學的 基盤」 동양철학 5집, 한국동양철학회.

4. 예설의 비교

두 학자의 예설의 분량이 많을 뿐 아니라 그 항목도 다양하며, 또 두 학자가 개진한 예설이 꼭 그 분야와 대상이 일치하는 것은 아니다. 그러므로 예설 비교는 상호 비교가 가능한 내용이나 항목을 선정하여 하도록 한다. 그리고 지면의 제약도 고려하여 동이가 뚜렷하게 드러나는 예설을 선정하여 비교하고자 한다. 대체로 방례의 면에서 주목할 만한 예설과 사례 항목에 관한 예설들을 비교하게 된다.

1) 왕조례에 대한 예설

퇴계는 高峯을 비롯한 여러 학자들과 왕조례에 관한 논의를 했다. 이러한 논의를 하게 된 이유는 이 시대에 발생한 몇 가지 왕조례와 관련된 문제를 겪으면서 정확한 예를 추구하기 위한 선비들 공동의 노력이 있었기 때문이다. 그가 高峯과 주고받은 서신들을 통해서 왕조례에 해당하는 예설들을 찾아볼 수 있다. 그 예설은 크게 明宗(1534~1567)이 승하한 뒤 인종의 비인 恭懿大妃(仁聖王后, 1514~1577)의 복제에 대한 것, 文昭殿 내의 祧遷과 관련된 의례, 德興君의 追封 및 家廟에 관한 의례 등이다.

이 가운데 공의대비의 복제 문제에 관한 퇴계의 예설을 살펴보기로 한다. 이는 일종의 繼體의 服에 관한 문제였다. 퇴계와 고봉은 이 문제에 대하여 상호 의견을 교환하였는데, 퇴계가 고봉의 질의를 받고 자신의 견해를 수정하게 되었다. 이에 대한 퇴계의 입장이 「答李仲久別紙」에 잘 피력되어 있다.

明彦으로부터도 역시 편지가 있어 誨諭가 있어 매우 자상했습니다. 病困한 연유로 지금 아직 답장은 못하고 있습니다. 그중 한 조에서 繼體의 服에 관해 논술하여 鄙說의 오류를 깨뜨렸는데 援用이 周悉하고 증거가 명백하여 사람으로 하여금 탄복해 마지않게 하였습니다.(중략) 滉은 그때 단지 「儀禮經傳」의 君爲臣服圖와 天子諸侯 絶旁期圖만을 보고 旁證 類推하여 만약 형제의 명분이 없어지지 않았다면 嫂叔의 명분의 상복도 의당 고례에 의거하여야 한다고 생각했기 때문에 문득 망령되이 이러쿵저러쿵했던 것입니다. 돌아올 적에 어떤 사람에게서 「文獻通考」「通典」 등의 책을 빌려 와서 병중에 대략 들여다보고서 역대에 繼體의 服에 관한 설이 있었음을 알고 진실로 이미 놀라고 또 前說의 謬妄됨을 깨달았던 것입니다. 그러나 명언의 그 辯博 該暢함과는 같지 못했습니다.[12]

이 글에서 퇴계가 처음에 근거하였던 점은 다음과 같다. 첫째 「의례경전통해」의 군위신복도와 천자제후절방기도에 의하면 제후가 형제 사이에 기년복을 생략하여 입지 않지만, 만약 아우가 선대를 계승한다면 반드시 기년복을 입게 된다는 것을 알 수 있고, 이 경우 아우가 형을 계승하였을 때 형제관계가 그대로 인정된다는 점을 알 수 있다는 것이다. 둘째 형제관계가 존속된다고 본다면, 형수와 시동생의 관계도 그대로 존속하게 되고, 그렇다면 형수와 시동생 간에는 복이 없다는 고례의 기준에 근거하여 판단하였던 것이다. 그러나 이에 대한 고봉의 반론을 받고서 퇴계는 그의 견해를 바꾸게 되었던 것이다. 즉 이 문제를 계체의 복으로 간주한다는 것은 「문헌통고」, 「통전」 등의 예에서 근거한 것인데, 다음과 같은 이유에서이다. 즉 형제간에 나라를 전할 경우 바로 부자와 같이 한다는 것이 禮家의 설이고, 그렇게 되면 그 복은 참최이다. 類로써 미루어 보면 兄后의 복은 진실로 자최 3년이고, 형후가 시동생인 왕을 위하여 입는 복 역시 자최 3년이다. 후세에 형제가 서로 대를 이은 경우 비록 각각 1세로 여기지는 않으나 모두 繼體

---

12) 「국역 퇴계전서」 4책 205~206쪽.

의 重服을 입었고 형제의 本服을 입지 않았다. 明宗이 이미 仁宗을 위하여 繼體의 복을 입었으니, 그렇다면 恭懿殿도 명종을 위하여 어머니가 장자를 위하여 자최 3년복을 입는 것과 똑같이 복을 입어야 함이 마땅하다는 것이다. 고봉이 제시하는 이러한 근거와 견해를 퇴계는 즉각적으로 수용하였다.

이러한 퇴계의 견해는 다산의 「정체전중변」에서 기해방례와 갑인방례에 관한 입장을 세우는 데 하나의 중요한 선례로 인용되고 있다. 그렇기 때문에 퇴계 예설의 관점은 다산의 방례에 대한 관점으로 계승되고 있다는 판단이 가능하다. 먼저 다산의 방례에 대한 입장을 정리하고, 어떻게 퇴계의 견해를 계승하였는가 하는 점을 살펴본다.

다산의 「正體傳重辨」은 전 시대에 발생하였던 방례에서 논쟁이 되었던 사항들에 대하여 자신의 예설을 정립한 저술이다. 이 저술에서 논의의 대상으로 삼았던 것은 己亥年(1659)에 승하한 효종에 대하여 趙大妃(莊烈王后)의 복제와 甲寅年(1674)에 승하한 후 효종의 비 仁宣王后에 대한 조대비의 복제 그리고 庚申年(1800) 정조가 승하한 뒤 영조의 妃인 貞純王后와 莊獻世子의 嬪이자 正祖의 생모인 惠慶宮의 복제에 관한 문제 등이다. 조대비의 복제 및 혜경궁의 복제에 대해서는 논쟁이 발생하였을 당시에 관료 및 학자들의 의견이 갈렸기 때문인데, 다산은 전 시대에 진행되었던 논쟁의 당사자들의 예론에 대하여 비판을 하고 자신의 예론을 개진하였다.

다산의 예론은 근본적으로 천왕을 위한 복은 모두 참최복이라는 일관된 입장을 취하였고, 이에 근거하여 尤菴, 白湖, 眉叟 등의 예론을 비판하였던 것이다. 다산의 견해는 예를 들어 기해년 조대비의 복제에 대하여 기년복을 주장한 우암의 예론에 대한 비판도 되는 것이지만, 백호와 미수의 예론이 비록 참최삼년복을 주장했다고 하더라도 그 근거에서 적당하지 못했던 점도 있기 때문에 아울러 그들도 비판의 대상으로 삼았던 것이다. 이러한 다산의 예론의 근거는 크게 두 가지로 정리된다.[13]

첫째는 왕조례의 원리와 사대부례의 원리는 엄격하게 구분된다는 것이다. 고례에 의할 때 천자 제후의 예와 대부 사의 예는 현격하게 다르며, 그 이유는 천자와 제후는 그 자신이 宗子이며 동시에 종묘와 사직의 주인이자 천지와 신인이 종으로 받드는 대상이 되기 때문이라고 하는 것이 그의 생각이다. 따라서 기해년 복제 예송 때 우암이 근거로 삼았던 「儀禮」 상복의 父爲長子의 조항의 가공언소인 四種說은 사대부와 태자 세자에게는 적용 가능하다고 하더라도 천자나 제후에게는 적용할 수 없다는 것이 그의 생각이다. 그러므로 이를 효종에게 적용한 우암의 예설은 잘못되었다는 것이 다산의 지적이다.[14]

둘째는 기해방례에서 문제가 되었던 것은 長子의 개념과 嫡子의 개념인데, 장자의 개념은 하늘이 정하는 것이어서 한 번 정해지면 바꿀 수 없는 것이고, 적서의 개념은 사람이 정하는 것이므로 이에 嫡庶의 명칭을 王家와 私家에 동일하게 적용할 수 없다는 점을 다산은 강조하였다.[15] 그리고 왕조례의 경우에는 '이미 대통을 계승한 사람'은 무조건 嫡이 되는 것으로 간주하는 것이라고 그는 판단하였다.

이러한 다산의 견해가 성립되는 과정에서 다산은 매우 예경에 대한 상세한 고증을 동원하고 있고, 그에 입각하여 우암, 백호, 미수 등의 예설을 매우 철저하게 비판하였다. 그런데 다산은 자신의 예설의 타당성을 입증하는 가운데 앞에서 거론했던 공의대비의 복제에 관한 퇴계와 고봉의 예설을 중요한 역사적 선례 혹은 예설의 근거로 삼고 있다.

> 생각건대 '지위가 같으면 원래의 복을 입는다는 것'은 두 제후 사이에 서로 입는 것이며, 두 대부 사이에 서로 입는 것이다.(「의례」 본문에서, "대부는 숙부모 또는 형제 가운데 士가 된 사람에 대해서는 대공복을 입는다."고 하셨고, 傳에서는 "대공복을 입는 것은 지위가

---

13) 실시학사경학연구회 편역, 「정체전중변」, 한길사, 17~18쪽.
14) 상동.
15) 졸고, 1991, 「다산예학연구」 7~12쪽.

다르기 때문이다. 지위가 같다면 그 원래의 복을 입는다."라고 했다.) 그러나 만일 한 나라 안에서라면, 그 법은 '천왕을 위하여 참최복을 입는다.'(爲天王斬)는 네 글자만 존재할 뿐이다. 五屬의 친척 가운데 하위 계열인 시마와 대공을 입는 사람들이라도 참최삼년복을 입지 않을 수 없고, 사대부로서 원래 가까운 친척이 아닌 사람도 참최삼년복을 입지 않을 수 없다. 혐의를 변별하고 친소관계를 정립한 것이 곧 禮家의 정밀한 의리이다. 그런데 소원한 사람은 모두 참최복을 입고 친근한 사람이 도리어 자최복을 입는다면, 이러한 이치가 있겠는가? 천자 제후의 복은 법례가 특수하므로 공의대비가 명종과 수숙 관계이고 그 지위가 같은데도 삼년복으로 정하였다. 이때 퇴계와 고봉이 어찌 지위가 같을 때는 본래의 복을 입는다는 원칙을 알지 못하여 삼년복으로 의론했겠는가?16)

이러한 퇴계의 예설을 근거로 삼을 때 다산은 고봉의 「答退溪書 別紙」와 퇴계의 「答李仲久 別紙」, 「答鄭子中」의 서한에서 그 근거를 잡았던 것이다. 그러므로 「정체전중변」에 개진된 다산의 예설은 퇴계의 예설을 인정하고 계승하려는 의도가 있었다고 말할 수 있다. 그리고 그 이유는 퇴계의 '즉 형제간에 나라를 전할 경우 바로 부자와 같이 한다는 것이 禮家의 설이고, 그렇게 되면 그 복은 참최이다. 類로써 미루어 보면 兄后의 복은 진실로 자최 3년이고, 형후가 시동생인 왕을 위하여 입는 복 역시 자최 3년이다.'라고 판단하는 입장에서 그는 찾았다고 판단된다.

단 그렇다고 하더라도 다산이 자신의 방례에 대한 설을 확정하는 과정에는 그 외에도 매우 치밀한 고증과 훈고의 방법이 동원되었던 사실, 그 고증과 훈고의 주된 자료가 된 것은 「周禮」, 「儀禮」, 「禮記」의 경문이었고, 한대의 鄭玄의 注나 당대의 賈公彦의 疏에 대해서는 고례와 거리가 있는 것이어서 배격했으며, 그 밖에도 白湖가 기해방례 예송 때 의거했던 「通典」의 魏晉故事, 「大明會典」, 「經國大典」 등은

---

16) 실시학사경학연구회 편역, 「정체전중변」 93~94쪽.

후대의 제도로서 고례로 간주할 수 없다는 입장을 취했다.[17] 이는 다산이 전거로 삼는 예서와 퇴계가 전거로 삼는 예서에 중요한 차이가 있으며, 그 차이는 실학적 예설의 기반과 성리학적 예설의 기반의 차이라고도 볼 수 있겠지만, 달리 보면 예학이 발전하고 진화하는 가운데 이루어진 하나의 중요한 변화라고 볼 수도 있는 것이다.

2) 사대부례에 대한 예설

왕조례와 구분되는 사대부례의 영역에서도 퇴계의 예설과 다산의 예설에는 공통점과 더불어 차이점도 발견된다. 앞에서 언급하였듯이 퇴계의 예설은 주로 상례와 제례에 집중되어 있으며 간혹 혼례에 관한 문제를 다룬 것도 있다. 다산은 사례 전체에 대하여 체계적인 연구서를 편찬하여서 사례 의식에 대한 새롭고 독자적인 예설을 개진하였다. 그러므로 행례 시에 문제가 되는 부분에 대하여 수시로 예설을 개진했던 까닭에 체계적인 저술이 없는 퇴계와 사례에 관한 학문적 분석과 새로운 예의 체계 건립을 목적으로 하여 사례서를 편찬한 다산의 예설을 비교하는 작업이 용이한 것은 아니다.

더구나 개진된 예설의 항목, 관심사, 또는 그 방식에서 공통점을 찾기가 어렵고, 또 비교 가능한 방식으로 양자의 예설을 수렴하는 것도 쉬운 일이 아니다. 그러므로 일단은 전체적인 예설의 경향과 관점을 볼 수 있는 예설을 살펴보는 방법과 아울러 양자가 공통적으로 논한 예 항목을 선정하여 그에 관한 학설의 同異를 살펴보는 방법을 취하는 것이 좋을 듯하다.

---

17) 상동, 18~19쪽.

가. 퇴계의 奉祀代數에 관한 예설

먼저 퇴계의 예설이 그 자신이 예를 행할 때 부딪치는 문제 혹은 다른 사람의 공통된 문제에 대한 답을 구하는 과정에서 나온 것이 대부분이다. 이럴 경우 퇴계는 현실에서 필요한 예를 구하기 위해서 기존의 예문을 근거로 삼으면서, 또 그에 관한 학자들의 해설을 참고하여 예 실행에 적합한 예규범을 추론하는 작업을 진행하였다. 이러한 추론 작업을 통해서 퇴계의 예설이 형성되었다고 할 수 있다.

그러한 일례로 들 수 있는 논의로는 제사의 대수 및 그와 관련된 조천의 문제이다. 퇴계가 고봉에게 답한 내용을 통해서 그 점에 관한 퇴계의 예설을 살펴본다. 퇴계가 경험한 집안의 일은 다음과 같이 요약될 수 있다. 그에 의하면 曾祖의 神主를 小宗家에서 모시는데 그때까지 집안의 조카가 제사를 주관했으니, 이미 사대를 제사한 것이었고, 몇 년 전에 그 조카가 죽었으므로, 그의 아들이 마땅히 제사를 주관하게 되니, 오대가 된다. 얼마 뒤 그 아들도 죽었으므로, 조카의 손자가 지금 제사를 주관하고 있는데, 육대를 제사하는 것이 되었다. 만약 퇴계 당시의 제도로 대처한다면, 집안의 조카가 제사를 주관할 때, 증조를 최장방으로 옮겨 모셨어야 옳았는데, 다만 집안의 어른이 일찍이 의논을 거쳐 말하기를, "증조는 우리 가문에 가장 음덕이 있으니 예에 따라 조천할 수 없다." 했기 때문에 옮기지 못했을 뿐 아니라, 만약 「가례」를 따른다면 고조까지 제사하는 것이 허물이 되지 않기 때문에 그대로 두었다. 그런데 신주를 옮기지 않은 사이에 집안의 조카와 그 아들이 연달아 죽었는데도 집안 조카의 처가 아직 살아 있었기 때문에 의심스러워 옮기지 못했는데, 지금은 그의 처도 죽었으니 증조의 신주를 옮기는 것은 의심할 여지가 없는 처지에 놓이게 되었다. 그럼에도 제사를 주재하는 이는 오히려 문중의 논의를 지켜 옮기고자 하지 않는 상황이었다. 그 아래 조천해야 할 조상이 두 분 있으므로, 바야흐로 옛 예를 강구하여 각각 옮겨 모시려 하면서도 아직 거행하지 못하는 상황이었다. 퇴계 당시의 현실에서는 제사의 대수를 상황에 따라 5대 6대까지 늘이게 되는 것을 비록 예에 규정이 없더라도 인정에 부합하는 것으로 간주하여 용인하는 풍조가 있었음을 알 수 있다.[18]

이에 대하여 퇴계는 「주자가례」의 고씨와 양복의 예설에 입각하여 보더라도 그것이 예에 맞지 않는다고 판단하고, 성인의 예를 제정한 방식의 하나로서 義로써 재단하는 법을 근거로 제사 대수의 한정이 옳다는 견해를 제시하였다.[19]

그렇다면 관심이 쏠리는 것은 제사의 대수를 퇴계가 어떻게 한정하고 있는가 하는 점이다. 퇴계의 견해는 원칙적으로는 삼대를 인정하면서도 선현의 예설이라고 하여 정이천의 사대봉사의 예설도 수용하고 있어서 다산과 비교하면 엄격함을 보여주기보다는 의리의 한도 내에서의 관대함을 보여주는 태도를 취한다. 이에 대한 퇴계의 견해를 인용하여 본다.

> 4대조까지 제사 지내는 것은 고례에도 다 그렇지는 않았습니다. 「禮記」大傳에 "대부 사는 큰일이 있으면 그 임금에게 허락을 얻어 高祖까지 干祫할 수 있다." 하였는데, 논설하는 이는 "祫祭는 본래 제후의 제사 이름이니 대부로서 고조까지 합제하는 예는 아랫사람으로서 윗사람을 범하는 의의가 있으므로 간협이라 한다." 하였습니다. 이로써 살펴보면 4대까지 제사 지내는 것은 본래 제후의 예이고 대부는 집에 큰일이 있어 공을 세우면 반드시 그 임금에게 고한 뒤에 고조까지 제사 지낼 수 있으며, 이것을 고하는 것은 常祭가 아닙니다. 뒤에 와서 程子가 말하기를 "고조는 有服之親이므로 제사를 지내지 않을 수 없다." 하였고, 「주자가례」에도 정자의 논설을 따라 4대까지 제사 지내는 예를 정립하였던 것입니다.
>
> 대개 옛날에 代마다 각각 사당을 달리하여 그 제도가 매우 컸으므

---

18) 「국역 퇴계전서」 5책 213~214쪽.
19) 상동 216쪽 참조.

로 대수의 등급을 엄하게 하지 않을 수 없었습니다. 그런데 후세에는 1廟만 만들고 龕室을 나누어 제사 지낼 뿐이니, 제도가 매우 간솔하여 오히려 대수를 통용하여 지낼 수 있으므로 옛날의 예를 변경한 것이 이와 같았습니다. 이른바 '예는 비록 옛날에 없었더라도 의리로 제정하여 시행할 수 있다.(義起)'는 것이 이것입니다. 지금 사람들이 3대까지 제사 지내는 것은 時王의 제도이고 4대까지 제사 지내는 것은 정자 주자의 제도입니다. 힘이 미칠 수 있으면 통용하여 행하는 것도 무방할 듯합니다.[20]

퇴계의 봉사 대수에 관한 견해는 고례와 시왕지제에 의거하면 3대까지 용인할 수 있다는 것이고, 후대 정자와 주자의 견해를 따르면 4대까지 허용될 수 있다는 것이다. 이렇게 4대까지 허용하는 견해의 근거는 '고조는 有服之親'이므로 제사 지내지 않을 수 없다는 정자의 견해와 고대의 묘제와는 다르게 변한 후대의 묘제에서 그는 찾고 있다. 전자는 의리로써 제정하여 시행할 수 있다는 의론이고, 후자는 묘제의 변천 때문에 현실적으로 4대봉사가 가능해졌다는 설명이다. 이 같은 이유를 근거로 하고 있는 퇴계의 태도는 사대봉사를 인정과 실정에 따라서 실천해도 되는 것으로 본다는 점이 특징이다.

나. 다산의 奉祀代數에 관한 예설

그러나 이에 대해서 다산은 매우 엄격하게 제사의 대수를 3대에 한정하는 것이 옳다고 주장하고, 그 이유에 대해서도 퇴계와는 다른 것을 제시한다.

내가 살피건대, 천자는 비록 일곱 묘를 세우더라도 그 가운데 태조 및 文의 世室과 武의 世室은 功德 때문에 세운 것이고, 천자가 親親하여서 공덕을 묻지 않는 것은 오로지 四代의 親일 뿐이다.(왕숙

---

20) 「국역 퇴계전서」 9책, 196쪽.

은 七世로써 말하길, 제사는 여섯 대까지 미치고 문왕과 무왕은 七世의 수에 넣지 않는다고 하였는데, 그 뜻은 그릇되다.) 제후도 역시 문과 무의 세실을 모시니(明堂位에서 말했다. "魯公의 廟는 文의 세실이고 武公의 廟는 武의 세실이다.") 그 四代의 親을 제사한다는 것은 천자의 예이다. 대부는 의당 2대를 제사 지내니 別子를 이은 宗이 있기 때문에 三廟를 세울 수 있다. 그러므로 별자를 잇지 않은 사람은 황고묘를 세워서 三廟의 수를 갖춘다. 이것이 「王制」와 「祭法」이 똑같지 않은 점이다.[21] 당송의 제도에 사묘를 세우는 것을 허락한 것은 천자의 公卿이 제후에 비견될 수 있었기 때문인데, 처음 작위를 받을 때에는 태조가 없었으므로 오로지 사대의 친을 제사 지냈다.(중략)

살피건대 唐宋 시대의 신하로서 鄭國公 魏徵, 衛國公 李靖, 魏國公 韓琦, 溫國公 司馬光은 모두 옛날 제후의 벼슬이다. 그러므로 제후의 예를 사용했고, 또 처음 벼슬을 받은 君(公)은 스스로 태조가 되었다. 그러므로 제사는 四世에 그쳤는데, 그 玄孫의 후손에 이르러서 처음 벼슬받은 사람은 옮기지 아니하여서 五世를 제사 지내야 했다. 지금 제후의 신하로서 사대까지 제사 지내는 것이 옳은가?

그러므로 우리나라에서 제도를 세울 때 비록 대부의 제사도 삼대에 그쳤으니, 제후의 나라이기 때문이다. 「경국대전」에서 말했다. "문무관 육품 이상은 삼세를 제사 지내고, 칠품 이하는 2대를 제사 지내고, 서인은 단지 考妣만 제사 지낸다."(종자의 벼슬이 낮고 支子의 벼슬이 높으면, 제사 지내는 代數는 支子를 따른다.)(중략) 살피건대 우리나라의 예제는 溫公의 「書儀」와 朱子의 「家禮」와 구 씨의 「儀節」을 따른 것이 많다. 그러나 이 세 분의 현인은 모두 천자의 신하이다. 그 가운데 어떤 이는 자신이 上相이 되었고, 어떤 이는 죽은 후에 國公

---

21) 다산이 인용한 「왕제」 편은 다음의 예문이다. 王制曰天子七廟 三昭三穆與太祖之廟而七 諸侯五廟 二昭二穆與太祖之廟而五 大夫三廟一昭一穆與太祖之廟而三 鄭玄曰太祖別子 大傳曰別子爲祖 始爵者亦然 士一廟 只考廟 庶人祭於寢.

　그리고 「제법」 편의 예문은 다음과 같다. 祭法曰王立七廟 考廟 王考廟 皇考廟 顯考廟 祖考廟 皆月祭之 遠廟二祧 享嘗乃止 諸侯立五廟 考廟 王考廟 皇考廟 皆月祭之 顯考廟 祖考廟 享嘗乃止 大夫立三廟 曰考廟 曰王考廟 曰皇考廟 享嘗乃止 無月祭 顯考 祖考 無廟有禱焉 爲壇祭之 陳澔曰有祈禱之事 則行此祭 無祈禱則止 適士二廟 曰考廟 曰王考廟 享嘗乃止 無月祭 皇考無廟有禱焉 爲壇祭之 適士正士也 官師一廟曰考廟 王考無廟祭之 官師者 諸侯之中士下士爲一官之長者 庶士庶人無廟 死曰鬼 庶士府史之屬.

으로 追封되었으니 그 지위와 버슬이 모두 옛날 제후이다. 그러므로
그들이 예를 지어서 家에 전한 것은 대부분 제후의 예를 사용하였다.
우리나라의 사람들은 그 본분을 잊고 걸핏하면 모방하려고 하니 참람
을 범하는 것이 많다. 國典을 삼가 지키는 것이 마땅하다.[22]

이상에서 인용된 다산의 예설은 조선의 사대부는 제후의 신하라는
점, 때문에 천자의 신하로서 제후에 해당하는 지위에 오른 중국 사대
부들과 비교하여 한 등급 낮추어서 봉사대수를 3대까지로 한정해야 옳
다는 것에 초점이 맞추어져 있다.

당시 사대부가의 사대봉사의 근거로서 정이천의 고조는 유복지친이
라는 설명을 인정하는 것에 대하여 다산은 유복지친은 상복의 제도이지
제사의 제도는 아니라고 분명히 구별하고 있는 점도 중요한 사항이다.

상복 입는 방식(服術)과 제사의 도리는 본래 같지 않은 것이다. 그러
므로 期功의 服은 천한 사람만이 관여하는 것이고(獨伸)(전자 제후
는 방계의 期年喪을 관여하지 않는다. 「중용」에서는 "期의 喪은 大
夫까지만 지낸다."고 하였다.) 고조 증조의 제사는 귀한 자만이 거행
하는 것이니 저것을 끌어서 이것을 증명해서는 아니 된다. 정침에서
제사 지낸다는 예문은 본래 「왕제」에서 나왔는데 이제 「왕제」를 살
펴보면 고조를 정침에서 제사 지낸다는 예문은 없다.[23]

22) 「祭禮考定」 祭法考, 鏞案 天子雖立七廟 其大祖 及文世室·武世室 以功德也 其以親親而
不問功德者 唯四親而已 王肅以七世 謂祭及六代 而文王武王不在七世之數 其義非也 諸侯
亦有文武世室 明堂位曰 魯公之廟 文世室也 武公之廟 武世室也 則其祭四親者 天子之禮
也 大夫宜祭二代 緣有繼別之宗 得立三廟 故其非繼別者 亦立皇考廟 以非三廟之數 此王
制祭法之所以不同 唐宋之制 許立四廟者 以天子之公卿 得此諸侯而始封之初 旣無太祖
故唯祭四親也(중략) 鏞案 唐宋之臣 如鄭國公 魏徵 衛國公 李靖 魏國公 韓琦 溫國公 司馬
光 皆古諸侯之爵也 故用諸侯之禮 又皆是始封之君 自爲太祖 故祭止四世 及其玄孫之後
始封者 不遷 則當祭五世也 今以諸侯之臣 而祭及四代 可乎 故我國立制 雖大夫之祭 止於
三代 以候邦也經國大典曰 文武官 六品以上 祭三世 七品二下祭二代 庶人只祭考妣(중략)
鏞案 我邦禮制 多遵溫公書儀 朱子家禮 丘氏儀節 然是三賢 皆天子之臣也 或身爲上相 或
追封國公 其位秩皆古諸侯也 故其著之禮 而傳之家者 多用候禮 我邦之人 忘其本分 動欲
摸擬 則犯于僭者 多矣 宜謹守國典.
23) 「祭禮考定」 祭法考, 然服術祭道 本自不同 故期功之服 賤者獨伸 天子諸侯 絶旁期 中庸
曰期之喪 達乎大夫 高曾之祭 貴者獨行 不可援彼而證此也 祭寢之文 本出王制 而今按王

다산은 삼대봉사의 타당성을 인정하는 조선의 선유들의 예설을 晦齋, 退溪, 栗谷, 星湖 등으로부터 인용하여 자신의 학설이 조선의 예학 전통에서 이미 확인되었던 것임을 입증한다. 그럼에도 불구하고 조선에 사대봉사가 일반화된 이유를 沙溪의 예설 때문이라고 설명하고 그것의 부당함을 그는 지적하였다. 그는 다음과 같이 설명한다. "그러나 沙溪의 예는 대체로 「家禮」를 좇았고, 「가례」는 「書儀」에서 비롯되었고, 「書儀」는 溫國公 司馬光의 저작이다. 저 사람은 본디 천자의 上相이어서 上公의 예를 사용할 수 있었던 사람이다. 藩邦의 士庶人이 어찌 감히 이에 의지하는가?"[24]

다. 퇴계와 다산의 禮說 同異

이와 같이 제사의 대수에 관한 학설로 본다면, 퇴계의 예설과 다산의 예설에는 다음과 같은 同異가 있다. 일단 예설상의 내용을 볼 때 같은 점은 삼대봉사가 원칙적으로 옳다는 점에서 구할 수 있다. 다른 점은 첫째 퇴계는 고례와 시왕지제에는 삼대봉사를 규정하였으므로 그것을 따르는 것이 옳되, 伊川의 사대봉사의 설을 따르는 것도 가능하다는 입장이다. 그러나 다산은 사대봉사는 절대로 옳지 않다는 입장이다. 그 입장에서 주목되는 것은 다산이 조선의 사대부를 제후의 신하라고 규정하고 참람을 하지 않아야 한다는 점을 강조한 사실이다. 둘째, 퇴계가 삼대봉사의 타당성을 인정할 때의 논거로 삼는 것은 「예기」 대전의 대부의 고조를 간협할 수 있다는 예문이다. 이와 달리 다산은 「왕제」와 「제법」의 묘제에 준거하여 봉사 대수의 결정방식을 추론하고 있다. 셋째, 퇴계는 사대봉사를 인정할 때 정이천의 고조는 유복지친이라는 예설을 수용하였지만, 다산은 상복의 제도와 제사의 대

制 無高祖祭寢之文.

24) 「祭禮考定」 祭法考. 然沙溪之禮 蓋從家禮 家禮出於書儀 書儀者 溫國公司馬光之作 彼固
天子之上相 得用上公之禮者也 藩邦之士庶人 其敢倚是乎.

수는 서로 다른 원리라고 분명히 구분하였다. 이는 상복에서의 친친과 제사의 친친은 서로 다른 원리임을 구분하는 것이라고 할 수 있는데, 이 점은 매우 중요하다고 생각되는 부분이다. 다음은 간협의 예문을 근거로 퇴계가 인정했던 사대봉사의 타당성에 대한 다산의 의문과 아울러 상복의 제도와 제사대수의 원리가 혼용될 수 없다는 다산의 견해이다.

다산이 퇴계와 다른 근거를 활용하여 사대봉사의 범분을 지적하고 삼대봉사를 지내는 것만이 타당하다고 주장하는 점은 예설 구성에서 뚜렷하게 차이 나는 점이라고 할 수 있다. 아울러 두 학자가 각각 근거로 활용하는 예문에서도 많은 차이가 있다. 그러나 비록 그러한 차이에도 불구하고 다산이 자신의 삼대봉사설의 타당성을 조선의 선유들의 예설을 근거로 삼아서 입증하는 것, 그 속에 퇴계의 설도 채택되고 있는 점은 주목할 점이다. 이는 퇴계의 설을 중요한 전통으로 삼고 있음을 의식하게 하는 점이다.

5. 결 론

이상에서 살핀 내용은 물론 두 학자의 예설 전반에 대한 비교는 아니다. 다만 두 학자의 예학적 동이를 비교하되 특히 양자 간의 예학적 연속성을 조명하기 위하여 그 비교의 자료로서 제례의 봉사대수에 관한 예설의 일부를 취한 것에 불과하다. 그렇기 때문에 일부의 예설로써 두 학자의 예학의 단면을 보는 데에는 어느 정도 의미가 있겠으나, 전반적인 예설의 비교는 앞으로 더 많은 고찰이 필요하다고 할 수 있다. 그 점은 다음 과제로 남겨두기로 한다.

다만 이 연구에서 고찰한 내용을 근거로 한정된 것이나마 두 학자의 예학에 대한 평가를 해 보기로 한다. 퇴계와 다산의 예학은 다음과 같은 점에서 그 동이를 논할 수 있다. 우선 전반적으로 두 학자는 유교의 이념을 왕도정치의 구현, 혹은 성인의 인격성취를 목적으로 하는 점, 그때 무실의 원리에 입각하여 반드시 예에 대한 학습과 실천이 필요하다는 점, 또 올바른 예의 학습과 실천을 가능하게 하기 위해서는 무엇보다도 정확한 예문의 파악과 정립이 중요하다는 점에 공동의 인식을 지녔다고 할 수 있다.

아울러 다산은 그의 예설의 근본적 관점을 퇴계로부터 계승되는 예학적 전통에서 구하고 있다는 점도 발견된다. 이는 그의 정치적 당색의 근원에 기인한 것도 있겠고, 나아가서 성호를 사숙하는 과정에서 실천 가능하면서도 고례에 부합하는 예문을 정립하려는 퇴계의 예학적 태도를 계승하였다고 볼 수 있는 점이다. 특히 다산이 「주자가례」를 절대시하였던 사계의 입장에 대해서는 비판적이면서 퇴계의 태도를 인정하고 계승하였던 사실은, 「주자가례」 일변도의 예학풍에 대하여 그가 매우 경계를 하고 있었음을 보여준다. 이러한 태도 역시 퇴계가 「주자가례」를 미완의 예서라고 보아 그 불충분성 때문에 예경을 비롯한 기타 예서를 두루 참작하였던 태도와 많은 유사성이 있는 것이다.

그리고 그의 예설은 방례의 부면에서도 퇴계의 예설을 수용하고 계승하는 태도를 보였으며, 사대부의 봉사대수에 관한 예설에서도 퇴계의 예설을 선별적으로 수용하고 계승하는 태도를 보였다. 이 점은 다산이 퇴계의 예설 나아가서 예학의 관점에 대하여 그 계승의 의도가 뚜렷했음을 시사하는 점이다.

그러나 그와 달리 다산은 퇴계의 예설 구성과는 다른 방식으로 예설을 구성하였다. 그 차이점은 특히 다산이 以經證經의 방식에 의하여 고경의 인용과 그에 의한 방증, 훈고와 고증의 정밀한 시도 등은 퇴계의 예설 구성방식과 많은 차이가 나는 점이다. 퇴계는 대체로 성리학자들의 예서를 기준으로 삼고, 거기에 「의례」, 「예기」 등의 고경을 참조하거나 기타 성리학자들의 예서나 예설을 참조하는 방식, 아울러 의리와 인정에 근거한 추론을 적극적으로 활용하였던 점이 비교되는 특징이다.

이러한 차이와 공통점은 두 학자가 다른 시대를 살았다는 점에서 일면 타당한 점이 있다. 그러나 다산이 동시대의 예학과는 구별되는 방식, 구별되는 예설과 예서를 편찬했었다는 사실은 단지 시대의 차이가 절대적인 원인은 아니라고 할 수 있다. 그러나 두 학자가 처한 시대가 구체적인 실정은 다르다고 하더라도 두 학자가 참신한 예속을 정립하기 위해 노력했던 점, 실행 가능한 예를 추구했던 점 그리고 그러한 예를 학문적으로 연구하고 정립하기 위한 노력에 적극적이었던 점은 시대를 초월하는 연속성으로 볼 수 있는 점이 아닐 수 없다. 그렇다면 이러한 점을 근거로 비록 두 학자의 예설상의 차이도 많고, 예학의 규모와 방식에도 작지 않은 차이가 있다고 하더라도 실은 퇴계의 예학 정신과 태도를 조선 후기에 창의적으로 계승하고 시대에 적합한 예학의 전개를 위해 많은 노력을 기울인 학자로 다산을 평가해도 무리는 아니라고 판단된다. 그리고 퇴계는 또 그러한 예학의 전통의 토대를 놓은 전통 초기의 학자로서 중요할 뿐 아니라, 항상 현실에서 요청되는 예의 문제를 자기 학문의 문제로 삼아서 그 문제 해결에 적극적으로 그리고 진솔하게 임하였던 대학자적 면모를 보였다고 할 수 있다. 그러한 점이 다산으로 하여금 그의 학문에 대한 동경과 계승의 의지를 지니도록 하였다고 할 수 있다.

退溪의 禮교육과 人格形成의 原理[1]

1. 서 론

　오늘날 나라마다 도덕적 인격을 올바르게 갖춘 구성원을 양성하는 교육 사업에 대한 관심이 증대하고 있다. 우리나라에서도 도덕적 양식을 갖춘 시민을 양성하는 일에 대하여 많은 논의가 진행되고 있다. 그런데 교육의 현장에서는 서구의 도덕교육의 모델과 방법을 수용하고 그것을 우리 사회의 상황에 맞게 응용하고 정착시키기 위한 현장 실험과 이론적 천착이 주류를 이룬다. 반면에 우리의 전통적 인격교육의 원리와 방법을 현대에 맞게 재해석하고, 그것을 실천 가능한 원리와 방법이 되도록 하기 위한 노력은 시도 자체가 많지 않을 뿐 아니라 커다란 성과도 거두지 못하는 형편이다. 그러나 조선시대 유학자들의 예

1)『유교사상연구』18, 한국유교학회, 2003. 2

교육에 의한 도덕적 심성의 양성과 인격형성의 방법은 오늘날 시사하는 바가 적지 않은 것이다. 요즘 들어와 인류학의 성과, 인지과학의 성과들은 유교적 禮교육의 응용 가능성이 높음을 시사하고 있다. 예를 들면 인류학에서는 어느 집단과 사회든지 나름대로 사용하는 종교적 의례가 있기 마련인데, 그러한 의례가 대를 이어서 반복적으로 시행됨으로써 구성원들의 인간성을 형성한다는 점을 밝히고 있다.[2]

그리고 인지과학에서는 인간의 도덕적 행위의 본질은 추론능력에 기초하는 것이 아니라 도덕의 신체화(embodiment)에 있다는 주장도 나오고 있다.[3] 이는 이성의 추론능력의 향상이 곧 인지발달을 의미한다고 보는 관점에 입각해서 도덕적 사고력의 발달에 초점을 맞추는 도덕교육의 방법을 비판하는 근거가 될 것이다. 도덕의 신체화를 중시하는 견해는 반복되는 예절 학습의 결과로 어색하지 않고 자연스러운 인륜도덕의 실천을 추구했던 유교의 전통적 교육방식과 원리상 연관성이 깊어 보인다. 이는 나아가서 도덕적 행위의 본질이 무엇인가에 관한 논의를 포함하고 있어서 복잡한 면이 있지만, 이에 관한 인지과학의 견해는 유교적 禮교육이 도덕적 인지능력의 제고에 관해 더 유용한 것이 될 수 있음을 시사하고 있다.

그러므로 현대 한국사회에서의 도덕교육의 방향과 방법에 대한 논의를 할 때에 이들의 논지를 참조할 필요가 있을 것이다. 우리의 역사를 돌이켜 보면, 우리의 선조들은 나름대로 인격교육의 비결을 터득하고 그것의 실천을 통해서 훌륭한 결과를 거두었을 뿐 아니라 학문적 연구로 축적해둔 내용이 적지 않다. 그러한 업적을 남긴 대표적 인물이 退溪(李滉, 1501－1570)이고, 그의 대표적 업적이 『聖學十圖』이다.

본 연구에서는 『성학십도』와 「天命新圖」의 내용을 중심으로 퇴계의 禮교육과 인격형성의 원리를 살피고자 한다. 『성학십도』는 인격 변화

---

2) Roy Rappaport, 1999, *Ritual and Religion in the Making of Humanity*, Cambridge University Press, Introduction 참조.
3) Francisco Varela, 1999, *Ethical Know-how*, Stanford Univ. Press, pp.11~14.

의 원리와 과정에 대한 퇴계의 집약되고 정리된 견해를 담고 있다.『성학십도』의 주 목표는 공자와 같은 聖人의 인격을 성취하는 것인데, 그 방법에서 禮가 매우 커다란 비중을 차지하고 있다.[4] 그 밖에도 그의 四端七情에 관한 理氣論的 해석이나,「天命新圖」의 도식들 그리고 그의 서한 및 잡저 기사에도 禮를 중심으로 삼는 인격형성의 원리를 시사하는 내용들이 함축되어 있다. 그러나 이들은 성리학자들의 관점으로는 매우 상세한 것일지라도, 현대 학문의 관점에서 볼 때에는 설명과 이해의 단서일 뿐 더 상세한 해명이 필요한 부분이 많이 있는 것도 사실이다.[5] 더 상세한 설명과 이해를 위하여,『성학십도』를 중심으로 퇴계의 예교육의 원리와 방법 및 특성을 정리하는 한편, 구성주의적 관점에 의하여 구성해 본 퇴계의 도덕심성모델을 결합하여 인격형성의 원리와 과정에 대한 퇴계의 원리를 설명해 보도록 한다.[6]

선행 연구에서 밝혔듯이 현대의 인지과학의 관점에 입각하여 보자면, 퇴계의 聖學에서 강조하는 성인의 인격 성취는 심신의 어느 한 가지 요소 혹은 작용의 확대가 아니라, 자신의 노력에 의하여 심신 전체의 구성요소들을 유교의 도덕과 예에 부합하도록 체계화하는 것이다. 그러므로 성학은 인간의 심신의 체계적 재구성을 목표로 삼는 학문이라고 할 수 있다. 이를 구성주의 혹은 인지과학의 용어로 바꿔 말하면 도덕 혹은 예에 초점을 맞춘 인지체계의 자기 형성(self organization) 내지 자기생산(self producing)이라는 방법이라고 볼 수 있을 것이다.[7]

---

4) 유권종, 1999,「朝鮮時代 退溪學派의 禮學思想에 관한 哲學的 考察」退溪學報, 102집, 48~52쪽.
5) 유권종, 2001,「退溪 禮學 研究의 과제와 전망」, 退溪學報 제108집 참조.
6) 유권종, 박충식, 2002,「도덕심성모델의 새로운 시도: 퇴계학, 구성주의, 인공지능」(The Journal of Korean Studies No.2, Central Asian Association for Korean Studies)에서 퇴계의 도덕심성모델을 제작하였다.
7) H. Maturana & F. Varela, The Tree of Knowledge pp.175~176에 의하면 신경체계는 인지 현상에 관여하는 것으로 두 가지를 설명한다. 1 가장 명백한 것으로서, 유기체의 가능한 상태들의 영역을 확대하는 것이다. 이는 신경체계가 허용하는 그리고 유기체의 작동에의 신경체계의 참여에 열쇠가 되는 감각–운동 패턴의 큰 다양성으로부터 나온다. 2 유기체의 구조적 결합의 새 차원을 여는 것이다. 이는 유기체의 많은 상이한 내적 상태들이 유기체가 관여된 상이한 상호

그러한 의미에서 퇴계의 예교육과 인격형성의 원리는 '도덕적 혹은 합례적 인지체계의 자기 형성, 또는 자기생산의 動態的 관점'에서 고찰해 볼 필요가 있는 것이다. 이와 같은 사고에서, 본 연구는 퇴계의 예교육과 인격형성의 원리를 구성주의의 관점을 통해서 특히 도덕적 인지체계의 자기생산의 원리에 초점을 맞추어 고찰하고자 한다.

2. 구성주의와 퇴계의 聖學

본 연구가 의거하는 근본적 구성주의(radical constructivism)의 관점이란 인지과학자들의 한 집단을 이루고 있는 포에스터(Heinz von Foerster), 마투라나(Humberto Maturana), 바레라(Fransisco Varela), 베이트슨(Gregory Bateson), 글라저스펠트(Ernst von Glasersfeld) 등에 의하여 표방되는 것인데, 그들의 학설을 종합해서 정리하였을 때 그 핵심적 주장은 다음과 같다.[8] radical constructivism이라는 개념은 인지적 관점에서 볼 때 실재론, 객관주의(재현주의)를 완전히 청산한 구성주의라는 의미를 담고 있다. 이러한 용어를 처음으로 사용한 학자는 독일의 글라저스펠트이다. 단 이 용어의 번역은 급진적 구성주의라고 한 경우가 있지만 그보다는 근본적 구성주의가 옳다고 생각된다. 근본적 구성주의의 핵심적 주장은 유권종, 박충식 앞의 논문을 참조한 것이다.

작용들과 연관되는 것을 가능하게 함으로써 일어난다. (번역은) 이를 참고하여 본론에서는 신경체계의 작용에 의하여 인간의 삶과 행위의 패턴에는 변화의 가능성이 큰 것이라고 보고, 그 신경체계의 작용에 기초하여 인간의 인지작용에 관여하는 체계라는 의미로 인지체계라는 개념을 사용하였다. 사실 구성주의 학자들은 인간처럼 풍성하고 방대한 신경체계를 가진 유기체는 그 상호 작용의 영역이 구조적 결합의 새 차원을 가능하게 함으로써 새로운 현상으로 가는 길을 연다고 생각한다. 인간의 경우 이것은 언어와 자기의식을 낳는 것인데, 여기서 다루고자 하는 성학은 바로 그러한 시각에서 볼 수 있는 것이다.

8) http://www.univie.ac.at/constructivism/, 슈미트 저, 박여성 역, 1995, 『구성주의』 까치, 그라저스펠트 저 김판수 외 6인 역, 1999, 『급진적 구성주의』 원미사, 참조.

구성주의는 지식이 어떻게 정의되든 사람의 머릿속에 있는 것이며 자신의 경험에 기반을 두고 '구성'될 수밖에 없는 것이라고 가정한다. 구성주의의 연원을 따지면 소크라테스, 버클리, 칸트, 비코까지 거슬러 올라갈 수 있지만 최근의 구성주의는 근간에 이루어진 생물학, 심리학, 컴퓨터과학, 인지과학과 시스템과학 등의 연구성과와 깊은 관련을 맺고 있다.

구성주의 담론은 인식의 대상보다는 인식의 과정을, 또 그 과정의 구체적인 경험 조건들에 관심의 초점을 두고 있다. 때문에 그 관심의 초점은 의미를 구성하는 '관찰하기(인지하기)'가 된다. 전통적으로 인간의 인식작용을 이성과 감성의 활동에 의한 것이며, 그들은 신체와는 별개의 정신적 작용이라고 생각해 오던 것과는 달리, 구성주의에 의하면 인지는 생물학적인 현상이며, 그 현상을 발생시키는 내적 작용의 중추는 신경시스템과 그 변화이다. 인지하는 개체는 자신의 신경시스템의 변화라는 형태로만 '세상'에 관여할 수 있고, 거기서 관찰과 인지가 이루어지는 것이다. 그 관찰과 인지의 내용은 신경시스템의 변화에 의하여 구성되는 것이지 객관적 실재를 반영하는 것은 아니며, 이 구성은 자의적으로 형성되는 것이 아니라 생물학적, 인지적 그리고 문화적인 조건에 따라 이루어진다고 보는 것이 구성주의 관점이다. 따라서 지각이나 인식은 외부세계를 복사하는 것이 아니라 관찰자의 인지체계가 행하는 조작들의 목록화라고 할 수 있다. 슈미트, 위와 같은 책 이러한 점에서 인지체계는 조작적 폐쇄(operational closure) 또는 조작적 재귀지시성(operational referentiality)하에 있으며 따라서 인지체계는 외부세계에 대해서 독립적이며, 이러한 조작적 폐쇄에 의하여 자신의 체계와 환경 간의 차이점을 스스로 정의하고, 어떤 환경 접촉들을 자신에게 알맞게 가공, 처리함으로써 하나의 체계로 존재할 수 있다고 보는 것이 구성주의의 관점이다.

구성주의는 인지체계를 물리적인 토대에서 일어나는 신경생물학적 현상으로 간주하므로 심신이원론적인 육체와 정신의 구분을 거부한다.

또한 구성주의는 인지체계에 외부의 물자체가 그대로 나타나는 것이 아니기 때문에 객관적 진리의 인식가능성을 인정하지 않는다. 이러한 맥락에서 보면, 자아라는 개념도 관찰자에 의한 구성적인 산물로 이해되어야 하기 때문에 실체는 의문시될 수밖에 없다. 그러므로 절대적 진리의 인식 가능성이 부정됨으로써 모든 연구활동의 가치는 인간의 삶을 위한 유용성에 입각하여 입증되고 평가되어야 한다는 것이 구성주의의 관점이다. 이런 점에서 구성주의는 자기생산의 확보, 생명조건의 최적화, 그 종의 장기적인 생존의 확보라는 현실적인 학문활동의 목표를 갖는 실용적인 노선을 추구한다. 그뿐 아니라 이와 연관되어 객관적 진리나 가치의 존재가 부정됨으로써 인간의 행위를 구속하는 근거이자 수단을 외부세계의 그 무엇으로부터도 끌어올 수 없기 때문에, 다만 우리 자신이 윤리적으로 행위와 인지에 대해 스스로 책임져야 하는 존재가 되어야 한다고 생각하는 것이 구성주의이다.

이 구성주의의 대표적 학자는 사이버네틱스(Cybernetics)의 분야에서 제2계 사이버네틱스(the second order cybernetics)의 관점을 제창한 포에스터[9], 하나의 시스템이 자체의 조직을 구성하고 유지하는 과정을 의미하는 개념인 autopoiesis[10]를 제창한 마투라나, 그에 바탕하여 순환성(circularity)과 '생성된'(enacted) 인지에 관한 사고를 발전시킨 바레라, 대화이론(conversation Theory)을 발전시킨 파스크(Gordon Pask) 등이 있다.

3. 퇴계 聖學의 구성주의적 재해석

퇴계의 성학을 구성주의적 관점에서 보는 것이 타당한가에 관해서는

---

9) 사이버네틱스란 동물 혹은 기계 속에서 일어나는 의사소통과 자기제어에 관한 학문이다.
10) Mingers John, 1995, Self-Producing Systems: Implication and Application of Autopoiesis, Plenum Press 참조.

의문과 논란이 있을 수 있다. 그러나 성학이 구성주의라는 의미가 아니라, 성학을 재해석하여 그 학문적 용도를 확장하기 위하여 구성주의의 관점을 동원한다는 의미이다. 퇴계는 일종의 形而上의 실재로서 理氣의 존재를 확신했던 것은 사실이고, 또한 유교적 인륜도덕의 가치와 덕목의 실재를 확신했던 것도 사실이다. 하지만 다음과 같은 몇 가지 이유로 구성주의적 해석이 가능하다.

먼저 포에스터의 제2계 사이버네틱스(the second order cybernetics)[11]의 관점에서 본다면, 성리학은 퇴계가 속해 있는 성리학자의 집단이 나름의 관찰체계에 의하여 세계를 관찰하고 구성해낸 가치와 존재의 관념들의 체계이다. 그 때문에 성리학자들의 구성물로서의 성리학에 관한 근본적 성찰은 구성주의적 관점이 필요하다. 그리고 자기생산의 확보, 생명조건의 최적화, 그 종의 장기적인 생존의 확보 및 개체의 윤리적 태도를 중시하는 구성주의의 현실적인 학문활동의 목표는 유교의 목적과도 부합한다.

또한 성인의 인격성취를 위한 수신의 과정은 유교적(특히 주자학적) 가치를 모색하고 확립하는 인격형성의 과정이라고 볼 수 있기 때문에, 그렇게 형성하고자 하는 인격을 유교적 도덕으로써 구성된 내면의 인지체계라고 보고 구성주의적 관점으로 해석한다면 그의 성학의 특장은 더 잘 드러날 것으로 생각된다. 즉 구성주의의 관점으로 본다면, 수신의 과정은 환경과 생물학적 조건, 인지적 조건들을 바탕으로 일종의 조작적 폐쇄 속에서 유교의 예와 도덕을 중심으로 삼는 인지체계를 스스로 구성하고 발전시키며, 그로 인해서 사회 전체의 바람직한 생명의 조건을 인륜도덕과 예의 체화로써 스스로 구성함은 물론, 그것을 바탕

---

11) Heinz von Foerster, Ethics and Second Order Cybernetics. In: Constructions of the Mind: Artificial Intelligence and the Humanities, Stanford Humanities Review, 4, No.2, S. 308-327, 1995. 이는 관찰체계에 관한 사이버네틱스이며, 특히 복잡계의 현상을 설명하기 위하여 존재의 자기지시적 체계(self-referential systems)와 고유의 독특한 행위들에 초점을 맞추어 포에스터가 개발한 것이다.

으로 사회 전체의 장기적 생존의 조건을 모색하는 목적을 지닌다고 풀이할 수 있다. 즉 전체 사회의 생명 조건을 형성하는 기본 단위로서 개인의 도덕적 인격의 자기생산이 이루어지는 과정과 원리에 초점을 두고 제시된 것이 퇴계의 수신의 원리라고 할 수 있다는 의미이다.

여기서 말하는 인지체계란 좁은 의미의 인지체계가 의미하는 인식, 계산 및 추론 능력의 체계에 한정되지 않고, 보다 넓은 의미에서 도덕적 가치의 생성과 발동에 관여하는 마음과 몸의 각종 요소들의 부분적 혹은 전체적 상호 순환적인 활동 체계를 가리킨다.

구성주의적 관점으로부터 볼 때 퇴계의 성학의 궁극적 목표는 한 마디로 天人合一의 추구라고 할 수 있다. 천인합일이란 환경으로서 주어진 天道의 범위 안에서 그리고 인간에게 부여된 인지적 조건인 天命-本性을 비롯한 心의 각종 요소들의 체계가 스스로 천도 천명과 부합하는 내용을 지니도록 인지체계를 형성하고 확립하는 과정이 필요하며, 그것이 가능하여야 개인과 집단의 삶이 평안하게 지속될 수 있다는 신념을 담고 있는 것이다.

4. 퇴계가 관찰한 인간의 문제

천인합일의 목표의 성취가 쉽지 않은 것은 인간의 문제가 해결하기 쉽지 않은 점과 관련된다. 그 문제를 성리학적 관점에서 퇴계는 어떻게 관찰했을까? 이에 관하여 구성주의적 관점을 통하여 퇴계의 성리학의 원리를 해명하여 보도록 한다. 퇴계가 강조한 修身이란 도덕적 인지체계의 자율적 생산과 유지를 목적하지만, 그 목적은 그것에 장애가 되는 요소들을 스스로 제거하지 않으면 성취되지 않는다. 그 점에 관하여 그의 「천명신도」<그림 1>에 도식된 내용을 중심으로 설명하여 본다.[12]

「천명신도」는 天圓 혹은 天圈, 地方, 人形 및 禽獸와 草木을 의미하는 영역으로 구성되어 있다. 유교의 관념상 천권은 理氣(元亨利貞, 陰陽五行)라는 형이상의 세계와 그것에 의해 형성된다고 하는 天, 地, 人, 금수, 초목이라는 형이하의 세계를 모두 포함하고 있는데, 천권은 그들의 복합적 체계의 총화라고 볼 수 있다. 천의 덕성을 생명 창조와 영속으로 이해하는 유교의 관념으로 본다면 그 복합적 체계는 천지 및 그에 포함된 모든 존

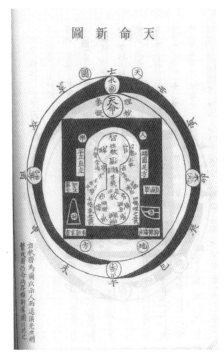

<그림 1> 「천명신도」

재들의 총화로 이루어지는 생명의 자율체계라고 볼 수 있다. 그렇다고 할 때 天道는 만물을 초월하는 별도의 실재가 아니라 그 생명의 자율체계가 추구하는 共存과 共生의 길인데, 그 길이란 일정한 체계 혹은 궤도로도 이해될 수 있다. 그리고 중요한 것은 그 천도가 다시 각각의 존재들에게 모종의 되먹임 작용(feedback)을 행하는 것이다. 천명은 바로 그 작용이라고 이해된다. 그러므로 전체로서의 천도와 천지 만물들 사이에는 요소들의 총화에 의한 천도의 형성과 다시 천도의 피드백에 의한 개별적 존재들에 대한 규제라는 상호 인과적 관계가 되풀이된다고 할 수 있다. 이렇게 이해하면 천명도는 천도와 그 구성요소들 사이

---

12) 천명도는 여러 종류가 있으며, 그 가운데 「천명신도」가 가장 퇴계의 사고를 잘 반영하는 상태로 개정되어 있는 것으로 판단된다. 이에 대해서는 유권종, 2002, 「天命圖 比較: 秋巒, 河西, 退溪」 韓國思想史學 제19집, 韓國思想史學會 참조.

에는 전체와 부분이 상호 순환적인 인과관계를 갖는 한편 폐쇄적이면서 자기 지시적인 순환성(recurrence)을 보이는 체계가 존재한다고 이해하는 일종의 재귀적 사고(recursive thinking)를 보여준 셈이다.

그러한 사고는 천도에만 적용되는 것은 아니다. 사람에 대해서도 퇴계는 그렇게 봤다고 할 수 있다. 즉 사람의 身을 전체로 본다면 四肢, 百體, 耳目口鼻 등은 부분이 될 듯한데 성리학의 관념상 그 점은 다만 형기라고 뭉뚱그려 이해되었고, 「천명신도」에는 心, 性, 情, 意의 요소들이 사람의 부분적 구성요소로서 표기되었다. 이는 心, 性, 情, 意의 요소들이 인간의 요소로서 더 중요함을 시사한 것이다. 그리고 天과 동일하게 인간은 理(本然性, 仁義禮智信)와 氣(氣質性, 陰陽五行)의 구성요소를 내포하는 점이 도식화되어 있다. 이 각각의 요소들의 유기체적 총합으로서 개인을 대표하는 전체가 身이라면, 그 身의 작용의 결과는 다시 거꾸로 그 하위 구성요소들에게 피드백되는 것이다.

그 점을 잘 활용하여 인격성취를 추구하는 방법이 곧 성학의 수신이라고 할 수 있다. 즉 修身이란 禮에 부합하는 신체의 행위를 행하게 되면 그 결과가 내면으로 피드백된다는 원리를 바탕으로 하여서, 禮에 부합하는 행위 혹은 생활을 의도적으로 반복하고 지속하는 것이라고 할 수 있다. 예에 부합하는 행위와 생활의 결과가 피드백됨으로써 예에 부응하는 심신의 구조와 작동의 체계가 형성되고 작동되며, 그 체계가 다시 신체의 合禮的 동작을 재생산하고 지속시키는 것이 가능하게 되는 것이다. 그렇게 하여서 그것이 의식적 제어나 노력을 하지 않아도 자연스러운 합례적 행위가 이루어진다면, 성인의 인격이 형성되는 것이라고 할 수 있을 것이다. 그것 역시 심신의 폐쇄적 조작, 자기 지시적 작용, 재귀적 체계의 소산이라고 할 수 있는 것이다.

퇴계의 입장에서 보는 인간의 문제란 이런 인격성취를 가로막는 문제인 것이다. 예는 곧 천리와 다르지 않고, 천리는 곧 인간에게 천명에 의하여 본성으로 내재된 것인데 수신이란 그 천명, 본성, 천리, 예를 준행함으로써 인격을 형성하는 것이다. 퇴계의 입장에서 보는 인간의 문제란 그러한 수신에 의해서 형성되어야 하는 심신의 禮 중심 재귀적 체계가 형성되지 못하는 점, 그로부터 어긋나는 사태가 될 것이다.

그러한 사태의 원인을 퇴계는 무엇이라고 생각했는가? 그 단서는 「천명신도」에 표현된 善幾와 惡幾에서 찾을 수 있다. 幾란 心으로부터 情이 발출하고 곧 이어서 意가 작동할 때에 발생하는 선악의 조짐이자 선 또는 악으로 분기해 나가는 단계이다. 惡幾에서 四端은 減息하고 七情은 乖反하게 되어 情과 意를 비롯한 모든 마음의 작용들과 행동까지도 악으로 나아가게 된다고 퇴계는 묘사하였다. 퇴계의 사고를 미루어 보면 惡幾는 욕망, 또는 天理에 어긋난 사고에서 비롯된다. 이로부터 禮에 반하는 행동이 나온다는 것이다. 퇴계의 이론에 따르면 惡幾의 발생은 본연성보다는 기질성에 그 원인이 있다. 또한 주자학의 이론에서도 그것은 形氣에서 발생하는 人心이 道心의 작용을 가로막거나 약화시킨다는 점으로도 설명 가능하다. 수신이란 그 점을 개선하여 천명을 좇아서 禮로 일관하는 생활을 확보하는 것을 의미한다. 그것을 가능하도록 하는 상태가 곧 敬이다. 그 경의 태도는 심신이 예를 지향하여 흐트러지지 않는 태도를 의미하는데, 그것은 앞에서 살핀 심신의 자율적 체계가 고도의 효용성을 발휘하게 되는 상태라고도 이해할 수 있다.

5. 禮의 인지체계에서의 위상

퇴계의 시기에 유행했던 학문들, 예를 들면 선불교, 양명학 등도 역시 마음의 수양을 통해서 성인의 인격을 성취할 수 있다고 가르쳤다. 퇴계가 이들을 비판하고 주자학을 선택한 이유 가운데 주목되는 것은 주자학만이 강조하는 예절 실천(즉 下學)의 實效에 대한 그의 깊은 자각이 있었다는 점이다.[13] 구성주의적 관점으로 보면, 도덕적 인지체계의 자율적 생산에 절대적 기준이자 토대가 되어야 하는 것은 禮라고 퇴계는 생각한 것이다.

성리학의 이론을 구성주의의 관점으로 해석할 때 예에 기초한 도덕적 인지체계의 형성을 이끌어낼 수 있는 개념 가운데 일차적으로 중요한 것은 본연성의 개념일 것이다. 본연성이란 맹자가 인간의 성에 禮를 포함시킨 것을 따라서 성리학자들이 실체시한 것으로서 그 내용으로서 예를 포함한다. 즉 본연성으로서 禮는 천명에 의하여 부여된 것으로서 形而上的으로는 天理와 동일한 것이다. 그 천리는 외부세계에 실재하는 것으로서 각종 의례와 제도의 규범을 통해서 인간의 事理, 道理로서 인식되는 것이다. 여기서 한 가지 유의할 것은 성리학에서는 인간의 본연성과 외재하는 인사와의 관계, 즉 내면적 본연성으로서의 예와 외재적 규범으로서의 각종 예제와의 관계를 천리를 근거로 동일시하거나 상응하는 것으로 간주한다는 점이다. 그리고 천명의 개념을 써서 그 본연성과 외재적 규범을 절대적인 진리로 간주한다는 점도 역시 주목하여야 할 점이다.

그렇게 주목하는 이유는 일단 그러한 동치관계 혹은 상응관계는 성리학자들의 세계와 인간의 관계에 대한 인식을 보여주고 있지만, 그것은 단순한 인식의 차원에서 머물지 않고 세계와 인간의 구성에 관하여 시사점을 던져주고 있기 때문이다. 즉 제2계 사이버네틱스의 관점으로 본다면, 성리학자들은 천리라는 관념을 통해서 인간과 세계와의 상응관계를 설정하고, 그에 따른 이상적 세계의 건설을 모색한 것으로 볼 수 있는 것이다. 그럴 때 그 구성물의 체계가 되는 것이 바로 천리이자 예인 것이다. 그러한 까닭에 천리와 예가 인간의 문제 해결과 인격 형성의 매우 중요한 근거가 되는 것이다.

---

13) 유권종, 1999, 「퇴계학파의 예학사상에 관한 철학적 고찰」 퇴계학보 102집, 36~39쪽.

퇴계의 입장에서 볼 때 인간 문제의 해결은 惡幾로 나아가지 않고 善幾로 나아가는 자율적 체계를 어떻게 성취하는가 하는 점에 달려 있다. 「천명신도」에서 인간의 마음의 구조는 未發 상태의 性圈과 已發 상태의 情圈으로 구성되고, 情(四端과 七情)의 기조 위에 나오는 意의 작용으로 표현되었다. 자율이라는 말의 의미는 심신이 자기 자신을 제어한다는 의미, 즉 자기 제어적, 자기 지시적 작용을 의미한다. 여기서는 이러한 마음의 구조가 스스로 선기를 지향하고 악기를 방지하는 작용을 하는 것을 의미한다. 그 작용의 핵심적 내용으로 표현된 것은 敬이다. 敬의 성립에 예의 역할은 절대적인데, 그렇다면 경은 예의 인지체계가 도달한 최적의 작동상태라고도 할 수 있는 것이다.

敬을 중시하는 퇴계의 생각을 미루어 보면, 퇴계가 중시하는 예는 지식과 사고의 차원이 아닌 체득의 차원에서 언급되는 것이다. 체득이라면 예가 내면세계에 樞軸的 원리로 자리 잡아서, 사유와 행동의 발생부터 종결까지 주관하는 상태를 의미한다. 이 경우 禮는 객체가 아니라 주체가 된 상태라고 표현할 수 있을 듯하다. 이 상태에서 敬이 자연스럽게 나오는 것이라고 추측된다. 체득이란 인지과학의 신체화(embodiment)[14]와 통하는 개념일 듯하다.

그러면 체득은 어떻게 이루어지는 것일까? 외부세계에 객관적으로 존재하는 예규범에 대한 지식이 해박하게 축적됨으로써 가능한 것이 체득인가? 그러나 지식의 상태, 즉 한 개인의 생각이나 행동의 주축적 원리로서 자리잡지 못하고 객체화되어 있는 상태라면, 필요할 때에만 기억 작용, 열람 작용 또는 추론 작용, 그들에 바탕을 둔 비교와 검토 및 선택 등 일련의 사유 과정을 거쳐야만 사유와 행위를 제어하는 규

---

14) G. 레이코프, M. 존슨 지음, 임지룡 외 옮김, 2002, 『몸의 철학: 신체화된 마음의 서구 사상에 대한 도전』 도서출판 박이정, 제1부 참조. 바레라에 의하면 체화는 적어도 다음의 의미를 포함한다. (1) 다양한 감각운동 능력을 갖춘 신체를 지니고 있는 데서 오는 여러 종류의 경험에 의존하는 인지와, (2) 더욱 넓은 범위의 생물학적이고 문화적인 맥락 안에서 스스로 자라나는 개별적 감각운동 능력들이다.(F. Varela, 1999, *Ethical Know-How*, p.15)

범으로서 작동되는 것으로 생각된다. 그러나 그러한 일련의 사유과정을 거치게 되면 사유와 행위 사이에 시간의 틈이 벌어지게 되고, 수시로 변화하는 상황에 항상 즉각적으로 자연스럽게 예를 실천하는 일은 어렵게 될 것이다. 그보다 사실 우리의 일상적인 합례적 행위에는 사유가 개입되지 않은 신체의 즉각적 반응의 형태로 나타나는 것이 더 많은 비중을 차지한다.

그것이 바로 예의 체득인데, 그것은 예가 의식의 차원보다도 더 깊숙하게 신체의 자율적 자연적 작동의 차원에까지 배어들어서 의식보다도 먼저 신체의 동작을 예에 맞게 일으키는 상태가 되는 것을 의미한다. 달리 말하면 그것은 인간의 의식이 명령하기 이전에 신체화된 예자체가 인간의 무의식과 의식, 사고와 언행을 지배하여 표현하는 것을 의미한다. 그러나 그렇다고 그것이 곧 인간의 의식이나 정신의 활동의 무의미함을 의미하는 것은 절대로 아니다. 물론 검증이 별도로 필요한 것이지만, 우리는 퇴계가로 예를 체득한 사람으로서 그렇지 못한 사람보다 더 정확하고도 진실한 도덕적 사유를 했다고 믿는다. 이는 구성주의에서 인식과 행동이 통일되어 있다는 추론과 통한다. 그 추론에 의하면 우리가 산보처럼 구체적인 일을 하든 철학적 명상처럼 추상적인 일을 하든 우리의 몸 전체가 관련된다. 구성주의에 의하면 그 모든 것은 우리의 구조적 상호 작용들을 통하여 일어나기 때문이며, 우리가 하는 모든 일은 공존의 무용술로 안무된 구조적 춤이기 때문이다.[15)]

그러하다면 과연 외재하는 예규범이 내면으로 이입해 오기 때문에 체득이 일어나는 것일까? 구성주의에 의하면 정보 자체는 소통되는 것이 아닌 것이다. 그렇게 보기에는 인식론상의 무리가 따를 뿐 아니라, 퇴계의 관점으로 보더라도 체득이란 예의 신체화를 의미한다고 하면, 그것은 본연성의 내용이 의식뿐 아니라 신체의 작용에도 배어들어서 자연스럽고 자발적인 예실천이 이루어지는 것을 의미하는 것이다. 그

---

15) H. Maturana & F. Varela, *The Tree of Knowledge*, p.248.

점을 구성주의의 관점으로 보면 禮의 신체화는 본연성에 기초하여 개인이 내면에 스스로 형성한 禮 인지체계이며, 그것이 외부의 상황을 예의 기준으로 정의하고 파악하면서 그에 대응하여 합례적 언행을 발출하는 것으로 이해된다. 신체화된 예는 외재하는 객관적 예규범과 상응하는 것이라고 할 수는 있어도 외부세계의 예가 그대로 내면화된 것이라고 할 수는 없는 것이다.

구성주의의 관점에 따르면 환경과 주체 사이에 에너지는 상호 교류가 가능해도, 정보 자체는 상호 소통되는 것이 아니며 다만 상응하는 체계로 존재하는 것이다.16) 천지 만물의 이치와 禮制 規範을 성리학자들의 견해를 존중하여 객관적 실재라고 인정하더라도, 그것들은 인지체계의 자율적 생산에 있어서 하나의 情報源이고 環境에 불과하다. 따라서 사람이 그것들과 아무리 빈번하게 만난다고 하더라도 그것이 그대로 인간의 내면으로 들어오는 것은 아니며, 인간이 생각하고 행동하는 과정에서 내면에서 점차적으로 예에 부합하는 사유와 행위의 형태(pattern)가 형성되고 작용의 궤도가 형성되는 것이다. 그러므로 내면에서 일어나는 예 관련 정보(지식) 자체는 인간 자신이 생산하는 인지체계라고 보는 것이 옳을 듯하다.

달리 말하면, 환경으로서의 객관적 예제나 인륜 예절, 관혼상제 등의 의례가 존재하는 한편, 내면세계에는 그것과 상응하는 인지체계로서 또 하나의 예의 세계가 있는 셈이다. 전자에 해당하는 것으로는 조선시대 각종 법전에 규정된 예제나 『주자가례』와 같은 관혼상제의 의례서에 일종의 목록집의 형태로 존재하는 예이고, 후자는 그에 상응하는 내면의 체계화된 또 하나의 예의 목록을 상정할 수 있는 것이다. 그러므로 수신에서 강조하는 예의 위상은 곧 내면의 인지체계의 기초로서 주어진 본성이 인지체계로 정형화되면서 외면세계에 구현되는 것이라고 할 수 있다. 그것이 바로 예의 신체화라고 표현할 수 있을 것이다.

---

16) 슈미트, 1995, 『구성주의』 132쪽.

6. 禮 인지체계의 자율적 생산의 토대

그렇다면 예의 신체화의 내면적 기반에 대해서 더 상세히 설명해 보도록 한다. 퇴계가 수신의 과정에서 주자학의 관점에 따라서 강조하는 기본적 절차는 『소학』의 학습, 즉 하학 공부이다. 그리고 퇴계는 『소학』의 학습에 이어져야 하는 공부가 『大學』의 공부라고 강조한다.[17] 『대학』의 공부는 格物致知를 거쳐서 誠意 正心으로 나아가는 순서를 제시한다. 이처럼 『소학』의 하학 공부와 『대학』 격물치지 공부를 연결해 보면, 예에 맞는 행위 또는 사물의 이치에 부합하는 행위를 하면서 내면세계에 그에 상응하는 예 또는 理를 신체화하는 공부의 과정이 된다.

어의상 격물이란 사물로부터 천리의 궁극을 발견하고 확인하는 절차인데, 이때 사물이란 자연의 사물과 그 현상도 포함하지만 주로 인륜 속에서 발생하는 人事를 총칭한다. 다시 말하면 격물이란 인륜 예절의 직접적 실천에 의하여 그 예와 이치를 터득해 가는 방법이다. 구성주의적으로 해석하면, 격물이란 천지간에 벌어지는 온갖 현상, 또는 인간의 다양한 일들을 대면하면서 그들의 정당한 내용과 본질을 天理, 즉 禮로 규정하고 그에 상응하는 도덕적 인지체계를 건립하려는 것인데, 그때 성리학자들은 그것의 절대적 기반이 될 만한 인간의 공통적 성향을 본연성의 개념을 통해서 내면세계의 한 요소로 고정시켜 놓은 것이다.

그와 더불어 생각해 볼 것은 치지에서 나의 앎(吾之知)을 극한까지 확장한다(推極)는 의미이다.[18] 이는 퇴계가 생각하는 心의 구조와 관련된다. 퇴계는 인간의 心이란 온갖 이치를 갖추고(具衆理) 만사에 응한다(應萬事)고 하였다. 그 衆理의 당체가 바로 본연성인데 이것이 외부세계에서 벌어지는 일들에 대하여 빈틈없이 그리고 정확하게 사리에 맞도록

---

17) 『聖學十圖』 참조.
18) 『大學章句』 致推極也 知猶識也 推極吾之知識 欲其所知無不盡也.

대응하는 능력을 갖추는 것이 치지라고 이해된다. 거기까지 도달하기 위하여 꾸준한 예실천에 의한 수신이 필요하다는 것이 퇴계의 사고이다.

그에 대하여 다음과 같은 설명이 가능할 것이다. 예를 들어 본연성을 갖추었다고 해서 매우 어린아이가 처음부터 매사에 선악과 시비를 분명하게 판단하고, 合理的이고 合禮的인 행동을 능숙하게 하는 것은 아니다. 오랜 기간의 꾸준한 예실천과 격물치지 공부가 필요한 것이다. 그 공부의 귀결이 곧 온갖 이치에 豁然히 貫通하게 된다는 경지인데, 그 경지는 본구된 중리로써 만사에 막힘없이 응하여 禮의 실천이 원만하고 자연스러운 상태이다. 아마도 이것이 예 인지체계가 형성되어 원활하게 작동하는 상태일 듯하다.

그런데 여기서 우리가 의문을 가져봄 직한 것이 있다. 그것은 본연성의 변화에 관한 문제이다. 원래 본연성이란 말 그대로 변화가 없는 것이고 있어도 안 되는 것이다. 성리학의 관점에서 보면 다만 기질성에 변화가 있을 뿐이다. 기질이란 淸濁과 粹駁의 차이가 천차만별이고, 그것은 변화 가능한 것이다. 때문에 修身이란 濁하고 雜駁한 기질에 의하여 정상적인 발출이 봉쇄되거나 장애를 받는 본연성의 衆理가 정상적인 작용을 할 수 있도록 기질을 淸하고 純粹한 쪽으로 변화시키는 것을 의미한다.

그러나 예교육과 관련하여 본다면 사실 이러한 본연성의 상태에도 모종의 변화가 있다는 추론도 가능하다. 즉 豁然貫通의 상태로 나아가는 과정이 다만 기질의 변화만 관련되는 것인가 하는 의문이다. 나의 앎을 극한까지 확장한다는 의미의 치지는, 사회화의 과정에서 각종 인륜 예절과 공적 제도에 대한 앎이 확장되면서 더욱 精密하고 整然해지는 것, 그로 인하여 공적 사적 생활이 갈수록 자연스럽게 예제와 부합하는 것을 의미하는 것일 텐데, 그것이 과연 기질의 변화만이 전적인 이유일까 하는 의문이다.

퇴계가 강조하는 『소학』의 예를 학습하는 과정은 잘못된 습관에서 발생하는 形氣의 문제를 치유하기 위한 것이 주된 목적이라고 할 수 있지만, 다른 한편으로 인간사의 다양한 예규범의 습득과정으로서 매우 중요한 것이다. 예규범의 습득과정은 사실 본구된 중리를 혼연한 상태로부터 정밀하고도 정연하게 분화되고 체계화하는 쪽으로 발전시켜 나가는 것이라고 이해될 수 있다. 즉 내면세계에 신체화되는 예 인지 목록의 정밀화가 곧 치지라고 할 수 있는 것이다. 사실 퇴계는 반복적인 예의 학습을 통해서 이루어지는 성과로서 積德과 積眞을 강조하였다.[19] 퇴계가 力行과 함께 강조하는 眞知도 그것과 깊은 관련이 있는 것이다.[20] 積德과 積眞이란 일상에서의 인륜 예절의 실천, 경전의 독서 등에 의한 격물과 궁리의 결과로 나타나는 변화의 본질을 언급한 것인데, 德이든 眞이든 그것이 축적된다고 하는 것은 하나의 은유인데, 그것은 본연성의 내용으로서 자각된 理 또는 禮의 조목이 양적으로 확장됨에 따라서 그 인지체계가 확립된다는 의미라고 이해된다.

7. 修身에 의한 인격형성의 과정

예교육과 인격형성과의 관계를 살펴볼 수 있는 언급이 그의 「進聖學十圖箚子」에 개진되어 있다. 이 글이 설명하는 성인 공부의 변화과정과 귀결은 예 인지체계의 확립과정, 또는 예의 신체화 과정이라고 볼 수 있다. 퇴계는 그 과정을 다음의 5단계로 구분했다.[21]

먼저 10개의 圖書에 드러낸 至顯 至實한 理를 이해하고 익혀야만 성인이 될 수 있음을 퇴계는 강조한다. 그 방법으로서 그가 강조하는

---

19) 유권종, 2001, 「退溪 禮學 硏究의 과제와 전망」 퇴계학보 109집, 132쪽.
20) 『增補退溪全書』 2책 379면상 「題南季憲箴銘後」, ……書以與之 季憲質美而志篤 苟眞知 力踐之爲務 篇篇句句皆實學也 不然染俗而壞志 得少而自足 則雖聖賢格言 目陳左右 亦 空言也 其奚補哉.
21) 아래의 인격변화의 내용에 대해서는 유권종, 위의 논문 123~128쪽 참조.

것은 學과 思의 병행이다. 學이란 "그 일을 익히고 진실로 그것대로 踐履"하여 "그 實을 체험하는 것"이다. 그 踐履와 체험은 다름 아닌 예의 실천을 통한 앎이다. 思는 踐履로 얻은 앎으로써 踐履가 미치지 못하는 미세한 영역의 앎으로 확장하는 것이다. 思가 잘 되어야만 學이 제 방향을 잡아서 지속적인 踐履가 가능한 것이다. 禮의 체험적 학습이 바탕이 되는 思惟 작용 그리고 사유에 입각한 지속적인 예의 체험이 곧 學과 思의 병행인 것이다. 이렇게 본다면 學과 思는 禮를 중심으로 하는 인지체계가 예실천과 예 사고가 상호 순환되고 반복되는 과정의 다른 표현이라고 할 수 있다. 그리고 그로써 예 인지체계의 기반이 형성된다고 볼 수 있는 것이다.

두 번째 단계는 "心과 理가 하나로 물들어서 모르는 사이에 모든 것을 환히 꿰뚫어 알게 되고", "학습과 그 일이 서로 익숙해져서(習與事相熟) 점차로 그것을 행하는데 순탄하고 편안하게 된다."는 것이다. 전자의 의미는 氣 혹은 인욕에 좌우되던 心의 작용을 그치고, 理에 따라 動靜하는 心을 성취했음을 의미한다. 후자는 예의 학습이 익어서 원만하게 예를 실천하는 단계로 들어갔음을 의미한다. 이 두 가지 언급 理 혹은 禮의 인지체계가 心身에 형성되고 심신의 작용이 예에 부합하는 패턴을 형성하는 상태가 됨을 의미한다.

세 번째 단계는 "처음에는 각각 그 한 가지씩만 힘썼지만 여기에 이르면 곧 하나로 합해질 수 있게 되는데, 이것은 실제로 孟子가 말하는 '학문이 깊어져서 자득하는 경지'(深造自得之境)"라고 하는 것이다. 이 때 주목할 것은 두 번째 단계로부터 세 번째 단계로 나아갔을 때 언급되는 그 변화의 내용이다. 그것은 『성학십도』열 개의 그림의 이치를 각각 체득하는 두 번째 단계에서 더 나아가 결국 그 10개의 이치들을 하나로 융합한다는 것이다. 이 단계는 그림에 의존하는 공부의 단계를 벗어나지는 못하였으나, 성학의 복합적인 원리를 원융하게 터득한 인지체계임을 시사하는 것으로 이해된다.

네 번째 단계는 "顔子의 마음이 仁을 어기지 않고 나라를 위하는 사업이 그 안에 있게 되며, 曾子의 일관된 忠恕와 傳道의 책임이 그 몸에 있게 되는" 경지이다. 이 단계는 성인에 버금가는 상태로의 진입을 의미한다.

마지막 단계는 "畏敬이 日用을 떠나지 않아서 中和의 位育의 공을 이룩할 수 있고, 德行이 彝倫을 벗어나지 않아서 天人合一의 妙를 여기서 얻게 되는 것"으로 표현되었는데, 이는 곧 內外, 心身이 一如하게 天理라는 궤도를 자연스럽게 순환하는 것을 의미한다. 이는 심신의 理 또는 禮 인지체계가 확고하게 자리잡고 기능을 하는 것이며, 예의 신체화가 원만하게 이루어져 항상 빈틈없이 정확하게 그리고 자연스럽게 예를 실천하는 상태라고 생각된다.

이상의 변화과정을 정확하게 구분하여 규정할 수 있는 구성주의적 개념은 찾기 어렵다. 다만 앞에서 언급했던 예 인지체계의 단계별 성취라고 보고 구분해 보고자 한 것이다. 그러므로 이는 앞으로 더 적절한 용어를 사용하여 다시 규정될 수 있는 것이다. 다만 여기서 발견되는 특징은 예의 신체화 혹은 예에 준거한 도덕적 인지체계를 형성하는 목적이 곧 천지 생명과의 공존과 공생을 지향하는 천인합일에 두어진다는 점이다. 이는 유교의 도덕 인지체계가 한 개인이나 집단의 생명에 그치지 않고 천지자연의 공존과 공생의 체계를 내면에 형성하는 방법을 추구했다는 점을 시사한다. 이 점이 성학의 도덕적 수신의 방식이 현대 인류에게 던져주는 의의가 작지 않을 것으로 생각되는 점이다.

8. 禮와 심신의 주재

위에서 언급한 성학의 의의를 가능하게 하는 것은 성학의 도덕적 인격의 자기생산 방법이다. 그 방법이 지니는 특징과 장점은 무엇보다도 심신을 주재하여 항상 예와 부합하는 활동을 할 수 있게 한다는 점에 있다고 할 수 있다. 이에 관하여 좀 더 진전된 논의를 해 보도록 한다. 퇴계의 학설 가운데서 四端과 七情에 관한 이기론적 해석은 지금도 논란이 있다. 그 논란은 특히 사단을 理發의 결과로 해석하는 퇴계의 태도에서 비롯된다. 그동안 퇴계의 理發說은 주자학적 전제에 어긋났다, 혹은 논리적으로 오류가 있는 주장이라는 평가가 존재했다. 그러나 논자가 생각하기에는 이발설은 퇴계의 오랜 기간 동안의 修身의 과정에서 자신의 내면의 변화를 스스로 관찰하면서 나름대로 얻은 결론, 즉 그 자신의 생생한 마음 경험의 소산이다. 그것은 성리학적 관념을 통하여 인간의 내면세계의 구조와 작용의 원리를 고찰한 일종의 심리학적 주장일 뿐 아니라, 더 나아가서 바람직한 인격체의 心의 구조를 제시한 점에서 의의가 자못 크다. 그 心의 구조에서 理發이란 순선한 情이 표출되고 뒤를 잇는 意, 思 등의 작용이 善情의 기조 위에 작용하도록 하는 단초인데, 그것은 일상생활에서 발생하는 합례적 사고와 행위의 단서로서 중시된 것이다. 그런데 이를 일상생활에서 반복되는 예실천의 상황, 즉 예 인지체계의 순환적 작용의 과정에서 본다면, 퇴계는 그것이 善循環이 되기 위한 필수 조건을 理發이란 개념으로써 찾았다고 해석할 수 있다. 그러므로 그에게 중요한 과제는 理發이 늘 순조롭게 이루어지는 방법을 터득하는 것이다.

그 방법으로서 중시되는 것이 바로 敬이다. 경은 一心을 주재하는 원리라고 이해된다. 一心의 주재란 심신의 온갖 작용을 통제하여 천리와 예에 부합하도록 하는 것이다. 그런데 그 敬은 심신의 여러 요소들의 총화로 인해서 발생하는 고도의 응집력의 상태에서 이루어지는 것으로 이해된다. 심신의 각종 요소들의 총화에 의해서 형성된 敬이 다시 심신의 각각의 구성요소들을 주재한다는 것은 心身과 敬 사이에 상호 인과적이고 순환적인 흐름, 즉 일종의 재귀적 흐름을 의미한다. 그런데 경 역시 심신을 벗어난 것이 아니라는 점에서 경은 심신의 재귀적 흐름의 한 상태로 볼 수 있다. 즉 인간의 심신은 자기 제어(self regulation)와 자기 지시적인(self referential) 심신의 작용에 의하여 도덕의 인지체계를 형성하고 유지한다는 것이 퇴계의 인식이라고 설명할 수 있다.[22]

그러면 이러한 재귀적, 자기 지시적인 심신의 작용에 禮가 어떻게 관련되는가를 퇴계의 구체적인 설명을 들어서 살펴본다.

> "把捉은 操存을 말하는 것이니 선하지 않은 것이 아니지만, 만약 活法을 얻지 못하면 도리어 揠苗助長의 근심이 될 것이다. 顔子의 四勿과 曾子의 三貴를 보고 視聽言動의 容貌와 辭氣로부터 공부를 한다면 그것은 이른바 외면을 제어하여 그 내면을 기르게 한다는 것이다. 그러므로 程子는 말했다. '整齊嚴肅하면 마음이 통일되고 마음이 통일되면 非僻한 것들의 간섭이 저절로 없어진다.' 주자도 역시 말했다. '持敬의 요체는 단지 衣冠을 정제하고 思慮를 한결같게 하고 莊整齊肅하여 감히 기만하지 않고 감히 교만하지 않으면 곧 身心이 肅然하여서 表裏가 如一하게 된다."[23]

"외면을 제어하여 그 내면을 기르게 한다.", "整齊嚴肅하면 마음이 통일된다." 등은 퇴계가 持敬의 요체라고 간주하는 것이다. 그렇다면 持敬이란 신체를 예로써 조련하는 것이고, 그 목적하는 결과는 곧 操心 혹은 存心을 뜻한다. 操心과 存心은 收斂이 그 핵심적 의미인데, 이 수렴은 곧 理와 非理의 사이를 방황하던 심신의 활동으로부터 벗어나서 점차로 理에 준거한 심신의 재귀 체계로 형성되고 지속되는 상태와도 같다고 보인다. 그렇게 해서 형성된 재귀적 체계의 실속이 바로 敬이라고 생각된 것이라고 할 수 있다.

그 반대의 경우, 예를 들면 程子의 聽箴에서 "(예가 아닌 것을 들으면) 들어서 아는 것에 유혹되어서 外物과 더불어 변화됨으로써 드디어

---

22) 유권종, 위의 논문, 128~137쪽 참조.
23) 증보퇴계전서 2책 130하, 「答禹景善問目·別紙」(밑줄 논자).

그 올바른 理가 없어진다."24)고 한다. 이는 非禮的 행위가 곧 마음을 物化하고 散失케 함을 의미한다. 이는 심신의 재귀 체계가 무너져서 독립되고 주체성을 지닌 도덕적 인격의 형성에 실패하는 것을 의미한다.

그렇다면 禮실천에 의한 心의 수렴과 主宰가 낳는 결과로서 敬은 어떠한 성질의 것인가? 즉 예 인지체계, 신체화된 예의 자율적 작용으로서의 예실천과 경은 어떠한 관계인가? 敬에 대하여 퇴계는 「心統性情圖」에서 "온몸을 주재하여서 온갖 변화에 응한다.", 또 "理氣를 합일하고 性情을 통섭하는" 상태를 언급하였다. 그 통합이 사실은 理(禮)를 기준으로 일어나는 것이다. 그러므로 禮 인지체계가 理(禮)를 준거로 심신의 재귀적 흐름을 형성하게 되면 그때 자연스럽게 발휘되는 심신의 자율적, 자기 지시적 상태가 곧 敬이라고 생각된다.

재귀의 구조를 나타내는 심신의 관계에 대해서 지속적인 修身은 어떠한 작용을 하는 것일까? 앞에서는 수신이 持敬의 효과와 연관되는 것임을 밝혔지만, 이 수신의 과정을 시간을 길게 잡고 측정한다면 어떠한 결과가 나오는 것일까? 퇴계의 생각을 좇으면 아마도 예를 자연스럽게 자율적으로 실행하는 인격이 형성될 것이다. 앞에서 살핀 퇴계의 성학은 실제로 그것을 지향하는 것이다.

그렇다면 오랜 시간에 걸친 수신이 효과를 가져오는 이유는 무엇인가? 그것은 앞에서 잠시 언급했던 積德, 積眞에서 단서를 찾을 수 있다. 퇴계의 설명에 의하면, 積德과 積眞의 결과 表裏一致, 前後一貫, 動靜不違의 신뢰할 만한 인격체가 형성되는 것이다.25) 이 인격체란 심신의 재귀적 흐름이 일상 속에서 무수히 그리고 오랜 기간에 걸쳐서 반복 지속되면서 나타나는 결과라고 이해된다. 또 예 인지체계가 내면에 형성되고 발전하면서 심신의 작용을 항상 예에 맞도록 작용하도록 하는 체계로서 정착되는 과정이라고 해석된다.

---

24)『二程集』中華書局 589쪽, 人有秉彝, 本乎天性, 知誘物化, 遂亡其正.
25) 유권종, 위의 논문, 135~138쪽 참조.

지금까지 사용해 온 인지체계란 개념은 사실 신체화 개념과 연관되어 있는 것이다. 그 때문에 인간의 심을 위주로 삼는 퇴계의 설명과는 약간 어긋난 것처럼 보인다. 그러나 이미 살폈듯이 퇴계의 경의 원리로부터 성학 전반이 예의 학습과 실천 없이 성립될 수 없다는 점 그리고 예실천이 사실상 유교 도덕과 예의 신체화와 밀접한 관련이 있으며, 그것이 심의 구조와 작동에 지대한 영향을 끼친다는 점 등은 오히려 신체화라든가 인지체계의 개념을 원용해도 곡진하게 설명하기는 어렵다고 생각된다. 어찌 보면 성리학자들의 개념과 설명에는 오늘날의 관점에서 볼 때 미진한 점이 많다고도 할 수 있는 것이다. 그 때문에 더 상세하고도 깊이 있는 설명을 시도해 볼 필요가 있는 것이다.

아마도 퇴계의 설명을 근거로 하면서 구성주의적 관점과 인공지능의 논리를 빌려서 좀 더 상세한 묘사를 하는 것은 가능할 것이다. 아직 완전하다고 생각되지는 않지만, 그동안 다듬어 온 퇴계의 도덕심성모델을 예 인지체계의 한 형태로 제시하여 본다. 여기서 다룬 심성모델은 퇴계의 견해대로 예를 실천할 때 心은 어떠한 방식으로 작용하며 그 구조는 어떠한 것인가 하는 점을 확인하기 위한 인공지능 시뮬레이션을 고려하여 만든 것이다.

9. 퇴계의 도덕심성모델

다양한 요소들로 구성되었다고 생각되는 퇴계 성리학의 심의 구조가 도덕적 인격을 형성하는 과정을 추론하기에 앞서서, 퇴계 심성론의 몇 가지 원리를 거론할 필요가 있다. 그 원리는 퇴계에 의하여 다양하게 표명되었고, 또한 그에 관한 현대 학자들의 연구도 많이 축적되었지만, 여기서는 시뮬레이션을 위한 심성모델의 정립에 가장 직접적 관련이

있다고 판단되는 것을 거론하여 설명하기로 한다.[26]

　퇴계 성리학에서 마음을 설명할 때 사용되는 개념 그리고 그 개념들의 상호 관계는 서구 심리학의 그것들과는 매우 다르다. 무턱대고 서양철학의 심리 관련 용어, 혹은 서구 심리학의 개념들과 퇴계 심학의 개념을 비교하거나 짝짓는 것은 학문적 오류를 낳는 길이 될 것이다.[27] 오히려 먼저 해야 하는 것은 퇴계가 사용하였던 개념들의 의미를 점검하고 그에 입각하여 퇴계의 心 이해의 틀과 설명방법을 이해하는 일이다. 현재 성리학 심성론과 예교육에 관련된 내용에 관한 현대적 재해석이 시도되고 있지만, 여러 개념들 사이의 상세한 인과관계가 설명되고 있는 것은 아니기 때문에 이런 작업이 더욱 필요하다.

　퇴계가 거론하였던 개념들, 예를 들면 虛, 靈, 知, 覺, 性(本然性, 氣質性), 情(四端, 七情), 念, 慮, 思, 志, 意, 憶, 度 및 形氣 등은 심과 관련된 개념들이다. 이 개념들이 심의 구성요소에 대응하는 것인지, 심의 다양한 모듈을 의미하는 것인지, 아니면 어떠한 심적 작용과 그 흐름을 구획하고 구별하는 용어인가는 현재로서 결론 내리기 어렵다. 그러나 그렇다고 하더라도 이들은 일단 心과 身 사이의 재귀적 흐름의 연결고리로서 간주되는 것만은 틀림없다. 그러므로 이들을 사용하여 퇴계의 심성모델을 구성해 보는 것은 가능하다.

　퇴계의 심성모델을 설명하기 위하여 고려한 개념 혹은 명제들은 다음과 같다. 전반적으로 퇴계의 심성모델에서 心을 性, 情, 意 등을 포괄하는 전체로 본다면, 심의 작용은 身과의 역학관계에서 순환하고 재귀하는 구조를 보이는 것이다. 그렇다고 할 때 외부로부터의 자극을 받아들이고, 그 자극에 반응하게 되는 입력과 출력의 통로는 곧 身의 形氣이다.

---

26) 퇴계의 심성모델에 관한 더 자세한 논의는 유권종, 박충식, 2002, 「도덕심성모델의 새로운 시도: 퇴계학, 구성주의, 인공지능」(The Journal of Korean Studies No.2, Central Asian Association for Korean Studies)을 참조할 것.

27) 유권종, 2002, 「유학에 대한 심리학적 연구의 성찰과 전망」, 『한국사회과학계의 유교인식』 동아시아 사상연구 제3집, 동아시아사상학회 동아시아 문화포럼 학술발표회 발표원고.

환경에 대하여 인간은 환경적 요소를 수용하는 것이 아니라 자신이 환경을 정의하고 거기에 의미와 가치를 부여한다.[28] 그리고 자기 자신에 대해서도 자기 형성의 작용을 하여 자신의 인격을 형성하는 것이다.[29] 성리학자들은 자기 형성의 과정에서 善의 가치를 스스로 정의하고 그 가치를 끊임없이 재생산하는 요소를 생각했는데 그것이 바로 本然性이다. 반면에 기질성이란 형기의 성질이라고 이해되는데, 이는 개인의 사적인 욕구를 끊임없이 생산하는 것이다. 퇴계는 본연성과 기질성 양자가 각각의 작용의 체계를 일으킨다고 보고, 그것을 理發과 氣發로 표현하였다. 퇴계는 본연성이 발출하여 사단으로 작용하고, 기질성이 발출하여 칠정으로 작용한다고 설명하였다. 퇴계에 의하면 칠정은 인욕과 같은 것이고, 그것은 사람을 악으로 흐르게 하므로 좋지 않은 요소인 것이다. 때문에 퇴계는 본연성의 천리는 그대로 발휘하고 발전시켜야 하는 대상으로 삼았지만, 반면에 기질성의 칠정은 통제의 대상으로 삼았다. 그리고 이와 더불어 人心과 道心이 중요한 개념인데, 본 연구에서는 사단으로부터 지속되는 마음이 도심이고, 칠정으로부터 이어지는 심적 작용의 유행을 인심이라고 간주하였다.

퇴계는 성과 정의 관계를 일종의 체용의 관계로 보았다. 외부의 자극이 있을 때 발생하는 심리적 작용의 첫 번째 단계는 정이지만, 곧 뒤이어서 意가 발생하고, 知覺, 念, 慮, 思, 志, 憶, 度 등의 작용이 복합적으로 일어나서 외부자극에 반응하는 방식이 결정된다. 퇴계는 이러한 일련의 작용에 앞서서 이들의 기조를 형성하는 것이 정이라고 생각하여 매우 중시했다. 즉 도덕적 정감이 사단에 의한 것인가 아닌가 하는 점이 도덕적 선악의 실천의 향방에 매우 중대한 영향을 끼친다는 의미로 해석된다.

정이 도덕적 속성을 지니는 것과는 달리 念, 慮, 思, 志, 意, 憶, 度

---

28) 슈미트, 1995, 『구성주의』 209～211쪽 참조.
29) 위의 책, 255～281쪽 참조.

및 形氣들은 가치 중성적이라고 생각된다. 물론 예를 들면, 퇴계는 念과 慮를 긍정적인 관점에서 보지 않는 태도도 보인다. 그 이유는 念과 慮는 과거의 상태에 대한 집착과도 같은 것이므로 그것을 부정적으로 평가하는 입장이 퇴계에게 있지만, 시뮬레이션 프로그램 구성을 염두에 두고 보면 그것은 어디까지나 가치 중성적 심리 작용 혹은 심의 구성 요소인 것이다. 또한 志도 성인을 목표로 하는 立志와 같이 긍정적 의미로 강조되지만, 그것은 활용하기에 따라서 선도 될 수 있고 악도 될 수 있는 심의 작용이라고 보인다.

그렇다고 할 때 각각의 구성요소들은 다음과 같이 풀이된다. 그에 대한 풀이는 유권종, 박충식, 위의 논문 참조. 知覺이란 내면세계에서 발생하는 상황의 변화를 알고 깨닫는 작용이자, 하나의 요소가 작용하면서 다른 요소의 작용을 불러일으킬 때 그 메시지를 전달하는 작용을 하는 것으로 파악된다. 예를 들면, 情에는 향하는 바가 있는데, 그것이 통하지 못하는 바가 있으면 스스로 그 知覺을 움직여서 통하기를 구한다. 그 작용을 思라고 한다. 그러면 思와 知覺은 유사하거나 같은 작용을 하는 심적 요소라고 할 수 있을 것이다. 그리고 情에 留着하는 바가 있어서 항상 스스로 잊지 않는 것을 憶이라 하고, 憶이 心頭에 있는 것을 念이라고 한다. 그것을 念하면서 思를 다하는 것을 慮라고 한다. 思를 다한다는 것은 窮理, 또는 모색과 같은 의미로 이해된다. 慮의 작용 과정에서 계산하고 측정하는 작용(計度)을 하는 것을 意라고 한다. 志는 '心이 가는 곳'(心之所之)이라고 풀이된다.

그런데 이 외에도 성리학에서는 意를 心이 발하여 되는 것이라고 풀이하기도 한다. 그러므로 意는 情에 따라서 일어나는 念, 慮, 思, 志, 憶, 度 등의 복합적인 일련의 작용을 종합하여 지칭하는 것으로 생각된다. 특히 퇴계의 「천명신도」에서는 정의 발출 다음에 뒤따라서 함께 작용하는 것으로 意만을 표기하였고, 念, 慮, 思, 志, 憶, 度에 대해서는 표기하지 않았다. 따라서 심성모델에서 意가 念, 慮, 思, 志,

憶, 度을 포괄하여 대표성을 지니는 하나의 작용 집단으로 보는 것이 가능하다고 할 수 있다. 이들의 더 상세한 관계와 작용 및 동작체계는 시뮬레이션에서 부여하게 된다.

심성모델에서 가장 중요한 것은 심을 주재하는 방법과 그 상태를 어떻게 표현하는가 하는 문제이다. 퇴계는 그것을 敬이라고 표현하였다. 그리고 「천명도」에서는 그것을 표기하였지만, 그것은 각각의 요소들이 본연성-사단의 기조, 즉 理發의 체계 위에 응집된 심의 상태를 의미하는 것으로 파악된다. 따라서 그것을 별도의 한 영역으로 구별할 필요는 없고, 시뮬레이션을 구현할 때 하나의 이상적 상태에 도달한 수치로 표현할 수 있을 것이다. 이상의 내용에 입각하여 작성한 심성모델의 모형도[30]는 <그림 2>과 같다.

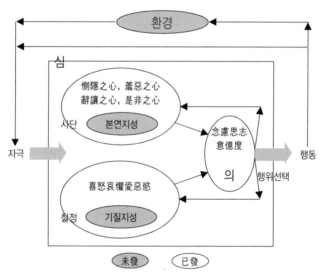

<그림 2> 심성모델의 모형도

---

30) 각주 내용: 이 그림은 유권종·박충식, 「도덕심성모델의 새로운 시도 : 퇴계학, 구성주의, 인공지능」 Journal of the Central Asian Association for Korean Studies Vol.2 No.1, Central Asian Association for Korean Studies, 2002. 4 에 발표한 것을 인용한 것임

退溪 禮學 硏究의 과제와 전망1)

1. 서 론

올해로 退溪(李滉: 1501～1570) 탄신 500주년이다. 조선시대 유학의 역사에서 退溪學의 공로는 대단히 크다. 퇴계학은 聖學, 心學 등의 학문을 務實의 기풍 위에 흥성케 하고, 理氣論 心性論에 관한 탐구도 심화하여 성리학의 발전을 가져왔고, 또 禮學의 흥성과 禮敎의 보편화를 이룩한 토대가 되었다.2) 오늘날에도 퇴계학은 특히 도덕적 인격의 성취 방법은 물론 도덕적 심성에 관한 독특한 체계를 갖춘 이론과 모형 때문에 현대 도덕교육, 심리학 등의 분야에서 관심과 연구의 대상

---

1) 『退溪學報』109, 사단법인 退溪學研究院, 2001. 4
2) 퇴계의 예설은 직전 제자나 재전제자들의 예서에서는 물론이고, 星湖(李瀷)의 『李先生禮說類編』으로 편찬되었고, 嶺南과 畿湖 지역의 성리학자들의 예서에서 빈번하게 인용되거나 논의되었을 뿐 아니라, 실학자들의 예설의 구성에도 많이 참고되었다. 퇴계의 예설이 제자들에게 계승되고 예학을 형성한 내용에 대해서는 拙稿, 「朝鮮時代 退溪學派의 禮學思想에 관한 哲學的 考察」 참조.

이 되고 있다.[3]

본 연구는 퇴계 예학 연구에서 미루어 두었거나 소홀했던 과제를 고찰하고 그를 바탕으로 퇴계 예학의 미래적 전망을 하고자 한다. 고찰의 내용은 그동안 퇴계 禮學에 관한 연구가 주로 禮說을 분석하고 정리하는 내용에 집중되어 있는 것[4]을 반성하고, 그의 예설이나 예학이 퇴계학의 다른 영역과 어떻게 연관되어 있는가 그리고 퇴계학에서 禮說은 어떠한 위상과 의의를 지니는가 하는 점이 될 것이다.

여기서 한 가지 분명하게 해둘 것은 기존의 예학 연구들이 퇴계의 예학을 예설이라는 범주 안에서 이해한 것이라면, 본 연구는 퇴계학 전체의 체계로부터 예학을 고찰한다는 점에서 차이가 있다. 다시 말하면 이 연구는 퇴계의 예설 자체에 대한 연구라기보다는 퇴계학 전체의 體系(system)를 禮와 관련되도록 설명해 보려는 연구이다.

이 논문을 구상하도록 하였던 근본적 의문이 있었다. 禮가 없었다면 퇴계학은 과연 성립할 수 있었을까? 기왕의 연구들은 퇴계의 禮說에 관한 논의를 하더라도, 퇴계학 체계에서 禮의 위상은 어디에 속하는가 하는 점은 밝히지 않았고, 또 그에 관한 적극적인 문제의식을 보여주지 않았다. 哲學의 관점에서는 理氣, 心性 등과 같이 존재론적 근원, 인식과 실천의 내면적 근원에 해당하는 요소들을 중심으로 연구하고, 그러한 철학적 사유의 형성과 전개에 禮가 관련되는 방식, 그 구체적 내용은 앞으로 더 밝혀야 할 과제로 남겨놓은 상태이다.[5]

그러나 聖學, 心學, 理學, 實學의 명칭으로 다양하게 호칭되는 퇴계

---

3) 한덕웅, 「퇴계심리학」, 유권종 박충식, 「퇴계학, 구성주의, 인공지능: 도덕심성모델의 새로운 모색」 참조.

4) 퇴계학보에 발표된 것으로 周何의 「李退溪之禮學」과 「李退溪對文公家禮之運用」은 예설에 집중하여 고찰한 것이고, 최근에 발표된 呂紹綱의 「退溪禮說初探」은 비교적 예설의 논의를 사상적 성향의 분석까지 연결시키려고 노력한 연구이다.

5) 尹絲淳, 「退溪의 心性觀에 관한 研究」(『韓國儒學論究』 122~125쪽)에서는, 퇴계의 사단칠정설의 궁극적 지향도 中이란 가치를 담는 禮의 진실한 실천에 있다고 밝힌다. 윤사순, 「성리학과 禮사상」(『조선시대 성리학의 연구』)에서는 禮의 성리학적 기반을 다루고, 금장태, 『퇴계학파의 사상1』, 「퇴계의 삶과 철학」에서는 禮學을 대체로 修養論과의 연관 속에서 다루었다.

의 학문의 성격과 체계를 음미해 보면 禮라는 요소는 그들의 목적성취와 긴밀하게 관련된다. 앞으로 탐구되어야 할 점이 많지만, 일단 이러한 현상들로 보더라도 그의 학문 체계에서 禮는 고립적이거나 부수적인 사항은 아님을 알 수 있다. 또 퇴계학의 성격을 서구철학의 관점이 아니라 그 자체의 務實의 관점[6]으로 음미하면, 퇴계가 구상하는 학문의 출발과 진보 및 성취의 긴 과정이 禮가 아니면 설계되지 않을 뿐아니라 진전이나 성취도 어렵다는 점을 발견하게 된다. 즉 天理의 인지나 체득도 실은 禮의 학습과 실천으로부터 시작된다는 퇴계의 사고는 禮가 없으면 天理도 없다는 태도를 보여준다. 이 태도로부터 퇴계에게서 예학이 필수적 학문으로 자리잡게 된 이유를 풀어가는 단서를 찾을 수 있을 것으로 논자는 믿는다.

이 같은 생각에 입각해서 본 연구의 관점의 구성과 그 근거를 밝히면 다음과 같다.

본 연구는 퇴계학 전체와 예학이 관련되는 방법을 드러내고자 하였고, 그것을 위하여 퇴계학을 聖學의 체계로 재구성해 보았다. 聖學은 修身의 방법으로 성인의 인격성취를 지향하는 공부의 체계이다. 따라서 이는 인격체의 자기 형성(self organizing), 또는 자기생산(autopoiesis)[7]의 체계로 간주할 수 있다. 즉 퇴계학에서 자기 형성, 자기생산의 준거이자 그 과정에 시종일관하는 방법이 바로 禮이다.

현대의 禮學 연구는 유학자들의 禮說을 상대로 禮의 훈고학적 고증학적 근거, 또는 실천가능성 여부를 따지는 데 한정되어서는 아니 되고, 그들의 禮說과 유학 전체와의 연관성을 고려하면서, 禮에 근거하여 유교적 가치와 논리를 생성하는 과정, 또는 그것을 신봉하고 구현

---

6) 拙稿, 「朝鮮時代 退溪學派의 禮學思想에 관한 哲學的 考察」은 務實이란 주제로 퇴계와 그 문인들의 예학 및 그와 관련된 이학적 사고, 경학적 태도, 사회사상 등을 고찰했다.
7) 프란시스코 바레라, 「자율성과 자기생산」,(지크프리트 슈미트 편저, 「구성주의」에 수록된 논문) 참조.) 자기생산(autopoiesis)이란 개념은 생물학에서 비롯된 것이지만, 여기서는 생명체의 진화가 자율성과 그 체계 속에서 이룩되는 것이라는 의미를 지닌다.

할 수 있는 유교적 인격체의 형성에 관련되는 원리와 방법에 관한 논의와 탐구까지 나아가야 할 것이다. 그것이 현대의 예학 연구의 과제라고 할 수 있다. 그렇게 되면 禮學연구는 형식규범의 出典, 또는 그 형태나 내용을 논하는 문헌분석이나, 과거의 遺制에 대한 일종의 고고학적 연구의 차원에 한정되지 않고, 현대사회와 현대인이 안고 있는 고통스런 문제의 해결에 적절한 해법을 시사할 수 있는 학문으로 새롭게 다가설 것이다.

실제로 현대의 인지과학, 심리학, 언어철학, 교육학, 인류학 등에서는 禮와 인간성 형성과의 관계, 혹은 윤리실천에 관해서 보다 깊숙한 실상에 접근한 과학적 관찰과 철학적 성찰을 보여주고 있다. 이러한 현대 학문의 맥락에서 조명할 때 퇴계 예학의 가치는 새로운 면이 드러날 것이다.[8]

본 연구는 성학에서 강조하는 성인의 인격성취가 곧 자기 형성, 자기 생산이라는 점에 착안하여, 퇴계학과 예학을 '자기 형성, 또는 자기생산의 動態的 관점'에서 고찰한다. 그 동태적 관점에 따라서 「天命圖」, 「聖學十圖」 등으로부터 퇴계학을 떠받치는 사고는 일종의 재귀적 사고, 생태학적 사고라는 점을 정의하고, 그것을 바탕으로 예학이 퇴계학(성학)의 원리와 관련되는 양상을 여러 증례를 바탕으로 논하였다. 기존의 형이상학적 관점에 입각한 환원주의적 관점으로부터 탈피하여 예학을 포함한 퇴계학 전체를 일종의 창발 진화를 추구하는 학문적 체계로 간주하는 관점을 취한 것이 본 연구의 특징이라고 할 수 있다.

중점을 두어서 분석한 것은 첫째 聖學에서 언급되었다시피 인격의 변화를 가져오고 궁극적으로 성인의 경지에 도달하게 하는 주요 원리인 禮실천의 원리와 효과의 분석, 둘째 이와 관련하여 퇴계의 禮文 연구(禮說)가 개인의 인격성취와 관련되는 이유 그리고 사회의 예교문화의 형성과 관련되는 내용과 원리에 관한 것이다.

---

8) 이는 결론 겸 전망 부분에서 소개한다.

2. 禮學을 통해 본 退溪學의 지향

퇴계가 그의 학문으로 주자학을 선택했지만 그 것은 中宗, 明宗 시대의 학문 상황 속에서 쉬운 선택은 아니었다.[9] 그는 주자학의 흐름 가운데 특히 心學의 계통을 중요하게 수용하였다. 그리고 그것을 聖學으로 체계화하여 갔다. 중요한 특징은 앞으로 밝혀지겠지만, 심학이든 성학이든 예학과의 상호 관계를 떠나서는 성립하지 않는다는 점이다. 그 점은 下學을 중시하는 주자학의 진실에 대한 그의 자각을 보여주는 것이다.[10] 그 자각이 퇴계그대로「소학」과「심경부주」를 근거로 삼는 도학과 심학으로써 학문의 기초를 정립하는 이유가 된다.[11]

본 연구의 관점으로 본다면 禮의 학습과 실천이 心學과 결부되는 것은 대단히 중요한 퇴계학의 특징이다. 그 특징은 곧 퇴계학이란 예학과 심학과의 상호 관계에 바탕하여 성립된 학문 체계라는 견해를 가능하게 한다. 그렇다면 예학과 심학이 결합하지 않을 수 없었던 이유는 무엇일까? 聖學의 대체적 목적이 禮敎로써 인륜질서를 확립하고자하는 것이라면, 허버트 핑가레트의 견해가 그 의문에 답하는 하나의 단서가 된다.

허버트 핑가레트에 의하면 공자의 禮는 인간적 충동의 완성, 즉 충동의 문명적 표현이지 결코 형식주의적 비인간화가 아니다. 즉 인간과 인간 간의 관계를 생동적으로 살려내기 위한 인간 고유의 형식이 禮인

---

9) 己卯士禍 이후 16세기 전반의 유학계는 道學(주자학), 陽明學 그리고 花潭(徐敬德)계통의 氣學, 整庵(羅欽順) 등의 理學이 상호 공존하는 상황이었으며, 조선 초의 억불책으로 침체되었던 불교가 사상적 勢를 다시 늘려가던 시기였다. 이 상황에서 퇴계는 불교는 물론 陽明學과 花潭의 氣學, 整庵의 학문을 비판하고 배척하면서 주자학(도학)을 擇定하여 자신의 학문세계를 구성하여 갔다.

10) 友枝龍太郎, 李退溪의 羅整庵・王陽明 批判, 참조. 禮와의 관련에 대해서는 뒤 '5. 退溪 禮學의 意義'에서 논함.

11) 申龜鉉,「西山 眞德秀의 心經과 退溪 李滉의 心學」, 辛冠潔,「再論退溪心學」, 蒙培元,「李退溪와 陳白沙의 心學思想 比較」, 琴章泰,「小學圖」와 退溪의 도덕적 실천정신」 등 참조.

것이다. 그에 의하면 예를 학습하게 되면 祭禮와 같은 신성한 儀式의 현장에서나 일상생활의 현장에서나 그 상황에 맞는 행위가 억지 없이 자연스럽게 발출된다. 억지 없이 자연스럽다는 말을 "기계적"이거나 "자동적"이라고 생각하면 안 된다고 그는 말한다. 오히려 "자연스런 자발성"이 발휘됨으로써 예식에 참여하는 개개인들이 진지하고 성실하게 몸과 마음을 움직이기 때문에, 예식에는 생명력이 있으며, 또한 그 생명력으로 인해서 (외부적 타율적) 강제력 없이도 예식에 참여하는 개개인들이 서로서로 한마음이 되어 협조하는 미묘함과 놀라운 복잡성이 존재한다는 것이다.12)

핑가레트가 분석하는 禮는 공자의 것이지만, 퇴계도 그 점을 중시했으리라 짐작된다. 즉 개인에 있어서는 "자연스런 자발성"에 의한 예실천의 가능성, 사회적으로는 "외부의 강제력 없이도 구성원 전체가 한마음이 되어 협조하는 미묘함과 놀라운 복잡성의 구현"이 생명력의 모습일 것이다. 이런 생명력의 단위는 개인이고, 그 개인은 또한 心身의 복합적인 요소들로 이루어진 구성물이라는 점을 간과할 수 없었던 것이 퇴계였다고 생각된다.

개인의 단위에 주목한다면 그 생명력은 곧 心과 身의 조화와 일관성에서 오는 것이라고 볼 수 있다. 바로 禮에 의한 心身의 수양이 그 것을 가능하게 한다는 사고가 핑가레트뿐 아니라 퇴계에게 공통되다고 할 수 있다. 사실 心身의 조화를 추구하는 사고는 퇴계 당시에 이미 보편화된 것이다. 퇴계가 선택한 주자학에서는 孔子가 顔淵에게 仁을 성취하는 방법으로 가르친 克己復禮와 四勿을 수신의 요법으로 절대시하였다. 程子의 「四箴」에서 "마음으로 말미암아 바깥에 응하니, 바깥을 제어함은 마음을 기르게 하는 것이다."13) 이는 合禮의 행위가 곧 내면까지 바로잡는 방법으로까지 인식되었음을 보여준다.14) 역으로 그

---

12) 허버트 핑가레트, 「공자의 철학: 서양에서 바라본 禮에 대한 새로운 이해」, 1993, 29~32쪽.
13) 程顥 程頤 著, 「二程集」 588쪽, 四者身之用也, 由乎中而應乎外, 制於外所以養其中也.
14) 好學했다는 顔淵에게 주어진 이 가르침이야말로 孔門의 비결을 담은 것이라는 의식의 공감대

의 「성학십도」에서는 수신의 과정에서 心에 의한 一身의 주재가 필요함이 강조됐다. 그렇다고 할 때 그 생명력의 복잡 미묘함에 주목하는 퇴계의 인지의 내용도 실상 간단한 것은 아니었을 것으로 생각된다.

이 관점에서 본다면, 퇴계가 서한이나 강의록 등에서 禮說들을 개진하고 四禮와 鄕約 등의 의례들을 보급했던 일은 그 생명력 그대로 살릴것 틀로서 간주될 만한 예를 정립하고 운용하는 노력이었다고 이해된다. 그러나 禮의 정립과 운용은 儀禮 목록의 구비가 필수적이라 하더라도, 그것의 학습과 실천에 관련되는 요소들에 대한 이해, 즉 理氣의 관계, 心身의 구조와 작용, 修養의 방법, 학문의 체계, 사회와 개인의 관계 등에 대한 이해가 없으면 올바른 성과를 내기 어렵다. 그렇기 때문에 퇴계의 학문은 예학뿐 아니라 心學, 理學, 實學 등으로 그 가지를 뻗은 것이라고 생각된다. 이 같은 생각에 따르면 오늘날 예학을 연구하면서 퇴계학 전체를 보지 않으면 나무를 보고 숲은 보지 못하는 결과를 가져올 것이다. 다시 말하면, 퇴계학의 체계(system)가 지향하는 바와 그 방법들과 예학의 유기적 연관성에 주목하는 연구가 필요하다. 따라서 본 연구는 禮의 정립과 운용을 중심으로 한 퇴계학 전반의 학문적 의도와 체계를 고찰하게 될 것이다.

나아가서 예학이란 실천과정과 관련되는 것이다. 그러므로 학문 주체의 動態에 관련된 퇴계학 전체의 관계망을 고려하는 예학연구가 필요하다. 본 연구는 특히 禮가 心身의 力學 관계에 관여되는 측면에 주목하여 퇴계학을 연구한다. 다시 말하면 본 연구는 일상적 삶에서 수시로 표출되는 禮실천이 주체 자신에게 끊임없이 환류하면서 인격의 변화를 낳는 힘 그리고 개인과 사회에 가져다주는 생명력, 혹은 그 생명력의 기제를 다루는 방법을 추구한다. 아직 이것은 하나의 시도이지만, 禮를 중심으로 이루어지는 퇴계학의 체계를 발견하고 그 원리와 작용을 밝히는 데 유용할 듯하다.

가 있었던 때문에(위와 같은 곳, 顔淵事斯語, 所以進於聖人. 後之學聖人者, 宜服膺而勿失也.)「소학」과 「심경」에서도 이것은 중시되었다.

3. 天人觀의 재해석

1) 재귀적 사고와 생태학적 사고

사회는 매우 다양하고 이질적인 구성요소들이 얽혀서 이루어낸 非線型의 복잡한 체계이다. 그것은 개인도 다름없다. 개인을 心身의 구성물로 이해하는 것은 퇴계 자신의 관점이기도 하지만, 퇴계학의 실상을 보기 위한 하나의 방편이기도 하다. 心身의 관계에 대한 이해에 있어서 퇴계의 사고는 心身二元論의 구도를 일반화한 근대까지의 서구철학의 사고와 다른 점이 많다. 그러므로 그 서구철학과는 다른 관점으로 퇴계의 심신에 관한 사고를 이해하는 것이 필요하다.

때문에 본 연구에서 주목하는 것은 퇴계에게서 발견되는 再歸的 사고(recursive thinking)와 生態學的 사고(ecological thinking)이다.[15] 즉 퇴계가 관찰하였던 세계와 인간의 실상은 형이상학적 실재였다기보다는 전체의 체계와 부분적 요소들 간의 일종의 생태적 관계, 재귀적 흐름의 동적 구조에 가깝다고 생각된다. 퇴계의 사고는 단선적 사고방식, 일종의 형이상학적 환원의 방식으로는 이해되기 어렵다. 기존에 행하여 온 理氣論에 관한 主理, 主氣의 구분, 혹은 一元論, 二元論 등의 성격 규정으로는 퇴계가 관찰하고 설명하였던 인간과 세계의 실상을 적절하게 설명하지 못한다고 할 것이다.

여기서 말하는 재귀적 사고와 생태학적 사고는 우선 전체와 부분의 상호 관계를 전제하고, 또 부분과 전체에 대해서는 부분과 부분들의 상호 관계에 의하여 전체가 형성된다는 복잡계(the system of complexity) 사고를 전제한다. 이때 전체는 천지자연으로부터, 개인, 혹은 心, 身에

---

15) 에리히 얀취의 「자연체계의 재귀조직에 대한 인식론적인 측면들」, 하이츠 폰 푀르스터, 「인식의 이론들과 재귀조직」 참조. 이 논문들은 지크프리트 J. 슈미트 편저, 「구성주의」에 게재됨.

이르기까지 다양한 층차에 걸쳐서 설정할 수 있다. 하지만 모든 것을 포괄하는 전체는 천지이다. 부분이란 그 전체의 구성요소를 의미하는데, 天地를 전체로 한다면 금수, 초목, 인간은 그 구성요소(부분)가 되고, 인간의 身을 전체로 본다면, 四肢, 百體, 耳目口鼻 등은 부분이 된다. 부분들 사이에는 상호 의존적이고 동시에 상호 인과적인 관계가 연속되거나 중첩되어 있다. 상호 의존관계, 상호 인과관계의 연속과 중첩이 바로 생태학

<그림 1> 退溪의 「天命圖」

적 관계라면, 그 관계에서 상호 주고받는 내용들과 그 흐름, 또 작용은 재귀적이다.

　퇴계의 「天命圖」를 예로 들어 설명하여 본다.(<그림 1> 참조) 「천명도」에서 天圈은 陰陽과 五行을 포함한 天道를 상징한다. 여기서 天道는 元亨利貞 四德, 陰陽은 相互 待對의 원리, 五行은 相生의 관계로 순환하여 만물을 생성한다는 이치가 기호화되어 있다. 이 도식 자체가 재귀적 사고의 표상이다. 즉 세계의 체계가 고리의 형태, 즉 각자의 단위에서 폐쇄되어 있는 점이 바로 재귀의 표상이다. 재귀란 還流, 循環의 과정과 그 작용을 의미하는 것이기 때문이다.

　우선 천지의 체계가 고리이고, 그 속에 갇혀 존재하는 사람(人形)과 금수와 초목도 각각 고리를 형성한다. 이 그림에서 인간은 신체라는

단위 속에 心·性·情·意의 요소 또는 기능들이 흐름을 형성하여 인간의 존재를 형성하고 변화하여 간다는 사고가 시사된다. 그리고 心·性·情·意의 요소 또는 기능들이 형성하는 작용의 흐름이 사실은 하나의 폐쇄적 고리를 형성하여 유기체로서의 인간의 생명의 성장과 인격의 변화를 자율적으로 진전시켜 나가는 것이다. 이 고리는 근본적으로 理와 氣의 순환작용을 상징한다. 이 순환작용은 일종의 에너지 대사와 더불어 정보의 수용 또는 조작의 기본 단위를 형성하는 것이다. 퇴계학에서는 에너지에 陰陽五行의 氣運이 어울릴 듯하고, 정보의 궁극적 단위로는 理가 해당될 것이다. 퇴계학에서는 에너지(기운)는 상호 소통되는 것으로 보지만, 정보(理)는 상호 소통보다는 상호 감응 혹은 상호 대응의 차원에서 이해한다.

天圈에서 음양과 오행이 순환하는 것도 재귀적이다. 이치상 元亨利貞의 四德 자체의 순환 때문에 음양과 오행이 순환한다. 四德의 부단한 순환은 天道의 무궁한 流行을 의미하고, 음양과 오행의 생성을 수반하고 人과 物을 生生하는 결과(德)를 낳는다는 사고가 거기에 표현되어 있다. 이로써 본다면 天理는 고정된 실체가 아니라 하나의 과정(process)이면서 끊임없는 자기생산, 자기 형성 작용의 理想으로 생각되었다고 할 수 있다. 그렇다면 그 命을 받은 인간의 삶도 사실은 本然性을 따라서 꾸준히 도리를 踐履하는 것이 이상적인 것이다.

그리고 天理의 流行을 의미하는 天道는 理가 陰陽, 五行, 人物과 더불어 이룩하는 總和이지, 陰陽, 五行, 人物을 초월하는 별도의 실재는 아니다. 달리 말하면 천도란 부분들의 생태학적 관계의 총화로써 형성된 전체적 흐름 혹은 체계(system)로서 관찰되는 것이다. 그럴 때 그것은 부분의 산술적 총합 이상의 것이다. 「春秋左傳」에서 羹으로써 비유하는 和의 의미를 거기에 적용할 수 있다.[16] 즉 부분들의 총합의

---

16) 「春秋左傳」 昭公 20년, 齊侯와 晏子와의 대화에서 羹 끓이는 것을 和에 비유하고 和는 同과 다르다고 설명한다. 여기서 和는 水, 火, 醯, 醢, 鹽, 梅, 魚肉 등 이질적인 재료들이 하나로 어울려서 그 자신들과 전혀 성질이 다른 羹을 만들어내는 것을 의미한다.

결과로 전체가 형성되더라도 전체가 지니는 성질이나 힘은 새로운 차원의 초월적인 것이다. 이것을 創發(emergena)이라고 지정할수 있다. 그때 전체는 부분에 대해서 모종의 통제작용을 가하게 되는데, 그 작용은 일종의 되먹임(feedback)이자 主宰이다. 이 되먹임 작용이 천리의 以然, 當然, 必然, 能然의 작용이고 그것이 天命이라고 볼 수 있다.

따라서「천명도」의 天命은 그 되먹임 작용이 모든 존재에 두루 미침을 상징한다. 즉 天圈은 相生하는 오행, 待對하는 음양 그리고 순환하는 四德의 유행은 물론 地上의 人과 禽獸 草木이 총화로써 이룩되는 천도를 상징하지만, 거꾸로 그들에게 골고루 영향을 미치며 주재하는 전체가 곧 天道임을 동시에 상징한다.

「天命圖」에서 天圈과 人形은 理氣 양면에서 상응하는 체계로 도식화되어 있다. 그러므로 인간 자신이 持敬으로써 이룩하는 심신에 대한 主宰는 곧 천명(천도)이 인간과 만물에 행하는 작용과 상응하는 것이라고 할 수 있다. 그리고 그러한 持敬은 외부의 다른 존재의 힘을 입어서 되는 것이 아니라, 스스로 지닌 心身의 재귀적 체계가 이룩해낸 작용인 것이다.

이상의 내용으로 본다면, 재귀적 사고의 내용을 다음과 같이 정리할 수 있다. 우선 천의 덕이 元, 亨, 利, 貞의 순서로 순환하고, 이 과정은 어느 덕을 기준으로 삼든지 항상 再歸하는 것이 아닐 수 없다. 이때 재귀란 四德 상호 간의 인과관계와 순환적 인과관계를 의미한다. 그것은 음양과 오행에도 예외가 아니다. 또 다른 재귀의 의미는 전체와 부분 간의 상호 되먹임 작용을 의미한다. 즉 人物, 五行, 陰陽 등이 각자 원활하게 돌아가면서 이룩하는 총화가 곧 전체를 형성하고, 그 전체는 부분을 수시로 재규정(주재)하는 것이 바로 그것이다. 부분의 총화가 전체를 이룩한다는 사고를 시사하는 구절은「태극도설」의 "五行一陰陽也, 陰陽一太極也, 太極本無極也"이라고 생각된다. 또 天地人 三才觀, 聖人의 位育의 功, 天人感應, 혹은 福善禍淫과 같은 사고가 재귀적 관계를 염두에 두지 않으면 이해되기 곤란하다.

또 퇴계의 사고는 생태학적 사고도 보인다.[17] 위에서 언급한 재귀적 구조는 에너지의 교환과 정보의 공유의 체계이다. 에너지와 정보는 개인적 삶과 집단적 삶에서 모두 중요하다. 그것은 유기체와 유기체, 유기체와 그 환경 간의 상호 관계의 본성 때문이다. 즉 상호 관계란 생명력의 의존이자 情報源의 공유, 또는 생명력과 정보원의 생성의 체계이기 때문이다. 상호 관계는 경우에 따라서 하나의 고리처럼 나타나기도 하고, 하나의 집단으로 인식되기도 하는데, 이 관계로 인해서 삶의 에너지가 교류되고 삶의 정보도 수시로 교류된다. 이러한 퇴계의 사고를 미루어 보면 천지 만물과 인간이 공동으로 형성하는 체계는 일종의 복잡한 共生의 체계라고 하여도 과언이 아니다.

2) 인간의 문제

이 두 가지 사고로써 볼 때 퇴계가 고민한 인간의 문제의 본질은 무엇일까? 「천명도」에 표기된 크고 작은 원들, 즉 天圈과 그 속에 그려진 五行과 四德을 표상하는 작은 원들, 또 人形 안의 心의 未發과 已發을 표방하는 아령 모양의 고리 역시 천리 또는 기질의 순환을 시사한다. 인간과 사물을 형성하는 기질은 天圈으로부터 오고 그 仁義禮智의 理는 元亨利貞과 상응관계를 이룬다.

그러나 人形의 권역은 천권처럼 단일한 흐름이 아니고 분열되는 흐름의 형태로 표기되었다. 그 분열되는 흐름에는 각각 다른 축이 존재한다. 즉 하나는 心의 未發 已發이 理를 축으로 재귀하고, 다른 하나

---

17) 생태학(ecology)이란 유기체 상호 간과 유기체와 그 환경 사이의 상호 관계와 상호 의존성을 연구하는 과학. 그레고리 베이트슨은 현대 생태학이 에너지 교환을 지나치게 강조하고 정보 교환에 충분한 관심을 기울이지 않는 것을 잘못이라고 보았다. 여기서는 그레고리 베이트슨의 관점에 따라 에너지와 함께 교환되는 정보의 의미에 주의를 하여 논술한다.(그레고리 베이트슨, 메리 캐서린 베이트슨 지음, 홍동선 옮김, 「마음과 물질의 대화」, 280쪽.)

는 氣를 축으로 재귀한다. <그림 1>에서 '四端理之發', '七情氣之發'로 구분한 것이 그것을 상징한다. 그 각각의 축을 따라서 재귀하는 과정에는 心身의 여러 요소들이 생태학적 고리나 집단을 형성한다. 「천명도」에서는 心을 비롯하여 理와 氣質, 性(仁義禮智信), 情(四端과 七情), 意 등 그리고 「성학십도」, 「심통성정도」 中圖와 下圖에서도 虛, 靈, 知, 覺, 本然性, 氣質性 등이 표기되었다. 퇴계는 이 밖에도 念, 慮, 思, 志, 意, 臆, 度 등의 요소 또는 기능을 생각하였다. 이들은 心身의 구성요소들로서 일종의 재귀적 고리 혹은 집단을 형성하면서 인간의 사고와 행위를 생성하고 나아가 인격까지도 형성하는 것이다.

뒤에서 상론하지만, 퇴계가 지향하는 聖人의 삶은 理를 축으로 형성되는 心身의 생태학적 재귀적 체계에 해당한다. 그 상태는 天道의 순환과 합일되는 것이라고 할 수 있는데, 퇴계에게 그것은 인간의 본연이었던 것이다. 이를 理에 준거한 氣의 再歸체계라고 부르고자 한다.

이 재귀 체계와 禮는 대단히 긴밀한 관계가 있다. 그의 '道가 분명하면서도 환하여서 쉽게 가리켜 볼 수 있는 것으로는 禮보다 나은 것이 없다.'[18]는 설명은 재귀 체계의 준거가 되는 理의 위치에 禮를 대입해야 한다는 태도를 시사한다. 나아가서 퇴계가 「성학십도」, 「숙흥야매잠도」에서 일상의 생활을 禮실천의 순환과 반복으로 표방하고, 그것이 敬을 생성하고 유지하는 과정으로 표상한 것은, 禮로써 강조하는 의미가 별도로 존재하는 듯하다.

그것을 따져 보면 禮는 文質, 즉 理라는 실질과 더불어 형식까지 지니는 일종의 기호체계라는 점에서 理보다 실제적이라는 것이 퇴계의 생각인 듯하다. 기호학적 관점에서 말하면, 禮는 理라는 記意에 節文(形式)의 記表까지도 갖추고 있다. 記表의 표상과 수용의 과정은 구체적인 에너지(기운)와 정보(천리)의 유행 또는 환류가 동시에 진행된다. 그것이 곧 인격형성이라는 실질적 효과를 낳는 것이다. 記意(理)만으

---

18) 增補退溪全書 2책 216면 下, 「答李宏仲」 別紙 道之粲煥明盛 可指而易見者 莫過於禮.

로는 그 과정이 불가능하다. 禮가 절대시되었던 이유는 바로 거기에
있다고 생각된다.

또한 禮는 사회의 인간관계를 인륜도덕에 맞도록 변화시키는 도구
로서 실질적 효과를 가져온다고 생각되었던 것이다. 즉 禮가 학습 실
천되면서 개인과 사회에 體化될 때, 개인 또는 집단은 禮로써 자신의
사고방식과 행위양식을 형성한다. 한 사회의 예속 또는 문화를 정착시
키는 실질적 효과 때문에 禮가 중시된 것이 아닐 수 없다.

4. 人格修養과 禮

인격변화의 궁극은 聖人이다. 성인 공부의 방법은 窮理 盡性 至於
命, 下學과 上達, 또는 明明德, 新民, 止於至善이나 存心과 養性, 克
己復禮, 博文 - 約禮, 博學 - 審問 - 愼思 - 明辨 - 篤行 등등인데, 이들
은 理에 준거한 氣의 재귀 체계를 확립하는 방법들이다. 즉 心身이 통
일되어서 天理로 일관하는 순환적 삶의 체계의 숙달이 있어야 성인이
된다면, 퇴계가 聖學에서 강조하는 持敬에 의한 心身의 주재, 天理에
대한 眞知의 확립 등이 충분조건일 것이다. 이들과 禮의 관계는 밀접
하다. 성인 공부에 의한 변화, 즉 인격변화의 내용을 보면 禮가 중시되
는 이유가 드러난다.

퇴계에 의하면 성인의 경지는 天人合一의 妙를 얻는 경지이다. 재
귀적 사고, 생태학적 사고에 의하면 그 경지는 하나의 고정된 상태가
아니고, 인간의 삶 자체가 천리의 유행처럼 예로써 일관하는 삶의 경
지이다. 그것을 잘 표현하는 것이 「대학」의 止於至善의 止이다. 止는
정지가 아니라, 隨時 隨處로 이어지는 삶의 궤도를 天理로부터 이탈
하지 않는 것이다. 정지하면 오히려 그 궤도에서 이탈되고 후퇴한다.

즉 반복되는 일상 속에서 性之, 즉 本然性을 隨時 隨處로 구현하는 것이 止이다. 퇴계는 이것을 매우 어렵다고 생각했다. 그 이유는 무엇일까? 아마도 그것을 가로막는 氣質의 장애가 근본 원인일 것이다. 기질의 장애는 선천적인 것으로부터, 후천적으로 몸에 붙인 잘못된 습관, 부정한 관념이나 잡념들, 편벽된 사유 등등이다. 수양의 과정에서 本然性의 구현과 기질의 교정은 다른 사업이 아니다. 그것을 동시에 해내기 위해서는 心中에서의 깨달음만으로 불가능하므로, 心과 身을 함께 체계화하는 禮를 절대적 도구로 삼는 수밖에 없다는 것이 퇴계의 생각이라고 할 수 있다.

「聖學十圖」와 함께 작성된 「進聖學十圖箚子」는 성인 공부의 변화 과정과 귀결에 대한 설명을 담고 있다. 그는 10개의 圖書에 드러낸 理가 至顯 至實하므로 그것을 마음으로 구하는 것은 어렵지 않다고 한다. 그러나 그것을 마음먹은 대로 쉽게 되도록 하기 위해서는 마음의 虛靈함을 주재하고, 理를 밝게 비추어 포괄하는 공부(照管)가 필요하다고 그는 강조한다. 그래서 그는 각각의 그림에 대한 공부로써 마음을 주재하고, 공부할 일을 익힐 때마다 그 일에 담긴 미묘한 이치를 꿰뚫어 보는 방법을 제안한 것이다.[19]

그 방법으로 그는 특히 學과 思의 병행을 강조한다. 여기서 禮가 聖學의 시작부터 관여하는 점을 알 수 있다. 學이란 "그 일을 익히고 진실로 그것대로 踐履"하여 "그 實을 체험하는 것"이다.[20] 思의 역할은 踐履로 얻은 앎(學)으로써 踐履가 미치지 못하는 미세한 영역의 앎으로 확장하는 것이다.[21] 또 思가 잘 되어야만 學이 제 방향을 잡아서 지속적인 踐履가 가능한 것이다. 여기서 禮의 체험적 학습이 바탕이

---

19) 韓國文集叢刊(이하 叢刊) 29책 199쪽 上, 夫心具於方寸 而至虛至靈 理著於圖書 而至顯 至實 以至虛至靈之心 求至顯至實之理 宜無有不得者 則思而得之 睿而作聖 豈不足以有 徵於今日乎 然心之虛靈 若無以主宰 則事當前而不思 理之顯實 若無以照管 則目常接而 不見 此又因圖致思之不可忽焉者然也.
20) 위와 같은 곳, 學也者 習其事而眞踐履之謂也. ……不習其事 則危而不安 故必學以踐其實.
21) 위와 같은 곳, 盖聖門之學 不求諸心 則昏而無得 故必思以通其微.

되는 思惟 작용을 강조하는 퇴계의 견해에 주목할 필요가 있다.

그러나 처음부터 그것이 잘되는 것은 아니기 때문에 퇴계는 우선 하나의 그림마다 專一하여 익힐 것을 권장한다. 그는 아침저녁으로, 날마다 계속하여, 혹은 夜氣가 淸明한 때에 紬繹 玩味해 보고, 혹은 日用酬酌할 때 體驗 栽培하는 노력을 할 것을 권유하였고, 그렇게 할 때 처음에 마음대로 되지 않고, 모순되는 일도 있으며, 때로는 극히 辛苦스럽고, 快足하지 못한 병통을 겪게 된다고 한다. 퇴계는 이것을 옛사람이 말하는 "장차 크게 나아갈 기미"이고 "좋은 소식의 단서"라고 지적한다.[22] 이것은 성인 공부를 통해서 발생하는 변화의 첫 단계라고 할 수 있다. 아래 인용문의 내용은 그다음 단계들이다.

> "진실을 많이 쌓고 오랜 세월을 노력하게 되면 ㉠ 자연스럽게 마음과 理가 하나로 물들어서(心與理相涵) 모르는 사이에 모든 것을 환히 꿰뚫어 알게 되고, 학습과 그 일이 서로 익숙해져서(習與事相熟) 점차로 그것을 행하는 데 순탄하고 편안하게 됨을 알게 될 겁니다. ㉡ 처음에는 각각 그 한 가지씩만 힘썼지만 여기에 이르면 곧 여러 가지가 모여 하나로 화합하게 될 것이니, 이는 실로 孟子의 이른바 '학문이 깊어져서 자득하는 경지'(深造自得之境)이니 살아서는 그만둘 수 없는 微驗입니다. 그것을 좇아서 힘써서 부지런히 나의 온 재주를 다한다면 ㉢ 顔子의 마음이 인을 어기지 않게 되고 나라를 위하는 사업이 그 안에 있게 되며, 曾子가 忠恕로 일관하게 되고 道를 전하는 책임을 제 자신에게 두게 하며, ㉣ 畏敬이 日用을 떠나지 않아서 中和의 位育의 공을 이룩할 수 있고, 德行이 彝倫을 벗어나지 않아서 天人合一의 妙를 여기서 얻게 되는 것입니다."[23](밑줄과 원문자 필자표기)

---

22) 叢刊 29책 199쪽 下, 其爲之之法 必也存此心於齋莊靜一之中 窮此理於學問思辨之際 不睹不聞之前 所以戒懼者愈嚴愈敬 隱微幽獨之處 所以省察者 愈精愈密 就一圖而思 則當專一於此圖 而如不知有他圖 就一事而習 則當專一於此事 而如不知有他事 朝焉夕焉而有常 今日明日而相續 或紬繹玩味於夜氣淸明之時 或體驗栽培於日用酬酌之際 其初猶未免或有掣肘矛盾之患 亦時有極辛苦不快活之病 此乃古人所謂將大進之幾 亦爲好消息之端 切毋因此而自沮 尤當自信而益勵.

23) 위와 같은 책 199~200쪽, 至於積眞之多 用力之久 自然心與理相涵 而不覺其融會貫通 習與事相熟 而漸見其坦泰安履 始者各專其一 今乃克恊於一 此實孟子所論深造自得之境 生

두 번째 단계는 ㉠의 "마음과 理가 하나로 물들어서 모르는 사이에 모든 것을 환히 꿰뚫어 알게 되고", "학습과 그 일이 서로 익숙해져서 (習與事相熟) 점차로 그것을 행하는 데 순탄하고 편안하게 된다."는 것이다. 후자의 경우 學을 의미하는데 그것을 禮와 관련지어 말하면, "禮의 학습은 실제 일상사처럼 하고, 일상사는 禮를 학습하듯이 하는 것"이라고 생각된다. 또 心과 理가 서로 물든다(相涵) 할 때 涵은 매우 의미심장한 표현이다. 즉 이는 心과 理가 구별될 수 없도록 하나로 융합된 상태를 의미하는 것이다. 「천명도」에서 心의 작용을 각각 理의 축과 氣의 축으로 구별되도록 표현했던 것과 관련지어 보면, 이는 氣에 좌우되던 心으로부터 벗어나서, 理에 따라 動靜하는 心을 성취했음을 의미한다. 이 두 가지 언급은 心身이 理로 일관하는 합일의 경지에 들어섰음을 시사한다.

세 번째 단계는 ㉡의 "처음에는 각각 그 한 가지씩만 힘썼지만 여기에 이르면 곧 하나로 합해질 수 있게 되는데, 이것은 실제로 孟子가 말하는 '학문이 깊어져서 자득하는 경지'(深造自得之境)"라고 하는 것이다. 이때 주목할 것은 두 번째 단계로부터 세 번째 단계로 나아갔을 때 언급되는 그 변화의 내용이다. 그것은 「성학십도」 열 개의 그림의 이치를 각각 체득하는 두 번째 단계에서 더 나아가 결국 그 10개의 이치들을 하나로 융합한다는 것이다.

퇴계는 「성학십도」의 체계를 세우면서 그 안에 여러 형태의 운용의 구조를 세워놓았다. 즉 ① 10개의 그림이 각각 하나의 독립된 구조를 갖고 있으며, ② 전반부를 理學的 本原, 후반부를 心學에 근거한 用力의 방법을 다룬 상호 조응하는 관계로 보는 관점도 표방하고[24], ③

則烏可已之驗 又從而勉焉 孳孳旣竭吾才 則顏子之心不違仁 而爲邦之業在其中 曾子之忠 恕一貫 而傳道之責在其身 畏敬不離乎日用 而中和位育之功可致 德行不外乎彝倫 而天人 合一之妙斯得矣.

24) 叢刊 29책 206쪽 下, 以上五圖 本於天道 而功在明人倫懋德業(이는 전반부 5圖에 대한 해명), 213쪽 上, 以上五圖 原於心性 而要在勉日用 崇敬畏.(이는 후반부 5圖에 대한 해명)

「소학도」와 「대학도」를 골간으로 삼는 구조인데 여기에 上 2도가 「소학」과 「대학」의 표준 본원, 下 6도를 明善, 誠身, 崇德, 廣業, 用力 등 「소학」과 「대학」의 터전과 힘쓸 일로 관련시킨다.[25] ④ 전체의 그림이 실은 敬으로 일관되는 구조 등이 그것이다.[26] 퇴계는 이 구조들을 잘 익히고 운용하여서 十圖 전체의 이치를 하나로 꿰는 단계가 발생한다고 한 것이다. 그러나 이 단계는 아직 그림에 의존하는 공부의 단계이다.

네 번째 단계는 ⓒ 顏子의 마음이 仁을 어기지 않고 나라를 위하는 사업이 그 안에 있게 되며, 曾子의 일관된 忠恕와 傳道의 책임이 그 몸에 있게 되는 경지이다. 이는 처음에 비하여 대단히 높은 경지이다. 이 단계는 그림에 의존하던 상태를 벗어나 천인합일의 내면적 기반이 확립되는 것이라고 볼 수 있다. 그러나 퇴계는 그들을 공자가 올랐던 경지와 구별한 듯하다. 그렇게 보는 이유는 顏淵은 三月不違仁[27]하다고 하므로 이것이 바로 천인합일의 경지라고 볼 수 없기 때문이다.

그러므로 마지막 단계는 ⓓ "畏敬이 日用을 떠나지 않아서 中和의 位育의 공을 이룩할 수 있고, 德行이 彝倫을 벗어나지 않아서 天人合一의 妙를 여기서 얻게 되는 것"으로 구별해 보아야 한다고 생각된다. 이 경지에서 중요한 것은 畏敬이 日用을 떠나지 않고, 德行이 彝倫을 벗어나지 않는다는 상태이다. 즉 內外, 心身이 一如하게 天理라는 궤도를 자연스럽게 순환하는 것이다.

수양이란 외부적으로 禮制, 禮俗 등 환경의 영향을 받지만, 내부적으로는 타자의 개입이 철저히 제한되는 자기 형성(self organizing)의 과

---

25) 위와 같은 책, 205쪽, 右孔氏遺書之首章 國初臣權近作此圖 章下所引或問通論大小學之義 說見小學圖下 然非但二說當通看 并與上下八圖皆當通此二圖而看 皆上二圖是求端擴充體 天盡道極致之處 爲小學大學之標準本源 下六圖 是明善誠身崇德廣業用力之處 爲小學大學之田地事功.

26) 위와 같은 곳, 而敬者又徹上徹下著工收效 皆常從事而勿失者也 故朱子之說如彼 而今玆十圖皆以敬爲主焉 太極圖說言靜不言敬 朱子註中言敬以補之.

27) 「論語」雍也, 子曰 回也 其心三月不違仁 其餘 則日月至焉而已.

184   예학과 심학

정이다. 存養과 省察, 또는 愼獨, 持敬 등이 그 과정을 가능케 하는 원리인 셈이다. 學과 思의 병행도 실은 스스로 학습하고 그 내용을 스스로 소화하고 발전시키는 과정이다. 이로써 본다면 성학의 공부과정은 天理에 근거한 삶의 체계가 확립되도록 자기를 스스로 조직하는 과정이다. 그 내용은 氣와 人欲에 의해서 좌우되던 자아 - 타아 관계의 고리가 天理로 일관하는 자아 - 타아 관계의 고리로 변화시키는 것이다. 이 변화가 뚜렷하게 되는 것은 네 번째 단계부터인데, 이는 동일한 인물의 신체 내부의 혁신이지만 일종의 자기초월과도 같은 것이다. 이 변화는 자신의 체계가 생산한 하나의 창조나 다름없다. 그러므로 이를 도덕적 인격의 자기생산(autopoiesis)의 한 유형으로 볼 수 있다.

5. 禮와 敬

1) 禮와 心身의 主宰

퇴계가 관찰한 인격수양의 과정으로부터 禮가 도덕적 인격의 자기형성, 자기생산의 방법으로 중요하게 간주된 증거를 몇 가지 꼽아본다. 첫째, ㉣의 日用을 떠나지 않는 畏敬과 彛倫을 벗어나지 않는 德行 같은 것은 禮의 체계 속에서 순환하는 일상적 삶의 확립을 의미한다. 둘째, 「성학십도」 전체의 그림이 모두 敬으로 일관되는 구조라는 그의 설명이다. 그와 관련하여 눈여겨보아야 할 것은 「성학십도」 「숙흥야매잠도」의 敬(<그림 2> 참조)과 「경재잠도」의 心 위에 표시된 "動靜弗違, 表裏交正"에 종사한다는 持敬의 의미이다. 이 두 그림의 敬은 모두 일상에서 禮를 지키는 것이다. 그리고 「백록동규도」에서 窮理와 力行은 모두 五倫에 근본을 둔다는 사고도 그와 통한다.[28]

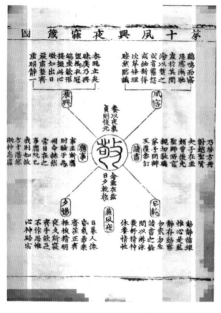

<그림 2> 夙興夜寐箴圖

여기서 주목되는 것은 敬을 형성하는 수단이 禮라는 생각이다. 敬이란 心身을 주재하는 것인데, 그것이 심신의 체계를 초월하여 존재하는 것이 아니라, 심신의 작용으로 인해서 성립된다는 것이다. 즉 敬은 心과 身에 내재한 각종 요소들의 총화로 인해 생성되는 작용이고, 그것은 되먹임 작용을 하여서 심신을 주재한다는 것이라고 하여도 틀리지 않는다. 그 敬의 형성과 지속에 禮가 절대적이라고 보는 것이 곧 퇴계인 것이다. 그리고 敬으로써 삶의 체계를 형성하는 것이 바로 도덕적 인격을 자율적으로 성취하는 길이라는 것도 그의 생각이다.

그렇다면 禮가 심신의 주재에 어떻게 기여하는가 하는 점을 밝힐 필요가 있다.

> "把捉은 操存을 말하는 것이니 선하지 않은 것이 아니지만, 만약 活法을 얻지 못하면 도리어 揠苗助長의 근심이 될 것이다. 顔子의 四勿과 曾子의 三貴를 보고 視聽言動의 容貌와 辭氣로부터 공부를 한다면 그것은 이른바 외면을 제어하여 그 내면을 기르게 한다는 것이다. 그러므로 程子는 말했다. '整齊嚴肅하기만 하면 마음이 통일되고 마음이 통일되면 非僻한 것들의 간섭이 저절로 없어진다.'

28) 叢刊 29책, 206쪽 下, 然本之彝倫 而窮理力行 以求得夫心法切要處 未嘗不同也.

주자도 역시 말했다. '持敬의 요체는 단지 衣冠을 정제하고 思慮를 한결같게 하고 莊整齊肅하여 감히 기만하지 않고 감히 교만하지 않으면 곧 身心이 肅然하여서 表裏가 如一하게 된다.'"[29](밑줄 논자)

우리가 주목할 것은 "외면을 제어하여 그 내면을 기르게 한다.", "整齊嚴肅하기만 하면 마음이 통일된다." 등의 언급이다. 퇴계는 이들을 持敬의 요체라고 간주한다. 그렇다면 持敬이란 신체를 예로써 조련하는 것이고, 그 목적하는 결과는 곧 操心 혹은 存心을 뜻한다. 操心과 存心은 收斂이 그 핵심적 의미인데, 이 수렴이 곧 理에 준거한 심신의 재귀 체계를 형성하고 지속하는 것과 관련된다고 보인다. 그렇게 해서 형성된 재귀의 체계의 실속은 바로 敬이라고 생각된 것이라고 할 수 있다.

그 반대의 경우, 예를 들면 程子의 聽箴에서 "(예가 아닌 것을 들으면) 들어서 아는 것에 유혹되어서 外物과 더불어 변화됨으로써 드디어 그 올바른 理가 없어진다."[30]고 한다. 이는 非禮的 행위가 곧 마음을 物化하고 散失케 함을 의미한다. 이는 심신의 재귀 체계가 무너져서 독립되고 주체성을 지닌 도덕적 인격의 형성에 실패하는 것을 의미한다.

禮에 의한 心의 수렴과 主宰가 낳는 결과, 즉 敬이란 무엇인가? 그것은 퇴계가 「心統性情圖」에서 표기했듯이 "온몸을 주재하여서 온갖 변화에 응한다."는 상태, 또 "理氣를 합일하고 性情을 통섭하는"[31] 상태와 통한다고 생각된다. 그러므로 禮는 心身의 재귀적 고리가 특히 理를 준거로 형성되도록 하는 도구인 것이고, 敬은 그 반복적으로 재

---

29) 증보퇴계전서 2책 130하, 「答禹景善問目·別紙」, 把捉卽操存之謂 非不善也 若未得活法 則反爲揠苗助長之患 觀顔子四勿曾子三貴 從視聽言動容貌辭氣上做工夫 所謂制於外所以養其中也 故程子曰 只整齊嚴肅 則心便一 則自無非僻之干 朱子亦曰持敬之要 只是整衣冠 一思慮 莊整齊肅 不敢欺不敢慢 則便身心肅然 表裏如一矣.

30) 「二程集」 589쪽, 人有秉彝, 本乎天性, 知誘物化, 遂亡其正.

31) 叢刊 29책, 206쪽 下, 「心統性情圖」, 主一身該萬化, 合理氣統性情. 心統性情에서 統의 의미를 놓고 견해가 갈린다. 강한 의미로 통섭, 통솔한다. 약한 의미로 통괄한다는 풀이가 가능하다. 퇴계는 이에 대한 명확한 입장을 밝힌 것은 아니라고 생각된다. 그보다는 경우에 따라서 心의 주재를 강조하기도 하고, 다른 한편으로 성의 자연스런 발출(이 경우 心은 性의 작용에 수동적 상태가 된다.)을 중시하는 입장도 지닌다고 생각된다.

귀하는 흐름의 내용 또는 결과인 셈이다. 즉 수양이란 예에 의한 신체의 조련으로써 심의 주재를 가져오고, 그 심의 주재가 신체를 지배하도록 하는 것인데, 그 주재의 실속은 敬이 되는 것이다.

여기에는 서구철학의 심신론(mind-body theory)에서 논의되는 문제, 즉 心身은 이원적으로 대립하는 실재인가, 일원적인가 하는 논점 자체가 발생하지 않았다. 퇴계는 심신에 관한 형이상학적 논의에는 관심이 없었던 셈이다. 퇴계는 心의 구성요소들(agents)로 생각되는 것들, 예를 들면 性과 情(四端과 七情)으로부터, 念, 慮, 思, 志, 意, 憶, 度, 知, 覺, 虛, 靈, 形氣 등의 요소들이 수시로 어울려 발생하는 재귀적 체계를, 理를 중심으로 엮고 운용하는 것에 관심이 컸다고 할 수 있다.

2) 積眞과 用力

재귀 구조로서의 심신관계와 수양과의 관계는 무엇일까? 이 재귀적 심신관계가 시간이 지나면서 인격에 미치는 영향은 어느 정도일까? 禮에 의한 신체의 조련이 심을 수렴하고, 그 심이 一身을 주재한다는 재귀 관계에서, 사실 내면의 다양한 구성요소들을 일관하는 心的 主宰의 힘을 얻는 근원이 바로 신체의 조련에 있음을 의미한다. 그러므로 바깥을 제어하여 안을 기른다고 말한 것이다. 반면에 心의 一身에 대한 주재는 무엇일까? 一身이란 온몸을 의미한다. 온몸에 대한 주재는 四肢百體의 행위를 일사분란하게 하는 것, 또 오장육부와 사지백체에서 수시로 분출하는 욕구들을 통제하는 것을 의미한다. 그뿐 아니라, 心의 구성요소들에게 일관된 질서를 부여한다는 의미도 있다. 그러면 이는 心身 전체가 理의 재귀 체계의 고리를 형성한다는 의미이다. 이것이 動靜에 一貫하고, 表裏가 一致한다는 경지라고 할 수 있다.

그러한 작용이 처음부터 자연스럽게 원만하게 되는 것은 아니다. 퇴계는 "진실을 많이 쌓고(積眞之多), 나날이 힘쓰는 것이 오래(日用之久)"되어야만 가능하다고 한다. 그러면 이 積眞과 日用이란 무엇인가? 日用이란 다름 아닌 예의 일상적 학습과 실천으로 생각된다. 그렇다면 積眞이 흥미롭다. 진실을 안다, 진실을 생각한다, 혹은 진실을 구한다는 말 대신에 진실을 쌓는다고 한 것 때문이다. 그와 비슷한 개념으로 積德이 사용된 적도 있다.[32] 퇴계가 또 明善, 誠身, 崇德, 廣業과 더불어 강조한 用力이라는 것도 사실 이러한 積眞을 목적한 것이다.

논자는 積眞과 積德 이것이 心身의 再歸的 力學構造의 작용이자 효과라고 생각한다. 즉 예를 학습하여 심신에 익힘으로써 다시 그 예가 진실이라는 것을 믿게 되고, 실천의 과정이 반복되면 반복될수록 그 믿음은 더욱 확고하게 되는 것이다. 그렇다면 그 믿음을 낳는 眞과 德은 과연 어떠한 것일까?

첫 번째, 심신의 재귀 체계가 理로 일관하는 체계가 확립되는 것이다. 공부의 초기에는 분열과 갈등이 빈번한 것이 심신의 상태이다. 퇴계의 견해를 미루어 보면, 이 분열과 갈등의 원인은 무엇보다도 무성한 人欲 그리고 일관되지 못하는 잡념들과 산만한 形氣의 동작들 때문이다. 그러나 인욕 또는 잡념과 형기의 관계는 상호 인과적이므로 形氣를 禮로써 통제하면 형기의 동작은 물론 인욕, 잡념의 분출까지도 제어할 수 있다. 그렇게 하면 사유와 행위는 물론 심정의 발출 기제까지도 理에 준거한 氣의 재귀적 체계로 一貫하는 길을 열 수 있다는 것이 퇴계의 견해이다. 그러한 一貫은 이성적 추론으로써 진리를 알았다고 하여 단번에 가능한 것은 아니다. 그보다는 오랜 시간에 걸친 禮실천에 의한 반복적 조련이 필요한 것이다.

두 번째, 지속되는 禮실천은 理에 준거한 심신의 재귀고리를 더욱 강화하고 고정시켜 간다. 퇴계가 강조하는 日用 또는 用力에 의한 積眞, 積德은 心身에 축적되는 내용으로서 理의 명료함뿐 아니라 강화

---

32) 叢刊 29책, 198쪽 上.

된 기운까지도 의미하는 것이다. 그것은 孟子의 浩然之氣의 굳셈을 강조하는 것[33], 不動心[34] 등에서 언급되는 힘을 연상케 한다. 또 「小學」에 인용된 程子의 애송하는 구절도 좋은 예이다. 그 구절은 「禮記」表記의 글인 "군자가 莊敬하면 나날이 강해지고(日彊), 安肆하면 나날이 구차해진다.(日偸)"는 것이다.[35] 나날이 강해지는 힘은 心만의 것도 아니고 身만의 것도 아니다. 오히려 理를 기준으로 합일된 심신에서 나타나는 전인격적인 힘이다. 이 전인격적인 힘이 禮에 맞추어 생각하고 행위하는 것을 편안하게 여기게 한다. 積眞이란 이 상황과 깊이 관련된다고 보인다.

세 번째는 理에 준거한 재귀 체계가 심신 전체에 일관하는 작용이 편안함의 경지를 넘어서 자연스러움까지 나아가는 것이 積眞의 결과로 생각된다. 물론 퇴계는 수양론의 진전 과정에서만 積眞을 언급했지만, 마지막 천인합일의 묘를 얻는 것도 실은 敬의 지속에 의한 積眞이 있어야 가능하다. 持敬이란 매사에 대해 발휘되는 응집력과 만사의 이치에 대한 자각의 지속적 상태라고 이해된다. 이것이 곧 上達의 경지를 여는 방법이라고 생각된다.

3) 자연스러운 禮실천의 본질

身心에 쌓이는 진실을 개념화하면 天理일 테지만, 신체에는 禮에 부합하는 행위가 어디서나 자연스럽고도 익숙하게 나오는 변화일 것이

---

33) 「孟子」 公孫丑上, 敢問何爲浩然之氣 曰難言也 其爲氣也 至大至剛 以直養而無害 則塞于天地之間.

34) 「孟子」 公孫丑 上에서 不動心에 관한 논의는 주로 志를 중심으로 이루어진다. 「聖學十圖」「心學圖」에서는 이 不動心이 그러한 심적 상태의 한 종류로서 시사되었다.

35) 「小學」 嘉言第五 廣敬身, 伊川先生 甚愛表記 君子莊敬日彊 安肆日偸之語. 「心經釋疑」에서는 이때 莊은 용모를 주관하고(主容) 敬은 마음을 주관한다(主心)고 하고, 그러나 양자는 서로 관련되는 것으로 보는 것(互相看)도 가능하다고 한다. 安肆란 제멋대로 하는 것을 편하게 여기는 것을 말한다.(「諺解小學集註增解」 以會文化社 646쪽)

다. 자연스럽고도 익숙한 合禮的 행위는 앞서 설명한 생명력과 깊은 관련이 있는 것인데, 이것과 기계적 행위와의 차이는 무엇일까? 우리 사회에 퍼져 있는 예에 대한 오해, 즉 예의 학습과 교육이 형식에 얽매인 인간을 낳고, 인간성을 억압한다는 견해는 바로 예교육이 인간에게 기계적으로 예를 동작하도록 한다는 관념에 기초한 것이다. 그러나 퇴계의 관점으로 본다면 이는 예교육의 효과에 대한 커다란 오해이다. 그 점을 퇴계의 견해로부터 풀이하도록 한다.

情(四端 혹은 七情)의 발출로부터 이어지는 일련의 심적 활동, 즉 念, 慮, 思, 志, 意 등이 禮 또는 理의 基調 위에서 상황의 변화에 隨時 隨處로 대응하는 과정을 생각해 보자. 만일 예의 학습이 기계적 동작의 차원에서 이루어졌다면, 변화무쌍한 외부상황에 자유자재로 대응하는 행위가 가능하지 못할 것이다. 기계란 입력한 동작체계에서 벗어나는 것은 표출하지 못하기 때문이다. 또 예가 형식에 얽매이도록 하는 것이라면, 정해진 형식이 없거나 예측하지 못한 변칙적인 상황에 대해서는 理에 부합하는 행위가 불가능할 것이다. 그러나 자연스럽다는 것은 학습할 때와 多少의 차이가 있는 상황에 대해서도 理에 합당한 행위가 저절로 나오는 것을 의미한다.

그러면 그것은 어떻게 가능할까? 그것은 예의 학습이 단지 四肢百體만을 훈련시키는 것이 아니라 心身 전체의 구성요소들로 하여금 각자 생명력(자율성)을 지니도록 조련하기 때문이라고 생각된다.[36] 예를 들면 외부 상황 A라는 조건하에서 학습한 禮를 바탕으로 그것과 유사하지만 차이가 있는 상황 A′를 만났을 때, 그것을 知覺하는 작용이 발생하고, 그 상황에 적합한 내용의 善한 心情이 발출하고 바로 이어서 意가 그것에 맞는 理와 그 표현방법을 찾아내고, 그것을 신체로 연결하여 合禮的인 동작을 표출하게 하는 것이다. 이 과정을 일관되도록 하는 것은 심의 주재인 듯하다. 이 과정에서 知覺, 心情, 意와 같은 心의 대

---

36) 그 이면에 담긴 신경생리학적, 또는 생물학적 이유까지 밝히는 것은 아직 어려운 과제이다.

행자들 각각의 작용과 기능이 理를 목적으로 또는 근거로 각자 활발하게 진행되는 것이다. 이러한 까닭에 상황이 변하더라도 합례적 행위와 처신이 가능한 것이 아닐 수 없다. 핑가레트가 예를 생명력으로 표현한 것은 이 점을 포함하는 것으로 생각된다. 그러므로 심신을 함께 주재하는 방법과 원리가 필요한 것이다. 그것이 바로 敬인 것이다.

이와 관련하여 흥미로운 것은 온몸을 주재한다는 마음에도 일종의 빈틈이 있다고 생각된 점이다. 퇴계는 "성이 발하여 정이 되는 때는 一心의 幾微이고 만화의 樞要로서 善과 惡이 여기로부터 갈라지는 것입니다."[37]라고 하였다. 一心의 幾微란 意가 미치기 이전의 상태로서 性으로부터 발한 情의 작용이 意志, 思慮 등과 결합되기 이전의 순간을 의미한다. 즉 意와 같은 의식적 통제나 추론, 사려 등 일종의 이성적 사유작용이 미치기 이전에 이미 선악으로 나아가는 갈림길이 미세하게 형성된다는 것이다. 퇴계가 사단칠정의 논변에 심혈을 기울였던 까닭도 바로 여기에 있다. 즉 퇴계는 이 幾微에서 어느 쪽을 향하느냐에 따라서 선악이 바뀌고 만사가 결정된다고 하여 이 문제를 대단히 중시했다.

이를 윤리실천과 관련하여 보면, 윤리의 실천이란 개인의 意識(理性)的 판단이 작용하기에 앞서서 발출하는 心情에 合禮的(合理的) 基調를 정착시키는 것, 즉 心情의 발출로부터 向善의 체계가 먼저 정립되어야 善지향의 사고와 추론 그리고 善行이 자연스럽게 이루어진다는 것이다. 이것은 이성의 추론능력에 의존하여 윤리적 실천능력을 함양한다는 서구 윤리학의 논리와 다른 것이다.[38]

그와 관련하여 주목되는 것이 四端의 발출에 관한 퇴계의 이해이다.

---

37) 叢刊 29책 207쪽 下, 性發爲情之際 乃一心之幾微 萬化之樞要 善惡之所由分也.
38) Fransisco Varela에 의하면, 서구의 윤리학에서는 윤리의 실천이란 이성적 추론과 판단에 의거하며, 그 추론과 판단이 실재하는 진리(윤리적 가치)와 부합하는가의 여부가 윤리적 실천인가 아닌가의 여부를 결정하는 관건이 된다고 한다. 그러나 바레라는 이렇게 윤리적 실천에다 이성적 추론과 판단을 무분별하게 연결시키는 것은 인간의 윤리실천의 실상과 거리가 멀다는 입장이다. 윤리적 행위의 대부분은 이러한 추론과 판단 이전에 이미 진행되는 것이기 때문에, 그는 윤리적 행위를 이성으로 환원하는 서구의 윤리학적 입장에 반대한다.(*Ethical Know-how*, p.4)

퇴계는 七情이란 바깥의 사물이 그 形氣를 건드리면 마음속에서 움직이니 경계에 따라서 발한다(緣境以出焉)고 보지만, 四端은 形氣와 무관하게 마음속으로부터 직접 발한다는 견해를 견지하였다. 이는 인의예지(仁義禮智)의 본성, 즉 천리가 제 자신을 스스로 드러내는 체계가 내면에 존재한다는 믿음을 시사한다.[39] 물론 理發 이후 그것이 意, 志, 思, 慮 등의 작동이 연결됨으로써 구체적 행위로 이어지는 것이라고 할 수 있지만, 心이 발하여 작동하는 意가 나타나기 이전에 情은 이미 발출한 상태이다. 善은 意, 志, 思, 慮 자체의 작용의 결과이기도 하지만, 그 이전에 발출한 情이 형성하는 善한 기조가 형성되어야 더욱 완벽하다는 것이 퇴계의 생각으로 추정된다. 그러므로 情의 발출에서 氣發보다는 理發에 의한 四端 중심의 체계를 퇴계가 강조한 것이라고 생각된다.

퇴계가 강조한 持敬은 이 심정발출의 순간까지도 포괄하는 心的 상태의 확보와 관련이 깊다. 그에 의하면 敬은 온 마음(一心)을 주재하는 것이다. 그 주재의 범위는 心의 공간적 범위뿐 아니라 시간적으로도 未發과 已發, 動과 靜을 모두 포괄하는 것이다. "학자는 진실로 持敬을 한결같이 하여서 理와 欲의 구별에 어둡지 않고, 더욱이 이에 삼가서 未發인 때에 存養의 功이 깊고 已發인 때 省察의 習이 익숙해져서 참을 쌓고 오래 힘써 마지않으면, 이른바 '精一 執中'의 聖學과 '存體 應用'의 心法을 모두 밖에서 구할 필요 없이 여기에서 얻을 수 있는 것입니다."[40]

그로써 내면에 형성되는 것, 즉 積眞의 실질적 내용 그리고 理發의 체계에 필수적인 것은 致知이다. 본구된 心中의 理는 萬理의 잠재적 상태인데, 格物을 통한 致知가 아니면 모두 제대로 발출하는 것은 아

---

39) 이에 대해서는 尹絲淳, 「韓國儒學論究」, 84~105쪽 참조.
40) 叢刊 29책 207~208쪽. 學者誠能一於持敬 不昧理欲 而尤致謹於此 未發而存養之功深 已發而省察之習熟 積眞力久而不已焉 則所謂精一執中之聖學 存體應用之心法 皆可不待外求而得之於此矣. 이상은 선생 번역(「退溪學報」 제2집) 참조.

니다. 퇴계가 강조한 學-思의 竝進이 바로 格物과 致知의 과정이다.[41] 그의 견해를 미루어 보면 격물에 기초한 致知는 내면의 理(本然性, 心이 갖춘 衆理)에 대한 자각(知)을 꾸준히 확장하여 미묘하고 精細한 理까지도 자각해 가는 과정이고, 그로써 심중의 理가 스스로 발출할 수 있는 체계를 확립하는 것이다. 致知를 통해서 얻는 결과는 萬事의 理致에 자연스럽게 응하는 능력이다. 바꿔 말하면 心이 갖춘 衆理를 혼연한 상태에만 두지 않고, 만사만물의 이치에 대응하는 정연하고 면밀하게 미세한 영역의 이치까지 확장하고 채워가야만(擴充) 만사에 자연스러운 대응이 가능한 것이다.

그렇다면 心中에 정연하고 면밀하게 갖추어진 衆理를 聖人化의 目錄이라고 하여도 무방하다. 치지의 궁극에 오는 豁然貫通이란 그런 衆理의 목록이 빈틈없는 것이거나, 상황이 변화하더라도 그 변화에 대응하는 목록이 언제나 즉각적으로 심중에 성립한다는 의미일 것이다. 이것을 만들어 내는 원동력이 곧 持敬인 것이다. 퇴계는 "思學을 겸하고, 動靜을 일관하고, 內外를 합하고, 顯微를 통일하게 하는 道"가 바로 持敬이라고 했기 때문이다.[42] 이 持敬은 心身을 벗어난 제3의 경지는 아니고, 오히려 心身의 재귀적 고리가 理를 중심으로 원활하게 작용할수록 강화되는 심의 구성요소들의 응집력과 확충력, 또는 원활함, 자연스러움의 상태라고 생각된다. 그러한 재귀 고리를 형성하는 자율적 방법이 存養과 省察이라고 할 수 있다.

---

41) 格物이란 실제 禮를 행하는 상황에서 이치를 궁구하는 것이라고도 할 수 있지만, 禮書나 경전을 읽으면서 가상적인 상황에서의 궁리를 하는 것도 포함된다. 또한 단순히 독서를 통해서 그 이치의 의미를 자각하는 과정도 포함된다고 할 수 있다. 퇴계학연구원 제1회 학술발표회에서 발표된 이 논문에 대한 정상봉 교수의 논평은 격물에 독서를 통한 지식의 확장도 포함하여야 한다고 하는 것인데, 이를 참고하였다.

42) 叢刊 29책, 199쪽 下, 持敬者 又所以兼思學 貫動靜 合內外 一顯微之道也.

6. 退溪 禮學의 意義

1) 儀禮의 目錄化

이제 마지막으로 이상에서 살핀 내용과 관련되는 퇴계 예설의 의의를 논한다. 그의 예설은 경전과 실정에 근거하여 인륜의 규범을 정립하는 논의를 담고 있다. 퇴계가 기존의 예서에서 다루지 않았거나 미흡했던 禮들을 논한 예설을 남겼다는 것은 儀禮의 체계를 보다 정확하고 면밀하게 구성하려고 했음을 시사한다. 그렇게 하는 이유는 보다 정확하고 빈틈없는 의례 실천을 위한 객관적 규준과 규범의 확립이 필요했기 때문이었다. 이것이 그의 예설이 지니는 일차적 목적이다.

그가 양명학이나 불교가 心 또는 心中의 理를 중시하지만 사회의 객관적 규범(民彝와 物則)에 대해서 소홀하거나 무시하는 경향을 경계하는 것[43]과 이 작업은 같은 맥락에 있는 것이다. 퇴계에게서 예학이란 "心에 근본을 두면서 事物을 꿰는" 聖賢之學의 체계를 바탕으로 성립되는 것이다.[44] 여기서 事物이란 民彝 物則을 담은 것들인데, 事物을 꿴다는 것은 곧 民彝 物則을 두루 섭렵함을 의미한다.

퇴계가 남긴 儀禮에 관한 학설들은[45] 民彝 物則의 목록을 정연하고 면밀하게 조성하는 작업이다. 그 목록에는 일상생활에서 日用하는 威儀守則을 비롯하여 인생의 大節인 冠婚喪祭 및 國恤에 관한 禮, 또

---

43) 叢刊 30책 417쪽 下, 陽明徒患外物之爲心累 不知民彝物則至之理 卽吾心本具之理 講學窮理 正所以明本心之體 達本心之用 顧乃欲事事物物 一切掃除 皆攬入本心衰說了 此與釋氏之見何異.
44) 叢刊 30책 418쪽 下, 且聖賢之學 本諸心而貫事物.
45) 周何, 「李退溪之禮學」에서는 예설의 분야를 모두 17개로 나누고, 전체 항목은 중복된 것을 제외하면 모두 224항목이라는 통계를 제시한다. (退溪學報 19집 348쪽 통계표 참조). 이 연구 통계에 의하면 퇴계가 논한 예설의 부류는 冠禮, 童子禮, 婚禮, 喪禮, 承重, 稱諱謂行第, 祭禮, 廟制, 禱, 受胙, 拜, 祠賢, 鄕黨, 敬長, 饋獻, 日常家禮, 論禮書 등에 걸쳐 분류되고 있다.

는 특수한 상황에서 요청되는 變禮 등에 이르기까지 인생의 과정에 수시로 반복되거나 그렇지 않더라도 언젠가 행하게 마련인 예절들이 포함된다.[46] 물론 퇴계 자신이 四禮의 목록집을 기획하고 만든 것은 아니지만[47], 그의 예설 전반은 하나의 의례목록이라고 할 수 있다. 이 목록을 이룩해 갔던 그의 방법은 經傳, 禮書에 입각한 古禮와 時制의 考究, 循俗의 태도, 人情 또는 天理에 근거한 추론 등이다. 이로써 본다면 그는 유교적 義理와 人情에 합당하면서도 조선의 현실에도 적합한 儀禮의 목록을 구비하는 데에 노력한 것이다. 조선의 현실과 유교적 의리, 또는 인정, 時宜를 담아낼 수 있는 儀禮目錄의 존재는 곧 구성원들이 공유하는 삶의 체계를 건립하는 일과 관련된다. 그 삶의 체계란 학습의 근거, 사유의 기준, 행위의 양식화를 가져오는 것이고, 개인에게는 심신의 재귀고리를 규정하는 외부의 환경이 된다.

그러나 의례 목록의 구성이 그러한 의의를 지닌다 하여도, 그것만이 절대적인 목표는 아니다. 그렇게 생각하는 이유는 그의 다음과 같은 언급 때문이다. 그는 "또한 聖賢의 학문은 心에 근본을 두고 사물을 꿴다. 그러므로 선을 좋아하면 단지 心으로만 그것을 좋아하지 않고 반드시 行事하는 가운데 그 선을 수행한다. 마치 호색을 좋아하여 그 것을 구하여 반드시 얻는 것과 같다. 악을 미워하면 단지 心으로만 그 것을 미워하는 것이 아니고 반드시 行事하는 가운데 그것을 미워한다.

---

46) 퇴계의 예설이 정리된 역사는 그의 사후 20세기까지 오랜 동안 지속되고 있다. 예설이란 대체로 예의 형식과 내용, 이론적 철학적 근거, 경학적 근거(훈고, 고증), 사실적 근거(풍속, 시속), 심정적 근거, 또는 수양과 실천에 관한 합례적 기준 등에 관한 설명과 분석, 논의 등을 지칭하는 것이다. 특히 「二先生禮說」, 「溪書禮輯」은 그 역사의 결산과도 같다. 전자는 孤山(李惟樟, 1625~1701)이 주자와 퇴계가 각각 문인이나 지인들과 문답한 예설을 모아서 「주자가례」의 체제에 맞추어 편집한 것이다. 후자는 錦水(林應聲)가 퇴계전서로부터 주로 상제례에 관한 예설에 혼례, 국휼례 등에 관한 설명을 모아서 便覽용으로 편찬한 것이다. 이전에도 퇴계의 상제례에 관한 문답을 편찬한 「喪祭禮問答」이 편찬되었으며, 「溪山禮說類編」이라는 이름의 예설집도 존재했다고 한다. 그 밖에도 퇴계의 예설은 조선 후기에 이루어진 각종 예설에 관한 논의에 원용되거나 예서를 편찬할 때 전거가 되는 등 조선 후기 예학의 발달에 학문적 기초가 되었다.(이상 「溪書禮輯」 跋 참조, 退溪鶴文獻叢書 九, 4614~4616쪽)

47) 단 「婚婦見禮書」와 같은 예외가 있다. 이는 편람과 계몽의 의도로 만든 것으로 보인다.

마치 악취를 싫어하여 그것을 힘써서 제거해 버리는 것과 같다."[48) 이 글에서 주목되는 것은 好善하는 것을 好色을 밝혀서 얻듯이 선을 끝내 행하는 경지까지 가야 하고, 惡惡은 악취를 싫어하여 물리치는 것처럼 惡을 결단코 물리치는 경지까지 가야 한다는 강조이다. 이렇게 되려면 단순히 심중에서의 理의 깨달음만으로 어렵다. 곧 禮의 학습과 실천의 반복에 의한 훈련이 필요하다는 것이 퇴계의 견해이다.

2) 心中의 儀禮目錄

앞에서 살폈듯이 퇴계는 사람을 의례를 행하는 기계로 만들려고 하는 것은 아니다. 이 점이 중요하다. 퇴계는 "心은 敬을 주로 하여 事物의 眞至한 理를 궁구하는 것이다. 心은 理義에 밝고 눈에는 全牛[49) 가 보이질 않아서 內外가 融徹하고 精粗가 一致하나니, 이로 말미암아서 意를 진실되게 하고, 心을 바르게 하고, 身을 닦고 그것을 미루어 家와 國에 미쳐서 天下까지 통하게 되면 패연하여 막을 수가 없는 것이다."[50) 이 언급은 理義에 통달한 상태를 의미한다. 이 상태는 이미 앞에서 살핀, 수양의 과정과 이 글에서도 말하는 敬 공부의 결과로 나타나는 것이다.

위에서 말하는 "心은 理義에 밝다.", "눈에는 全牛가 보이지 않는다."는 것은 적어도 心中에 존재하는 또 하나의 儀禮目錄을 시사한다. 그것을 정연하고도 면밀하게 구비한 결과가 생각과 행동이 그대로 막힘없이 이어지고(內外融徹), 쉬운 이치든 까다로운 이치든 막힘없이

---

48) 叢刊 30책, 418쪽, 且聖賢之學 本諸心而貫事物 故好善則不但心好之 必遂其善於行事 如好好色而求必得之也 惡惡則不但心惡之 必去其惡於行事 如惡惡臭而務潔去之也.
49) 「莊子」 養生主, 庖丁釋刀對曰. 臣之所好者道也, 進乎技矣, 始臣之解牛之時, 所見无非全牛者. 三年之後, 未嘗見全牛也. 方今之時, 臣以神遇而不以目視, 官知之而神欲行.
50) 叢刊 30책, 417쪽 下, 心主於敬 而究事物眞至之理 心喩於理義 目中無全牛 內外融徹 精粗一致 由是而誠意正心修身 推之家國 達之天下 沛乎不可禦.

고르게 실천하는(精粗一致) 상태가 되고, 그로 인해서 誠意, 正心, 修身 등의 실천이 잘 된다는 것이다. 이것이 가능하기 위해서는 일차적으로 구체적인 儀禮의 학습이 필요하고, 이것이 心中의 衆理를 자각하게 되는 과정이 필요하다. 心中의 衆理란 본구된 것이라고 하더라도 그것을 가리고 있는 기질의 濁駁함을 걷어내지 않으면 드러나지 않는다. 이른바 기질의 교정(矯氣質) 방법은 人欲을 제거하는 것이지만, 그것을 위하여 올바른 태도와 행위를 습관화해야 하는 것인데, 그것이 바로 의례의 학습과 실천인 것이다. 그 결과로 기질의 병폐가 걷히면서 심중의 衆理가 정연하고 면밀하게 드러나게 되는 것인데, 그것을 여기서 심중의 의례목록이라고 보아도 틀리지 않을 것이다.

현실에서의 실천과 관련하여 볼 때 문자로 표현된 의례의 목록은 부차적이다. 실제로 중요한 것은 이 내면의 목록이다. 퇴계의 내면에는 예설로 논의된 것 이외에도 매우 기본적인 것부터 그가 숙달한 모든 의례의 절목이 들어가 있었을 것이다. 그것은 일상생활에서 실천하고 학습하면서 자각하여 알게 된 禮의 목록이다. 이 목록의 禮들이 사실은 心中의 衆理인 것이다. 앞에서도 언급했지만, 이 목록이 없으면 앎과 실천이 모두 불가능하다는 점이 중요하다. 즉 우리가 내면에 자각하고 있는 의례가 없다면, 타인 혹은 자신의 행위가 예에 합치하는지 아닌지를 판단할 길이 없고, 또 자연스럽고 자발적인 禮실천 역시 불가능하다. 앞에서 살핀 수양론(聖學)에서의 학습과 사변도 예의 실천을 통해서 心中에 의례의 목록을 확립하고 면밀하게 엮어가는 방법이라고 생각된다.

이러한 목록이 면밀하고 정연하면 상황의 변화에 따라서 의례의 실천이 즉각적으로 자연스럽게 이루어질 수 있는 상황이 되지만, 그 목록이 엉성하고 정확하지 않으면 의례의 실천은 일정한 흐름을 타기가 어렵게 됨은 물론이다. 심중의 의례의 목록이 엉성한 사람은 일을 행할 때 상황이 변화할 때마다 그 상황에 맞는 의례를 구하기 위한 노력, 예를 들면 禮書의 참고, 예서의 목록을 바탕으로 한 추론, 비교와 상량 등의 방법을 동원해야 하므로, 목록이 면밀한 사람과 많은 차이를 보인다. 그 차이는 전문가와 초보자의 차이일 것이다.

따라서 내면에 확립하는 의례의 목록은 理에 준거한 심신의 再歸的 力學構造의 절대적인 기반이라고 할 수 있다. 理發로부터 이어지는 의례의 실천, 자발적이고 자연적인 의례의 실행이 가능하도록 하기 위해서는 많은 실천적 학습 그리고 사유를 통한 확충의 노력, 또 일상적 반복을 통한 실천력의 축적이 필요함은 앞에서 살핀 바이다. 이 체계가 확립될수록 얻게 되는 중요한 결과는 사유하기 이전에, 의식으로 통제하지 않더라도 욕망을 걷어내고 이치에 따라서 행위가 저절로 발출하는 상태가 가능하게 된다는 것이다. 이것이 바로 眞知이고 仁을 체득한 것이다. 그것은 동시에 예실천의 노하우(know‐how)를 숙달한 전문가의 차원을 보여주는 것이다.

3) 禮學의 目的

퇴계가 논했던 예설이나 그가 심중에 간직했을 것으로 짐작되는 의례의 목록은 큰 범주로 본다면, 대체로 유교의 인륜도덕의 규범들이다. 그중에는 循俗 즉 조선의 풍속을 따라서 정립한 예의 의의를 중요시한 면도 있지만[51], 중심은 유교의 인륜도덕의 이치와 정감을 형식화하는 데에 초점이 있었다. 이는 유교적 인륜도덕 이치의 내면화 및 그 실천 방식(노하우)의 숙달을 지향하였음을 의미한다. 과연 일반 서인들까지 그 대상으로 삼았는가는 연구 과제이지만, 士族 이상의 계층에 대해서는 그것을 보편화하려는 의지가 퇴계에게 있었다고 생각된다. 그것을 바탕으로 그의 예학이 지닌 목적을 다음과 같이 정의할 수 있다.

첫째는 禮의 體化(embodiment)이다.[52] 體化란 禮가 관념이나 지식

---

51) 李无未,「退溪家禮'循俗'問題」참조.

의 상태에 머물지 않고 현실세계에 제 모습을 드러내는 것이다. 즉 조선 사회에 禮에 의한 질서의 구체화가 바로 체화이다. 체화의 대행자는 개인이고 그 장소는 조선 사회이다. 그러므로 퇴계의 예학은 의례규범의 목록을 정확하고 면밀하게 엮음으로써 사회적 규범체계라는 환경을 조성하고, 개인에게는 그 목록의 내면화를 위한 학습과 체득의 방법을 강구했던 것이다.

둘째는 유교의 인륜도덕이 부단히 재생산되고 진화하는 체계를 확립하려는 것이 퇴계 예학이 지향하였던 목적으로 생각된다. 당시에는 불교의 의례나 의식도 있었고, 토착적 풍속이지만 유교 의례와 반하는 것도 존재했다. 또 유교의 의례를 소홀히 하는 양명학 계통의 학문도 존재했다. 그러나 예제와 예속에 의한 환경의 형성과 더불어 그것을 실천하는 구성원들을 양성함으로써 유교적 인륜도덕의 재생산과 진화의 체계를 마련하려는 것이 퇴계의 목적의식이었다고 생각된다.

셋째는 퇴계의 교육방법으로서 예학은 인간의 본연을 회복하는 진실한 방법을 제시한다. 禮의 체화는 인간의 관점에서 본다면, 예실천의 노하우(know‒how)를 숙달하는 것이 중요하지, 어느 것이 合禮的인 것인가를 아는 지식(즉 know‒what)이 중요한 것이 아니다. 인간의 본연은 공자의 從心所慾不踰矩의 경지, 천인합일의 妙를 얻은 경지이다. 그렇다고 할 때 단순한 문자적 지식, 또는 이성의 추론 능력에 의존하는 논리적 지식은 자연스럽고 자발적인 실천과 아직 거리가 있다. 퇴계의 예학으로부터 발견되는 理에 준거한 心身의 再歸的 力學構造는 이성적 사유와 문자적 지식의 목록화보다 더 근원적인 인간의 실상에 뿌리를 내리고 성립된 것으로 보인다.

넷째, 예학은 인격의 자기 형성의 탐구이다. 우리는 퇴계의 수양론이 본성을 회복함(復其初)을 추구한다고 해서 회복형이라고 분류하는 것도

---

52) 체화(embodiment)의 개념에 대해서 George Lakoff and Mark Johnson, *Philosophy in the Flesh: The Embodied Mind and Its Challenge to Western Thought*, pp.16~20 참조.

가능할 것이다.53) 그러나 그 회복이란 아무에게나 가능한 것은 아닐 뿐 아니라, 예가 없이는 본연성의 회복이 실제적으로 불가능한 것임을 주목하여야 한다. 앞에서 퇴계의 예학이 지향하는 내용 가운데, 심중의 의례 목록이 예실천을 통해서 확립되고 갖추어지는 것을 본다면, 비록 회복된다고 말하는 본연성이라 하더라도 실질적으로는 인간이 그 상태를 만들어 가는 것이다. 그런 의미로 본다면 禮는 인간의 본연성의 발출의 체계를 형성하는 절대적인 메커니즘이다. 그런 의미에서 뚜웨이밍이 예를 인간 문화의 일람표라고 말한 것은 절대적으로 옳다.54) 이 일람표 즉 목록이 정확하고 면밀할수록 인간다움의 목록이 정밀하게 되고, 그로 해서 문화적 견식과 행위도 정밀하게 다듬어지는 것이기 때문이다. 그러나 뚜웨이밍이 언급한 것이 외재적 목록이라면, 본 연구는 그와 더불어 심중의 목록도 중요하다는 점을 다시 강조한다.

7. 결론: 퇴계 예학 연구의 전망

이상의 고찰은 禮學을 心學, 理學, 聖學, 實學과의 긴밀한 연관관계로 파악하려는 하나의 시론에 해당한다. 연구의 초점은 대체로 퇴계 예학이나 조선 예학에 관한 기왕의 연구들이 예설의 범주 안에서 이루어지는 한계를 벗어나기 위한 立論에 있다. 앞의 본론에서 언급한 내용들은 퇴계에 관한 것이지만, 퇴계와 같은 주자학 계통의 예학에는 상당 부분 확장하여 적용될 여지가 있다.

간단히 정리하면 예학이란 禮의 體化, 인륜도덕 특히 仁이란 덕으

---

53) Philip J. Ivanhoe, *Confucian Moral Self Cultivation*, Peter Lang 1993, pp.49~66.
54) 뚜웨이밍, 「뚜웨이밍의 유학강의」 158쪽 참조. 여기서 뚜 교수는 「周禮」, 「禮記」, 「五禮通考」에 수록된 다양한 예를 유학의 전망에서 나타난 인간 문화의 일람표로 간주하는 입장을 밝힌다.

로 통합되는 사회 체계의 건립, 인륜을 자발적으로 실천하는 인간 본연의 확립, 인격형성을 목적한다고 하면, 퇴계학은 심학, 성학, 이학, 실학 등 여러 학문이 공존하더라도 예학이 기초가 되지 않으면 그 목적을 성취하기가 어렵다는 점은 명확하다. 心의 주재를 얻어서 성인이 되는 과정, 천리를 보존하고 인욕을 제거하는 인격의 확립, 務實을 통해서 궁극적 진실을 체득하고자 하는 노력, 또는 上達 등이 禮가 없으면 모두 이룰 수 없는 것이다. 그뿐 아니라 禮의 학습과 숙달의 과정이 퇴계 등 성리학자들의 철학적 사변의 논리적 근거를 형성하고, 확고히 하는 결과를 가져왔다고 할 수 있다.

본 연구는 퇴계의 聖學을 心身관계의 역학적 구조로 파악하였다. 특히 퇴계의 사고를 근대철학의 관점, 즉 형이상학과 인식론과 같은 관점으로 보지 않고, 재귀적 사고와 생태학적 사고가 중심이 된다고 보고, 天人의 관계와 心身의 관계를 재해석하였다. 그러한 해석을 통해서 해명하고자 한 것은 禮學이 그의 학문 전체의 설계와 성취의 과정에 필수적일 수밖에 없었던 까닭이었다. 고찰에 의하면 예의 학습은 심중의 의례의 목록을 면밀하고 정세하고 확립하여 주는데, 그것은 결과적으로 자연스럽고 자발적인 예실천을 가능하게 하는 것은 물론이고, 그것이 바탕이 되어서 비로소 합례적 사고와 합례적 행동을 할 수 있게 된다는 점에서, 예는 유교가 바라는 도덕적 인격의 형성의 절대적인 원리라는 점을 확인할 수 있게 되었다. 또한 타인의 도움이나, 초월적 절대자의 조력 구원에 의하지 않고 자신의 노력에 의해서 가능하다는 점에서 예의 의한 인격 수양은 인지과학에서 말하는 자기생산, 자기 형성에 의한 일종의 자기 초월의 진화의 과정이라고도 말할 수 있다.

퇴계는 예가 인간의 삶의 체계를 형성하고 개인을 고결한 도덕적 인격자로 재창조하는 절대적 도구가 된다는 점에 일찍이 눈뜬 학자이다. 물론 그 이전에 성리학의 전통이 그를 존재하게 하였지만, 당시의 현실에서 그러한 예의 중요성에 대한 실천적 체험과 궁리 사변을 통해서 접근한 학자는 드물었던 것으로 생각된다. 때문에 그의 학문 여정의 결산과도 같은 「성학십도」의 구성과 그의 주장은 대단한 매력을 지니는 것이 아닐 수 없다.

논문 작성을 위하여 儒學, 哲學 외에 몇몇 다른 학문들의 관점을 차용했다. 그 관점들의 소개는 참고문헌을 제시하는 것으로 대체한다. 마지막으로 여러 현대 학문들의 관점에서 볼 때 예학에 관한 연구의 전망을 간략하게 하고 끝을 맺도록 한다.

오늘날의 과학들은 퇴계의 이러한 관점이 옳다는 것을 간접적으로 뒷받침하는 연구결과를 내놓고 있다. 우선 인간의 윤리적 행위는 이성적 추론에 의한 도덕적 격언과 규범을 모색하는 것에 의존하게 되면 매우 서투른 도덕의 실천가를 낳는 반면에, 심신이 합일되어 체득한 윤리실천의 노하우의 소유자가 자연스럽고도 즉각적인 윤리적 실천이 가능하다는 논리가 인지과학의 입장에서 보고되었다. 그것은 인간의 실천능력의 계발을 위해서는 이성의 추론능력의 함양에 기댈 것이 아니라, 퇴계와 같이 예를 실천하여 학습하고 그것과 사유를 병행하여야 예가 숙달된다는 논지는 서로 부합하는 것이다. 즉 퇴계가 추구한 것은 윤리에 관한 노홧(know‒what)이 아니라 노하우(know‒how)라는 점에서 그 견해와 같다고 할 수 있다.[55]

또 인류학에서는 각 문화권마다 독특한 문화적 양식, 또는 종교적 儀式(儀禮)이 각 문화권마다 독특한 인간형을 낳는다는 견해를 정립하였다.[56] 그 견해에 따르면 학습되어 체득된 禮는 사유할 때 의거하는 논리가 되고, 행위를 표현하는 양식이 되는 것이다. 사유의 논리와 행위의 양식이 사실은 하나의 인간형을 구성하는 요건임에 틀림없다. 이와 유사한 견해는 언어철학자인 비트겐슈타인의 언어에 의해서 인간성이 창조된다는 견해이다. 인간은 언어를 통해 살아가는 것이고 그리고

---

55) Varela, Francisco, *Ethical Know‒how*, Stanford Univ. Press 1999 p.4.
56) Roy Rappaport, *RITUAL AND RELIGION IN THE MAKING OF HUMANITY*, Cambridge University Press, 1999에서 Keith Hart의 Foreword 참조.

언어를 통해서 자신의 세계를 구성하는 것이다.[57) 그렇다면 퇴계의 예학이 어떠한 인간형을 창조하려고 하는가 하는 점에 관한 연구가 필요하다고 생각된다.

그 외에도 퇴계의 예와 관련된 도덕적 심성의 구조화는 주목할 대상이다. 이는 오늘날 인공지능의 관점에서 볼 때 여태껏 서양의 인지과학이나 인공지능, 혹은 심리학조차도 제시하고 있지 못한 심의 구조에 대한 하나의 모델을 제공한다. 그러므로 이것을 시뮬레이션함으로써 인간과 똑같은 도덕적 심성을 가진 기계를 만들 수 있다는 가능성도 모색되고 있는 상황이다.[58)

이러한 상황으로 본다면 퇴계 예학에 대해서는 연구할 분야가 매우 많다고 할 수 있다. 특히 인격의 창조적 형성과 관련한 예학의 체계와 방법에 대한 연구는 앞으로도 많은 가치와 의의가 있을 것으로 생각된다.

윤리라는 것은 어떤 절대적인 정적인 구조가 아니라, 무의식 또는 의식에 의한 재귀적 성찰로써 진화하는 체계이다. 윤리는 한 생명이 진화에 순응하여 어떻게 영위되어야 할 것인가에 대한 견해이다. 그렇다고 할 때 퇴계의 예학은 조선 사회와 그 구성원들이 역사적 진화의 과정을 밟아오면서 성찰하고 다듬고, 다듬은 것을 실천하고 다시 성찰해서 그 시대의 생명의 체계를 엮는 작업으로서 매우 커다란 영향력을 발휘한 것이었다. 그것을 바탕으로 삼거나 아니면 모델로 삼아서라도 오늘날의 사회적 생명의 영위에 대해서 깊은 성찰을 하여야 할 것이다.

다만 퇴계학의 개념과 용어, 또는 퇴계가 보여준 실상의 차원이 아직은 명확하게 이해되지 못하는 점이 많이 있다. 이를 현대적 개념과 학문의 관점으로 조명하고 해석하는 작업이 꾸준히 그리고 다각도로 진행되어야 기대하는 결과가 나올 수 있을 것으로 생각된다.

---

57) 로저 트리그 지음 · 최용철 옮김, 「인간 본성에 관한 10가지 철학적 성찰」, 자작나무, 1996, 243-274쪽 참조.
58) 유권종 박충식, 「퇴계학, 구성주의, 인공지능: 도덕심성모델의 새로운 모색」, 2000년 한국철학 자연합대회 발표논문.

참고문헌

「增補退溪全書」成均館大學校 大東文化研究院.

「韓國文集叢刊」29, 30, 31冊.

權五鳳,「退溪家年表」退溪學研究院, 1989년.

程顥 程頤 著,「二程集」中華書局.

「諺解小學集註增解」以會文化社.

윤사순,「이황의「성학십도」,「圖說로 보는 한국 유학」, 예문서원, 2000년.

유권종「朝鮮時代 退溪學派의 禮學思想에 관한 哲學的 考察」退溪學報
　　　　제102집, 退溪學研究院, 1999년 3월.

유권종 박충식,「퇴계학, 구성주의, 인공지능: 도덕심성모델의 새로운 모색」,
　　　　제13회 한국철학자연합대회 발표논문집「21세기를 향한 철학의 화
　　　　두」대회보 3 2000. 11. 24~25.

周何,「李退溪之禮學」退溪學報 제19집, 退溪學研究院, 1978. 10.

　　　　「李退溪對文公家禮之運用」退溪學報 제42집, 退溪學研究院, 1984. 6.

呂紹綱,「退溪禮說初探」退溪學報 제100집, 退溪學研究院, 198. 12.

李无未,「退溪家禮'循俗'問題」退溪學報 제107·108집, 退溪學研究院,
　　　　2000년 12월.

友枝龍太郎,「李退溪의 羅整庵·王陽明 批判」, 退溪學報 제32집, 退溪
　　　　學研究院, 1981년 12월.

申龜鉉,「西山 眞德秀의 心經과 退溪 李滉의 心學」, 退溪學報, 退溪學
　　　　研究院, 제53집, 1987년 3월.

申龜鉉,「「自省錄」을 통해 본 退溪의 爲學方法論」, 退溪學報 48집, 退
　　　　溪學研究院, 1985.

蒙培元,「李退溪와 陳白沙의 心學思想 比較」, 退溪學報 제65집, 退溪學
　　　　研究院, 1990년 3월.

辛冠潔,「再論退溪心學」, 退溪學報 제68집, 退溪學研究院, 1990년 12월.

辛冠潔,「論儒家的聖人觀和李退溪的爲聖之道」, 退溪學報 제55집, 退溪
　　　　學研究院, 1987년 10월.

高令印,「李退溪的心理學和眞西山的「心經」」, 退溪學報 제55집, 退溪學
　　　　研究院, 1987년 10월.

尹絲淳, 「韓國儒學論究」 현암사, 1982.

尹絲淳, 『조선시대 성리학의 연구』 고려대 민족문화연구소, 1998.

尹絲淳, 「한국유학사상론」 예문서원, 1998년.

금장태, 『퇴계학파의 사상1』, 集文堂, 1996.

금장태, 「퇴계의 삶과 철학」, 서울대학교 출판부, 1998.

장은성, 「복잡성의 과학」, 전파과학사, 1999년.

이상은, 「퇴계의 생애와 학문」, 예문서원, 1999년.

이상은, 「李相殷先生全集2」, 예문서원, 1998년.

지크프리트 슈미트 엮음, 박여성 옮김, 「구성주의」, 까치, 1995년.

그라저스펠트 저, 김판수 외 옮김, 「급진적 구성주의」, 원미사, 1999년.

허버트 핑가레트 저, 송영배 옮김, 「공자의 철학: 서양에서 바로 본 禮에
    대한 새로운 이해」, 서광사, 1993년.

뚜웨이밍, 「뚜웨이밍의 유학강의」, 도서출판 청계, 1999년.

로저 트리그 지음, 최용철 옮김, 「인간 본성에 관한 10가지 철학적 성찰」,
    자작나무, 1996.

최상진 외, 「동양심리학」, 지식산업사, 1999년.

한덕웅, 「퇴계심리학」, 성대출판부, 1996년.

그레고리 베이트슨, 메리 캐서린 베이트슨 지음, 홍동선 옮김, 「마음과 물
    질의 대화」, 고려원미디어 1993.

Harries-Jones, A Recursive Thinking: Ecological Understanding and Gre-
    gory Bateson, University of Toront Press, 1995.

George Lakoff and Mark Johnson, Philosophy in the Flesh: The Embodied
    Mind and Its Challenge to Western Thought, Basic Books, 1999.

Philip J. Ivanhoe, Confucian Moral Self Cultivation, Peter Lang 1993, pp.4
    9~66.

Francisco Varela, Ethical Know-how, Stanford Univ. Press 1999.

Roy Rappaport, RITUAL AND RELIGION IN THE MAKING OF
    HUMANITY, Cambridge University Press, 1999.

退溪의 禮文化 觀念과 現代 文明1)

1. 서 언

퇴계의 학문과 사상에 대해서는 이미 많은 논저가 발표되었다. 그에 따라서 퇴계 사상의 현대적 의의에 대한 논의도 매우 많은 진전이 있다고 할 수 있다. 그러나 그의 예관념 혹은 예학과 그 사상에 대해서는 논의의 여지가 많다고 생각된다. 필자는 그동안 퇴계의 예학에 대해서 몇 편의 글을 발표하고, 퇴계의 학문 가운데서 가장 그 논의의 폭이 좁고 탐구의 횟수도 적은 禮學의 영역을 그의 聖學, 理學, 實學, 心學 등의 영역과 관련을 짓고 상호 연관된 전체 사상의 체계를 파악하는 작업을 해왔다.

그 연구가 아직 마무리된 것은 아니지만, 대체적으로 말하면 그의 예학은 다른 영역의 학문들의 목적을 성취하는 데 필수불가결한 토대

---

1) 『19차 국제퇴계학학술회의 발표자료집』, 국제퇴계학회, 2004. 11

와 방법을 제한함으로써 등 일면에 국한되지 않는 역할을 한다.

특히 그의 학문 경향이 선불교와 양명학 등과 구별될 수 있었던 것도 실은 예학의 강화에 기인하는 것이다. 기존의 예학 관련 연구의 양이 이학이나 성학 혹은 심학 등의 영역에 관한 연구에 비하여 그 논의의 심도가 깊지 않은 것이 사실인데, 이는 앞으로 예학 분야에 관한 더 깊이 있는 고찰과 더불어 다른 영역의 학문들과 상호 유기적 연관을 밝혀내는 연구의 필요성이 작지 않음을 시사하는 것이다.

그런데 퇴계 학문 자체 내의 영역별 유기적 연관성에 주목하는 연구 못지않게 중요한 것은 그것의 현대적 의의를 찾고 규정하는 연구이다. 퇴계학이 오늘날에도 연구의 대상이 되는 이유에는 그 자체의 역사적 중요성도 있지만, 그것과 더불어 그것이 현대의 우리에게 시사하는 의의가 작지 않기 때문이다. 그 가운데 그동안 연구자들의 관심을 그다지 끌지 못했던 그의 예문화 관념은 중요한 의의가 있다고 사려된다. 예를 문화로 생각할 때는 개인의 차원과 사회의 차원을 함께 포함하는 생명의 운영과 관련된 체계(system)의 차원에서 생각되어어야 한다. 예문화 관념이란 이런 의미에서 생명의 운영 체계와 관련된 관념들을 가리킨다. 그가 예를 통해서 구현하고자 했던 인륜도덕적 질서라든가, 예에 입각한 수신을 통한 성인의 인격성취의 방법론, 나아가서 국가와 사회 전체의 생명의 체계를 예에 의하여 구성하고 확충하고자 했던 것은 모두 그 체계의 구성 및 운영과 관련된 예문화의 요소들이라고 할 수 있다.

예문화의 요소들은 정치와 경제에 관해서는 禮治의 이념과 제도들, 사회의 질서에 관해서는 그의 인륜도덕과 그 규범 형식들 그리고 개인의 문명화와 관해서는 그의 下學上達의 예학적 修身法, 아울러 예규범의 연구에 관해서는 그의 예학적 연구들이 관련된다고 할 수 있다. 예문화란 사회 전체를 예의 방식에 의하여 문명화하고 생명력을 불어넣는 체계와 관련되어 있는 것이지, 어느 지엽적인 현상이나 영역에 국한되는 것이 아니다. 그 때문에 그의 예관념과 예의식은 예를 하나의 공동생명체로서 국가와 사회의 원만한 운영과 발전을 가능케 하는 문화 내지는 공동 생명의 체계로 보는 의식의 표출이라고 해석될 수 있는 것이다.

그렇다면 그것을 현대의 문명 속에서 논의하는 방법은 어느 것이 좋을까? 워낙 복잡하고 다양한 것이 현대 문명이고 보면, 그 논의의 단서를 찾고 초점을 분명히 하는 것이 쉬운 일은 결코 아니다.

그러나 예문화가 전체적 생명과 그것의 유지와 관련된 체계에 해당하는 것처럼, 그와 관련된 논의의 대상인 현대 문명 역시 일종의 전체적 생명의 체계의 차원에 해당하는 것이다. 현대 문명의 다양함과 복잡함에도 불구하고, 현대 문명이 다음과 같은 요소로서 인간의 삶과 의식 세계를 지배하며 조종하고 있다고 생각한다. 첫 번째는 과학적 사고방식이다. 두 번째는 자본주의적 삶의 태도와 방식이다. 즉 자본주의의 원리에 입각한 물질적(금전적) 가치의 숭상을 들 수 있다. 세 번째는 정보사회의 삶의 양식의 일반화이다. 이는 정보통신 기술의 발달에 의한 각종 관계망의 무한한 재생산과 확충의 원리를 들 수 있다. 네 번째는 다원적 가치 혹은 다원적 문화의 공존이라고 할 수 있다. 이 밖에도 다른 많은 요소들이 있지만, 퇴계의 예문화 관념과의 상관성을 염두에 두고서 논할 수 있는 현대 문명의 체계 전반에 걸친 특징으로서 과히 잘못된 것은 아니라고 생각된다. 논의의 순서는 먼저 퇴계의 예문화 관념에 관해 설명하고, 그에 근거하여 현대 문명에 대한 퇴계 예문화 관념의 의의를 생각해 보는 것으로 정한다.

2. 퇴계 예문화 원리

예를 일종의 문화로 간주하고, 그것을 현대 문명과 모종의 상응적 관계 혹은 비교적 관점으로 논하고자 하는 것이 이 글의 취지라고 할 때, 이글에서 그 비교는 세상 사람들의 삶을 지배하는 체계의 차원에서 시도하고자 한다. 즉 체계를 봄으로써 전체의 구조와 그 작용관계를 볼수 있고, 그렇게 해야만 부분적비교도 그 값을 찾을 수 있다고 생각되기 때문이다. 그렇다고 할 때 예문화란 예에 입각한 문화적 삶의 체계를 지칭하는 것이다. 그리고 퇴계의 예문화 관념이라고 할 때는 퇴계의 관념으로 구성된 예에 입각한 문화적 삶의 체계를 의미한다고 할 수 있다.

「戊辰六條疏」, 「經筵啓箚」, 「經筵講義」, 『聖學十圖』 등에는 조선 시대의 현실을 토대로 퇴계가 구상했던 예문화의 내용들을 추론할 수 있는 언술들이 담겨 있다. 이러한 저술들에 담긴 예문화의 궁극적 단위는 禮治라고 생각된다. 예치란 원래 孔子가 강조한 爲政의 방법인데, 그 골자는 형벌에 의한 강제로써 백성을 통제하기보다는 禮로써 백성을 感化시키고 遷善케 하는 것을 목적으로 삼는 것이다. 공자의 이 원리는 다분히 이상적이어서 현실 속에 구현하는 데에는 매우 까다로운 조건이 갖추어져야 하는 것이다. 그 때문에 그것을 현실에서 실천한다는 것은 매우 어렵게 생각되지만, 퇴계는 당시의 현실에서 그것을 구현해 볼 수 있다는 신념을 지녔던 것이다. 즉 퇴계의 예문화 관념은 다분히 이상적인 성격을 지녔지만 현실에 그것을 구현하는 방법을 찾는 퇴계의 사고와 노력에 주목할 가치가 있는 것이다.

그러한 이상과 관련하여 본다면, 예치란 하나의 국가에 예의 질서 체계를 건립하고, 구성원들의 도덕적 자율성을 양성하여서 사회 전체의 활동이 예의 체계 속에서 운영되도록 하는 것을 지향하는 정치 이념이자 정치의 방법이라고 할 수 있다. 또 예치는 위정자가 행하는 모든 政事와 教化가 예에 부합되도록 하여야 하고, 그래야만 사회 전체가 예에 근거하는 공정성, 즉 仁과 義를 구현하는 삶의 터전이 되고, 구성원들이 도덕과 예에 의한 자율적 질서 체계를 유지할 수 있다는 의미를 포함하는 것이다. 그러므로 예치를 사회 전체가 공유하는 삶의 체계로 간주한다면, 다음과 같은 구성요소들의 상호 연관에 의한 전체 체계의 구성원리를 생각해 볼 수 있다.

비록 퇴계 이전에도 三峯(鄭道傳) 靜菴(趙光祖)과 같은 예치의 구현을 위해 적극적으로 노력한 인물들이 있었음에도 불구하고, 퇴계 당시에는 여러 차례의 士禍로 인하여 예치가 구현되지 못하였다. 바로 이점을 하나의 문제로 삼아 그것을 풀어가는 방법을 모색하는 과정에서 퇴계의 예치에 관한 관념이 특징을 드러낸다. 그것은 그가 예치의 진정한 성취를 위해 제시하는 근본적 대책에서 발견되는데, 그 근본적 대책이란 곧 임금을 비롯한 구성원들이 자발적이고 자율적으로 예를 준행할 수 있는 心身의 체계를 각 구성원들의 존재에 건립하는 일이다. 그는 그 방법을 聖學이라는 학문 원리로 제시하였던 것이다. 성학은 한 사람이 자신의 心身의 자율적 실천 체계를 건립하기 위해 필요한 예의 학습과 심신의 수양 방법을 담고 있다. 이것이 퇴계의 성학혹은 예치의 관념이 근본주의적 성격을 지닌다고 볼 수 있는 것이다.

퇴계는 「무진육조소」에서 다양한 인적 요소에 의해 구성되는 사회가 도덕적인 임금을 구심점으로 삼아서 유교의 도덕률을 공유하고 실천하는 사회로 변화해 갈 수 있다는 가능성에 대한 믿음과 기대를 강하게 드러낸다. 「무진육조소」에 의하면 그 가능성은 임금의 정치 행위에 대한 신하와 백성의 이해와 공감을 조건으로 삼는 것이다. 이러한 이해와 공감의 필수적 조건은 다름 아닌 임금의 공정하고 합례적인 처신인데, 그러한 처신 속에 표방되는 임금의 마음이 신하와 백성들의 공감과 이해를 낳는다는 것이다. 그 때문에 그는 임금에게 내면으로는 성실과 정직 그리고 외면으로는 합례적 행위가 있어야 한다고 그는 강조한다. 나아가서 그는 임금의 자리는 그 자체가 원래 공적 도리의 표상이며 어떠한 일이든지 사적으로 은폐된 영역이 허용되지 않는다고 설명한다.

그런데 임금의 역할을 강조하는 것은 그의 현실적 입장이 임금을 계도하기 위한 것이기 때문인데, 학문적으로 우리가 중시해야 할 것은 하나의 예문화 체계를 올바르게 건립하기 위한 조건 혹은 귀결로 그가 절대시하는 그 무엇이 있다는 점이다. 그것은 바로 임금을 정점으로 하는 전체 구성원들이 상호 간에 도덕적 共感과 感應에 의한 人和 혹은 一體化이다.

이와 관련하여 우리는 몇 가지 철학적 물음을 던질 수 있다. 첫째, 사람들 간의 도덕적 공감과 감응은 어떻게 가능한 것인가? 이는 임금을 비롯한 구성원은 각자 心身의 체계를 구성하고 운영하는 주체라는 점, 그 체계는 외부에 대해서는 폐쇄적이고 독립되어 있다는 점을 고려한다면 중요한 물음인 것이다. 둘째, 도덕적 공감과 감응에 의한 인화 혹은 일체화란 과연 어떠한 상태인가? 셋째, 그와 더불어 인화를 이루는 구성원들의 마음들이 전체 사회의 활동을 예에 부합하는 쪽으로 나아가도록 하고, 그 결과로 일종의 도덕적 공동체의 형성과 지속이 가능하다는 퇴계의 믿음은 무엇에 근거하여 제시되는 것인가? 넷째, 과연 퇴계의 예치와 관련된 믿음은 오늘날에도 수용할 수 있고 실현할 수 있는 것인가? 이러한 물음에 대한 답이 곧 퇴계의 예문화 관념의 원리를 밝혀주는 자료가 될 것이다.

3. 예문화 체계에 의한 사회 모델

퇴계가 구성원들의 상호 공감과 감응의 가능성 그리고 그에 의한 인화와 일체화의 가능성을 믿는 것은 사회의 구성원리에 대한 그의 독자적인 은유에 근거한 것으로 볼 수 있다. 그러한 그의 은유를 단적으로 보여주는 비유가 있다. 이를 중심으로 그 근거를 설명하도록 한다.

「무진육조소」에서 그는 임금과 신하는 一心 一體가 된다고 비유한다. 임금은 한 국가의 元首이고 大臣은 그 腹心이고, 臺諫은 그 耳目이라는 그의 설명이 바로 그것이다. 임금과 신하는 일국의 예치를 구현하는 직접적인 주체이지만, 상호 독립된 심신의 자율적 체계의 주인공이기도 하다. 그 때문에 이들 사이에 어떻게 공감과 감응이 발생하는 것이고, 또 조화와 일체화가 이루어지는 것인가 하는 의문은 앞에서 제시한 대로이다. 퇴계는 임금과 신하를 一國의 體라고 규정하고, 다시 그것은 一人의 身과 같다고 비유한다. 一人의 身과 같다는 비유가 의미하는 것은 국가의 통치기구의 구성원들이 생명 유기체의 기관들처럼 상호 의존의 관계를 통해서 공동의 생명을 영위한다는 점이다. 상호 의존의 관계에 의하여 공동의 생명을 영위하는 것이 원만하게 되기 위해서는 각자의 역할과 존재에 대한 상호 간 신뢰가 형성되지 않으면 안 되는 것이다. 문제는 그 신뢰를 무엇에 근거하여 형성하고 유지할 것인가 하는 점이다. 그렇다면 '一人의 身'이라는 비유는 君臣관계에 관한 모종의 당위적 요청도 담고 있는 것이다.

그 당위적인 요청의 제일 요건은 바로 임금의 지혜로움[聖]이다. 그리고 그 지혜로움에는 無私公平이 중요한 실질이 되는 것이다. 이것이 바로 一人의 身처럼 임금과 신하가 상호 신뢰, 상호 공감과 조화를 이룰 수 있는 조건이라고 그는 생각하였다. 그는 위에 지혜로운 임금이 있으면 어진 신하가 모이게 된다고 설명한다. 그는 이와 관련하여 『周易』의 '같은 소리는 서로 응하고 같은 기는 서로 구한다.'(同聲相應 同氣相求)는 비유를 근거로 들기도 하고, 한 국가의 元首인 임금과 腹心인 대신과 耳目인 대간은 서로 의존하고 서로를 형성하는(相待而相成) 관계라고 비유하기도 한다. 또 그는 임금이 추호의 私意가 없다면 대신과 간관은 임금과 더불어 精神을 모아서 한 몸이 된다고 언급한다.

퇴계가 예치를 강조하는 이유는 바로 이같이 精神을 하나로 모아서 一人의 身처럼 원만한 조화를 성취할 수 있는 길이 바로 예의 실천에 있음을 밝히기 위한 것이다. 즉 개인과 개인은 비록 서로 독립적이고 자율적이며 외부에 대해서 폐쇄적인 생명체계 혹은 심신 체계의 주인 공인데도 불구하고 '一人의 身'의 구성요소들의 관계처럼 될 수 있다고 할 때, 그것을 가능케 하는 것이 바로 禮라는 것이 그의 생각이라고 할 수 있다. 임금이 예치를 행하여서 백성을 교화할 때 임금과 백성 사이에 발생하는 것도 이러한 공감 혹은 감응과 성질이 다르지 않다. 퇴계의 사고도 공자가 "위정자는 바람이요 백성은 풀이다. 풀 위에 바람이 지나가면 그 바람이 부는 대로 풀은 눕는다."고 한 것과 결코 다른 것이 아닐 수 없는 것이다. 이럴 때 바람과 풀의 관계란 사실 임금과 백성의 독립적인 심신 체계의 주인공들이 하나의 방향으로 공통된 지향을 나타낸다고 하는 점을 비유하는 것이다.

그렇다고 한다면, 우리는 일단 그가 생각하는 사회의 모델이 임금과 신하 및 백성이 사실상 하나의 유기적 연관 체계를 구성하는 요소라고 생각했음을 확인할 수 있다. 그 때문에 각각의 구성요소들 사이의 신뢰와 조화가 그의 사회 모델을 성취하는 중요한 원리가 된다. 그리고 그러한 신뢰와 조화를 이룩하는 방법이 임금의 지혜로움과 공평무사인데, 그들은 예의 실천에 의하여 가능하다는 것이 그의 견해이다.

이같이 살피면 그의 이러한 사회 모델은 매우 중요한 특징을 내포하는 셈이다. 그것은 한 사회의 구성원 개인 개인이 그가 비유하듯이 '一人의 身'처럼 하나가 될 수 있다는 사고이다. 다시 말하면 상호 독립적이고 자율적인 체계 간의 통일성과 일관성이 확보되고 그로 인하여 모든 구성원들이 일체화될 수 있다고 하는 것이 그의 사회 모델의 매우 중요한 원리인 것이다. 그리고 그 사회 모델은 그것을 성취하는 수단과 원리를 바로 예에서 구하는 것이다.

그렇다면 그 수단과 원리인 예는 어떻게 인간들의 사고와 정서, 의식 또는 행동을 통일시키고 조화시킬 수 있는 것일까? 인간을 하나의 자율적 독립적 폐쇄적 생명 체계라고 할 때 이 의문은 다음과 같은 의미이다. 즉 그러한 폐쇄적이고 독립적인 체계들의 자율적인 활동에 대하여 어떻게 통일성을 부여하고, 상호 의존성을 긴밀하게 하면서 상호 조화를 이끌어낼 것인가 하는 점이다. 그 문제에 대해서는 뒤에 답을 구하도록 하고, 여기서 확인하고자 하는 것은 그의 사회 모델이 예문화에 근거하여 이 같은 유기적 상호 의존과 조화의 체계를 지향한다는 점을 현대의 관점에서 중요하게 고려해야 한다는 사실이다.

4. 예문화의 구성요소

퇴계가 나름대로 예치의 가능성을 확신할 수 있었던 것은 당시의 현실에 예치를 행할 수 있었던 요소가 지금보다 더 잘 갖추어져 있었기 때문이라고 판단된다. 이는 거꾸로 말하면 현대 한국에는 조선시대만큼 예치를 구현할 수 있는 여건이 갖추어져 있지 않다는 의미도 된다. 사실 예치는 유교국가의 전형적인 통치 방식이기 때문에 비유교국가인 현대 한국이 과연 그것을 따라 해야 하는 것인가에 대해서는 의문이 있을 수 있다. 그러나 비록 유교국가가 아니라고 하더라도 어차피 한 사회가 건립한 제도와 규범이 엄연하게 존재하고, 또 구성원들의 관계와 그 관계에서 발생하는 행위들이 이러한 제도와 규범을 통해서 이루어져야 하는 것이 당위라고 한다면, 예치는 꼭 과거 조선시대에만 유용하거나 의미 있는 것은 아닐 것이다. 그리고 최근의 사회 전체를 하나의 유기적 연관성 혹은 연관 체계로 설명하고 이해하는 학문적 관점들 역시 사회의 체계를 어떻게 유지하는 것이 올바른 것인가를 논하고 있다. 물론 그 논의의 방식이나 내용이 퇴계의 그것과 똑같은 것이 아니지만, 오히려 그 때문에 퇴계의 예치와 관련된 관점을 참고해야 할 필요가 있는 것이다.

퇴계의 비유처럼 사회의 다양한 구성원들이 '一人의 身'과 같은 관계가 된다고 할 때 그 실천적인 방법과 원리에 앞서서 먼저 살펴야 할 것이 있다. 그것은 당시 현실에서 퇴계가 판단했음 직한 예치 구현을 위한 현실적 여건들인데, 그것을 이 글에서는 인적 요소, 제도적 요소, 행위적 요소로 정리하여 보도록 한다.

인적 요소는 예치의 실천 주체와 그 객체를 함께 꼽아야 한다. 그가 생각하는 예치의 주체는 군주가 그 정점에 있지만, 그를 대리하여 통치하는 대신과 관리들도 주체에 포함시킬 수 있다. 그 밖에도 재지 사족은 예치에 의한 교화의 보조자적 역할을 하기도 하고 향촌민처럼 예치의 대상이 될 수도 있다.

제도적 요소는 『經國大典』, 『國朝五禮儀』와 같은 국가의 전장제도를 비롯하여, 『儀禮』, 『禮記』, 『周禮』 등의 경전 및 『朱子家禮』를 비롯한 四禮書에 담긴 인륜도덕 규범 체계 및 임금의 호령과 정교가 모두 해당한다. 퇴계가 강의한 관혼상제의 예문들, 왕조례의 예문들도 해당한다. 제도적 요소가 인적 요소와 관계를 맺을 때에 물론 행위적 요소들을 발생시키지만, 그 자체로는 환경적 요인이 되어 사람의 내면세계 형성에 영향을 준다. 그 점은 禮의 형식과 내용의 면으로 나누어 볼 수 있다. 예의 형식은 예에 상응하는 일정한 활동의 양식(pattern)을 인적 요소의 심신체계 속에 형성토록 하는 한편, 天理와 인륜의 덕이 주가 되는 禮의 내용은 심신체계의 활동에 천리 인륜을 지향하는 성향이 성립하도록 하는 자극이 된다고 볼 수 있다. 그러나 이 둘은 분리되지 않고 하나의 자극으로 심신체계에 들어오는 것이다.

행위적 요소들은 임금의 수신과 정교를 발하는 행위, 관리들의 제도의 시행과 정교의 이행, 經筵을 비롯한 각종 회의, 외교와 국방, 각종 의례의 시행과 禮俗 형성을 비롯한 조정과 지방에서 이루어지는 일체의 통치 행위들이다. 또 신하들의 보고서(啓), 疏와 箚, 諫도 행위적 요소이다. 이들은 이미 시행된 정치에 대한 비판과 시정, 새로운 건의 등이며, 기존 정치의 방향을 교정하거나 강화하는 되먹임 작용(feedback)이다. 유교 이념을 교육하는 공립학교나 서원, 서당 등 사립학교에서의 교육행위도 행위적 요소에 포함된다. 이 외에 향촌의 사족들이 鄕約, 鄕規 등을 정하여 향촌민의 교화를 행하는 것도 넓은 의미의 교육이라고 할 수 있다. 따라서 이들도 예치의 행위적 요소에 포함될 수 있다.

행위적 요소란 바로 인적 요소가 제도적 요소를 인지하고, 그 인지에 근거하여 행하는 일체의 합례적 행위를 의미한다. 예치의 성취에서 중요한것은 행위적 요소이다. 그 이유는 제도적 요소에 대한 인적 요소의 인지 내지 체현의 과정과 그 결과가 예치의 성패를 좌우한다고 보이기 때문이다. 체현이란 인지가 성숙한 단계에서 이루어지는 행위의 한 형태로서 구성원들의 심신체계의 자율적 활동양식이 예에 부합하도록 정립되어서 그 자체가 항상 예를 향한 일정한 지향성을 발휘하는 것을 의미한다. 그것이 임금의 일신에 성립되었을 때 임금의 행위는 늘 합례적일 수 있다는 것이고, 그러한 임금이 곧 聖君이라는 것이 퇴계의 생각이다.

그렇다면 앞에서 살핀 예문화 사회 모델과 관련하여 볼 때 다음과 같은 의문을 던질 수 있다. 임금의 합례적 행위, 즉 통치 행위의 어느 요소가 어떻게 타인의 공감 혹은 감응을 일으키는가? 임금의 교화를 통해서 백성에게 전달되는 제도적 요소는 어떻게 백성의 의식과 행위의 준칙으로 인지되고 심신의 체계로 내면화되는가? 더 근본적으로는 임금을 비롯한 모든 구성원들이 예 또는 理라는 公의 실재를 자신의 심신에 체현하는 원리는 무엇인가? 이러한 의문은 현대 사회에서 교육과 정치를 통하여 구성원들에게 국가의 제도와 사회의 도덕 및 규범들을 구성원들의 내면화하는 것, 달리 말하면 그 제도 도덕규범에 상응하는 인지와 행위의 체계가 심신에 형성되는 것은 과연 어떠한 원리들에 의하여 가능한가 하는 의문과 통한다.

5. 예문화 구현의 조건

퇴계의 예치 사상으로부터 관찰되는 예문화 관념은 앞서 언급한 바와 같이 이상적 성향이 있으며, 그것의 성취를 위한 학문적 성찰에 있어서 그의 태도는 근본주의적이라고 할 수 있다. 이러한 퇴계의 근본주의적 태도에 입각한 예치를 성취하기 위한 그의 성찰을 선행 연구에서 필자는 세 가지 철학적 가정을 고찰한 바 있다. 그것은 존재론적 가정, 인식론적 가정, 방법론적 가정이었다.

그런데 이 글에서는 이러한 선행 연구를 바탕으로 하여 예문화를 현실에 구현하기 위하여 퇴계가 중시했거나 강조했던 구현 방법을 고찰하고자 한다. 예문화의 이상적 구현이란, 곧 사회 구성원의 신뢰와 조화를 이룩하는 것인데, 그것은 상호 간의 공감과 감응이 전제된다고 이미 밝혔다. 그러한 공감과 감응이 발생하고 그것이 시간과 공간의 변화에도 불구하고 유지될 수 있어야만 그 사회의 생명 체계가 선순환할 수 있다는 것이 퇴계의 사고라는 점도 미루어 짐작할 수 있다. 그렇다고 할 때 인적 요소와 제도적 요소 및 행위적 요소들이 어떠한 방식으로 그 연관을 맺어서 하나의 체계를 이루어야 하는 것인가에 대해서 논의가 필요함은 물론이다. 그리고 이것이 현대 문명 속에서 퇴계의 예문화 관념이 어떠한 의의를 지니게 될 것인가에 대한 구체적 논의를 활성화하는 길을 열게 될 것으로도 생각된다.

그런데 이러한 구현 방법을 논하기 위해서는 먼저 세가지 가정들을 간단하게 살펴보는 것이 필요하다. 그의 예치 사상의 존재론적 가정은 인적 요소와 제도적 요소의 일치 가능성, 혹은 인적 요소 개별자 간의 상호 감응과 공감의 가능성을 설명할 수 있는 철학적 가정이 될 것이기 때문이다. 이에 대해서 퇴계 역시 성리학자들이 공유하는 理氣論을 사용하였다. 그는 예의 제도 혹은 인륜도덕의 규범들을 일관하는 것은 바로 理라는 관념을 소유한다. 그렇기 때문에 그는 예는 곧 理라는 사고방식을 가졌다고 할 수 있다. 그와 더불어 인적 요소들의 내면에 본구된 性 역시 理라는 점을 근거로 구성원 상호 간의 공감과 감응이 가능하게 되는 존재론적 근거를 설정하였다. 이렇게 본다면, 예치에 의하여 임금과 신하, 백성이 상호 공감하고 감응하는 것은 객관적 존재인 예제 또는 윤리규범의 理와 인적 요소들의 내면에 본구된 性의 존재가 있기 때문에 가능하다는 것이 그의 사고라고 할 수 있다.

그러나 그가 비록 인간의 내면에 본구된 성을 감응과 공감의 존재론적 근거로 삼았다고 하더라도, 그는 그 감응과 공감이 별도의 노력없이 자연스럽게 또 용이하게 이루어지는 것은 아니라고 설명하였다. 그것은 인간의 내면에서 그 본성의 구현을 가로막는 기질적 私慾이나 잘못된 습관의 병폐가 발생하기 때문인데, 그것을 그는 氣의 탓으로 돌리고 있다. 이러한 기 역시 인간이 타고나는 것으로 설명될 수 있는 존재론적 요소임에 틀림없다. 이렇게 인간의 존재 속에 理와 氣의 갈등 관계 혹은 기에 의한 理의 장애를 제거하고, 理로 일관하는 심신의 체계를 건립하는 것이 무엇보다 중요한 과제가 된다고 보는 것이 그의 관점이다. 즉 임금뿐 아니라 신하와 백성들도 각각의 심신 체계의 활동이 理로 일관할 때에야 비로소 상하의 감응과 조화가 가능하다는 것이 퇴계의 견해이다.

그렇다면 중요한 것은 인간의 심신 체계의 활동이 기에 따르는 쪽으로 형성되는 것을 방지하고, 항상 理에 따르도록 다듬는 노력이 중요한 것이다. 달리 말하면 임금을 비롯한 구성원들이 인심과 인욕에 이끌리는 사고와 행위를 하는 것이 곧 기에 의한 심신체계의 활동으로 나아가는 것이고, 天理에 따라 사고와 행위를 하는 것이 곧 理에 의한 심신체계의 활동을 하는 것이 된다. 그리고 각각의 심신의 체계가 상호 관계를 함으로써 사회집단의 체계를 형성할 때에는 다음과 같은 결과를 예측해 볼 수 있다. 즉 퇴계는 구성원들이 각자 인심과 인욕에 이끌리는 행위를 하게 되면 사회 전체의 생명의 체계가 오래가지 못해서 파탄에 이르는 반면, 천리를 추구하는 道心과 中和의 마음을 유지하게 되면 사회의 체계가 안정되고 그 생명의 기운을 흥성케 한다는 사고를 하였다. 즉 인간의 사회는 구성원의 심신의 체계, 다시 말하면 그 의식과 행위의 여하에 따라서 파탄과 번영의 갈림길로 나아가게 될 가능성이 항상 열려 있음을 그는 간파한 것이다.

이러한 그의 사고를 다시 분석해 보면 인적 요소의 심신체계와 객관적 존재인 사회의 제도 및 도덕적 규범이 天理로 일관하는 길이 열려야만 비로소 예문화가 올바르게 구현될 수 있음을 시사한 것이다. 이는 객관적으로 설정된 제도의 구비가 우선 올바르게 되어야 한다는 것이 전제된다고 하더라도, 결국 퇴계의 견해는 다름 아닌 인적 요소 즉 주체의 심신의 활동이 기에 의하여 좌우되지 않아야 한다는 점으로 귀결된다. 만약 임금이나 구성원의 행위가 사회적 제도와 어긋나게 되어 질서를 잃게 되면, 임금과 백성의 상호 공감과 감응 역시 어렵게 됨은 물론 전체의 조화가 어렵게 됨도 물론이다. 그러므로 퇴계가 강조하는 것은 특히 상호 감응과 조화의 능동적 주체가 되어야 하는 임금이 公私를 엄정하게 가려서 公에 따라 처신하여야 한다는 점이다.

公이란 私에 대립되는 것으로서 인적 요소와 제도적 요소가 합일되는 기준 혹은 근거이다. 그렇다면 公에 의한 인적 요소와 제도적 요소의 일관이 가능하도록 하는 것은 곧 인간의 행위적 요소인 것이다. 이러한 행위적 요소 역시 천리를 추구하고 인욕을 배제하는 사고와 행위가 항상 자연스럽게 이루어질 수 있어야 한다는 것이 그의 생각이다. 그러한 행위적 요소를 가능하도록 하기 위하여 그는 인적 구성원들이 각자 수신의 노력을 해야 한다고 한다. 그러한 수신의 노력을 그는 진지와 역행의 방법, 敬의 방법으로 제시하였다. 이러한 진지와 역행, 敬의 원리는 禮를 심신의 자율적이고도 자발적인 활동의 체계로 확립하여 항상 公에 따라 사유하고 행위할 수 있는 자아를 스스로 구성하는 작업이라고 설명할 수 있는 것이다. 이에 대해서는 이미 많은 고찰이 이루어졌기 때문에 상세한 언급은 피한다.

6. 퇴계의 예문화 관념의 특징

이제 결론 삼아 퇴계의 예문화 관념이 지닌 현대적 의의를 살피기로 한다. 비록 시대가 다르고 상황이 다르다고 하더라도 퇴계의 예치에서 관찰되는 예문화 관념은 시사하는 바가 작지 않다. 그리고 그의 논의가 유교라는 틀 속에서 논의되는 것이라고 하더라도, 유교에서 강조하는 예문화의 목적이 궁극적으로는 천지자연과 그 속에서 살아가는 인간의 집단이 공동의 생명을 훌륭하게 영위하는 것, 천지자연과 더불어 영속하고 번영하도록 하는 것에 있다는 점은 오늘날에도 이를 성찰하여야 하는 이유가 된다.

퇴계의 예문화 관념의 특징과 중요한 의의는 다음과 같이 정리할 수 있다. 첫째 인적 요소의 천리에 입각한 일관된 심신체계의 건립의 강조, 둘째 그러한 심신체계의 건립을 위한 수신의 노력의 중요성과 구체적인 방법의 교시, 셋째 인간의 지적 발달의 과정의 궁극적 목적의 제시, 즉 眞知와 力行에 의하여 천리에 대한 체인으로 나아감으로써 궁극적으로는 성인의 인격체를 구성하는 쪽으로 나아가야만 한다는 방향의 제시, 넷째 사회의 다양한 구성원들의 다양한 의식과 행위가 공적 도리(천리)에 의하여 통일되고 조화될 수 있어야만 그 사회가 건전한 생명력을 발휘할 수 있다는 사고로 정리할 수 있다.

그러므로 퇴계의 예문화 관념은 집단을 이루고 살아가는 인간들이 스스로 심신의 활동 체계(정서, 인식과 행위 등)를 고양시켜 가는 노력을 하고, 인욕에 좌우되지 않고 공적인 도리에 부합하는 사고와 행위로 일관되는 생활을 해 나갈 때 전체 사회의 평화와 안정 및 번영이 보장된다는 것을 교시한 점에 중요한 의의가 있다고 할 수 있다.

7. 현대 문명에 대한 퇴계 예문화 관념의 의의

현대 문명의 특징을 앞에서 언급한 것처럼 첫 번째는 과학적 사고방식, 두 번째는 자본주의적 삶의 태도와 방식, 즉 자본주의의 원리에 입각한 물질적(금전적) 가치의 숭상을 들 수 있다. 세 번째는 정보사회의 삶의 양식의 일반화인데, 이는 정보통신 기술의 발달에 의한 각종 관계망의 무한한 재생산과 확충의 원리를 들 수 있다. 네 번째는 다원적 가치 혹은 다원적 문화의 공존이라고 할 수 있다. 이러한 원리들에 대하여 퇴계의 예문화 관념이 갖는 의의를 해명하면 다음과 같다.

1) 자연과학적 사고의 보편화에 대한 의의

자연과학적 사고란 대체로 물질적 영역에 대한 지식을 쌓는 방법이다. 이 때문에 물질 영역에 대한 지식은 날로 정교하게 되고 그에 입각한 기술의 발달과 성취는 현대 문명의 커다란 장점이 되었다고 할 수 있다. 그 반면에 아무리 과학기술이 발달하고, 그로 인하여 인간의 삶이 물질적으로 풍요를 누리게 되었어도, 인간의 물질문명에 의한 소외, 인간관계의 소원함, 인간답게 살 수 있는 삶의 체계의 상실 또는 왜소화 등은 현대인이 겪는 커다란 불안인 것이 사실이다. 그 속에서 인간은 인간다운 삶의 방식과 원리에 대한 교시를 받지 못하고 있다. 과학적 사고는 아무리 깊고 정밀하게 하더라도 인생의 궁극이 무엇이고, 그것을 성취하기 위한 노력과 방법에 대한 궁극적인 답을 주지 못하고 있는 것이기 때문이다.

켄 윌버는 이러한 문제점을 탈피하기 위한 기본적 관점을 제시한다. 그에 의하면, 세상에 통용되는 진실들을 하나의 전체적인 위계로 본다면 그 안에는 肉眼으로 관찰한 粗大gross 영역에 대한 지식의 세계가 있고, 그것을 포함하면서 초월한 영역에 이성의 눈 또는 心眼으로 관찰하는 精妙subtle 영역에 관한 지식이 있으며, 마지막으로 觀照의 눈으로 볼 수 있는 始原causal 영역의 세계가 있다. 조대 영역은 그 자체로는 전부이지만 정묘 영역에는 부분으로 포함되고, 정묘 영역은 시원 영역에 대하여 동일한 관계이다. 조대 영역에 해당하는 지식은 과학적 지식이고, 정묘 영역의 지식은 철학과 심리학 등이고, 시원 영역의 지식은 종교적 영성과 관조의 앎이다. 동양의 전통사상들, 유가, 도가, 불교는 이 세 번째 영역에 속하는 지식의 체계로 구분된다.

윌버의 사고는 인간의 지식 발달의 과정은 그 방향이 있는 것이며, 그 방향의 궁극에는 시원 영역이 자리하고 있다는 사고로 귀결된다. 즉 물질적 영역에 관련되고, 그에 입각한 개념과 추론이 일반화되는 지적 체계는 사물의 영역에 관한 단일한 기준을 성립시키는 한편, 지적 체계 역시 하나의 보편적 기준과 차원을 타당한 것으로 간주하는 태도를 일반화시킨다. 바로 이것이 과학에는 타당할 수 있지만, 문화와 인간의 마음에는 적용되기 어려운 점이다. 그리고 과학의 지적 추구의 방식이 물질 영역을 넘어서 마음과 관조의 영역에까지도 타당한 것으로 인정되도록 한다면, 바로 인간과 문화의 이해와 실천에 많은 갈등과 부작용을 초래할 가능성이 보이게 되는 것이다. 그러므로 그는 과학적 지식과 사고의 타당성과 진실성을 물질적 영역에 한정하고, 그 이상의 지적 영역에 대하여 과학적 지식과 구별되는 참된 지식을 얻기 위한 노력이 있어야만 한다고 주장한다.

퇴계의 예문화 관념이 인류의 귀중한 전통이면서도 제가치를 인정받지 못하고 경시되기까지 하는 현상은 바로 이 같은 과학적 사고의 팽배에 따라서 물질 영역의 지식과 그 진실만이 중요하게 취급되는 것과 무관하지 않은 것이다. 퇴계의 인격 발달 혹은 성인의 인격 성취와 관련된 지식은 윌버의 개념에 의하면 정묘의 영역부터 관조의 영역까지 걸쳐 있는 것이고, 그것은 인간이 나아가야 할 궁극과 이상을 제시하고 있는 것이다. 현대 문명이 올바르게 구실할 수 있도록 하기 위해서는 무엇보다도 인적 구성원들의 건전한 의식과 행위가 중요하다고 할 수 있는데, 그것을 성취하기 위해서는 퇴계의 예문화 관념에서 살폈듯이 구성원 전체가 공적 도리를 중심으로 상호 공감하고 감응할 수 있도록 각각의 공적인 도리에 부합하는 심신 체계의 건립의 차원까지 나아가야 한다는 퇴계의 사고를 수용할 필요가 있다. 퇴계의 사고는 물론 聖人이라는 이상적 인격체, 즉 공자의 從心所欲不踰矩의 경지까지 고려한 것이어서 현대의 일반인들에게 과연 적용 가능하고 타당할 것인가에 대한 의문이 없진 않겠지만, 그것을 목표로 삼는 자기 계발과 자기 인격의 구성의 노력은 반드시 필요하다고 할 수 있다.

2) 자본주의적 가치관과 정보사회의 양식에 대한 의의

자본주의의 물질적 가치 숭배 풍조와 정보사회의 각양각색의 이해관계에 따라 다양한 인적 관계망의 형성을 가속화하는 삶의 양식은 서로 결합된 것으로서 현대 문명의 중요한 특징이다. 정보통신의 발달에 따라 무수하게 생산되고 무한히 확장되는 의사소통의 관계망은 오늘날 현대 문명의 장점이면서도 단점으로 작용할 양면의 가능성이 있는 것이다. 우선 그 의사소통이 아무리 발달하고 확산한다고 하더라도, 그 의사소통의 실질과 그것의 가치에 대한 성찰이 없이 의사소통만을 추구한다고 하는 것은 개인의 인격 발달과 성취 그리고 사회 전체의 안정과 평화와는 거리가 있다고 할 수 있는 것이다. 또 인욕에 좌우되는 인격체들이 아무리 의사소통을 활발하게 하더라도 그것이 사회의 공적 도리와 어긋나게 되고 다른 사람들과의 마찰과 갈등의 원인을 끊임없이 제공하게 된다면, 사회의 불안과 혼란은 가중될 것이 분명하다.

반면에 자신의 인격을 성취하기 위한 노력을 성실하게 하는 구성원들 간의 의사소통의 활발함은 오히려 발달된 정보통신 기술과 그에 의한 각종 관계망의 확산을 통해서 바람직한 문화의 확산을 가져올 수 있을 것이고, 사회와 인류가 평화와 안정 속에 번영을 추구하는 토대가 될 것이다.

이러한 양면적 의미로 본다면, 자본주의의 물질적 가치와 그것을 추구하는 인간의 욕망에 대해서는 적절한 자기 절제의 태도로 임하도록 하는 퇴계의 수신의 방법이 좋은 교시가 될 것이다. 아울러 현대 문명이 제공하는 정보통신의 기술과 그 혜택은 오히려 퇴계의 예문화에 준하는 진정한 인간 성취의 관념과 이상을 적극적으로 활발하게 전개할 수 있는 기반으로도 작용할 수 있다는 판단이다.

3) 문화와 가치의 다원화에 대한 의의

마지막으로 정보사회의 특징으로 꼽을 수 있는 것은 다원적 문화와 가치의 공존 현상이다. 이는 정보통신의 발달에 따라 다양한 문화권과 지역의 정보가 수시로 교류하는 가운데 어느 지역이든지 혹은 어느 문화권이든지 이제는 고유의 독자적 문화나 지식 혹은 가치관만을 고집하기는 더욱 어렵게 되었다. 즉 어느 지역이거나 가치관과 문화의 다원화 현상이 이제는 서서히 보편화되고 있는 상황이라고 할 수 있다. 세계의 곳곳에서 민족 간, 종교 간의 분란과 전쟁이 분출하는 것도 사실은 그것과 무관하지 않다. 그렇지 않고 물질적 가치에 대한 욕망의 충족 체계를 세계 곳곳에 심어뿌려놓고 있는 자본주의적 문명이 가세하고 있는 상황은, 각 집단과 각각의 개인들은 이익을 획득하고 자신의 욕망 충족을 위해 다른 집단, 다른 개인과 경쟁과 대립의 길로 나서도록 부추기고 있다. 다원화하는 사회와 세계에서 한정된 이익을 각자의 몫으로 삼기 위한 경쟁과 투쟁의 상태로 나아가도록 함으로써 인간을 타락시키고 황폐화시키는 현상을 우리는 목도하고 있다. 거기에 양보와 배려의 미덕은 사라진 듯 보인다.

이것을 극복하기 위하여 다원화의 현상 속에서 인류가 취해야 하는 미덕은 신뢰에 입각한 조화가 아닐 수 없다. 앞에서 살핀 퇴계의 예문화 관념에 입각하면, 그러한 신뢰와 조화를 이룩하기 위해서는 다양한 문화와 가치들 간의 공동의 도리를 재정립하는 노력과 아울러 그것을 준행할 수 있는 개인의 심신체계를 가꾸는 일에도 진지한 노력을 기울여야 한다고 할 수 있다. 이것이 현대 인류가 해결해야 하는 중요한 과제임에 틀림없다. 이러한 과제의 해결에 敬과 謙讓 그리고 배려의 미덕을 각각의 구성원이 체득하도록 하는 교시를 담고 있는 퇴계의 예문화 관념은 그 시사하는 바가 크다고 할 수 있다. 퇴계가 인적 구성요소들을 '一人의 身'으로 간주하여 그들 간의 상호 공생과 공존을 위한 방법으로 제시하였던 공적 도리의 내면화와 그것에 의한 심신 체계의 일관성의 확보는 현대 문명에도 중요한 시사를 주고 있다고 할 수 있다.

그러나 다양한 집단의 문화와 가치가 상호 병존하는 상황에서는 이를 조화하고 융화하기 위한 공적인 도리의 모색이 중요하다고 할 수 있다. 이러한 모색이 올바르게 되기 위해서 퇴계가 제시한 해법은 성군의 존재였다고 할 수 있다. 현대에도 성군의 존재의 필요성을 언급하는 것은 시대착오적이라고 할 수 있을지 모르지만, 어차피 의사의 결집과 집행에는 중심축 역할을 하는 존재가 필요하고, 그렇다고 할 때 우리는 현대인들이 진정으로 인정할 수 있는 권위를 지닌 존재가 그 역할을 한다면 무리가 없을 것이라고 판단된다. 성군이라는 존재는 그러한 이유에서도 적절한 현대적 의의를 얻을 수 있을 것으로 생각된다. 즉 추호의 사의도 없으며 공적 도리에 밝은 지혜를 지닌 인간이면 그 역할을 현대인의 요구에 맞추어서 적절하게 해낼 수 있을 것으로 판단된다.

특히 작금의 한국의 국가적 사회적 상황은 위정자로부터 사회 각계에 이르기까지 갈등과 분열 나아가서 혼란까지도 비일비재하게 발생하고 있어서, 한국이 과연 이대로 그 생명의 체계를 유지하고 나아가 번영이 가능할 것인가 하는 점에 대한 사회적 우려가 점증하고 있다. 이를 어떻게 치유할 것인가에 관한 답도 사실 퇴계의 예문화 관념으로부터 얻을 수 있을 것이다.

寒岡 鄭逑의 修養論[1]

— 禮學과 心學의 상호 연관의 고찰 —

1. 서 론

본 연구는 한강의 학문세계에서 예학과 심학의 상호 관련성을 설명하기 위한 목적으로 수양론에 관한 고찰을 하고자 한다. 즉 한강의 수양론에서 예학과 심학이 상호 소통되고 상호 의존되는 체계가 내재한다고 보고, 유관한 한강의 언명들을 분석함으로써 그 내재적 체계를 밝혀보고자 하는 것이다. 기존의 연구들은 대부분 예학과 심학을 각각 분리하여 다루면서 한강의 예학 또는 심학의 내용과 특성을 매우 상세하게 밝히고 있지만, 한강의 학문 체계 속에서 양자가 어떻게 상호 관계를 맺어서 전체적으로 한강의 유학 세계를 이룩하는 것인가 하는 점

---

1) 『民族文化』29, 民族文化推進會, 2006. 12

에 대해서는 아직까지 적극적인 논의가 이루어지지 않았다. 다만 기존의 연구들 가운데 한강이 중시하였던 敬의 원리를 주목하고 그것이 심학과 예학을 하나로 묶어주는 원리가 된다는 점을 시사한 연구는 있지만[2], 어떻게 예학과 심학이 하나로 융합되어서 전반적인 그의 유학체계를 구성하고 발전시켰는가 하는 점에 대해서는 연구의 여지를 남겨놓고 있다.

이러한 여지를 채우기 위하여 본 연구에서는 논자의 관점에서 寒岡의 수양론을 재구성하고 심학과 예학의 상호 연관에 대해서 논의하고 나아가 그에 기초하여 그의 유학의 특징을 밝혀보고자 한다. 논자의 관점에서 한강의 수양론을 재구성하고자 할 때 고찰의 순서는 기초부터 상층으로 엮어가는 중층적 구조를 취하고자 한다. 한강의 유학은 기초적인 수준으로부터 상위 수준으로의 중층적 구조를 띤다고 생각하기 때문이다. 즉 먼저 고찰해야 할 점은 한강과 그와 사우 관계에 있었던 인물들의 공동의 의식 세계이고, 또한 그 속에서 한강이 설정하고 있는 삶과 학문의 궁극적 목적 내지 理想 그리고 그에 도달하기 위해서 설정하고 있는 경로와 방법의 대강에 대한 것이다. 이 내용이 그의 학문세계의 기반을 보여줄 것이다. 그리고 이러한 체계 속에서 심학의 요령이 되는 중요 관념들을 살핀다. 그 관념들은 다음과 같다. 첫째 마음, 둘째 敬, 셋째 體現 등이다. 그리고 그보다 상위의 수준에서 고려해야 할 것은 이 개념들이 각각 心學의 체계에서 엮어지는 방식, 禮學과 관련되는 방식 그리고 심학과 예학 양자가 융합하는 구조를 살펴본다. 여기서 심학과 예학의 융합적 구조는 퇴계가 강조했던 聖學과 같은 체계의 유무를 검색하는 것이 적절할 듯하다. 그리고 그의 유학의 全體大用의 실천적 체계를 형성하고 주관하는 주체로서 개인과 그 실천의 장으로서의 사회 혹은 우주와의 관계를 살펴보는 것이 적절한 순서이자 방법이 될 듯하다. 아마도 이러한 중층적 구조를 통

---

2) 劉明鍾, 『韓國思想史』 이문출판사 1983, 374~376쪽에서 寒岡의 학문을 敬學이라고 규정하였으며, 최영성의 「한강 정구의 학문방법과 유학사적 위치」, 『한국철학논집』 5, 1996에서도 敬을 예학과 심학의 상호 관계를 살펴볼 수 있는 통합적 원리와 같은 것으로 설명하였다.

해야 그의 수양론이 그의 유학 체계에서 차지하는 위상을 좀 더 명확하게 할 수 있는 한편, 나아가서 심학과 예학이 상호 연관되는 방식에 대해서도 더 접근된 논의가 가능하리라고 생각된다. 다만 이 글에서는 마지막 차원의 개인과 사회 혹은 우주와의 관계 구조에 대한 고찰은 다음 기회로 미루기로 한다.

2. 聖學的 의식 기반

寒暄堂 金宏弼의 외증손으로서 태어난 寒岡은 10세 때(1552)에『論語』와『大學』을 읽고 그 대체적인 뜻을 알았다고 하며, 13세 때(1555)에 德溪 吳健에게 나아가『易傳』을 배웠고, 21세에(1563) 退溪 李滉 선생을 찾아가 인사를 드린 2년 뒤에 다시『心經』의 의심나는 부분을 질문하였는데, 이 뒤로 퇴계에게 몸소 직접 왕래하고 서신으로 질문한 일도 계속 이어졌다고 한다. 24세(1566)에 그는 南冥 曺植 선생을 찾아가 인사를 드렸다. 이후에 남명은 그에게 출처를 바르게 하는 것이 중요함을 알려주었다. 그는 26세(1568)에는 川谷書院의 이름을 퇴계 선생에 문의하여 정하였다. 그 외에도 그는 大谷 成運을 찾아가 인사 드린 적이 있다고 연보에 기록되어 있다.

그에게 일정하면서도 지속적으로 학업을 깨우쳐준 스승은 없다고 하더라도, 그의 외가의 道學的 家風 그리고 위 인물들로부터 받은 감화와 지도가 그의 도학적 학문세계와 선비 의식을 형성하는 기반이 되었다고 할 수 있다. 대체로 이 시기의 士林들이 자신들의 소임으로 생각한 것은 다음과 같은 것으로 이해된다. 우선 퇴계나 남명이나 똑같이 주자학의 교과서인『小學』과『四書』를 중심으로 한 학문과 교육을 추구함으로써 지방에서의 文風을 진작시키는 것 그리고『朱子家禮』등에 의거하여 향촌풍속을 유교적으로 교화시킨다는 것을 가장 큰 소임으로 생각하였다.3) 그러한 소임을 다하기 위해서 사림들은 자신의 修己를 가장 중요한 선결과제로 생각하였고, 이들의 修己는 그들이 체계화한 爲學 방법들을 통해서 추구되었다. 아울러 이상적 정치를 위해서 聖學의 체계를 세우고 그 실현 방법을 구체화하여 위로 건의하고 계몽하는 작업을 하였던 것도 이들이다. 성학 역시 군주의 수기가 관건이 됨은 물론이다. 그렇게 보면 수기란 개인이 사회에서 人和를 구현하기 위한 필수적이고 절대적인 절차가 된다고 이들은 생각했던 것이다.

寒岡의 성장 배경에 작용하였던 이런 학풍은 그로 하여금 이를 실천하고 구현하도록 영향을 주었다. 그에게 가장 깊은 영향을 준 퇴계와의 만남은 秋巒 鄭之雲이 작성한 天命圖에 대한 퇴계의 수정이 이루어지고, 천명도의 내용과 관련되어 진행된 高峯 奇大升과의 四端七情論辨이 종료된 뒤에 이루어졌다. 이 이전에 이미 퇴계에게서 心學에 대한 천착이 진행되었고 이어서 성학의 체계가 구체적으로 정립되어 갈 때이다. 아울러 남명 역시 『學記類編』이나 神明舍圖와 같은 저술을 내고 聖學의 방향과 체계를 열어 놓은 때이다.

특히 한강에게 커다란 영향을 준 것은 무엇보다도 성리학의 목표와 그것을 성취하기 위한 爲學의 방법이라고 생각된다. 그는 1563년 퇴계를 찾아가 뵙고 의심나는 문제를 질문하였는데, 이 선생은 聖門의 爲學 次第의 방도를 알려주었고, 이로써 전일에 지향했던 공부의 방향이 분명히 정해지지 않았음을 깨닫고 내면을 향해 노력한 결과 규모가 날로 넓어지고 사업 또한 날로 커졌다고 한다.4) 퇴계가 설명해준 위학의 차제의 방도가 구체적으로 무엇인가는 확인되지 않는다. 그러므로 기존의 퇴계에게서 논의된 내용을 중심으로 살펴보면 다음과 같다. 퇴

---

3) 金敬洙, 「士林派의 傳統에서 본 南冥의 實踐性理學과 禮學」, 『南冥學研究論叢』 2, 南冥學研究院, 1992, 271쪽.
4) 『寒岡先生言行錄』 권1 類編, 學問, 癸亥春 先生往拜退溪先生 質以所疑 李先生語 以聖門爲學次第之方 於是始覺 前日所向之未有所定 而向裏鞭策 規模日廣 事業日弘.

계는 儒學을 聖學, 理學, 心學, 禮學 그리고 實學으로 지칭하면서[5], 궁극적으로는 孔子와 같은 聖人이 되는 것을 목적으로 삼고, 그 방법으로서 居敬窮理와 眞知와 力行 혹은 眞知와 實踐 등을 중시하였다. 아울러 『中庸』에 근거하여 尊德性과 道問學 양자의 균형 있는 추구를 강조하기도 하였다. 그리고 남명 역시 聖學을 중시하면서 敬義夾持의 방법을 강조하면서 『學記類編』을 통해서 위학의 분야와 그 절차를 체계화하였다. 그의 위학 방법은 『小學』의 실천과 『大學』의 이해를 바탕으로 하고 있으며, 『四書』를 중심으로 삼으면서 『心經』, 『近思錄』, 『性理大全』 등을 보조로 하는 도학적 원리를 통하여 심성 수양과 의리 정립을 추구하는 것이라고 이해된다.[6]

한편 퇴계에게 보낸 서신에서 남명은, "근래에 보니 배우는 자가 손으로는 灑掃하는 절차도 모르면서 입으로는 天理를 말하여 이름을 훔치고 이것을 이용하여 남을 속일 계책을 하는데, 해가 다른 사람에게 미칩니다."[7]고 하여 실천을 결여하고 理氣 등 관념적 내용의 강론에 빠지는 것을 경계하였다. 퇴계도 이러한 서신을 긍정적으로 수용하고 자신의 문인들에게 진지와 실천을 강조하였던 것이다. 이로써 본다면 남명과 퇴계 사이에는 적어도 실천이 결여된 관념적인 학문 탐구가 문제가 된다는 인식의 공유가 있었던 것으로 볼 수 있다. 이러한 이유 때문에 남명의 문하는 물론이고 퇴계의 문하에서도 이기론에 대한 천착보다는 下學을 경유한 上達을 추구하면서 진지와 실천을 중시하게 되었던 것이다.[8]

---

5) 유권종, 「朝鮮時代 退溪學派의 禮學思想에 관한 哲學的 考察」 退溪學報 102, 退溪學研究院 1999 참조.
6) 금장태, 「退溪와 南冥의 爲學體系」 『한국학의 과제와 전망』 2, 한국정신문화연구원, 1988. 이 글은 퇴계 남명의 학문 방법의 공통점에 초점이 맞추어져 있는 글로서 전체적인 대강을 비교한 글로 간주된다. 그러나 이와 달리 두 인물의 학문 방법의 차이를 논한 글로 참고한 것은 이광호, 「남명과 퇴계의 학문관 비교」, 『동방학지』 118호, 연세대학교 국학연구원, 2002이다.
7) 『南冥集』 4권, 21장 「與退溪書」.
8) 그러나 양자의 학문관을 비교한 이광호 앞의 논문 241~251쪽에서는 퇴계가 下學과 上達의 연관관계를 뚜렷이 밝혀주는 반면 남명은 그렇지 못하다고 밝히고 있다.

그리고 禮經과 禮書 및 常禮와 變禮에 관해 상세하고도 치밀한 문답과 강론이 이루어졌고, 이 과정에서 祠堂과 深衣, 冠婚喪祭 등의 법도 실천에 적합한 의례 규범을 정립하는 공동의 노력은 퇴계 측이나 남명 측이나 예외가 아니었다. 이는 禮를 天理의 節文이자 人事의 儀則으로 생각하는 성리학적 관점에서 본다면, 예란 천리를 구현하는 실제의 규범과 형식으로서 세밀하면 세밀할수록 천리의 실천이 더욱 치밀하고 상세하게 되는 것이므로, 이러한 예학적 탐구와 토론 문답은 곧 위학과 실천의 기준이 되는 규범의 확장과 세련화로서 필수적인 것이다.

이러한 상황이 한강의 성장에 준 영향은 무엇일까? 그의 15세 때에 지은 것으로 알려진 「醉生夢死歎」에는 비교적 이른 시기에 성리학의 위학 요령과 그 취지를 이해하고 있었음을 시사한다. 그 가운데

> "그러나 다행이라 한 가닥 희망 있어
> 正道 속에 生의 뜻 뿌리를 두었거니
> 이 몸 주인 불러 깨울 그 도가 없을쏘냐
> 한 치짜리 아교로도 황하수를 맑게 하리
> 勿이라는 글자에다 삼군 깃발 세우고
> 天君의 바른 이치 밝게 밝혀 되찾은 뒤
> 動과 靜 사이에서 敬義 함께 지키면
> 끝에 가선 마침내 明德이 밝아지고
> 하루아침 자연스레 깨달음의 문을 뚫어
> 부모님과 내 형제를 똑바로 바라보리"9)

라고 한 데서 그는 이미 敬과 義에 의거하여 심신을 수양하는 원리에 대한 뚜렷한 자각이 있었음을 표방하고 있다. 그리고 그의 이러한 심신 수양 혹은 위학의 방법과 원리에 대한 인지는 그 나름의 선비의 인생 경로에 대한 인식으로 지속되고 확장되었던 것이다. 그가 41세 때

---

9) 정구 지음 송기채 역, 『국역 한강집』 1, 민족문화추진회 2001, 22~23쪽.(이하 『국역한강집』 1, 22~23쪽과 같은 방식으로 표기함.)

(1583)에 星州 檜淵에 百梅園을 짓고 鄕友와 문인들과 매월 초하룻날 모여서 성현의 글을 강론하고 행실을 닦는 모임을 만들고 그 모임의 운영에 관한 세칙과 절차를 만들었는데 그것이 「契會立議」이다. 이 글에서 그는 자신뿐 아니라 계원들이 공동으로 추구해야 할 인생의 목표와 거기로 나아가는 방법에 대하여 다음과 같이 규정하고 있다.

성인이나 현인의 경지에 들어가는 일은 저 하늘을 오르는 것처럼 특별히 높거나 먼 것은 아니다. 실은 사람의 도리에 당연한 것으로서 이를테면 남자는 밭을 갈고 여인은 베를 짜듯 각자의 직분에 따라 당연히 행하는 평범한 것이다. 다만 사람들이 스스로 살피지 못하고 행실을 닦지 못하다 보니 이 도리를 아는 자가 드물고 행하는 자는 더욱 드물어 온 세상이 다 어둡고 흐린 물결이 거세게 일렁인다. 간혹 떨쳐 일어나 성현을 배우기를 원하는 사람이 나타나 수많은 사람들 속에서 다른 길을 추구하는 일이라도 있을 경우에는 앞을 다투어 서로 지목하여 깊은 산악 지대인 蜀 땅에서 해를 보고 남쪽 越나라에서 눈이 내리는 것을 처음 본 것처럼 괴이쩍게 여기고 비방을 한다. 하지만 저 사람이야말로 진짜로 내가 마땅히 해야 할 것을 하고 있고, 나 자신은 사실 실패하는 쪽으로 잘못 들어간 것으로서 저 사람이 나를 볼 때 정말 우습고 가련할 것이라는 것을 어찌 알겠는가? 만일 성현을 배워 그와 같이 되고 싶으면 실로 그렇게 할 수 있는 것으로, 그와 같은 노력을 계속 유지한다면 마침내는 목표를 달성할 수 있는 것이다. 비유하자면 새로 자라나는 나무를 꺾지 않고 계속 자라게 하면 반드시 하늘 높이 솟을 것이고 새로 심은 벼 포기를 해치지 않고 계속 자라게 하면 반드시 곡식이 익게 될 것이니, 오직 하고 싶어 하는 마음과 중단하지 않는 노력이 중요한 것이다. 이러므로 옛사람은 반드시 뜻을 세우고 실천하는 문제를 말하였다. 군자가 군자다운 인물이 된 이유와 평범한 사람이 평범한 자가 된 이유는 모두 뜻이 있었느냐 없었느냐에서 판가름이 나는 것이다. 伊尹이 처음에 천하를 태평하게 만들 책임을 자기가 지겠다는 뜻이 없었더라면 莘나라 들판의 일개 농부에 지나지 않았을 것이고, 顔淵이 처음에 仲尼를 사모하는 뜻이 없었더라면 어찌 궁벽한 마을에서 석 달 동안 仁을 어기지 않을 수 있었겠는가.[10]

그는 평범한 사람을 출발점으로 삼아서 성인이나 현인이 되는 것을 목표로 삼는 인생의 경로를 제시하고 있다. 여기서 그는 인생 자체를 하나의 여행처럼 목적지를 제시하고 그에 도달하기 위해 거쳐야 하는 경로를 시사하고 있다. 그 목적지란 바로 성인의 경지인데 그곳에 도달하기 위해서 거쳐야 하는 경로는 다름 아닌 立志와 성현이 되기 위한 꾸준한 노력이다. 성현이 되기 위한 노력에 관한 그의 각종 방법들과 경로의 제시에 관한 설명들의 집합이 곧 그의 수양론이다.

3. 心學的 修養의 요령

1) 마 음

한강이 『心經發揮』 서문 모두에서 밝힌 것은 학문적 성취 내지 인생 경로의 목적의 성취 여부를 결정짓는 것이 바로 마음이라는 의미이다. 이 글을 통해서 마음에 관한 공부가 그의 유학적 목표의 성취에서 가장 중요한 과제로 꼽혔음을 알 수 있다.

> 사람은 미미한 하나의 마음으로 인해 모든 것이 갈라진다. 堯 임금이 되느냐 舜 임금이 되느냐 하는 것이 여기에 달려 있고, 桀이 되느냐 盜跖이 되느냐 하는 것도 여기에 달려 있으며, 상등 인물로서 천지와 함께 나란히 서서 셋이 되어 천지간 만물의 변화와 생육을 돕는 것도 여기에 달려 있고 하등 인간으로서 초목이나 다름없고 짐승의 수준으로 돌아가는 것도 여기에 달려 있으니, 아 정말 정신을 바짝 가다듬어야 하지 않겠는가.[11]

---

10) 『국역 한강집』 2, 62~63쪽.
11) 上揭書, 101쪽.

이같이 마음을 인생의 성패의 관건으로 인식하는 것은 유교적 마음 이해의 전통을 따르기 때문에 가능한 것이다. 한강이 「醉生夢死歎」을 지을 무렵에 이미 退溪는 秋巒 鄭之雲과의 논의를 거쳐 수정한 「天命圖」에서 그의 심학적 마음 모델을 정립하고 표방하였다. 이 모델이 이후 「聖學十圖」의 心統性情圖에 반영되는데, 그 중요한 내용은 다음과 같다. 즉 마음 이해의 하위적 원리는 心統性情, 性發爲情, 心發爲意 등이다. 이 하위 원리를 바탕으로 하면서도 性으로부터 情이 발하고 意가 결합하는 과정을 인간의 심정과 의념의 발출 경로로 모형화하고, 이 과정이 善 일변도로 가기 위해서는 敬을 주 원리로 삼아서 心의 未發과 已發을 일관되게 하는 것이 중요함을 강조하였다. 따라서 퇴계의 심학 공부는 敬에 의한 一心의 主宰를 목표로 삼는 것이라고 할 수 있다.

남명은 1531년 東皐 李浚慶으로부터 『心經』을 전해 받은 이후로 마음공부에 몰두하면서 1566년에 「神明舍圖」를 제작함으로써 그의 마음 이해를 모형화하였다. 이후 남명의 문하에서는 東岡 金宇顒이 지은 「天君傳」과 같이 마음을 擬人化한 전기문이 등장하게 되는 것이다. 「신명사도」는 마음이 머무는 집을 비유한 그림인데, 남명은 마음을 太一君이라 비유하고, 태일군과 그를 보좌하는 재상으로서 敬을 설정함으로써 그 역시 경을 마음공부의 주된 원리로 삼는 입장임을 보여준다. 하지만 그림에서 보면 경을 내면에서의 주재에 국한시키고 외면에 대한 다스림은 百揆에게 배당하였는데 이 百揆를 義로 보는 견해가 타당성을 얻어 왔다.[12] 이는 경과 의의 역할에 계한을 두는 것으로서 퇴계의 방식과는 구별되는 점이다.

한강 역시 『심경』으로부터 성인이 되는 방법과 길을 찾았고, 그 때문에 『심경』의 가치를 매우 높게 평가하였던 것이다.

---

12) 이상필, 「남명사상의 형성 배경과 그 특징」(『남명학파의 형성과 전개』와 우출판사 2003.4에서 일부 발췌한 내용) 54~55쪽, http://nmh.gsnu.ac.kr/

요순으로부터 정자와 주자에 이르기까지 이 마음을 통하여 성인의 경지로 들어가 천지와 함께 나란히 서서 셋이 되어 천지간 만물의 변화와 생육을 돕는 모습을 이 책을 한 번 펴 봄으로써 명쾌하게 알 수 있어서 독자가 공자, 맹자 등 성현으로부터 직접 이 마음이 어떤 것이라는 가르침을 받듯 몸이 오싹해지는 엄숙함을 느끼게 되니, 진정 존경심이 절로 일어난다.[13]

그런데 한강의 마음에 관한 이해에는 퇴계 혹은 남명의 마음 이해의 모델처럼 선명한 그 나름의 모형을 정립한 것은 발견되지 않는다. 다만 한강의 「醉生夢死歎」의 내용에서 남명의 「신명사도」 혹은 동강의 「천군전」과 유사한 마음의 은유를 느끼게 되는 것은 그가 "勿이라는 글자에다 삼군 깃발 세우고 / 天君의 바른 이치 밝게 밝혀 되찾은 뒤 / 動과 靜 사이에서 敬義 함께 지키면"이라고 언급한 부분 때문이다.

그에게 마음에 관한 독자적인 모형이 발견되지 않는 것은 그가 퇴계와 남명의 것을 수용하였고 그것을 바탕으로 자신의 수양에 관한 방법과 경로를 마련했던 노력이 더 진전되지 않았기 때문이라고 추측된다. 다만 단편적으로 그의 마음에 관한 이해를 보여주는 글들은 발견할 수 있다. 예를 들면 그는 「蔡靜應에게 답함」에서 靜中有物이라는 주제로 다음과 같이 자신의 마음 이해의 방식과 마음공부의 방향을 시사하였다.

유자의 학문은 불가에서 추구하는 空無와는 달라서 비록 마음이 아무런 생각이 없이 고요한 때라 하더라도 환하여 어둡지 않은 이치가 기본적으로 그 속에 있어 일찍이 소멸되지 않는 것이네. 배우는 자는 깨닫는 것이 무엇인가에 대하여 억지로 찾아서도 안 되고 의도적인 사려를 가해서도 안 되며, 다만 마땅히 경으로써 마음을 곧게 하고 함양해 나가기만 하면 그 뒤에는 저절로 도를 깨닫게 되는 것이네. 그대 또한 고요한 마음으로 앉아 경을 위주로 하고 그것을 함양하며 방치하지도 말고 조장하지도 말면서 오랜 시일이 지나 저절로 익숙해지면

---

13) 『국역 한강집』 2, 102쪽 「심경발휘 서」.

(自純熟) 저절로 깨닫게 될(自見得) 것이네.[14]

그는 불교식 마음 이해를 空無로의 환원으로 보고, 그것의 문제는 천리마저 소멸되도록 한다는 점에서 찾고 있다. 불교의 이론에 관한 논의는 차치하고 본다면, 그의 마음 이해에서 가장 중요한 면은 이 이치를 깨우치고 잘 보존하는 것에 두고 있다는 것이다. 즉 '이치가 기본적으로 그 속에 있어 일찍이 소멸되지 않는 것'이라고 하는 것은 마음속에 내재하는 천리의 존재를 주장하는 것이다. 그러한 상태가 가능해야만 그가 말하는 성인의 마음이 될 것이다. 이러한 사고의 한 유형으로서 다음과 같은 그의 설명도 거론할 수 있다.

> [문] 孟子曰大人者章 或問雜說中 조항 밑에 赤子의 마음과 성인의 마음은 어떤 것이냐고 물은 내용이 있는데, 거기에 성인의 마음만 대답하고 적자의 마음에 대해서는 대답을 하지 않은 것은 적자의 마음도 밝은 거울과 잔잔한 물 같기 때문에 그런 것입니까?
>
> [답] 밝은 거울과 잔잔한 물은 티 없이 맑아서 어떤 사물이 들어오면 반드시 있는 그대로 비추는 것이니, 오직 성인의 마음만 그와 같고 적자의 마음은 순수하여 거짓이 없을 따름이네. 그러나 거울과 물의 본체는 적자의 마음속에 온전히 갖추어져 있네.[15]

성리학의 이론상 사람의 성은 본래 타고나는 것이고 그 때문에 내면에 천리가 본구되었다는 것이 일종의 존재론적 가정이지만, 그럼에도 불구하고 그가 적자의 마음과 성인의 마음에 차이를 두는 것은 아마도 위에서 언급한 내용과 관련되는 것이라고 보인다. 그 이유를 더 추론하면 아마도 성인은 천리의 체득과 각성 및 그것이 보존 된다는 상태

---

14) 『국역 한강집』 1, 163~164쪽.
15) 『국역 한강집』 1, 314쪽.

이고, 적자는 그러한 체득과 각성이 아직 시도되지도 않은 상태라는 근본적인 차이 때문이라고 할 수 있다. 이 때문에 후천적으로 공부가 필요한 것이고, 그로써 적자심이 성인심으로 될 수 있다고 보는 것이 그의 견해인 것이다.

아울러 경으로써 마음을 곧게 하고 함양하는 것이 도를 깨닫는 방법임을 강조하고 있다. 이 외에도 自純熟과 自見得의 과정이 여기에 포함되어 있다. 여기서 그가 말하는 저절로 익숙하게 된다고 하는 의미의 自純熟과 저절로 도를 깨닫게 된다는 自見得의 언급은 그의 위학 방법이 체득이 강조되는 이유를 시사한다. 이에 대해서는 절을 바꾸어서 논의하기로 한다.

그러므로 그의 마음에 관한 이해를 정리하면 다음과 같다. 첫째 성현이 되는 관건이 곧 마음에 달려 있다는 것, 둘째 천리의 보존처, 셋째 순숙과 견득과 같이 이치를 잘 익혀서 모든 사태에 통달하는 능력이라는 것이다. 그러한 과정이나 효과가 가능하도록 하는 원리가 곧 敬이라고 그는 생각하는 것이다.

2) 敬

경이란 원래 『예기』에서 예실천의 근본적인 태도로 언급되던 것이지만, 이를 하나의 공부 방법으로서 정착시킨 것은 정자와 주자에 이르러 가능했다.[16] 이를 조선의 성리학자들도 계승을 하면서 하나의 일원적이고 중추적인 공부의 원리로 인식하기에 이른 것이다. 그런데 이를 한강이 계승하게 되는 과정에서 영향을 주었던 퇴계와 남명은 공부혹은 수양의 이론상 비정하는 위상에 차이가 있었다. 따라서 한강의 마음 다스리는 중추적인 心術이 무엇인가 하는 데에는 학자들 간에

---

16) 이는 한강이 「심경발휘 서」에서 밝힌 내용이다. 『국역 한강집』 2, 102쪽.

다소 이견이 있다. 즉 퇴계의 입장을 계승하여 敬을 일원적 원리로 삼았다고 보는 관점과 남명의 영향을 받아서 敬義를 함께 강조했다고 보는 관점으로 나뉘어 있다.[17] 그러므로 이에 대해서는 그의 언명을 중심으로 사려 깊게 따져 보아야 할 것이지만, 어느 쪽이 옳은가 하는 결론을 내기보다는 오히려 경우에 따라서 한강은 양 선생의 원칙을 적절하게 응용하였던 것이라고 보는 것이 옳다고 생각된다.

그는 『심경발휘』를 편찬하면서 특히 敬以直內章을 대거 보완하고 敬과 관련된 다양한 선유들의 언명들을 수집하여 배열하였다. 이로부터 그가 생각하는 경의 의미를 간접적으로나마 유추할 수 있을 것이다.[18] 이 장에서 한강은 敬義를 병행하는 방법으로서 敬義, 敬義賓主, 敬義不可偏廢 등에 관련된 글을 배열하기는 하였지만, 대부분의 글들은 敬을 중심으로 하여 다른 덕목과의 관계, 경의 효과 등등에 관한 내용으로 배열되었다. 이로써 본다면 그의 위학 체계 혹은 수양론에서 경이 중심적 원리가 된다고 판단해도 틀린 것은 아니다. 그러나 그는 「養浩帖」에서 "敬은 다만 養涵一事이니 集義할 줄 모르면 모든 일은 이루어지지 못한다."[19], "敬은 持己의 道이고 義는 그 옳고 그름을 이치에 맞게 따르는 것이다."[20]는 등의 관점도 취하고 있으므로 그는 경우에 따라서 경과 의의 관계를 언급하는 방식에 차이가 있다. 이 점은 그의 수양론에서 경과 의의 관계를 이해하는 데 주의를 요하는 점이다.

그런데 『심경발휘』에 수록된 글들은 선유들의 것이므로 그의 경에 관한 관념과 그 이해의 방향을 알게 하여 주지만, 본 연구에서는 그의 직접적 언급을 중심으로 그의 경에 대한 이해를 살펴보고자 한다.

그의 대표적 저술인 『心經發揮』 서문은 敬을 공부의 중심 원리로

---

17) 琴章泰, 『退溪學派의 思想1』 集文堂 1996, 133~134쪽에서 초기 「醉生夢死歎」에서는 敬義를 夾持한다는 관념이 있었지만 후일에 수양론의 일원적 원리로서 敬을 확정했다는 판단을 하고 있다.
18) 전재강, 「한강 정구 심학의 교학적 성격」, 『남명학연구논총』 12, 남명학연구소 2003, 참조.
19) 『寒岡先生續集』 권4, '9후.
20) 상동.

삼는 그의 태도를 시사한다. 그는 서문 모두에서 사람이 堯나 舜이 되느냐 혹은 桀이나 盜跖이 되느냐 여부는 마음에 달려 있다는 언급을 하고 바로 뒤이어 다음과 같이 敬 공부의 중요성을 말한다.

> 그 갈림길의 핵심을 따져 보면 敬 한 글자에서 벗어나지 않는다. 우선 정밀히 하고 전일하게 하라는 요순의 가르침에서부터 말하면, 마음가짐을 정밀히 하고 전일하게 하도록 하는 것이 곧 敬이 아닌가? 하느님이 머리 위에 가까이 있는 것처럼 엄숙하게 생각하고 도덕군자의 벗을 사귀는 것처럼 두려운 마음을 지니고서, 간사한 생각을 막고 진실한 생각을 보존하며, 불만스러운 생각을 경계하고 사욕을 막으며, 선을 향해 옮겨가고 허물을 반드시 고치되, 당장 고쳐야 한다. 이와 같은 일련의 일들 가운데 어느 것이 경을 위주로 하지 않는 것이 있겠는가? 그러므로 성인의 가슴속은 아무것도 없는 것처럼 浩浩茫茫하지만, 인을 행하는 법을 묻는 제자들의 물음에 대답할 때는 각자의 타고난 자질의 두터움에 따르면서도 克己復禮와 敬을 위주로 하고 恕를 행하라는 말씀에서 벗어나지 않았다. 자사의 戒愼恐懼의 가르침이나, 증자의 誠意正心에 이르기까지 敬 아닌 것이 없으며, 禮樂의 근본을 찾아보면 그 또한 경이다. 그리고 맹자의 사욕을 줄이고 바른 본심을 지키며 인의예지 사단을 확대하고 증오와 욕심의 감정을 중도에 맞게 조절한다는 것도 다 敬으로 그렇게 할 수 있는 것이 아니겠는가?[21]

위 글에서 그는 성인에 이르는 공부의 경로를 경으로 일관하여 생각한다. 그의 언명은 약간 어감의 차이를 준다. 즉 요와 순의 심법인 精과 一, 肅然, 惕然, 閑邪와 存誠, 懲忿과 窒慾, 遷善과 改過 등의 일들은 경을 위주로 한다고 하였고, 戒愼恐懼, 誠意正心은 곧 경이라고 하여 상호 일치되는 태도라고 보았고, 寡慾存心, 四端의 擴充, 惡欲의 조절 등의 방법들은 敬의 태도를 취하여야 가능한 것이라고 설명하였다. 이러한 구별이 수사법적 차이인지 아니면 본질적 구별인가는 분명

---

21) 『국역 한강집』 2, 101쪽.

하지는 않다. 이 글에서는 비록 그의 修辭에 차이가 있다고 하더라도 전체적으로는 경의 태도로써 이들을 일관하는 것이 그의 공부 원칙이라고 이해하고자 한다. 이로써 본다면 경은 위학의 實效를 가져오는 기반이 된다는 점에서 가장 기초적인 위학방법이 되는 셈이다. 이렇게 실효를 기약하는 위학 방법의 강구는 그의 수양론의 중심적 지향성이 된다고 생각된다. 그래서 그는 경의 함양(「讀書帖」)과 호연지기의 양성(「養浩帖」)에도 주의를 요하였던 것이다. 여기서는 일단 경이 어떠한 마음상태로서 위학의 근본이 되는가 하는 점을 더 살펴보기로 한다. 그 점을 잘 보여주는 글이 그가 任卓爾(屹)와 문답한 내용에서 보인다.

> [문] 孟子曰仁人心章 아래 程子曰心要在腔子裏의 소주에 "바깥에 조그마한 틈이 있더라도 마음은 달려 나간다." 하였는데, 어떻게 하면 틈이 없는 것입니까? 제 생각에는 의로써 외면을 바르게 한다면 틈이 생기지 않을 것 같은데, 이것이 과연 어떻습니까?
>
> [답] 경자의 공부가 조금이라도 끊기는 일이 있으면 곧 틈이 생기는 것이네.[22]

위의 문답에서 임흘은 義로써 외면, 즉 신체의 행위를 단속할 것을 생각하고 있지만, 한강은 경 공부가 전체를 관통한다는 생각을 보여준 것으로 판단된다. 그렇다면 경의 상태를 일관되도록 한다는 것은 과연 어떠한 방법에 의해서 가능한 것일까? 만약 경을 가능케 하는 또 다른 원인적 요소가 있다고 한다면, 아무래도 그것이 경보다 더 근원적인 것으로 간주되었을 터이다. 그러나 한강의 생각을 따르면 경이란 지금까지 언급한 위학의 방도와는 다른 별도의 원인에 의하여 발생하는 것으로 판단되지 않는다. 오히려 爲學의 방도를 실천해가면서 온 마음과 몸의 작용을 하나로 응집하는 것이 곧 경이라고 할 수 있을 것이다.

---

22) 『국역 한강집』 1, 316쪽.

그 점을 시사하는 것은 『心經』에 관한 다음의 문답 내용이다.

> [문] 心學圖 가운데 '心'자에는 원이 있고 '경'자에는 없으니 그
>   이유를 모르겠습니다.
> [답] '심'자에는 원이 있고 '경'자에는 없는 이유가 혹시 '심'은 방
>   촌의 형체가 있어 그 안에 허령지각과 신명불측한 묘리를 담
>   아두어 한 몸의 주재가 되지만, '경'은 오직 하나를 위주로
>   하고(主一) 항상 깨어 있는(惺惺) 것일 뿐, 어떤 모양이 없어
>   서가 아니겠는가?[23)]

敬에 어떤 모양이 없다고 하는 것은 일정한 실행의 규범이나 양태
가 없음을 의미한다. 위 글에서 主一이나 惺惺은 경이 어떤 일정한
형태의 행위나 사고에 국한되어 있지 않음을 의미한다. 주일은 이치
혹은 예로써 일관한다는 의미이고, 惺惺은 그것에 대해 민감하고 분명
하다는 의미로 이해된다. 주일과 성성은 다양하게 변화하는 일상의 상
황에서 변화를 민감하게 파악하고 항상 그에 대해 이치와 예로써 대응
하는 것이 적합하고도 자연스러운 것을 가리킨다고 판단된다. 그러므
로 그의 위학 방법에서 중요한 것은 이러한 경의 상태에 들어가는 방
법이 되는 것이다.

그가 임흘의 질문에 답하는 글에서 그 방법이 간접적이나마 시사되
고 있다.

> [문] 樂記君子曰章 제13권의 南軒張氏曰條 아래에 있는 李季修
>   의 말뜻을 살펴보면, '휴식을 취할 때는 敬 공부를 하지 않을
>   수 있기 때문에 그와 같은 때에도 마땅히 노력해야 한다.'는
>   것입니다. 따라서 토를 '怠惰어니와', '宴息도'라고 해야 하지
>   않습니까? 夙興夜寐箴에 '손을 가지런히 하고 발을 거둔다
>   [齊手斂足].'고 한 것이 곧 휴식을 취할 때 하는 경 공부입니

---

23) 『국역 한강집』 1, 309쪽.

까? 그리고 齊手라는 말뜻은 비록 잠자리에 드는 때라 하더
라도 그 팔다리를 함부로 방치하지 않는다는 뜻입니까?
　[답] 그대가 말한 토가 옳네. 숙흥야매잠의 문구는 그대의 의견도
　　　옳다고 보네.[24]

　齊手斂足이란 수렴의 방법을 의미하는 것인데, 이는 내면적 활동의
집중과 더불어 외적 행위 태도 등을 예에 부합하는 방향으로 수렴하는
것을 의미한다. 이러한 수렴의 태도나 그 실천에 관한 기록은 그의 「
언행록」, 學問條, 持敬條의 글들로부터 찾을 수 있다.

　예를 들면 學問條에서 崔恒慶이라는 문인은 한강이 경건하게 임하
였던 일상적 삶을 다음과 같이 기록하였다. "매일 새벽에 일어나 세수
하고 머리를 빗고 의관을 차려입은 뒤에 家廟를 참배하였다. 물러나
書室로 들어가서는 几案을 정돈하고 서책을 편 뒤에 성현을 마주 대
하듯 경건한 자세로 조용히 앉아서 글을 강론하고 익혔다. 정신을 집
중하여 깊이 사색하고 문장의 내용을 완미하여 그 깊은 뜻을 탐구하면
서 반드시 밤이 깊은 뒤에야 그만두었다."[25] 또 李薵라는 문인은 다음
과 같이 기록하였다. "선생은 매일 어김없이 첫닭이 울면 등불을 밝히
고 단정히 앉아서 날이 밝을 때까지 글을 강론하며 송독하였다. 또 어
떤 때는 등불을 켜지 않고 앉아 부단히 심성을 함양하면서 가끔 곁에
모시고 있는 자제에게 묻기를, '너희들의 마음은 지금 무슨 일을 생각
하고 있으며 어디로 달려가고 있느냐? 흩어진 마음을 거두는 것이 곧
학문하는 자의 첫째가는 공부이다.' 하였다."[26]

　持敬條에서는 문인 文緯가 다음의 기사를 남겼다. "선생은 사람들
에 대해 성의로써 대하고 예로써 접하여 조금도 거만하거나 소홀히 하
는 기색이 없었다. 사대부와 작위가 높은 자들에 대해서는 정중한 자

---

24) 『국역 한강집』 3, 352~353쪽.
25) 『국역 한강집』 4, 221쪽.
26) 상게서, 221~222쪽.

세와 영접하는 예를 조금도 느슨히 하는 뜻이 없어 온종일 상대하더라도 흔들리는 일이 없었다."[27] 張興孝는 "선생은 일 처리가 주도면밀하였다. 하찮은 사물 한 가지, 미미한 말 한 마디와 행동 하나에서부터 한 번 움직이고 한 번 조용히 있으며 한 번 말하고 한 번 침묵하고 하는 등의 작은 동작까지도 반드시 섬세하고 신중히 하였고 함부로 넘겨버리는 일이 없었다."고 하였다.[28]

이러한 기사들은 한강이 곧 심신의 근본을 경으로써 통일하고 있다는 점, 그 경에 들어가는 방법은 곧 예의 준행을 통해서 이루어졌다는 것을 시사한다. 그리고 장흥효의 기사에서 주도면밀한 행위는 근본적으로 인사의 의칙으로서 禮規가 내면에 정밀하게 인지되었기 때문에 비롯되는 것이라고 생각된다. 그리고 예규에 대한 인지가 純熟하지 않으면 이러한 집중 상태가 무조건 자연적으로 이루어지는 것은 아니라고 할 수 있다.

3) 體 現

한강의 위학 방법에서 가장 근본적인 방법은 앞서 살핀 바처럼 무엇보다도 敬에 의한 본성의 함양이라고 할 수 있다. 그것이 모든 위학의 절차와 방도를 효과적이게끔 하는 실질적 기반이 된다고 그는 인식했었다. 그리고 이 모든 경의 실행은 마음을 떠나서 이루어지는 것은 아니다. 그러나 비록 그것이 내면의 일이기는 하지만, 그 실질적 효과는 내면과 외면에 두루 미친다고 그는 생각했다. 그렇지만 이미 성리학에서 개발된 다양한 공부의 방법을 이 함양의 방법과 병행하거나 함양의 보조적 방법으로 수용함으로써 더욱 완벽한 효과를 내는 것이 중요하

---

27) 상게서, 229쪽.
28) 상동.

다는 것이 그의 생각이라고 판단된다. 그의 경과 함양에 대한 인식이 일관성을 띠는 것은 아니지만, 오히려 다양한 방법을 병행함으로써 완전한 성취를 지향하고자 하는 그의 의도가 그로부터 파악된다. 그렇다고 할 때 가장 중요한 특징으로 설명될 수 있는 것은 장기간에 걸친 積功과 그 실질적 효과를 중시하는 점이다.

비록 그 자신의 언명은 아니지만 「讀書帖」에 인용된 程子, 朱子의 언명은 함양의 효과를 다음과 같이 강조한다. 예를 들면, "다만 이것[敬]을 지니고 함양하기를 오래하면 자연히 천리가 밝아지는 것"이라고 하는 정자의 언급[29], "涵養, 體認, 致知, 力行 등 네 가지는 선후의 차례를 매길 수 없으나 또 선후가 없을 수 없다. 모름지기 함양을 우선으로 하는 것이 마땅하다."는 주자의 언급[30], "함양이 숙련된 자는 저절로 법도에 맞게 된다."는 주자의 언급[31]들을 들 수 있다. 이렇게 해서 도달하려는 경지는 "천리가 항상 보존되고 인욕은 소멸되는 경지"[32]라고 하는 것이다.

이로써 본다면 그의 공부에 관한 생각은 무엇보다도 오랜 세월에 걸친 숙련의 과정이 필요하다는 것이고 그리고 숙련의 내용은 천리의 보존·인욕의 소멸이고 그 귀결은 항상 생각과 행위가 법도에 저절로 맞게 된다는 경지이다. 후자는 공자의 從心所欲不踰矩와도 같은 상태가 아닐 수 없다.

그런데 함양이란 방법 자체로도 많은 효과를 볼 수 있는 것으로 인식되고 있으나, 성리학자들은 특히 천리에 대한 체인의 중요성을 함께 강조하는 경우가 많았다. 그 역시 「독서첩」 서두에 인용된 정자의 "涵養須用敬 進學在致知"와 같이 치지에 의해서 학문의 내용과 실질을 강화하는 노력[進學]을 강조하거나[33], 함양과 더불어 義理에 대한 思

---

29) 『국역 한강집』 3, 91쪽.
30) 『국역 한강집』 3, 92쪽.
31) 상동.
32) 『국역 한강집』 3, 93쪽.

索을 강조하는 언급34), 大本을 세우기 위해서 함양을 하고 中節하는 것은 窮理의 노력이 필요하다는 사고35) 등이 함께 「독서첩」에서 選集되었다. 이와 같이 함양과 더불어 치지, 사색, 궁리의 방법을 병행한다는 공부법의 제시는 앞서 인용한 정자의 "다만 이것[敬]을 지니고 함양하기를 오래하면 자연히 천리가 밝아지는 것"이라는 언급과는 다소 어긋나는 것이다. 이 때문에 「독서첩」에 선집된 언설들은 함양의 의미에 대한 전달에서 일관성은 없어 보인다는 문제점이 있다. 하지만 그가 이들을 함께 인용 수록한 것은 오히려 이들의 관계를 마음속으로 연결지어 보면서 음미하고 그것을 실천해 보면서 실제의 효과를 체득하여 보라는 것을 주문하기 위해서였다고 생각할 수 있다. 즉 그의 함양 혹은 경의 원리와 그 의미 해석에서 논리적 일관성은 없어 보이지만, 오히려 이를 통해서 그의 心身에 관한 관념과 이해를 엿볼 수 있다.

즉 함양에 관한 것이든 경에 관한 것이든 그들은 물건을 나누듯 쉽게 구분하고 단락 지을 수 있는 대상이 아닌 마음과 몸에 관한 일이라는 것이 그의 판단인 셈인데, 이는 몸과 마음의 관계 및 그 내면에서 이루어지는 앎과 사유, 행위의 방식들은 여러 가지 공부의 효과가 상호 중첩되거나 상호 영향을 주면서 이루어지는 것이기 때문에 상호 간의 경계를 분명히 하는 것은 관념적이라는 부정적 판단을 그가 가졌음을 암시한다. 따라서 그보다는 어떤 경우에는 경으로 모든 공부를 주관하고 그 효과도 포괄할 수 있음을 강조하다가도, 또 다른 경우에는 오히려 서로 다른 방법의 중첩과 누적 그리고 그에 의한 적공이 실로 결단력과 실천력을 가져다준다는 것을 함께 이해시키려고 한 것이 그의 의도였다고 추측된다. 그럼에도 불구하고 그는 경에 의한 함양의 공이 다른 모든 공부의 효과를 포괄하거나 융합하는 가장 상위의 원리임을 강조하는 경우가 많은 것이 사실이다.

---

33) 『寒岡先生續集』 권4, 13전.
34) 상게서 권4, 14전.
35) 상게서 권4, 14후.

이렇게 오랜 세월의 적공을 강조하면서도 경과 병행되는 공부법의 하나로서 浩然之氣 기르는 법에 관한 언술들을 종합하여 제시하고자 했던 「養浩帖」의 내용을 살피지 않을 수 없다. 『孟子』 公孫丑上에서 언급되는 浩然之氣는 至大至剛하니 直으로써 기르고 해치지 말아야 하는 것인데, 의를 축적하여 생겨나는 것(集義所生)이라고 하여 오랜 세월 동안의 축적이 지대지강의 호연지기를 형성한다는 것이다. 즉 「양호첩」에 인용된 "호연지기를 기르는 것은 점차적으로 진보함으로써 천지간에 충만해지는 경지까지 이르게 되는 것"[36]이라는 언급, "사심이 단 하나라도 개입되면 곧 굶주리는 것이니, 그 호연지기가 결여되는 것이다. 誠은 사물의 처음과 끝으로서 誠스럽지 못하면 사물이 있을 수 없는 법이니, 이 속에 그 성이 결여되면 곧 여기에는 이 사물이 없는 것이다."는 언급[37] 등은 사심의 배제와 의의 집적이 오랜 세월 지속됨으로써 얻게 됨을 의미한다. 여기서도 볼 수 있듯이 그는 오랜 세월에 걸친 集義의 결과가 호연지기를 가져온다는 사고를 취하고 있다.

그는 의의 축적에 의한 호연지기의 양성과 경에 의한 함양과의 관계에 대해서 서로 다른 언급들을 함께 제시하고 있어서 위의 함양 및 경에 관한 그의 관점과 유사한 면이 있다. 즉 「양호첩」에서 인용된 글들을 대조적인 것을 골라서 제시해 보도록 한다.

> 묻기를, "사람이 경으로써 내면을 바르게 하면(敬以直內) 기가 곧 천지간에 충만하게 됩니까?" 하니, "기는 모름지기 기르는 것으로서 의를 축적하여 생겨나는 것이다. 축적한 지가 오래되면 비로소 호연한 기상이 생긴다. 사람은 다만 기른 정도가 어느 수준에 이르렀는가만 보면 된다. (중략) 경만 지니고 있다면 어찌 천지간에 충만한 경지에 이를 수 있겠는가. 그리고 기는 나름대로 기의 체가 채워진 것으로서 그 자체가 별도의 한 가지 일이고 경은 별도의 다른 경인

---

36) 『국역 한강집』 3, 83쪽.
37) 『국역 한강집』 3, 82쪽.

데, 어떻게 서로 합치되는 일이 생기겠는가?" 하였다.[38]

이 글은 경은 기를 기르는 방법이 되지 못한다는 내용이고, 이를 유
추하면 경이란 本性의 涵養인데 그것과 養氣는 별개의 일임을 의미한
다. 이러한 사고는 그가 變化氣質이 경에 의한 함양과 병행되어야 하
는 공부라고 생각했다는 증거이다. 그렇지만 그렇다고 하더라도 변화
기질 역시 경의 원리를 지켜 가는 수기의 과정 속의 일이라는 생각도
그는 보여주었다. 다음과 같은 인용문은 그러한 의미이다.

> 主一無敵과 敬以直內에 곧 호연지기가 있다. 호연의 경지에 들어가
> 기 위해서는 모름지기 강하고 크고 곧은 덕목을 체득해야 하니, 그
> 렇게 되면 익히지 않아도 이롭지 않은 것이 없을 것이다.[39]

이는 경의 태도 속에 호연지기가 보인다는 의미로도 보이고, 主一無
敵과 敬以直內를 통해서 호연지기가 길러진다는 의미로도 해석될 수
있다. 이러한 언술들을 그가 함께 「양호첩」에 수록한 의도는 무엇인지
자세히 알 수 없다. 하지만 이렇게 차이 나는 언술들을 인용하는 것은
그 자신이 그들의 의미를 상충되지 않는다고 수용한 것을 의미한다.
그렇다면 그는 호연지기를 기르는 방법으로서의 집의와 본성을 함양하
는 경의 방법 사이에 구별도 해야 하지만 또 양자를 융합해 보는 관점
도 필요함을 보여주고자 한 것이라고도 이해된다. 이 같은 관점은 논
리적으로는 분별하기 어려운 내면의 일에 대해서 논리적으로 분변하는
것보다는 실천적으로 체득해 보는 것이 필요하다는 암시와 주문을 하
는 것이라고 추측된다.

그러므로 논리적으로 한강의 위학 방법은 일관성을 찾아보기 어려운
점이 있다. 그렇지만 논리적 분석과 설명은 한강 자신이 넘어서고자

---

38) 『국역 한강집』 3, 86쪽.
39) 『국역 한강집』 3, 89~90쪽.

했던 수준이었다고 생각된다. 그것은 그가 강조하는 학문 방법을 보면 짐작된다. 한강은 위학의 방법으로써 發憤하여 立志하고, 勇猛하여 篤實한 태도로써 深體하여 力行하여야 비로소 목적을 얻게 됨을 말하였다.[40] 『중용』의 博學, 審問, 愼思, 明辨, 篤行의 방법을 비교하여 볼 때 그의 이 방법들은 더욱 실천 지향적이고 실효를 낳기 위한 쪽으로 강조된 것이다.

한강의 공부론에서 가장 독특하게 보이는 것은 몸소 진리를 터득하는 방법을 강조한 점이다. 그의 「언행록」에서 다음과 같은 기사를 주목하지 않을 수 없다.

> 선생이 학자에게 이르기를, "독서를 귀하게 여기는 것은 장구를 표절하여 문장이나 만들고 과거 시험에 급제하기만을 위해서가 아니다. 성현의 경전을 읽는 데에는 그 법이 네 가지가 있는데, 첫째는 體認이고 둘째는 體察이고 셋째는 體驗이고 넷째는 體行이다. 만일 이 네 가지 법을 따르지 않는다면 그 글의 의미도 분명히 알 수 없는데 더구나 자기의 몸과 마음에 무슨 이익이 되겠는가. 앵무새처럼 입으로만 따라 한다는 옛사람의 비난이 어찌 두렵지 않겠는가." 하였다.[41]

이 네 가지 법은 과거 시험을 목적으로 하기보다는 爲己之學의 성취를 위해서 제시된 것인데, 여기서 體認, 體察, 體驗, 體行은 그 공부의 요령이면서 공부를 심화시키는 순서를 가리킨다. 그런데 특이한 것은 認, 察, 驗, 行의 행위를 體와 결부시켜서 개념화한 점이다. 체를 실천에 의한 체득의 의미로 이해한다면 다음과 같은 해석이 가능하다. 이 의미는 경전의 독서를 통해서 얻는 진리를 실천을 통해서 확인하는 것을 體認 그리고 그 인지된 내용의 옳은 이유를 실천의 반복을 통해서 자세히 살피는 것을 體察, 또 실천을 지속함으로써 그 내용을 증험

---

40) 『寒岡先生文集』 권4, 6후.
41) 『국역 한강집』 4, 227쪽.

하는 것을 體驗, 아울러 그렇게 증험된 내용을 끝까지 역행한다는 의미로 體行이라는 방법을 썼다고 하는 추측이 가능할 것이다. 어떠한 해석이든 이 네 가지 방법이 귀결하는 것은 현대의 인지과학적 개념으로 말하면 體現(embodiment)과 그 의미가 통할 듯하다.[42] 이 체현은 추상적인 가치를 사고와 행위를 통해서 구체적인 양태로 표상하는 행위 또는 그렇게 하는 사람을 의미한다. 이를 성리학에 적용하면 天理라는 추상적 실재를 실제의 생활에서 구체적인 禮儀로 어김없이 실천해내는 행위 또는 그렇게 할 수 있는 사람을 가리키는 것이다.

천리의 체현자야말로 그가 성학을 통해 추구하는 이상적 인간상이라고 한다면, 그 방법은 다음과 같이 정리될 수 있다. 즉 한강의 공부법은 경에 의거한 본성의 함양, 호연지기의 배양, 體認, 體察, 體驗, 體行 등에 입각한 天理의 體現 등으로 정리해 볼 수 있다. 한강은 위의 방법 이외에도 정밀한 사색, 고요히 마음과 몸을 수렴하는 靜坐 등의 방법을 제시하였다. 이러한 모든 방법도 실은 위에서 언급한 천리의 체현을 위한 방법들이라고 판단된다. 앞 절에서 소개한 한강의 持敬의 모습에 관한 문인들의 기술도 사실은 한강이 경을 지님으로써 천리를 체현한 인물임을 기록으로 알려주는 것이다.

4. 心學과 禮學의 상호 연관

한강의 심학 관련 저술은 이미 밝힌 것처럼 『心經發揮』가 있고, 예학적 저술로는 『五先生禮說分類』, 『五服沿革圖』, 『家禮集覽補註』 그리고 여러 관리 학자 문인들과 주고받은 예문답이 있다. 두 학문의

---

42) 이 의미에 대해서는 본 저서 57p 「退溪의 心學과 禮」, 『한국사상사학』 21, 한국사상사학회, 2003에서 퇴계의 심학적 방법론으로서 眞知, 力行, 敬 등에 관한 분석을 참조하기 바람.

내용은 상당히 이질적인데 어떻게 예학과 심학은 관련을 맺는다고 보아야 하는가? 즉 예학 관련 저술의 내용은 대체로 冠婚喪祭를 비롯하여 상례의 복제 등과 같이 현실의 합례적 실천 규범의 항목과 내용에 대한 논의로 가득 차 있다. 그렇지만 『심경발휘』의 내용은 대체로 경전에서 選取해서 엮은 마음의 수양과 관련된 경문과 그에 대한 중국 송대 이학자들의 해설들을 집약한 것이기 때문에 예서에서 서술된 내용과는 전혀 다른 차원의 학술처럼 보인다. 즉 『심경발휘』의 내용은 內面事의 차원, 예서들의 내용은 外面事의 차원으로 나누어진다. 그렇지만 문제는 그렇게 상호 이질적이고 서로 다른 차원에 속하는 학술 내용이 한 학자의 학문활동 속에서 연차적으로 이루어졌다는 점, 아울러 그의 학술에서 두 분야는 긴밀한 연관관계 혹은 의존관계를 맺고 있는 것으로 간주되었다는 점이 심학과 예학의 두 분야의 상호 관계를 파악하도록 하는 것이다.

이 글에서는 두 학문 분야를 하나의 학문 체계로 융합시키고 있는 그의 학문 의식의 단초를 위에서 논의한 내용들을 근거로 찾아보고, 이를 바탕으로 심학과 예학의 연관 형태를 논하여 보도록 한다. 우선 한 가지 염두에 두어야 할 것은 그의 문집과 저술을 살펴볼 때에 두 학문의 상호 연관의 틀을 제시하거나 그 틀을 머금고 있는 것은 예학 쪽보다는 심학 쪽이라는 사실이다. 왜냐하면 대부분의 성리학자들의 예서의 내용이 그러하듯이 그의 예서 역시 예문에 대한 정리와 체계화로 일관되어 있을 뿐 그것이 심학과 소통될 수 있음을 시사하는 언급은 찾기가 어렵다. 그러나 심학은 마음을 통합적 범주로 해서 심정과 意, 思, 志 등의 심적 작용과 그들과 상호 영향을 주고받는 신체적 행위의 문제를 함께 다루면서 심적 행위와 신체적 행위의 도덕적 선의 준거로서 天理와 禮를 함께 다루고 있다. 그렇기 때문에 심학은 인간의 마음과 그 작용에 대한 문제를 관찰하고 설명하는 과정에서 자연스럽게 예에 관한 논의를 다루지 않을 수 없다고 보인다. 또 앞 절에서 다른 體現의 의미는 한 개인의 심신이 통체가 되어서 천리와 예를 구현하는 것을 의미한다. 또 敬과 涵養 역시 예의 지속적 반복적 실천에 의한 효과로도 이해되는 것이다.

그렇다면 비록 마음을 심학과 예학의 상호 관련 내지 상호 의존을 논의할 수 있는 범주로 삼는다고 했을 때 한강이 남긴 매우 많은 분량의 예서 속의 예문(禮文)들은 어떠한 의미를 갖는 것인가 하는 점도 논의해야 할 것이다. 예서의 수많은 조항의 예문들 그리고 그것과 관련된 그림들, 또 常禮와 變禮에 관한 다양한 논의를 담은 서한문이나 문답서들의 예문들은 적어도 세 가지 의미 범주에 속하는 것이라고 생각된다.

첫째의 범주는 실생활에서 합례적인 행위의 전범으로서 갖추어야 할 의례 혹은 법제의 조문이라는 의미 범주이다. 이는 예서의 필요성에 따라 예서의 저술이 꾸준히 이루어진 기본적인 이유를 시사한다. 『朱子家禮』를 기준으로 조선시대 사대부들이 유교적 풍속을 준행하게 된 사실, 그리고 점차로 조선의 현실에 맞도록 『주자가례』 예문이 많은 예학자들에 의하여 보완되거나 한강의 경우 『주자가례』적 예 전범의 체제와는 전혀 다른 『오선생예설분류』를 별도로 편찬한 사실도 여기에 속한다. 그리고 三峯 鄭道傳의 『朝鮮經國典』과 같이 國制를 제정하여 국가의 통치구조와 직무분장 및 분담된 직무 상호 간의 소통 관계 등을 담은 제도적 전범을 제시하는 것도 여기에 속한다. 이러한 예서를 통한 전범의 제시는 곧 실생활의 질서 체계를 규정하는 하드웨어(hardware)의 틀을 조성하는 것이기도 하다.

둘째의 범주는 도덕을 체현하는 주체의 자기구성원리로서의 예라는 의미 범주이다. 원래 孟子가 인간의 性의 하나로 禮를 언급했었고, 이어 성리학자들은 이 성을 理와 동일시함[性卽理]으로써 五常 전체가 天理의 節文으로서의 禮와 동격이 됨을 가르쳤다. 또 성리학에서 心을 衆理를 갖추고 萬事에 응한다고 정의할 때 이 만사가 곧 외부의

禮라면 그에 응하는 중리는 내면의 예라고 말하는 것이 틀리지 않는
다.[43) 성리학에서는 인간의 내면의 성을 예와 동일시하는 사고가 이미
오랜 전통을 형성해 왔다. 따라서 인간의 의식과 행위를 조절하고 도
덕적 인격체를 성숙시키기 위해서 사용하는 교육적 도구인 예는 곧 내
면의 예를 각성시키고 발현시키기 위한 것으로 볼 수 있다. 또 퇴계가
『朱子語類』단어 사전을 만들면서 體認의 뜻을 잃어버렸던 것을 도로
찾았을 때에 그것을 확인하는 것으로 정의한 것도 이러한 사고에서 나
온 설명이라고 할 수 있다.[44) 성리학에서는 소싯적에 『소학』 교육을
통과해서 『대학』의 교육 단계로 나아가는 교육과정을 설정하고 있다.
『소학』 교육에서 일차적으로 예를 학습하는 律身的 修己의 과정을 거
치고 『대학』의 格物과 致知를 통해서 그 예와 천리에 대한 지식을 더
욱 확장하는 과정을 추구한다. 여기서 지식의 대상이 되는 것은 예라
고 하지만 그 내용은 천리와 동일시된다. 진지와 실천을 강조하는 퇴
계, 체인, 체찰, 체험, 체행을 강조하는 한강의 경우가 실은 인간을 예
의 체현자 즉 공자 같은 성인으로 키우기 위한 목적을 지녔다. 마음에
서 예에 대한 지식이 치밀하면 할수록 精細하면 할수록 세상의 만사
에 대응할 수 있는 인지 능력은 고양되는 것이다. 그러나 그뿐 아니라
실행의 당체인 신체도 그러한 합례적 행위 방식을 純熟하지 않으면
그 인지 능력은 효과를 볼 수 없는 것이다. 따라서 심신이 공히 일체
가 되어서 이러한 예에 대해서 민감하고도 성숙된 판단을 내릴 수 있
는 능력이 갖추어졌을 때에 교육의 효과 혹은 수양의 효과는 성취되는
것이라고 할 수 있다.[45) 그러므로 예는 도덕 체현자가 자기를 구성해
나갈 때 의지하는 과정이면서 동시에 자기 구성이 성취되었을 때 그로
인하여 발휘되는 실체라는 의미를 공히 지닌다.[46)

---

43) 본서 53~55쪽

44) 『朱子語類大全』辛卯入梓嶺營藏板 下册 「語錄凡例」, 體驗也 認卜識也 失物 而得其物
分卜而識之曰 此吾失物也 此認字之義.

45) 上 同

셋째의 범주는 형이상적 天理의 節文이자 보편적 실재로서 유교 도덕적 당위의 근거가 되는 예이다. 한강이 『오선생예설분류』 서문에서 "예는 그 근거를 천지의 근원에 두고 있다."[47]고 한 것도 이 같은 의미이다. 유학자들이 예서의 예문으로 규정되어 있지 않은 변례에 관한 논의를 할 때에 정당한 변례를 모색하고 규정하는 근거는 대체로 人情과 天理이다. 인정마저도 그 근거는 본성에서 비롯되는 것이고 보면 그 근원에 역시 천리가 자리 잡고 있다. 그러므로 예의 철학적 근거는 천리라고 요약할 수 있다. 그러한 경우를 따져 보면 다음과 같다. 예경이나 예서에 규정은 없지만 예로서의 정당성을 지닌 예, 즉 無文之禮를 인정하는 근거는 천리이다. 또 현실적으로는 존재하지 않는 예문이지만, 시대가 바뀌고 상황이 바뀜에 따라 時宜適切한 禮儀 制度를 모색하고 정립하는 기준도 역시 천리이다. 그런데 주의해야 할 점은 비록 똑같은 천리에 입각하여 논의되거나 설정되는 예라고 할지라도 예서들 가운데 예문의 규정이 서로 어긋나는 경우도 있고, 그보다 상위의 차원에서 예문의 구성 체계가 달리 이루어진 경우 그리고 사회의 질서 체계로서 예의 체계를 달리 해석하는 경우도 있다. 예를 들면 한강의 『오선생예설분류』의 체계는 沙溪 金長生 등 서인들이 제작한 예서들과는 그 체계와 지향성이 다름을 보여준다. 즉 한강의 이 예서는 천자 제후 사대부의 예를 구분하는 체계를 구성하였기 때문에 사계 등이 『주자가례』를 왕과 사대부에 공히 적용되는 것으로 간주하는 입장과 차이를 보였다. 또 왕실의 복제 혹은 왕통 계승과 관련된 追崇 등의 문제로 예론이 대립되는 경우, 일차적으로는 현존하거나 과거의 사례로서의 예제를 담은 전범에 근거하여 판단하기도 하지만 그 背面에는 형이상적 실재로서의 천리, 또는 실제 예실천의 심정적 근거인 인정 등 예문의 철학적 근거에 대한 관점의 차이가 작용하게 되어 각

46) 본서 56∼58쪽.
47) 『국역 한강집』 2, 100쪽.

각의 관점에 부합하는 예제를 주장하게 되는 것이다. 그러므로 천리의 절문으로서의 예는 보편적 실재로서의 유교 도덕의 당위를 보장하는 도구가 되고 그것의 철학적 근원을 제공하지만, 반면에 인식론적으로 이들은 각각 유학자가 체득한 천리와 예의 방식과 내용에 종속되어 있다.

이렇게 본다면, 이 세 가지 범주에 속하는 예는 상호 인과적인 관계에 놓여 있다고 할 수 있다. 첫째 의미의 예, 즉 의례·법제조문으로서의 예에 의하여 인간이 교육을 받고 수양을 하는 것이지만, 그렇게 교육받은 유학자에 의하여 개정되고 폐기되기도 한다. 또 첫째 의미의 예는 셋째 의미의 예 즉 유교도덕의 보편적 근거로서의 예를 추론하는 근거가 되기도 하지만 역시 그렇게 추론되는 과정에서 첫째의 예는 수정과 교체가 일어날 수 있다. 아울러 둘째 의미의 예 즉 도덕체현주체의 자기구성 원리로서 예는 유학자로 하여금 셋째 의미의 예를 판단하게 하지만, 이 과정에서 자신의 심신에 체화된 예를 더욱 굳건하게 확신하거나 반대로 그것을 교정하는 일도 발생하는 것이다.

한강의 예학은 이러한 상호 관계를 발견할 수 있도록 해주는 학문적 구도하에 놓여 있다. 그가 심학을 충실히 연구하고 『심경발휘』라는 저술을 남긴 것은 특히 둘째 의미의 예, 즉 도덕체현주체의 자기구성원리로서의 예를 그가 중시했음을 보여주기 때문이다. 만약 그가 이렇게 『심경발휘』의 저술이나 위학 방법에 관한 여러 기록을 남기지 않았다면, 그에게서 예학이 그의 유학사상 전반과 관련되는 방식과 그 의의를 확인하거나 설명하는 작업을 하기 어려웠을 것이다.

5. 통합적 기제로서의 심학의 구조

이 글에서는 우선 앞 절에서 다룬 둘째 의미의 예의 존재 방식에 대한 그의 사고를 살펴보고, 그것이 다른 부류의 예, 즉 첫째 의미의 예 및 셋째 의미의 예와 인간의 마음에서 통합되는 구조를 살핀다. 그것이 궁극적으로는 예와 천리를 체현하는 방법이며 앞에서 다룬 심학적 수양론과 관련되는 것임을 고찰한다.

예가 도덕 체현주체의 자기구성원리라는 사고는 다음과 같은 일련의 글에서 읽을 수 있다. 『오선생예설분류』 서문에서 설명하는 예와 인간 교육과의 관계가 거기에 해당한다.

> 天理를 節文하고 人事에 儀則이 되었으니 그것을 분산시키면 禮儀
> 三百과 威儀 三千으로 질서가 정연하고, 그것을 한군데로 모으면
> 一身과 一心의 근간이 되는 것으로서 일찍이 잠시라도 군자의 몸에
> 서 떠난 적이 없으니 道德仁義가 이로써 성취되고 君臣, 父子, 兄
> 弟의 관계의 구분도 이로써 정해지는 것이다.[48]

이 글에서 보면 그는 예를 '그것을 한군데로 모으면 一身과 一心의 근간이 되는 것'이라고 이해하고 있는데 이 점이 바로 둘째 의미의 예에 해당하는 것이다. 즉 이는 외면적으로는 예의 범위가 가까운 것은 視聽言動의 규범으로부터 멀리는 家鄕邦國의 制度에 이르기까지 예의 삼백 위의 삼천에 이르는 방대한 조문을 갖추고 있는 것이지만 그것들이 실은 한 개인의 몸과 마음에 모두 담을 수 있다고 보는 것이다. 본 연구의 논의를 위해서 위 글의 내용을 근거로 예문의 영역을 나누어 본다면, 외부세계에 산재하는 예문이 있고, 또 그것을 규정하거나 추론할 수 있는 근거를 즐비하게 담은 禮書의 예문이 존재하는 동

---

48) 『寒岡先生文集』 권10, 1전.

시에 그들을 통합하고 요약한 心身의 예가 존재하는 것이라고 말할 수 있다.

그리고 그가 언급하였듯이 '일찍이 군자의 몸에서 떠난 적이 없으니 道德仁義가 이로써 성취되고 君臣, 父子, 兄弟의 관계의 구분도 이로써 정해지는 것'이라는 인식은 심신의 예와 외부세계의 예가 상응하는 관계가 유지되는 데서 온다는 것도 미루어 짐작할 수 있다. 이러한 상응관계는 곧 인간의 생각과 행위가 외부세계의 다른 존재들과 和合됨을 의미한다. 이럴 때 중요한 과제는 인간의 생각과 행위로써 표현되는 내용이 외적 예의 체계와 질서에 부합하도록 예(천리)를 정밀하고 정확하게 작동시키는 心身의 체계를 건립하고, 또 온 세상의 이치와 예에 상응하는 포괄적이면서도 정밀한 체계로 확장하는 노력이다. 이것이 성취된 인격체가 바로 성인의 인격이라고 할 수 있을 것이다. 그리고 이것이 바로 교육 또는 수양의 공부가 필요한 이유이다.

그렇다면 그가 심신에 이러한 예의 체계를 확고하게 건립하고 확장하는 방법은 어떻게 강구하였는가? 『小學』의 율신적 수기가 예의 체계를 건립하고 기초를 단단히 하는 교육(공부)과정이라면 『大學』의 치지는 이렇게 건립된 체계를 더욱 정밀하고 정확하게 그리고 포괄적인 체계로 확장 발전시키는 과정이라고 할 수 있다. 따라서 그는 가장 기초적인 교육과정에서 매우 엄격한 예의 학습을 강조하고 있다. 그가 道東書院을 위해서 작성한 「院規」의 내용 가운데 다음의 글이 그렇게 볼 수 있는 것이다. 양몽재의 학생들은 초학자들을 말하는 것으로 보인다.

> 養蒙齋 제생에 대해서는 반드시 아침 일찍 일어나고 밤이 깊은 뒤에 잠자리에 들며 『小學』을 읽어서 익힐 것을 명하되, 그 課程을 엄격히 세워 가차 없이 훈계한다. 읍하고 절하는 것이 법도가 있고 말씨가 겸손하여야만 배움의 길로 들어선 초기에 예의를 잘 익혀 진취하는 바가 있을 것이다.[49]

---

49) 『국역 한강집』 3, 80쪽.

이 글에 이어 그는 『禮記』 玉藻篇의 君子 九容과 거기에 더하여 앉아 있을 때, 거닐 때의 태도와 방식을 함께 제시하고, 서원에 들어온 모든 선비 특히 양몽재의 학생들은 이를 더더욱 경계하여야 함을 강조하였다.[50] 이는 檢身 혹은 律身의 철저한 수행을 의미한다. 이는 그가 「蔡靜應에게 답함」이란 글에서 언급했던 위학의 요령으로 제시한 것 중 '학문을 하는 자는 반드시 자신의 행동을 가차 없이 살피고 단속하여 쉽게 지나치는 일이 조금도 없어야 한다.'[51]는 생각과 통하는 것이다. 그는 다음과 같은 주자와 문인의 문답을 인용하기도 한다.

> 묻기를 "九容은 공부의 본원에 해당하는 것입니다. 진정 이를 존양하기 위해서는 용모에 대해서도 각각의 경우에 따라 성찰해야 합니까?" 하니, 말하기를, "여기서 곧 본원을 함양하여야 한다. 이 속에서 함양하지 않는다면 다시 어디서 존양할 것인가?"[52]

이 글은 신체를 단속하면서 본원을 함양한다는 방법을 알려주고 있어서 흥미롭다. 그가 양몽재의 제생을 비롯한 도동서원의 원생들에게 구용의 중요성을 강조한 것은 이와 맥락이 닿는 생각에서 이루어진 것으로 판단된다. 그렇다고 한다면 그는 신체에 들이는 공을 통해서 마음 그리고 본성까지 함양할 수 있음을 인정하는 셈이다. 이는 그가 외부세계에 산재해 있는 수많은 綱目의 예의를 한 몸에 붙일 뿐 아니라 한 마음의 성에도 연결되도록 한다는 사고를 지녔음을 의미한다.

그가 같은 곳에서 인용한 글도 역시 그러한 사고를 잘 보여준다.

> 주자가 말하기를, "경은 함양하고 지켜야만 달아나지 않는다." 하였다. 또 말하기를 "함양해야 할 일들은 대체로 예가 아니면 보거나 듣거나 말하거나 움직이지 않는 일과 禮儀 300가지와 威儀 3000가지 등이 다 그것이다." 하였다.[53]

---

50) 상동.
51) 『국역 한강집』 1, 164쪽.
52) 『국역 한강집』 3, 91~92쪽.

이 글로써 본다면 경을 유지하는 방법도 곧 四勿과 예의 위의를 꼼꼼히 알고 지키는 것을 의미한다. 그러나 이러한 사고와 더불어 그는 마음 자체의 활동에 의하여 천리 혹은 예의를 지키는 일을 중시하는 사고도 보였다. 즉 본원을 함양하기 위해서는 본성을 지키고 양성하는 일 못지않게 사욕을 줄이거나 막는 일 역시 중요하다. 그가 그 방법을 思라고 강조하는 것은 신체를 통한 예의 학습 못지않게 思의 작용이 긴요함을 알려주는 것이고, 그로써 그가 위학의 방법으로 강조했던 체인, 체찰, 체험, 체행의 방식이 정밀한 사색과 관련된다는 점도 파악할 수 있다. 그는 『심경』에 관한 임흘과의 문답에서 다음과 같은 글을 남겼다.

> [문] 사욕을 막는 방법에 대해 이천 선생이 말씀하기를 "깊이 생각하는 일뿐이다.(思而已矣)" 하였습니다. 생각하는 것 외에 더이상 그것을 막는 방법은 없습니까?
> [답] 보고 듣고 말하고 움직이는 일을 예가 아닌 것은 하지 말라는 것은 사욕을 이기기 위한 것이고, 문밖에 나가서 사람들을 대할 때 손님을 대하듯이 하고 벼슬살이를 하면서 백성을 부릴 때 종묘의 제사를 받들듯이 경건히 하는 것은 사욕이 없도록 하기 위한 것이네. 밝은 지혜로 살피고 강한 기운으로 제어하여 항상 끊임없이 정신을 일깨우는 것은 모두 사욕을 다스려 천리를 순수하게 보존하기 위한 것이네. 천리를 지키는 법은 신독에 벗어나지 않고 그 요체는 또 思라는 한 자에 있는 것이네. 사욕이 처음 일어날 때 마음속으로 생각하여 그것이 잘못된 것임을 깨닫는 일이 없다면 어떻게 반성하고 선한 마음을 일으켜 사욕을 이기고 다스리는 노력을 할 것인가? 이와 같이 말하면 사욕을 막는 방법이 생각하는 것[思] 외에 달리 무슨 법이 없다고 말하더라도 지나친 말이 아닐 것이네.54)

위 글에서 언급된 '천리를 지킨다.', '천리를 순수하게 보존한다.'는

---

53) 『국역 한강집』 3, 91쪽.
54) 『국역 한강집』 1, 321~322쪽.

사고는 근본적으로는 성리학의 전제인 心은 衆理를 갖추고 萬事에 응한다는 명제에 근거한 것이다. 그것을 방해하는 것이 곧 사욕인데, 이를 막는 방법을 思라고 하는 것은 위 글에서 언급된 '사욕이 처음 일어날 때 마음속으로 생각하여 그것이 잘못된 것임을 깨닫는 일'이라고 할 수 있다. 또 그 상태를 지키는 방법에 대해서도 그는 여러 가지 방법을 언급하였지만 그 핵심적 내용은 이미 앞에서 다룬 敬과 義 그리고 養浩然之氣, 體現의 방법 등과 다르지 않은 것이다.

결론적으로 말하면, 그의 심학적 기제는 본원을 함양하는 방식으로서 경을 중심 원리로 내세우지만, 그 경의 상태를 얻기 위해서는 예의 실천을 절대로 경시하는 법이 없다. 예의 실천은 예문에 입각하여 검신을 철저히 하는 방법과 동시에 思와 같은 마음 자체의 인지 활동을 통해서 정밀하게 예의 소재를 파악하고 분별하는 방법을 병용하는 것이다. 아울러 사욕을 막고 천리를 보존하는 방식으로서 思를 꼽기도 하지만 호연지기의 배양에 의하여 부동심을 얻는 방법도 논의되었다. 이러한 일련의 내용들은 그가 심학을 통해서 구현하고자 하는 것은 결국 천리 혹은 예의의 자연스럽고도 정확한 실천 능력을 배양하는 것임을 잘 보여준다. 이러한 능력의 성취란 곧 마음속에 외부의 예와 부합하는 내부의 예의 체계가 건립되었음을 의미한다. 그리고 예학의 쪽에서 본다면, 조선의 현실에 시의적절한 예의 체계를 정밀하게 하고 그 내용을 더욱 조밀하고 세련되게 다듬는 예학적 작업은 동시에 교육과 실천에 정밀한 지식과 지침을 주기 위한 것이다. 그로써 더욱 세련된 예의 체현자를 낼 수 있는 교육적 기반과 실천적 지침이 제공되는 것이다.

이로써 삼백 삼천으로 언급되는 외부세계의 예를 연구하는 예학은 심학적 수양론 혹은 교육론을 통해서 심학과 상호 연관관계를 형성한다는 점을 인정할 수 있다. 그리고 우리는 여기서 심학의 발전과 예학의 발전이 상호 환류[feedback] 효과를 주면서 발전하였던 과정을 상정해 볼 수 있다. 아마도 조선시대 16세기부터 18세기까지는 심학과 예학의 발전 과정에서 이러한 상호 환류 작용에 의한 상승효과가 일정 기간 지속되었던 역사적 자취를 보여준다고 할 수 있다.

그리고 그의 이러한 심학적 관점과 방법은 퇴계처럼 성학의 체계화로 이어지지는 않았지만, 궁극적으로는 성현의 정치에 대한 지향도 있었음을 확인할 수 있다. 이에 대해서는 그가 올리려다 그만둔 「擬上箚」의 내용을 참고할 수 있다. 위의 추론에 따를 때 이 글은 그의 심학과 예학이 성학을 통해서 하나의 체계로 융합되고 있음을 시사한다고 보이는 점이다.

> 기강은 천하 국가의 중대한 일의 근본이고 또 그 근본은 임금의 바른 마음에 달려 있음을 말한 것입니다.(중략) 이 몇 가지는 모두 오늘날 여러 신하들이 전하의 조처에 대하여 우려하는 점들로서 실로 기강이 서느냐 해이해지느냐에 관계된 일인데, 그 근본은 주희의 이른바 "임금의 한 마음에서 벗어나지 않는다."는 것입니다.(중략) 사람 마음은 지키면 보존되고 놓으면 상실되는 것이라서 어쩌면 항상 불변할 수 없을 것이니, 원컨대 전하께서는 옛사람의 이른바 '道心을 순일하게 지키고 참마음을 밝히는 공부'에 마음을 다 기울이시고, 상주 노릇 하며 예를 행하는 여가에 자신에게 절실한 글을 가까이하시며, 충직한 논의를 가상히 여겨 받아들이시어 마음에 부족한 것을 보충하고 본원을 함양하는 바탕으로 삼으소서.(중략) 이치를 관찰하여 털끝만큼이라도 오류가 있는지를 생각하고 일을 조처하면서 지나치거나 부족한 잘못이 있는가 생각하시어, 항상 지극히 中正한 경지에 마음을 두소서. 그리하여 전하의 마음속에 있는 지극히 중정한 본체를 환히 밝히시어 조정 안에 지극히 중정한 쓰임이 거침없이 행해지게 하시면, 간사하게 아첨하는 자의 사심과 사악하게 기만하는 자의 유혹이 어찌 감히 성상의 이목이 미치는 곳을 범하겠습니까? 신은 앞으로 성상의 학문이 날로 새로워지고 성상의 덕이 날로 높아지는 것을 볼 수 있을 것이니, 분발하여 큰일을 하시고 기강을 진작하고 정돈하시면 성상의 정치도 날로 빛나게 될 것

입니다. 그렇게 되면 옛날 훌륭한 선왕의 세대로 곧장 거슬러 올라가 비교해 볼 때 무슨 유감이 있겠습니까?[55]

6. 결 론

문화심리학 혹은 근본적 구성주의의 관점에 따르면 마음은 문화적으로 구성되는 것이다. 서구의 문화 전통에서 정립되어 온 서구의 철학, 심리학 내지 현대의 腦科學 등이 추구한 마음의 이해는 일종의 물질주의적(혹은 물리주의적) 환원주의의 관점을 취하여 왔고, 그로 인하여 마음을 뇌 또는 뇌에서 관측되는 電子氣場 등의 물리적 요소로 객체화하여 분석하고 설명한다는 특징이 있다.[56] 따라서 이 관점에 의하면 인간의 마음은 물질적인 방법과 약물에 의하여 통제될 수 있거나 통제되어야 하는 대상으로 파악된다. 그리고 현대 한국의 철학계에서도 마음을 물리주의적 관점에서 보는 것이 하나의 유력한 관점으로 인식되고 있다.[57] 그리고 심리철학에서의 논의는 주로 서구철학의 오래된 문제인 심신의 관계에 관한 것으로서 몸과 마음의 관계를 이원적으로 볼 것인가 일원적으로 볼 것인가를 밝히려고 하는 데에 초점이 맞추어져 있다. 이는 마음의 본질을 규명하고 그에 관한 정확한 지식을 확정하는 것을 철학이라는 학문의 소임으로 간주하기 때문에 비롯된 것으로 보인다.

그러나 동양의 전통에서 마음을 관찰하고 그에 관한 이해를 추구한 동기나 취지는 그것과는 다른 것이었다. 예를 들면 불교는 인간의 고통을 제거하고 진정한 행복을 얻기 위한 목적에서 인간의 마음을 어떻

---

55) 『국역 한강집』 1, 66~70쪽.
56) 카렌 N. 샤노어 지음 변경욱 옮김, 『마음을 과학한다』 나무 심는 사랑 2004 참조.
57) 김재권 지음 하종호 외 옮김, 『심리철학』 철학과 현실사, 1997 참조.

게 淨化할 것인가 하는 물음을 지속해서 고민해 온 역사가 있는데, 오늘날 티베트 불교론자들은 이러한 전통을 살려서 서구의 심리학 혹은 뇌과학적 마음 탐구와는 구별되는 또 다른 마음 과학의 전통으로 자리 매김하고 있다. 티베트 불교론자들에 의하면, 인간의 행복이란 물질적인 요소의 통제를 통해서 획득되는 것이 아니다. 왜냐하면 행복이란 느낌, 감정, 지각, 인식 등과 같은 주관적인 요소이고 이들을 적절하게 다루는 기술이 있어야만 성취될 수 있는 것이기 때문이다.58)

서구적 마음 이해보다는 상대적으로 불교적 마음 이해와 가까운 것이 유교의 마음 이해이다. 그러나 불교와 유사하다는 것은 마음에 관한 이해가 주관적 요소들을 추출하고 그것들과의 관계를 조정하여 마음의 상태와 성질을 변화시키는 것을 관심사로 삼는다는 점에서 그러할 뿐이다. 따라서 불교와 마찬가지로 유교 역시 마음을 다스리는 기술(수양법)에 관해서 탐구해 온 오래된 역사와 전통이 있고, 그것을 성리학에서는 하나의 정돈되고 통합된 爲學의 체계로 정립하였던 것이다. 그러나 그 내용을 살피면 유학에서 관찰해 온 마음의 구성요소와 그 상호 관계를 파악하는 개념적 단위, 그 개념적 단위들의 위상 및 그들의 상호 관계에 대한 관점은 불교의 틀과는 매우 다른 것이 아닐 수 없다. 한강의 마음 이해는 퇴계와 남명에 의하여 마음 이해의 모형이 제시되는 시기에 시작되었던 것으로 보인다.

한강의 심학은 그의 언명 자체로는 뚜렷한 구조나 체계가 잘 파악되지 않는다. 그의 저술인 『심경발휘』가 선유들의 글을 편집한 것이기 때문에 인용 편찬된 글 상호간에도 그의 내용에 상위나 불일치하는 점도 발견되기 때문에 정리하는 방식도 쉽지 않았다. 그러나 본 연구에서는 그의 몇 가지 관념들과 언명들을 토대로 그의 심학의 기본 단위를 '마음', '경', '체현' 등으로 구분해서 살피고, 예학과 심학이 상호 소통

---

58) 허버트 벤슨 외 지음 조원희 옮김, 『더 오래된 과학, 마음』 여시아문, 2002(원제, Mind Science: an East West Dialogue) 참조.

될 수 있는 가능성과 그 원리에 대해서 추론을 하였고, 아울러 그에 걸맞은 증거가 되는 내용들을 그의 문집으로부터 찾아서 엮어 보았다.

　고찰의 결론을 말하면, 한강의 수양론은 퇴계의 성학과 남명의 성학의 구조가 지향하는 심학과 예학의 병행과 융합의 구조를 충실히 계승하였고, 나아가 퇴계와 남명 사후에 영남 사림이 위기지학의 학풍을 이어갈 수 있는 학문적 구조와 방법을 유지하고 발전시켰다. 여기서 그의 학문적 업적을 발전이라고 말할 수 있는 것은 다음과 같다. 그가 퇴계식 진지와 실천 및 거경과 궁리의 방법을 특히 경의 원리에 의거한 함양과 思에 의한 정밀한 사색과 판단을 강화하는 동시에, 남명의 敬義夾持의 수양론을 수용하면서 특히 남명의 기상과 학문 태도에서 영향을 받았음 직한 養浩然之氣의 수양에 입각한 기질의 강화까지도 강조하였던 것, 그리고 그가 體認, 體察, 體驗, 體行 등의 방법을 통한 自純熟 自見得을 중시한 점 등이다. 이들은 결국 그가 퇴계 남명 양현의 성학 정신과 방법을 충실히 계승하고 발전시킨 결과라고 하지 않을 수 없다. 이 점에서 그의 실학적 태도와 지향성이 성인의 성취와 성군에 의한 도덕정치의 구현에 있다는 점도 미루어 알 수 있는 것이다. 또 그의 관리로서의 행적과 교육자로서의 행적들은 위기지학 혹은 실학 내지 성학적 지향을 통해서 개인과 사회가 禮와 人情으로 純熟한 상태를 이루도록 하는 데 많은 기여가 있음도 잘 보여준다. 또한 그의 이후에 영남의 선비들과 기호 남인의 선비들이 예학과 심학을 병행하는 유학의 구도를 유지하였던 것도 그의 이러한 학문적 태도 및 학술적 업적이 배경이 되었다고 할 수 있다.

　마지막으로 한강의 심학이 예학과 연관되는 방식이 과연 퇴계의 방식과 어떠한 同異가 있는가 그리고 남명의 그것과는 어떠한 同異가 있는가 하는 점은 앞으로의 과제로 남겨둔다. 그리고 그의 이러한 학문이 향후 어떠한 형태로 계승되거나 발전되었는가 하는 점은 연구의 과제이지만, 그에 앞서 해야 할 일은 퇴계와 남명의 시대부터 본격화된 심학과 예학의 병행의 이유와 양자의 상호 관계의 내재적 구조를 더 명확하게 드러내는 일이다. 본 연구에서는 다만 심학과 예학이 상호 연관되고 있다는 점을 그가 언명한 몇 가지 언술들을 중심으로 살펴본 것이라서 적지 않은 한계가 있다. 다만 소득이라고 한다면 예학과 심학의 통합적 기제가 심학에 있다는 점을 밝힌 것이라고 할 수 있다. 그러나 앞으로 더 발전적인 논의가 필요하다는 점도 많음을 아울러 밝힌다.

旅軒 張顯光의 예학사상[1]

1. 서 론

旅軒(張顯光), (1554~1637)의 학문에서 예학은 아직까지 분석과 고찰을 거치지 않은 미탐구의 영역으로 남아 있다. 즉 그의 「冠儀」, 「婚儀」를 비롯하여 많은 분량의 禮說들은 현재 학문적 탐구의 관심에서 벗어나 있었다. 아울러 그의 예설들을 성리학, 역학 등의 이론과 연관지어서 탐구하는 일도 사실상 미개척의 영역으로 남겨져 있다.

그가 생존했고 활동했던 것은 16세기 중반부터 17세기 전반까지의 시기였다. 이 시기에는 壬辰倭亂과 仁祖反正, 李适의 亂 그리고 丁卯胡亂 등 나라의 명운을 흔들거나 바꾸는 사건들이 연발하였다. 이러한 시기와 조우한 그의 일생도 역시 평탄한 것만은 아니었지만, 그는 난

1) 『동양철학』20, 한국동양철학회, 2003. 12

리의 와중에서도 친지, 붕우 및 족친들과 함께 유학의 도의를 실천하고 구현하기에 노심초사하였다. 그리고 그 도의의 실천 방도는 매우 구체적이고 상세한 규범 절목을 갖춘 禮로써 논의되었다. 그 禮는 國喪 내지는 그와 관련된 규범을 비롯하여 仁祖의 元宗 祔廟, 私家의 喪制, 祭禮, 冠禮, 婚禮, 族契의 제정 및 書院의 건립과 祭享, 鄕射 등에 이르고 있다. 이러한 내용들이 그의 문집과 속집 등에서 작지 않은 비중을 차지하고 있다는 사실은 禮에 관한 여헌의 관심이 다른 분야에 못지않게 컸으며, 따라서 그의 학문에서 禮에 관한 연구를 도외시하거나 가볍게 여겨서는 아니 된다는 점을 시사한다. 그렇다고 할 때 과연 그의 유학적 도의를 실천하는 삶에서 禮는 과연 어떠한 의미와 위상을 지니는가 하는 점이 본 연구에 착수하게 된 근본적 관심사항이다.

여헌은 사후에 仁祖朝 당시 기호 지역의 도학을 대표하는 沙溪와 함께 영남 지역을 대표하는 도학자로서 꼽혔다.[1] 사실 그의 활동 시기는 16세기부터 흥성하는 도학의 풍이 예학화하면서 도의를 실천하려는 선비들의 관심이 예에 쏠리던 상황이었다. 그 때문에 당시에 그 이전보다 더 상세하고도 폭넓은 예에 대한 연구와 저술이 이루어졌다. 도학이란 율신적 수기를 바탕으로 유교의 도의를 천하에 실천적으로 구현하려는 경향을 지닌 학문이라고 할 때[2], 도학의 실천이 필연적으로 경유하게 되어 있는 禮에 대한 연구로서 禮學은 결코 소외될 수 없는 그의 학문영역이다. 이때의 실천적 지향이란 도학의 이념을 실생활의 세계에 구체화시킬 수 있는 방법과 활동을 내포하는 학문적 태도 내지는 경향을 의미한다. 그렇다면 여헌의 학문세계에서 도학의 이념 구현을 위하여 禮는 왜 필요한 것인가? 우리는 그의 예에 관한 설명들을 통해서 그 답을 구하고자 한다.

---

1) 조선왕조실록 영조 16년 庚辰 6월 11일조.(王朝實錄抄, 『旅軒 張顯光의 學問과 思想』 금오공과대학교 선주문화연구소 1994, 512쪽)
2) 윤사순, 『韓國儒學論究』. 현암사, 1982, 63~65쪽 참조.

2. 예학의 연원

학문의 연원이란 어느 한 학자의 학문이 시작된 맥락을 말하는데, 그것은 대체로 그 학문을 가르친 스승을 지칭하는 것이다. 그리고 그 스승도 직접적 師承인 경우와 私淑인 경우로 나누어 말할 수 있을 것이다. 여헌의 학문 연원에 대해서는 이미 알려졌듯이 寒岡의 문인 여부에 대한 논의가 조선시대부터 매우 오랜 역사를 지니고 있다. 이에 대해서 故 유명종 교수는 한강이 여헌의 학문 연원이라고 간주할 수 없다는 견해를 피력하였다.

고 유명종 교수는 학문적 연원문제를 따지는 기준으로 道同志合 여부를 제시하고, 특히 道同을 매우 중요한 기준으로 삼았다. 그에 의하면 도동이란 학문 근본이 동일하다는 의미인데, 근본처가 부동하다고 인식할 때 도통의 연원을 자인할 수 없는 것이라고 하여 여헌이 한강의 문인이라고 자인하지 않은 이유에 대한 간접적인 시사를 하였다. 그런데 한 가지 의문스러운 것은 고 유명종 교수가 이른바 도동이란 기준을 적용하는 태도이다. 그는 도동을 학문 근본의 동일성으로 정의해 놓고, 그것을 적용하는 과정에서 한강과 여헌의 학문적 근본처에 대한 기준의 적용을 하지 않고 '학문의 주력처'에 대해서 그 기준을 적용했다. 즉 그에 의하면 한강의 학문적 주력처는 예학이고, 여헌의 관심처는 예학이 아니고 철학, 특히 성리철학의 근본문제라는 차이가 있다. 때문에 여헌은 한강의 문인이라고 할 수 없다는 것이 그의 결론이다.[3]

그런데 이러한 논의에서 문제가 되는 것은 학문적 주력처를 그가 정의한 道同의 범주에 속하는 것으로 볼 수 없다는 점이다. 먼저 道同

---

3) 유명종, 「旅軒 張顯光 思想의 研究」, 『旅軒 張顯光의 學問과 思想』 금오공과대학교 선주문화연구소 1994, 234~236쪽.

이라고 할 때 그 비교의 대상은 道가 되어야 하는데, 고 유 교수가 언급하였듯이 한 학자의 주력처는 예학이고 다른 학자의 주력처는 철학이라고 구별하는 것은 도가 같다 다르다고 판단할 수 있는 근거가 되지 못한다. 비록 여헌의 주 저술이 성리학의 철학적 문제들 그리고 역학과 깊은 관련이 있는 것이 사실이라고 하더라도, 그 역시 예에 관한 많은 논의를 하였고, 실제 의례의 행사가 가능하도록 편찬한 「관의」, 「혼의」 등의 예서가 있는 것을 보면 과연 여헌의 도와 한강의 도가 같은 것인지 다른 것인지 하는 점은 더욱 판단이 어렵게 되는 것이다.

예학의 면에서 旅軒이 다른 어느 학자보다도 寒岡과 친연이 있다는 사실은 부인하지 못한다. 그 대표적 증거가 되는 것은 한강의 저술인 『五先生禮說』에 여헌이 발문을 썼다는 사실이고, 여헌의 자씨인 임첨추 부인이 별세하였을 때 神主의 奉安과 遞遷에 관한 여헌의 견해가 실은 한강과 상의해서 이루어진 것이라는 기록들이다.[4] 그러나 그러한 기록이 있다고 하더라도 실제 한강으로부터 예학을 어떻게 전수했는가 하는 사실에 대한 기록은 찾기 어렵다.

또한 예학의 범위에 한정하여 볼 때 여헌의 예설이나 예 관련 저술들이 담고 있는 내용은 한강의 학설을 충실히 추종하는 것이 아니고, 退溪(李滉)의 예설이나 예실천 사례를 비롯하여 芝山(曺好益), 久菴(韓百謙) 등의 예설 및 『朱子家禮』, 『儀禮』 註疏 등 古禮를 폭넓게 상고하였다고 기록들이 전한다. 그의 예학은 어느 일정한 스승으로부터 전수한 것이 아니고, 가법에 따른 예실천과 그것을 뒷받침할 禮經과 禮書의 독해 및 선행 예실천 사례들을 참고해서 형성되었던 것이다.

또한 뒤에 다시 살피게 되는 그의 예서 가운데 「혼의」는 당시에 예학의 대가들로 일컫는 한강이나 沙溪(金長生) 등의 예서와 비교할 때 그 체제와 성격이 매우 다른 것으로 판단된다. 즉 한강과 사계의 예서들, 즉 『家禮輯覽』, 『喪禮備要』, 『五先生禮說』 등의 예서들이 『朱子

---

4) 민족문화추진회, 『국역 여헌집』 4, 173~174쪽.

家禮』의 규범 목록의 체제를 충실히 지켜서 편찬된 것으로서 원칙적이고 교조적인 성격을 상대적으로 많이 지닌다면, 여헌의 「혼의」는 『주자가례』의 체제와 달리 당시 조선의 현실 속례를 반영하면서도, 또한 그것을 유교적 예속으로 묶기 위한 고심이 담겨 있는 저술이다. 따라서 그것은 한강과 사계의 예서에 비하여 현실성과 실용성을 상대적으로 더 풍부하게 내포한 것으로 보인다. 이러한 의식과 예학의 경향이 그의 성리학과 역학적 태도와 어떠한 관련이 있을 것인가 하는 점은 궁금하지만, 다음 연구로 미루고자 한다. 다만 확실하게 말할 수 있는 것은 그는 예학에 있어서 일정한 사승 없이 독자적인 예학적 관점과 방법을 세워서 현실에 적합하면서도 원칙에 어긋나지 않는 예실천을 지향한 학자였다는 점이다.

3. 예학 관련 자료들

　여헌의 예학을 연구하고자 할 때 살펴볼 자료는 적지 않다. 여헌의 예학에 대한 소개가 필요하기 때문에 우리는 일단 여헌이 남긴 예학 관련 자료들을 살펴보고, 그것들로부터 여헌의 예학의 태도와 관점, 방법 그리고 특징과 의의에 대한 논의를 할 수 있다. 예학 관련 자료라고 한다면, 아무래도 여헌이 예에 관하여 직접 간접으로 언급한 자료들이 해당될 것이다. 그러므로 그러한 자료들을 형태와 성격에 따라서 분류하여 개괄하여 소개하고자 한다.

　무엇보다도 가장 먼저 거론될 수 있는 것은 예서의 성격을 갖는 저술들이다. 연보에 의하면 그는 38세(1569)에 모부인 이 씨의 상을 당해서 「喪制手錄」을 지었다. 그러나 이 자료는 현재 『국역 여헌집』은 물론 『旅軒全書』(1983년 仁同 張氏 남산파 종친회 발간)에도 수록되어 있지 않다. 아마도 이것은 상을 마친 뒤 상실되었거나 폐기된 것으로 추측된다. 그리고 그의 46세에 편찬한 「婚儀」가 있고, 62세에 修整한 「冠儀」가 있다. 이와 더불어 「奔竄中事亡儀略」도 그의 예학에 관한 자료가 된다. 이들은 그가 직접 관혼상제의 각 의례의 예문을 조목을 갖추어 편찬한 것으로, 체제의 면에서 『朱子家禮』와 다른 예문 조목의 구성을 시도하고 있는 면이 특징이기는 하지만, 전체적으로는 『朱子家禮』가 설정한 四禮의 범주체제를 수용하는 가운데 이루어졌다고 할 수 있다. 이 자료들이 귀중한 이유는 이들은 그가 기획하고 구성했던 관혼상제 각각의 의례의 진행과 그 절차 전반에 관한 그의 구상을 보여주고 있기 때문이다. 그것을 통해서 그의 예학이 지향하고 있는 합례적 삶의 규범의 격식과 성격을 밝힐 수 있으며, 특히 타 예학자들이 편찬한 관혼상제 등 家禮類 예서와 비교가 용이하다고 할 수 있다.

그리고 왕조례에 해당하는 예에 대한 학설을 담은 자료들은 「丙寅喪禮說」, 「請寢追崇疏」, 「請停祔廟疏」, 「書祔廟上疏下批後」이다. 이들은 仁祖의 생부인 定遠君의 元宗 追崇 및 祔廟에 대한 반대와 비판적 입장을 담은 예설 그리고 인조의 생모인 啓運宮 喪에 대한 예설을 담고 있다. 이는 당시 인조의 원종 추숭 및 그와 관련된 일련의 행사의 합례적 정당성 여부에 대한 도학자들과 반정 공신들 사이의 대립적인 견해가 표출되었던 상황에서 여헌의 태도를 표방한 것이다.

그리고 양적으로 많은 것이면서 특히 사족들의 관심사인 상례에 관한 문목과 답변을 기록한 서한들을 꼽을 수 있다. 이들은 『여헌선생문집』 권6에 속한 答問目들과 『旅軒續集』 권2에 속해 있는 答問目들이다. 이들은 상례 전체를 체계적으로 정리한 글은 아니지만 상례와 관련된 문목과 답변이 주가 된다. 그러나 개중에는 『여헌선생문집』 권6의 「答檜淵書院」, 「答本校五賢從祀時問」, 「答紫川書院三先生位版改題文」과 같은 글들은 서원의 享祀와 관련된 그의 예설을 담고 있다.

『여헌선생문집』권13의 行狀과 『여헌속집』권9, 권10의 부록에 실린 문인들의 각종 여헌의 언행에 관한 기록들도 역시 여헌의 예를 실천하는 태도와 학문적 입장 그리고 예설 등을 많이 담고 있다. 이들로부터 실제로 여헌의 행례와 관련된 사실들을 파악할 수 있다.

그리고 『여헌선생속집』권4의 「饋位官說」, 「諭鄕所文」, 「諭書院文」, 「諭一鄕文」 등은 그의 經世와 관련된 예학적 사고를 밝혀볼 수 있는 글이 될 것이다.

그러나 직접적인 예문에 대한 언급이 없더라도 禮에 관한 定義와 아울러 그의 학문적 태도와 관점을 보여주는 글들은 여러 곳에서 산견된다. 그러한 점을 보여주는 자료는 그의 「學部名目會通旨訣」, 『宇宙要括帖』을 비롯하여, 『여헌선생속집』권5에 실린 「晩學要會」이다. 그리고 인간의 심신 수양이라든가 그가 강조한 老人事業과도 관련하여 禮에 관한 사고는 직접 간접으로 표출되고 있다. 예를 들면, 그의 「標題要語」, 「方寸持存法」, 「老人事業」, 「耄齡人事」, 「座壁所題」 등의 글은 노인사업과 관련된 규범들을 제시한 것으로 보인다.

그 밖에도 「事物論」을 비롯하여 「心說」, 「文說」, 「明分」, 「吾人常接」 등은 禮에 관한 철학적 근거를 풀이한 글로서 취급할 수 있으며, 그것들보다 더 깊게 들어간다면 그의 「太極說」, 「性理說」, 「經緯說」, 「分合說」 등으로부터 예학의 근원에 철학적 관점이 작용하고 있음도 추론할 수 있다. 특히 그의 예학은 역학을 바탕으로 이루어진 것, 혹은 역학적 깨달음과의 상호 관련 속에서 형성되고 전개된 것이라고 할 수 있는데, 아마도 그 점이 그의 예학 연구가 역학을 비롯하여 성리학 전반과 상호 유기적인 철학적 연관성을 탐구해야 하는 까닭이 되는 것이다.

4. 예학적 사유의 기반

여헌의 유학은 역학을 비롯한 여러 경학의 지식 체계, 성리학적 사고 체계를 비롯하여 유학의 여러 학문적 요소와 분야가 유기적 관계를 형성하면서 그 유교의 공부와 실천의 일관성을 보이는 것이 특징이다. 따라서 그의 예학도 이러한 유기적 관계와 일관성을 바탕으로 논구해야 할 대상이 아닐 수 없다.

그의 예학은 전반적으로 經學과 儒學 전반의 유기적 관계 속에서 그 학문적 입지를 찾는 것이 옳을 듯하다. 그는 『易學圖說』에서 陽村의 『入學圖說』 가운데 「五經體用合一之圖」를 수용하고 있는데, 이는 경학의 분야를 비록 나누더라도 그 속에서 禮經 연구에 의한 예학은 易經의 大體와 春秋의 大用의 구조 속에 일관되거나 통합된다는 사고를 그가 수용하고 있음을 시사한다. 그보다 더 근본적인 성찰을 바탕으로 한 『宇宙要括帖』에서는 제1첩 「會眞帖」에 중앙의 一圓을 그려서, 그것으로써 모든 것의 근원인 태극을 상징하고 있는 듯이 보인다.[5] 제2첩 「一原帖」은 萬變과 萬化, 萬事와 萬物이 一理로 귀결되고 동시에 그로부터 비롯된다는 사고를 보인다. 그 이후의 「俯仰帖」, 「中立帖」, 「傳統帖」, 「載道帖」, 「景慕帖」, 「傍搜帖」, 「遠取帖」, 「反躬帖」 등은 만사 또는 만물 속에 포함되는 것이다. 그 가운데 제6첩 「載道帖」은 三禮書가 道를 담은 經의 대열에 놓고 있다. 이는 여헌만의 사고는 아니지만, 적어도 예경이 예문을 통해서 도를 싣고 있다는 사고는 일원의 궁극적 理 혹은 道가 예를 통해서 구현된다는 사고를 확인할 수 있음은 물론이다.

「明分」이란 글은 그러한 사고를 분수에 대한 해명을 통해서 더욱

---

5) 『국역 여헌집』 3, 243쪽 각주에서는 회진첩에 아무 그림이 없다고 하였다. 그러나 奎章閣본 『우주요괄첩』의 회진첩은 첩 면 전체에 커다란 一圓을 그렸다.

구체적으로 설명한 것이다. 그에 의하면 분수란 다음과 같은 것이다. "만물이 천지의 사이에 태어나서 정해진 분수가 있지 않음이 없으니, 분수란 그 받은 바의 形氣에 따라 도리에 한계가 있는 것이다."6) 그에 의하면 분수란 근본적으로 一理에서 비롯되는 것인데, 그는 그것을 一本萬殊로 정의하고 있다. 그에 대하여 그는 다음과 같이 설명한다.

> 분수는 물건마다 각기 정해져 있어서 똑같을 수가 없는 것이니, 이
> 는 바로 一本萬殊의 떳떳한 이치이다. 만약 萬殊의 나뉨이 없다면
> 一理의 用이 어찌 두루 다 갖추어질 수 있겠는가. 道가 함께 행해
> 지고 서로 어그러지지 않으며, 만물이 함께 길러지고 서로 해치지
> 않는 것이 바로 이 이치이다.7)

이는 일리의 용으로서 예가 만물의 공생과 공영, 즉 조화의 기틀이 된다는 그의 견해를 보여준다. 그 조화를 위해서 필요한 것이 곧 분수를 잘 지키고 이행하는 것이라고 그는 생각한 것이다. 그리하여 그는 인간에게 큰 분수와 작은 분수를 나누고, 큰 분수는 일생에 관여하고 작은 분수는 一時에 관계된다고 구별한다. 일시에 관계되는 것은 때가 지나면 분수가 변하며, 일생에 관계되는 것은 몸이 죽은 뒤에야 일이 끝나는 것이지만, 오직 사업 중에 영원하고 또 큰 것은 몸의 始終을 시종으로 삼지 않고 천지의 시종을 다하는 데 있다고 그는 말한다.8) 그는 이 분수의 개념으로부터 도리(理)를 연역하고 있는데 이 도리(理) 가 결국 禮의 이칭이 될 수 있는 것이다. 즉 그의 다음과 같은 설명이 그렇게 볼 수 있는 점이다.

> 분수 안에 마땅히 하여야 할 것으로 말하면 한 번 動하고 한 번 靜
> 함에 동하고 정하는 도리를 다하고, 한 번 사물을 응하고 접함에 응

---

6) 『국역 여헌집』 1, 293쪽.
7) 위의 책 296쪽.
8) 위의 책, 294쪽.

하고 접하는 도리를 다하며, 마음에 있어서는 마음의 이치를 다하고 몸에 있어서는 몸의 도를 다하고 집안과 마을과 나라에 있어서는 집 안과 마을과 나라의 도를 다하지 않음이 없으며, 천지와 우주에 있 어서도 모름지기 三才에 참여하여 천지의 중간에 서 있는 도리를 다하여야 하니, 이것이 우리 인간의 사업이 아니겠는가? 분수 밖에 마땅히 하지 말아야 할 것으로 말하면 마음에 있어서 한 생각이 도 리가 아니고 몸에 있어서 한 번의 動靜이 법도가 아니면, 집안과 마 을에 있어서 한 번의 言行과 한 번의 應接이 의롭지 않고, 나라에 있어서 한 번 진퇴함과 한 번 조처함이 도리가 아닌 것은 모두가 어 그러진 행실이요 망령된 행위인 것이다. 그렇다면 마땅히 다하여야 할 것을 다하지 않고 마땅히 지켜야 할 것을 지키지 않는 것은 모두 본분의 도리를 참으로 알지 못하고 실제로 보지 못한 것이다. 만일 다하지 않을 수 없는 도리를 참으로 알았다면 죽은 뒤에야 그만두는 것이 그 분수이며, 지키지 않을 수 없는 도리를 실제로 보았다면 죽 음에 이르도록 어기지 않는 것이 그 분수인 것이다.[9]

그의 이러한 사고는 곧 사람의 일생이 작은 분수를 잘 지켜서 대도 를 실현할 수 있다는 사고를 낳고, 동시에 누구나 자신의 분수를 다하 게 되면 사회와 천하가 평화롭게 될 수 있다는 사고를 낳는다. 그렇게 보면 大道란 곧 각각 분수를 지켜서 조화를 얻은 상태를 의미하는 것 이다. 그리고 그렇게 인간 스스로 분수를 지키면서 만물이 각각의 분 수를 잘 지킬 수 있도록 하는 것이 곧 인간의 사업이란 생각도 여기에 담겨 있는 셈이다.

그 분수가 비록 일시에 관계되나 모두가 大道의 가운데에 항상 갖 추어져 있는 절목이다. 작은 것이 쌓여서 큰 것에 이르고 가벼운 것 이 쌓여서 중한 것에 이른다. 그러므로 날이 쌓여서 달에 이르고 달 이 쌓여서 해에 이르고 해가 쌓여서 世代에 이르니, 큰 분수를 다함 이 작은 분수를 쌓음에서 말미암지 않겠는가. 쌓이고 또 쌓인 뒤에

---

9) 위의 책, 294~295쪽.

하늘과 땅에 참여되고 우주에 뻗치는 도를 비로소 본분에 다할 수
있는 것이다.[10)

　그는 大道의 개념을 통해서 인간사의 세목을 통합하고 일관하는 사
고를 보여준다. 그것이 앞서 말한 一本萬殊와 통하는 것임은 물론이
고, 여기서는 만수에 해당하는 작은 분수 혹은 작은 절목들로서의 禮
실천을 통해서 대도를 구현할 수 있다는 것이 그의 생각임을 잘 보여
준다. 이로써 본다면 그에게서 대도의 구현과 관련되어 반드시 익히고
실천해야 할 대상이 바로 작은 분수의 절목으로부터 큰 분수의 절목을
두루 포함하는 禮가 아닐 수 없다. 그리고 이는 下學을 통해서 上達
하는 유학의 도와 다름 아닌 것이다. 즉 큰 분수를 다한다는 것은 대
도를 구현한다는 의미인데, 그것이 작은 분수를 쌓음에서 비롯된다는
사고는 바로 하학을 통한 상달이 가능하다는 유가적 사고를 의미한다.

5. 禮 개념

1) 禮와 五常

　여기서는 여헌의 여러 글로부터 예의 관념을 추출하여 예학의 기초
가 될 예의 개념을 정립하도록 한다. 여헌은 특별히 禮를 주제로 삼아
서 분석하거나 그 의미를 정리한 글은 남기지 않았다. 그러나 여러 글
에서 다른 개념들과 함께 예를 개념적으로 정의하거나 풀이하였다. 그
러므로 이러한 글들로부터 예의 개념을 정리하여 보도록 한다. 일차적
으로 「平說」에서 다음과 같은 글을 통해서 예 개념의 근거를 찾아볼
수 있다.

---

10) 위의 책, 301쪽.

統體를 가지고 말하면 太極이라 이르고, 本然을 가지고 말하면 理라 이르고, 작용을 가지고 말하면 氣라 이르고, 流行을 가지고 말하면 道라 이르고, 부여함을 가지고 말하면 命이라 이르고, 간직하고 있는 떳떳한 성품[秉彝]을 가지고 말하면 性이라 이르고, 발하여 나온 것을 가지고 말하면 情이라 이르고, 스스로 얻은 것을 가지고 말하면 德이라 이르고, 드러나고 나타난 것을 가지고 말하면 文이라 이르고, 능히 할 수 있는 것을 가지고 말하면 才라 이른다. 그리하여 가리키는 바에 따라 명칭을 달리하고 명칭에 따라 글자를 달리하나 그 실제는 똑같은 것이다.[11]

이 글에서 언급된 文을 禮에 상응하는 개념으로 생각하여 볼 수 있다. 왜냐하면 예를 절문이라고 생각할 때 그것 역시 문에 해당하는 것이기 때문이다. 그런데 위 글에서 太極, 理, 道, 命, 性, 情, 德, 才, 文이 다른 명목에도 불구하고 그 실질이 동일하다고 하지만, 명칭에 구분이 있는 것은 그것으로써 반드시 지칭해야만 적실함을 얻게 되는 내용이 있기 때문이다. 사실 그는 五常에 대한 언급을 통해서 禮와 다른 덕과의 관계를 설정하면서 동시에 예의 개념을 구체적으로 제시하고 있다. 「學部名目會通旨訣」에서는 오성과 관련하여 예를 다음과 같이 정의한다.

하늘에 있는 四德의 元이 사람에게 있으면 마음의 덕과 사랑하는 이치가 되니 이것을 仁이라 하는 바 惻隱이 그 단서이며, 하늘에 있는 利가 사람에게 있으면 마음의 제재와 마땅하게 하는 이치가 되니 이것을 義라 하는 바 羞惡가 그 단서이며, 하늘에 있는 亨이 사람에게 있으면 節文과 儀則의 이치가 되니, 이것을 禮라 하는 바 辭讓이 그 단서이며, 하늘에 있는 貞이 사람에게 있으면 지각과 변별하는 이치가 되니 이것을 智라 하는 바 是非가 그 단서이며, 元亨利貞의 진실한 덕이 사람에게 있으면 仁義禮智의 진실한 덕이 되니 이것을 信이라 하는 바 四端이 반드시 그러한 것이 바로 모두 그 단서이다. 이 다섯 가지가 性의 조목이다.[12]

---

11) 『국역 여헌집』 4, 8쪽.

그러나 예를 비롯한 오상은 인간의 성에 해당하는 것이기는 하지만, 그것이 단지 인간의 내면세계에 국한된 존재이거나 작용은 아니다. 여헌의 이기론의 관점으로 본다면 인간의 성은 천지와 사물과 그 본질이 상응하고 그 작용이 상통할 수 있는 것이어야 마땅한 것이다. 여헌은 그러한 점을 잘 설명하고 있다. 그는 사람의 성의 덕목으로 지칭되는 仁義禮智信이 성에 국한되지 않고, 하늘과 땅 사이의 사물을 다 포괄하고 우주의 도리를 꿰뚫는 것으로 간주한다.[13]

천하의 물건이 무수히 많지만 이 仁이 모두 포괄하고, 천하의 일이 무수히 많지만 이 義가 모두 제재하고, 천하의 分數가 무수히 많지만 이 禮가 모두 순서를 정하고, 천하의 이치가 무궁하게 많지만 이 智가 모두 구별하고, 천하의 情이 헤아릴 수 없이 많지만 이 信이 모두 견고히 하여, 다섯 가지가 하늘과 땅 사이의 온갖 변화를 다할 수 있기 때문에 그 조목이 이 다섯 가지에 그치는 것이다.[14]

그리고 그는 사람의 性의 덕목을 仁義禮智信으로 구별하지만 그것은 體의 차원에서는 혼연하기 때문에 구별이 없고 用으로 드러나서 맥락이 분별될 때 그러한 구별이 가능하게 된다는 사고를 갖는다.[15] 이러한 사고를 연장하여서 그는 한 몸에서의 五常, 칠정에서의 오상, 사업에서의 오상, 오륜에서의 오상, 짐승과 초목에 있어서의 오상을 각각 설명한다. 이 설명으로부터 예에 대한 정의를 추출하면 다음과 같다. 一身上에서의 禮는 "五臟 六腑 肢體에 大小와 上下가 차례가 있고 內外와 輕重이 구분이 있어서 모두 갖추어지고 다 구비한 것"[16]이고, 칠정에서의 예는 "마음이 동하면 기뻐하고 노여워하고 슬퍼하고 즐거워하고 사랑하고 미워하고 하고자 하는 情을 말소리와 얼굴빛에 나타내어 행사에 시행하는 것"[17]이고, 사업에 있어서는 "지로써 알고

---

12) 『국역 여헌집』 1. 267쪽.
13) 『국역 여헌집』 3. 25쪽.
14) 위의 책. 23쪽.
15) 위의 책. 25쪽.
16) 위의 책. 26쪽.
17) 위의 책. 27쪽. 이 인용문 마지막 부분의 措諸行事者를 국역본에서는 "행사에 드러내는 것"이라고 번역하였는데 이 글에서는 위와 같이 하는 것이 더 타당하다고 생각된다.

인으로써 행하고 예로써 펴고 의로써 제재하고 신으로써 이루는 것"[18]이라고 구별하였다.

이와 같이 보면 예는 節文과 儀則 그리고 대소 상하 간의 차례, 내외와 경중의 구분 및 구비, 心情의 表現과 實現 등으로 설명될 수 있는 것이고, 그 밖에도 그는 인륜에서 長幼의 차례, 사업의 펼침[敍]을 말하기도 하고, 짐승에서는 雎鳩의 구별[別]과 기러기의 차례[序]가 여기에 해당하는 의미를 지니는 것이다. 그러나 이렇게 예의 개념을 구별하더라도, 그 구별은 실은 내면의 본성에 근거하여 발휘되는 것이라고 그는 설명했다. 그렇게 되면 인간의 마음과 그 본성이 예실천의 가장 중추적이고 근원적인 자리가 된다고 할 수 있다. 이 점이 그의 예학이 심학과 중요한 관련을 갖는 이유가 될 것이다.

2) 禮와 中

예를 차례, 질서, 절문, 의칙 등의 의미로 파악하는 것이 여헌의 태도이다. 그것을 분수[分]의 개념과 연관 지어보면, 차례를 지키고 질서를 지키며 절문과 의칙에 맞게 행동하는 것이 곧 분에 넘치거나 모자라지 않는 행동이 된다. 사람은 분에 넘쳐서도 안 되지만 그것에 못 미쳐도 문제가 생길 수 있다는 것이 그의 생각이다. 그러한 그의 문제의식과 그에 대한 답은 禮와 中의 관계를 밝힌 그의 글을 통해서 살펴볼 수 있다.

여헌은 다음과 같은 의문을 통해서 禮와 中의 관계를 논한다. 그는 천지와 만물이 진실로 이 태극의 밖에서 벗어난 것이 있지 않은데 도를 어기는 자가 많다는 점에 대하여 일종의 철학적 의문을 제기한다.[19] 그 이유를 그는 도가 비록 하나라고 할지라도 오직 中을 잡은

---

18) 위와 같은 곳.
19) 『국역 여헌집』 3, 258쪽.

자가 드물기 때문에 도를 어기는 자가 많은 것이라고 풀이한다. 위와 같은 곳. 그리고 그는 전체의 中과 일단의 中을 구별하고, 전자는 사람을 가지고 말하는 것이고, 후자는 일[事]을 가지고 말하는 것이라고 구별한다. 그리고 일단의 중은 보통 사람이라도 때로 얻을 수 있지만, 전체의 중은 聖人이 아니면 얻지 못한다고 그는 설명한다. 그렇지만 일단의 중을 쌓은 다음에 전체의 중을 이룰 수 있다고 하여 일단의 중에 충실한 삶이 중요하다는 점을 그는 강조한다[20].

먼저 일단의 중에 대한 그의 설명을 살피도록 한다. 그의 설명에 의하면 중이란 사물의 당연한 법칙이며, 평상한 이치라고 규정되지만[21], 여기에는 나라는 주체와 일, 물건, 지위, 때의 만남 속에서 중이 형성된다는 그의 사고가 중요하다. 그는 의리가 마주치는 바는 일에 따라, 물건에 따라, 지위에 따라, 때에 따라 다른 것이라고 설명한다.[22]

그 외에도 의와 예가 다르게 되는 경우는 다음과 같은 경우도 있다고 그는 설명한다. "일이 혹 같더라도 내가 응하여야 할 義가 혹 같지 않고, 물건이 혹 같더라도 내가 접하여야 할 禮가 혹 같지 않으니, 이는 때에 따라 지위에 따라 똑같지 않은 것이다. 그리고 응하는 것은 나 자신이지만 만나는 일이 똑같지 않으면 일에 응하는 의가 다르지 않을 수 없으며, 접하는 것은 모두 나 자신이지만 만나는 물건이 똑같지 않으면 물건을 접하는 예가 다르지 않을 수 없으니, 이 때문에 일에 따라 물건에 따라 똑같지 않은 것이다."[23] 그는 이것을 일단의 중이라고 설명하는데, 중요한 것은 中이 나와 대상과의 올바른 만남의 상태를 의미하고, 그 상태에서 비로소 義를 획득할 수 있다는 그의 설명이다.

이러한 사고는 전체의 중에 대해서도 예외가 아니다. 다만 그 규모

---

20) 위와 같은 곳.
21) 위의 책, 256쪽.
22) 위의 책, 258쪽. 국역본의 번역은 "의리의 만나는 바로 말미암아 일에 따라(중략) 대처하는 도리가 각기 다르다."로 되어 있지만 원문에 따라 고쳤다.
23) 위와 같은 곳.

가 전체로 확대되고 모든 일단의 중을 완전하게 실천하는 상태라는 차이가 있다고 생각된다. 전체의 중을 성인이라야 실천할 수 있다고 하는 것은 그 때문이다. 그에 의하면 전체의 중이란 천지의 중간에 서서 우리 인간의 직분을 다하는 것이다.[24] 그에 의하면, 인간의 직분을 다한다는 것은 오상의 성을 순조롭게 하고 칠정의 정을 바르게 하며, 六藝를 통달하고 五倫을 돈독히 하여, 마음으로부터 몸에 이르고 몸으로부터 집안에 이르고 또 집안으로부터 나라에 이르고 나라로부터 천하에 이르러 천지에 참여하고 고금을 관통하는 것이다. 그에 의하면 이것이 사람노릇 제대로 하는 것이다. 이와 반대로 하여서 사람노릇을 못하고 도를 행하지 못하는 존재로서 그는 下愚와 異端을 들었다.

이 같은 설명에 의하면, 중이란 인간이 바깥의 사물과 지위와 때라는 환경과의 교제에서 적절한 의와 예를 얻는 것을 의미한다. 그러므로 인간의 직분을 다한다는 것은 자신의 본성이 외부의 환경, 즉 일, 물건, 지위와 그리고 때와 적절한 상호 관계를 가질 수 있어야만 가능하다는 것이 그의 사고임을 알 수 있다. 또 사실상 그렇게 하지 않으면 아니 된다는 의미도 거기에 포함된다.

그 때문에 그는 이치에 밝지 못하면 중을 알기 어렵고, 덕에 나아가지 않으면 중을 잡기 어렵다고 설명하는 것이다.[25] 그는 중을 알고 중을 잡는 방법으로서 姚[舜]와 姒[禹]의 惟精과 惟一, 孔子의 博文과 約禮, 曾子의 格物致知, 誠意 正心과 子思의 明善 誠身을 거론하고 있다. 이들이 바로 그가 말하는 학문의 방법이라고 할 수 있다.[26] 그에 의하면 학문이란 이 마음을 거두어 다스려 이 道를 講明하고 이 德을 進修하고 이 性을 온전히 다하는 것인데[27], 이는 곧 도와 덕을 몸과 마음에 확립함으로써 비로소 인간이 작은 몸으로도 천지에 참여

---

24) 위와 같은 책, 258~259쪽.
25) 위와 같은 책, 261쪽.
26) 위와 같은 곳.
27) 위와 같은 책, 266쪽.

할 수 있게 된다는 그의 사고와 서로 통한다. 그는 「立巖記」에서 다음과 같이 말한다.

> 우리 인간은 천지의 사이에 서서 어찌 선 바가 없이 사람이 될 수 있겠는가. 마음에 덕을 간직하여 본연의 정해진 성을 간직하고, 몸에 도를 행하여 마땅히 행할 바른 이치가 있으니, 仁義禮智는 덕의 조목이고 孝悌忠信은 도의 조목이다. 이 덕에 마음을 두어 변치 않고 이 도를 몸으로 행하여 옮기지 않은 뒤에야 서는 것이 마땅히 설 곳에 서게 된다.(中略) 이는 성현들이 작은 몸으로 천지에 참여하게 되는 이유이니, 그 서 있는 바가 도덕이기 때문이다.[28]

그에 의하면 도는 효제충신이고 덕은 인의예지인데, 이 양자는 사실상 인간의 내외에서 상응하는 것이라고 할 수 있다. 그는 빈천이 심신을 약하게 하거나, 부귀가 유혹할 때, 혹은 위엄과 무력이 위압할 때, 갖은 이설로 유혹하더라도 흔들리지 않고 일관된 태도를 취할 수 있을 정도로 이 도와 덕이 확고하게 되어야 한다는 것을 강조한다. 그렇다면 도와 덕은 비록 내외의 구별은 하였어도 한 사람의 몸과 마음에서 통합되어 사유와 행위의 일관성을 확립하는 기준이 되는 것이다. 그리고 그것은 꾸준히 예를 학습하고 익히는 수신의 과정에 의하여 비로소 확립되는 것이라고 한다면, 도와 덕은 예의 신체화에 의하여 비로소 확립된다고 이해될 수 있는 것이다. 그러한 이해에 기초하여서 다음과 같은 그의 견해 역시 그 의미가 분명해지는 것이다.

> 공자가 가르침을 베풀 적에 예로 요약하는 것으로써 끝을 맺었고, 仁을 행하는 것은 예로 돌아가는 것이라 하였으며, 德에 나아감은 예에 서는 것이라 하였으니, 그렇다면 우리 인간의 성을 따르는 道와 道를 品節한 가르침은 그 규범이 모두 예에 있는 것이다. 사람은 단 하루라도 예를 떠나서는 안 되며 천하와 국가는 단 하루라도 예

---

28) 『국역 여헌집』 2, 93쪽.

가 없어서는 안 되니, 이른바 예가 다스려지면 나라가 다스려지고, 예가 혼란하면 나라가 혼란하며, 예가 보존되면 나라가 보존되고 예가 망하면 나라가 망한다는 것이 어찌 확고한 의논이 아니겠는가. 그러므로 가르침은 禮敎보다 먼저 할 것이 없고, 배움은 禮學보다 간절한 것이 없으니 예로부터 성인이 禮를 중히 여기심은 이 때문일 것이다.[29]

3) 禮와 敬

이와 같이 예를 중시할 때 그것은 예가 인간의 몸과 마음에 도와 덕을 확립시킨다는 점 때문에 가능하다. 그렇지만 인간이 비록 마음에 덕을 부여받았고, 그리고 그것을 바탕으로 도를 실행할 수 있는 가능성이 있다고 하더라도 인간의 내면에는 게으름, 갖은 욕망, 무지 등 여러 가지 장애가 발생하여서 그것을 가로막는 일이 허다하다.

그에 의하면 덕은 善을 소유함을 말하는데, 그 소유의 상태에 따라서 그는 다음과 같은 구별을 한다. 仁義禮智信의 五常을 하늘에서 받아 자신의 본성으로 삼은 것을 明德이라 하고, 이 성을 밝혀 온전히 다하면 大德이라 이르고, 다하여 더할 수 없으면 至德이라 이르며, 한마디 말과 한 가지 행실의 善에 이르러서도 이것을 德이라고 이른다.[30] 이에 따라서 덕에는 크고 작음과 높고 낮음의 구별이 있으니 성인이 아니면 닦아야만 이루어진다는 것이 그의 생각이다. 그리고 닦는 것은 반드시 작은 데에서부터 큰 데에 이르고 낮은 데에서부터 높은 데에 이르러야 한다고 그는 설명한다.[31] 즉 그는 덕을 닦음으로써 결국 성인의 경지에 도달하여야 한다는 점을 중요하게 생각하는 것이다. 그렇다고 할 때 그는 敬을 성인을 만드는 기본으로 시작을 이루고 끝

---

29) 『국역 여헌집』 2, 110쪽.
30) 『국역 여헌집』 3, 261쪽.
31) 위와 같은 곳.

을 이루는 큰 방법이라고 생각한다.[32]

그는 덕의 進修에 방해되고 心身의 병통이 되는 것은 모두 怠惰하고 解弛하며 放肆하고 橫奔하는 폐단이라고 지적한다. 그런데 그것을 극복하는 방법은 바로 敬이라고 그는 강조한다. 그에 의하면 敬은 일체의 마음과 몸을 收束하는 것이니, 마음과 몸이 과연 수속하는 가운데에 있으면 천 가지 사악함이 물러가 복종하고 만 가지 善이 드러나게 된다.[33] 그는 心身을 수속하는 실제는 밖이 整齊하고 嚴肅하며 안이 虛明하고 靜一하게 하는 것이라고 설명한다.[34] 이것은 外面을 제어하여 내면을 바르게 기르는 법이다.

그 수속의 효과에 대해서 그는 다음과 같이 설명한다.

> 光大하고 寬和하여 살려는 뜻이 활발하여 仁의 덕이 확립되고, 안의 마음이 이미 정직해지고 밖의 일이 저절로 방정하여 義의 덕이 확립되며, 거두고 억제하고 공경하고 두려워하며 겸손하고 공손하여 禮의 덕이 확립되며, 청명하고 통철하여 은미한 것을 밝게 비추어 智의 덕이 확립되며, 하나를 주장하여 딴 데로 가지 않고 시종 간격이 없어 信의 덕이 확립되니, 이렇게 되면 다섯 가지의 덕이 확립되어 말은 사물에 징험되고 행실은 떳떳함이 있게 된다. 그리하여 일을 처리함에 상세하고 사물을 접함에 공손하고 윗자리에 있으면 겸손하고 아랫자리에 있으면 순하여, 억지로 힘쓰지 않아도 저절로 그 법칙이 있다. 중화를 지극히 하여 천지가 편안하고 만물이 길러지는 사업도 이로써 이루어질 수 있으니, 이것이 敬의 지극한 공부가 아니겠는가.[35]

「학부명목회통지결」에서 정의한 敬은 "마음이 스스로 專一함을 지극히 하여 겉과 속이 간격이 없고 始와 終이 변치 않는 것"[36]을 의미

---

32) 위의 책, 262쪽.
33) 위와 같은 곳.
34) 위와 같은 곳.
35) 위와 같은 곳.

한다. 그에 의하면 恭, 虔, 恪, 祗, 欽, 寅이 모두 敬의 뜻인데, 이들은 경의 의미를 지니면서도 주장하는 바가 약간씩 다르다고 그는 설명한다. 이러한 설명은 이전의 유학자들의 것보다 독특한 것이 아닐수 없다. 그 설명에 의하면, 恭의 뜻은 용모를 주장함이 많고, 虔의 뜻은 위엄을 주장함이 많고, 恪의 뜻은 일을 주장함이 많고, 祗의 뜻은 삼감을 주장함이 많고, 寅의 뜻은 두려워함을 주장함이 많고, 欽의 뜻은 마음을 주장함이 많다고 구별된다.[37] 경은 이 여섯 가지 글자의 뜻을 모두 겸하기 때문에 이 글자의 공효가 다 포괄된 것으로 그는 생각한다. 그에 관하여 그는 "능히 공경하면 용모가 공손하지 않음이 없어서 위엄이 있고, 일마다 조심하지 않음이 없어서 신중하게 되어, 항상 마음이 곧고 한결같아 잠시도 어둡고 실추함이 없을 것이니, 어찌 欽하지 않고 寅하지 않을 때가 있겠는가."[38]라고 설명한다. 이 같은 설명을 미루어 보면 경은 외모와 관련되더라도 근원적으로는 안을 곧게 하는 방법이라고 할 수 있다. 다만 그 안을 곧게 하는 방법이 예의 실천과 긴밀한 관련이 있다고 하는 것은 예의 신체화에 의한 심신의 일관성을 확립하는 방법이 곧 敬이라는 이해가 가능하다고 할 수 있다.

6. 禮 說

여헌의 예설은 그 내용도 다양할 뿐 아니라 분량도 작지 않다. 여기서는 상징적인 그의 예설을 중심으로 살피고자 한다. 예설이란 예에 관한 학문적 해설이라고 정의한다. 즉 예의 조목과 체계를 구성하는 방식과 그 원리와 근거에 대한 학문적 근거에 입각한 해설들을 예설이

---

36) 『국역 여헌집』 1, 272쪽.
37) 위와 같은 곳.
38) 위와 같은 곳.

라고 정의하고자 한다. 그의 예설은 앞 절에서 거론한 그의 예학 자료들로부터 두루 추출할 수 있다. 그러나 여기서는 가장 특징적인 것을 중심으로 소개하고 그 의의를 분석하기로 한다.

1)「婚儀」의 특징

여헌의 예학적 견해의 특징적인 내용은 먼저「혼의」로부터 고찰할 수 있다. 관혼상제라는 인생의례의 한 부류인 혼례의 의식을 다룬 것이「혼의」이다. 하나의 독립된 의례의 전체적 의식 절차를 목록화하여 지은 그의 예서로서「冠儀」와「혼의」가 있다.「관의」는 관례의 절차를 주로『朱子家禮』의 체제와 크게 어긋나지 않도록 구성하였다. 그러나「혼의」는『주자가례』와도 다르고『의례』의 육례와도 다른 점이 두드러진다. 그 점에 대하여 살피기에 앞서서 중국의 고례의 혼례 의식절차에 대해서 간략하게 언급하는 것이 필요하다. 고례의 혼인 절차는『儀禮』의 士昏禮에 기록된 納采, 問名, 納吉, 納徵, 請期, 親迎의 六禮를 첫 번째로 꼽을 수 있고, 이는『예기』昏義 편에서도 커다란 차이가 없다. 그리고 이와 달리『주자가례』는 議婚, 納采, 納幣, 親迎의 四禮의 절차를 정립하였다.

그런데「혼의」는 이 두 가지 의식을 절충하면서도 그들과 다른 형식을 취하는 점이 몇 군데 발견된다. 그것을 설명하기 위하여「혼의」의 대강의 절차와 조목을 살펴보면 다음과 같다. 納采, 納徵, 請期, 筓, 陳器饌, 壻行告祠堂, 醮子, 壻至告祠堂, 醮女, 奠雁, 同牢, 壻見婦之父母, 婦見舅姑, 舅姑禮婦, 婦見于諸尊長, 冢婦饋舅姑, 饗婦, 饗送者, 婦廟見.『주자가례』의 사례의 체제와 비교할 때「혼의」의 절차가 지니는 특징은 議婚의 절차가 생략되고, 請期와 筓禮가 추가되었으며, 親迎의 절차가 빠졌다는 점이다.

여헌의 「혼의」의 의절 구성은 일차적으로 『주자가례』의 혼례를 모범으로 삼되, 그것에 대한 보완과 수정을 거쳐서 이루어진 것으로 보인다. 그렇게 볼 수 있는 근거는 우선 그가 「혼의」의 冒頭에서 請期의 조목을 첨가하는 이유를 설명한 글에서 찾아볼 수 있다.

> 『의례』에는 納采, 問名, 納吉, 納徵, 請期의 다섯 가지 예가 있어 親迎하기 전에 행하는데, 『家禮』에는 간략함을 따라 납채와 납징만을 행하였다. 그러나 楊復은 이르기를 "청기하는 하나의 예절은 폐할 수 없다."[39]

양복은 중국 송대의 인물이며, 주자의 제자이다. 그의 시대에도 납채와 납징 이후에도 다시 청기하는 절차가 있었다고 그는 말한다.[40] 아마도 이는 혼례의 절차상 불가피한 절차이므로 『주자가례』에서 생략하더라도 실질적으로는 생략할 수 없다는 이유로 여헌은 「혼의」에 정식 절차로 다시 삽입한 것이라고 판단된다. 동시에 그 절차의 정당성을 『의례』로부터 다시 확인할 수 있는 것이므로 이는 『의례』의 육례의 체제를 다시 회복하는 것이 옳다는 그의 예학적 신념도 암시하는 부분이다. 그러한 신념의 일단이 『주자가례』의 納幣라는 절차용어 대신에 『의례』의 納徵이라는 용어를 사용한 점에도 드러난다.

또 한 가지 특이한 것은 笄禮가 혼례의 절차에 편입된 점이다. 「혼의」에서 계례는 請期의 절차 다음에 설정되어 있다. 『주자가례』에서는 계례를 冠禮처럼 혼례와는 독립된 의절로 다루었다. 다만 그 처음 節文에는 "여자는 출가를 허락하면 계례를 한다."[41]고 명시하여서 여자의 계례는 혼인이 하나의 전제조건이 됨을 강조하였다. 그러나 附記

---

39) 『국역 여헌집』 4, 78~79쪽.
40) 『주자가례』 昏禮, 納幣條의 註, 楊氏復曰 昏禮有納采問名納吉納徵請期親迎六禮 家禮略去問名納吉 止用納采納幣 以從簡便 但親迎以前 更有請期一節 有不可得而略者 今以例推之 請期具書遣使如女氏 女氏受書復書禮賓 使者復命 並同納采之儀.
41) 위의 책, 笄禮, 女子許嫁笄.

된 절문에는 "나이가 15세가 되면 출가를 허락하지 않더라도 또한 계례를 한다."[42]고 하였다. 이러한 까닭에 『주자가례』에서는 계례를 혼례와 연계된 의절로 삼으면서도 관례와 함께 묶어서 독립된 예절로 구성하였던 것이라고 파악된다. 그렇지만 「혼의」는 그것을 혼례를 전제로 하는 의식임을 분명히 하면서 혼의 절차의 한 절차로 고정시킨 점이 눈여겨보아야 할 점이다. 아마도 이렇게 할 수 있었던 경전적 근거는 『儀禮』 士昏禮記에는 여자가 결혼을 허락하면 계례한다는 예문이 되었다고 할 수 있다.[43] 계례의 의절에서 대체적인 절문은 『주자가례』의 그것과 대동소이하다. 다만 계례하는 사람이 입는 복장에 대해서는 『주자가례』와 다른 복식을 입는 것으로 되어 있다. 즉 계례할 자가 賓이 당도하기 전에 방에서 착용하고 있는 복식이 『주자가례』에는 衫子인데 「혼의」는 長衣이다.[44] 長衣와 衫子의 차이가 어떠한 것인지는 아직 불명확하다. 또 비녀를 꽂는 계례를 마친 다음에 醮禮하는 절차에 앞서서 계례 당사자가 입는 옷에 대해서 『주자가례』는 背子를 입는다고 하였으나, 「혼의」는 원삼을 입는 것이라고 하였다.[45] 배자 역시 어떠한 옷인가 불명하기 때문에 그 차이를 밝히는 것은 어렵다. 그러나 일단 명칭의 차이는 복식의 차이를 보여주는 것으로 볼 수 있다.

　이러한 절차상의 변화는 『주자가례』의 보완을 『의례』에 기대어 하였다는 점을 말하는 것이고, 그 점에서 중국의 유교적 혼례와 맥락을 같이하는 것이다. 그러나 친영의 절차를 생략한 점은 그의 「혼의」가 중국의 유교적 혼례와 매우 다른 점이라고 평가할 수 있는 점이다. 「혼의」의 절차에서 笲禮 다음에 오는 陳器饌의 절차는 『주자가례』에서는 원래 親迎을 한 뒤에 신랑의 집에서 이루어지는 同牢의 의식을 위해 그릇과 음식을 준비하는 절차에 해당한다. 그러므로 『주자가례』와 『의례』에

---

42) 위와 같은 곳. 年十五 雖未許嫁 亦笲.
43) 『儀禮』 士昏禮記. 女子許嫁, 笲而醴之稱字.
44) 『국역 여헌집』 4, 85쪽.
45) 위와 같은 곳.

의하면 진설 장소는 신랑의 집이다. 그런데 「혼의」에서는 다음과 같이 설명하면서 이 절차가 신부의 집에서 준비하는 것임을 명기하고 있다.

> 親迎을 하게 되면 기물과 음식을 진설하는 것을 마땅히 신랑집에서 해야 할 것이나, 지금은 시속을 따라 친영하지 않으므로 신부집에서 이러한 진설을 하는 것이다.[46]

이 그릇과 음식을 차리는 법은 대체로 『의례』 사혼례의 예문에 준하는 것이다. 중요한 것은 여헌이 이 절차를 신부의 집에서 차리고 신랑의 전안례 이후에 교배례를 하고 이어서 바로 신부집에서 동뢰를 하는 의식으로 삼은 점이다. 이는 당시 조선의 시속을 반영하였고, 그 시속을 유교의 혼의 속의 한 절차로 편성하였다는 점에서 의미가 있는 것이 아닐 수 없다. 즉 조선의 시속을 유교적으로 禮俗化하는 것이었다는 점에서 조선 예학이 현실과의 융합은 물론 그 현실의 유교화를 시도한 사례로 꼽힐 수 있는 것이다.

2) 「奔竄中事亡儀略」의 예설

「奔竄中事亡儀略」은 피난하여 숨어 있는 가운데 제사를 간략하게 행하는 의식이다. 이 의례서가 언제 지어진 것인가는 분명히 알 수 없으나, 추측건대 임란을 당하여 피란 중에 제사를 거행하였던 것을 기록한 것으로 추측된다. 이 글의 冒頭에서 그는 다음과 같이 말한다.

> 顯光은 불초함이 이를 데 없으며 죄악이 크고 지극하여 兵火의 가운데에 神主를 보전하지 못하였다. 지금 즉시 다시 신주를 만들어야 할 것이나 倭賊이 아직도 境內에 있어서 후일에 보존함을 기필하기

---

46) 위의 책, 86쪽.

어려우므로 이에 세월이 안정되기를 기다리는 바이다.[47]

그에 의하면 이 글을 지을 때 세상은 난리통이라서 온갖 물건이 고갈되고 온갖 일이 모두 폐지된 상태라서 예문을 제대로 갖추어 행할 수 없는 상황이다.[48] 이러한 상황에서 그가 제안하는 예실천의 방식은 文을 줄여서 質을 숭상하여 上古의 풍속을 따르는 일이다.[49] 그가 上古시대에는 質만 있었고 점차로 五帝 三王에 이르러 文이 갖추어졌다고 하는 일종의 예 발전의 역사를 거론하는 것은 그가 처한 현실을 역사에 비추어 그 타당한 예실천의 방법을 구하기 위한 것으로 생각된다. 즉 그의 다음과 같은 언급이 그러하다.

祭物을 줄이고 예를 줄이는 것은 진실로 온당하지 못한 일이나 도망하여 피난하는 가운데에 구하기 어렵지 않은 물건이 없어서 비록 한 자의 종이와 한 치의 향이라도 또한 쉽게 얻을 수 없으니, 그렇다면 이러한 것이 없다 하여 제사 지낼 시기를 헛되이 보내서는 안 된다. 또 물건을 이미 구비하지 못하였는데 예를 갖추고자 하면 한갓 虛禮만을 따르는 것이니, 또 어찌 경황이 없어 혼란한 때에 합당하겠는가? 文과 質이 적절히 배합되어 아름다운 것은 진실로 귀하게 여길 만하나 질이 있은 뒤에 문이 있는 것이다.[50]

그는 질이 바탕이 되어 문이 성립한다는 사고를 바탕으로 전시의 물자가 궁핍한 상황에서 예문을 제대로 구비하지 못하더라도 제사를 올릴 수 있고, 또 그렇게 해야 함을 강조하는 것이다. 이 글에는 그가 문을 갖추지 못하더라도 질을 올바르게 발휘할 수 있는 방법으로 제시한 제사의 의례의 내용이 기록되어 있다. 이제 그 내용을 구별하여 살

---

47) 위의 책, 97쪽.
48) 위의 책, 100쪽.
49) 위와 같은 곳.
50) 위와 같은 곳.

펴보도록 한다. 그리고 이로부터 그의 일종의 權道에 입각한 의례 시행의 원리를 이해할 수 있을 것이다.

그가 이 글에서 기록한 제사 의례의 조문은 신주 대신에 사용할 紙榜, 祭饌의 종류와 器物의 數, 忌祭와 墓祭, 俗節의 祭祀, 仲月의 大祭, 薦新 등에 관한 것과 제사의 절차 속에서 降神과 獻爵 및 讀祝의 문제, 신위와 제기의 진설을 위한 시설, 제기의 종류 등에 대한 것들이다. 이 글은 전반적인 제사 의례의 의식 절차를 목록으로 제시한 것이 아니라, 그 의식 절차를 일단 『주자가례』의 제례 절차를 기준으로 삼고, 그 조문의 시행이 여의치 않은 상황에서 임시변통으로 할 수 있는 예문을 제시한 것이다. 이는 앞서 밝힌 것처럼 문보다는 질을 중시하는 그의 입장이 반영된 것이다. 그러면 그러한 예시가 될 만한 것들을 살펴보도록 한다.

여헌은 이 글에서 제사의 정해진 예문을 반드시 지키려고 해도 할 수 없는 상황에서 임시변통으로 할 수 있는 예문을 대안적으로 제시하였다. 그중 몇 가지 항목의 내용을 대상으로 여헌의 예학적 태도를 분석하고자 한다.

> 제물은 맛과 品數를 정하지 않고 그릇 수를 제한하지 않으며, 모든 어물과 육류와 채소와 과일을 얻는 대로 사용하며 밥과 국과 술과 젓갈을 준비되는 대로 진설한다. 제물을 구비하지 못했다 하여 제사를 지내지 않는 것보다는 단지 거친 밥과 나물국이라도 제사하는 것이 낫다. 또 정성이 있으면 구하기 어려운 물건이야 비록 구하지 못한다 해도 채소와 같은 물건은 오히려 장만할 수 있다. 비록 채소와 같은 물건을 사용하더라도 만일 정성을 다하고 정결함을 지극히 한다면 오히려 선조의 영혼이 강림하여 흠향하실 것이다.[51]

속절에 제물을 올리는 것 또한 때에 따라 얻는 것이 있으면 올려야

---

51) 위의 책, 97~98쪽.

한다. 仲月의 大祭는 진실로 이처럼 혼란한 때에 행할 수가 없고, 비록 행하려고 하더라도 객지에서 대번에 제물을 마련할 수 있는 것이 아니니, 다만 그 달 안에 薦新함을 인하여 간략히 행하기를 속절의 예와 같이 하는 것이 옳을 것이다.[52]

신위를 진설할 때에 굳이 왕골자리를 구할 것이 없으며 음식을 진설할 때에도 굳이 제상과 소반을 구할 것이 없다. 사람들이 집에서 쓰는 자리와 상과 소반은 정결한 것이 드무니, 다만 油紙를 펴고 진설하며, 유지가 없으면 새 삼베를 가지고 幅을 연하여 펴며, 삼베가 없으면 새 띠풀이나 깨끗한 짚을 사용하여도 모두 무방하다.[53]

위의 내용들의 공통점은 정해진 예문에 따라 제물을 마련하지 못하거나, 시설을 제대로 하지 못하더라도 예를 행하는 사람의 정성스런 마음으로 준비하고 실행하는 것이 옳음을 강조하는 것이다. 그리고 또하나 중요한 것은 제사 의례 가운데 가장 중요한 의식인 중월의 대제를 거행하지 않는 것이 좋다는 견해이다. 이러한 견해는 실정 자체가 大祭의 거행이 불가능한 것이 이유이지만, 나아가서 예의 실천이란 반드시 예문을 형식적으로 준행하는 것이 능사가 아니고 주어진 상황에서 최선을 다하는 것이 효의 도리라는 그의 생각을 잘 보여준다. 그점은 墓祭를 사정에 따라서 거행하는 것이 좋다는 견해에서도 잘 나타난다. 그리고 신위를 진설하기 위해 까는 자리의 재료, 상과 소반을 대신할 재료에 대해서도 정해진 격식에 맞추기보다는 정성스런 마음으로 준비하고 시행하는 것이 좋다는 견해를 제시하였다.

이러한 견해들은 어디까지나 전시라는 특별한 상황에서 정상적인 예문의 실천이 불가능한 점을 고려하여 임시변통을 하는 예문이지, 그것이 정상적인 예문을 대체하는 것은 아님은 물론이다. 여기서 주목되는 것은 이렇게 임시변통을 위한 예문을 도출하는 그의 관점과 기준이다.

52) 위의 책, 98쪽.
53) 위의 책, 99~100쪽.

그 관점은 우선 質을 바탕으로 文이 성립된다는 사고인데, 그것은 『논어』의 繪事後素의 관점이 그 연원이 된다. 그렇다면 그 質이 곧 권도를 발휘하는 기준이자 근거가 되는 것이다. 그 질이란 위 인용문들에 의하면, 정성을 다하고 정결함을 다하는 것이다. 그리고 그것은 곧 부모를 공경하는 孝의 도리가 아닐 수 없다. 그러므로 이 글에서는 孝의 도리에 기초하여 그것을 정성스럽게 거행하는 태도와 각종 제물을 준비하고 진설할 때 정결하게 하는 태도를 담아서 표현할 수 있는 예문[형식]이면 족하다는 점을 강조하였다고 할 수 있다.

이러한 그의 예학적 태도는 이 글에만 한정되는 것이 아니다. 그가 「答鄭瞾」의 상례 의절과 복식 등에 관한 답을 한 글에서 표방한 견해에서도 잘 드러난다. "이상의 각 항의 節目은 다만 哀侍의 질문을 따라 古禮가 그러함을 하나하나 답하였을 뿐이요 반드시 이것을 따라 행하라는 것이 아니오. 만약 시속을 따르더라도 의리에 크게 해로움이 없는 것은 시속을 따르는 것이 마땅할 것이오."[54] 이러한 그의 언표는 곧 의리를 質로 간주하고 다른 한편 고례의 禮文을 文으로 간주하는 것이다. 즉 의리를 기준[質]으로 삼아서 文을 변통할 수 있다는 예학적 태도를 아울러 시사한다. 그리고 더욱 중요한 것은 「혼의」에서도 나타났듯이 時俗을 유교 예 체계 속으로 편입시킬 수 있는 근거를 넓게 열어 놓았다고 볼 수 있는 점이다.

우리는 이러한 것들을 통해서 전시의 상황에서도 효의 도리를 예로 옮겨 실천하는 제사 의례의 특수한 양식을 확인하는 한편, 그러한 특수한 양식을 재구성하는 예학적 원리를 확인하였다.

---

54) 『국역 여헌집』 3, 112쪽.

3)「請寢追崇疏」와「請停祔廟疏」

追崇과 祔廟가 문제가 되었던 것은 仁祖 때의 일이다. 仁祖가 반정에 성공하여 등극한 뒤 그의 생부인 定遠君을 元宗으로 높이고, 그 신위를 太廟에 祔하였던 사건을 말한다. 당시에 潛冶(朴知戒)를 비롯한 반정 공신들 일부는 정원군을 원종으로 추숭하고 그 신위를 태묘에 부입하는 것을 정당화하고자 했다. 그에 반대하여 沙溪, 愚伏 등 예학자들은 그 부당성을 들어 반대하는 입장이었다.[55] 여헌은 후자와 동일한 입장을 취했던 것이다.

여헌은 사계와 우복의 논의를 이어서 추숭을 중지시킬 것을 청하고, 그것이 불가능하게 된 뒤로 다시 태묘에 원종의 신위를 입부하는 것을 정지시킬 것을 청하는 소를 올렸던 것이다. 私家의 의례에 대해서 그가 시속을 용인하는 폭이 비교적 넓어서 권도를 폭넓게 인정하는 경향이 있는 것처럼 보이지만, 이 일련의 소에서는 그러한 권도의 운용이 자의적인 것이 아니라 어디까지나 유교의 의리에 기준을 둔 엄격한 원칙이 있음을 발견할 수 있는 것이다. 여기서는 그의 의리에 입각한 예문 적용의 엄격함을 중심으로 그의 예설의 성격을 살핀다.

추존 또는 추숭이란 생전에는 왕이 아니었던 인물을 사후에 왕으로 높이는 행위를 의미한다. 여헌은 그것이 주나라 때부터 禮典으로 확립되었는데, 그 기준은 왕자의 터전을 닦아 놓은 분에 국한하여 이루어진 것임을 역사적 근거로 삼는다.[56] 이에 근거하여 그는 주나라의 太王, 王季, 文王처럼 基業을 닦은 공덕이 없으면서 추존하는 예전을 행하는 것은 마땅히 법으로 삼을 일이 아니라는 점을 명확히 한다.[57] 이러한 역사적 전거와 거기서 도출하는 추존의 원리가 그가 추숭에 반대

---

55) P.383∼P.388 참조
56)『국역 여헌집』1, 141쪽.
57) 위와 같은 곳.

하는 이유의 하나이다.

아울러 그는 帝王의 宗統의 체계와 형세는 자연 천지의 떳떳한 법과 고금에 통행하는 의리가 있어서 바꿀 수 없다는 점을 또 하나의 이유로 거론한다.[58] 이에 따라서 그는 다음과 같이 말한다.

> 천하에 있으면 천하의 한 사람이 되고, 한 나라에 있으면 한 나라의 한 사람이 되니, 반드시 皇天의 명령을 받고 朝宗의 전통을 이어받으며 臣民의 위에 군림하고 神人의 부탁에 응한 뒤에야 살아서는 제왕이라는 큰 이름을 누리고 죽어서는 太廟에 들어갈 수 있는 것입니다. 이것이 이른바 '천지의 떳떳한 법이요 고금에 통행하는 의리'라는 것이니 진실로 인위적으로 조금이라도 더하거나 덜 수 있는 것이 아닙니다. 그렇다면 살아서 제왕이라는 큰 이름을 누리지 못했으면서 이미 죽은 뒤에 제왕의 이름을 추가하고 몸소 제왕의 큰 지위를 밟지 않았으면서 끝내 列聖의 사당에 들어가는 것이 어찌 도리이겠습니까? 이는 자식이 어버이에게 사사로이 할 수가 없고 신하가 군주에게 사사로이 할 수가 없는 것이니, 어찌 인정을 따르고 인력을 용납하겠습니까? 그 떳떳한 법과 통행하는 의리가 이미 이와 같사오니, 이 도리 외에는 다시 딴 도리가 없습니다. 그렇다면 이 도리를 벗어나서 딴 말을 하는 자들은 모두 구차히 끌어다 대고 牽强附會하는 것입니다.[59]

그는 왕의 효성이 지극하다는 점을 인정하면서도, 효가 定理에 위배됨이 있으면 효를 잘하는 것이 아니고, 비록 공을 높인다고 하더라도 떳떳한 분수에 넘침이 있으면 공을 높이는 것이 아니라고 설명한다.[60] 나아가서 그는 추존해서는 안 되는데도 어버이를 추존한다는 것은 도리어 어버이를 해치는 것이며, 높여서는 안 되는데 높인다면 군주를 사랑한다는 것이 도리어 군주를 해치는 것이 되니, 두려워하지 않을

---

58) 위의 책, 141~142쪽.
59) 위의 책, 142쪽.
60) 위와 같은 곳.

수 있으며 삼가지 않을 수 없다고 강조한다.[61]

사실 이 사건은 인조의 사사로운 은혜에 입각한 효와 공적이고도 보편적인 定理가 갈등을 낳는 것이므로 많은 논란을 벌일 수 있었던 것이다. 그에 대하여 여헌은 다음과 같이 풀이하고 인조의 태도를 변화시키기 위해 노력하였다.

> 무릇 손자로서 할아버지를 계승함은 형편상 없을 수 없는 경우이오니, 만약 그러한 일이 없었다면 어찌 할아버지나 혹은 증조에게서 나라를 물려받은 글이 있겠습니까? 할아버지나 혹은 증조에게서 물려받은 자가 태묘에 예위가 있을 수 있겠습니까? 예위가 비는 것을 혐의하여 굳이 끌어들이고자 한다면 어찌 도리에 순하겠습니까? 이는 주상의 정성이 지극하지 않은 것이 아니오라, 大義에 굽혀서 감히 사사로운 은혜를 스스로 펼 수가 없는 것이옵니다. 비록 감히 스스로 펼 수 없다 하더라도 분수에 할 수 있는 것을 다하는 것은 바로 효성을 끝까지 다하여 大義와 사사로운 은혜에 모두 도리를 극진히 함으로써 선조의 基業을 더욱 빛내는 것입니다. 그렇게 하면 어찌 주상의 큰 효도에 유감이 있겠으며, 그 누구인들 제왕의 지극히 알맞고 지극히 선하고 지극히 위대한 도가 과연 이와 같다고 말하지 않겠습니까?[62]

이러한 논리는 곧 대의와 사사로운 효가 충돌할 때 대의에 사사로운 효의 도리를 굽혀서 대의에 따르는 것이 옳다는 논리이다. 그리고 오히려 그렇게 하는 것이 나라의 기업을 튼튼히 한다는 것이 그의 논리인데, 이는 임금의 큰 효란 단지 사사로운 정을 펼치는 것이 아니라 나라의 기업을 보강하고 공적인 정리에 입각하여 질서를 공고하게 하는 것임을 강조한 것이다. 이와 비슷한 논리가 祔廟를 정지할 것을 청하는 소에서도 그대로 나타난다.[63] 즉 그는 『周易』 无妄괘의 괘사인

---

61) 위와 같은 곳.
62) 위와 같은 곳.
63) 위의 책, 170쪽.

"无妄은 크게 형통하고 貞함이 이로우니, 만일 正道가 아니면 재앙이 있으므로 가는 바를 둠이 이롭지 않다.", 공자의 象傳인 "무망의 감이 어디로 가겠는가? 천명이 돕지 않는 것을 행할 수 있겠는가?", 주공의 爻辭인 "무망에 가면 재앙이 있으므로 이로운 바가 없다.", 공자의 小像傳인 "무망에 감은 궁극의 재앙이다."고 한 것들을 근거로 임금의 祔廟가 이 같은 "무망의 감"이라고 정의하고, 그것은 효를 하려다가 효를 손상하고 仁을 행하려다 도리어 인을 해치는 것이라고 하여 마땅히 정밀하게 是非를 구분하지 않으면 안 됨을 강조한다.[64]

이상과 같은 그의 논의는 사사로운 효가 대의를 넘어서서 실현될 수 없다는 입장에서 추숭과 부묘와 같은 행위의 부당성을 논한 것이다. 이는 그가 定理와 大義의 원칙을 특히 공적인 예의 시행에서는 철저하게 강구하고 있음을 잘 보여주는 사례이다.

7. 결 론

서론에서 제기한 문제는 그의 유학적 도의를 실천하는 삶에서 禮는 과연 어떠한 의미와 위상을 지니는가 하는 점이다. 다시 말하면 여헌의 학문세계에서 도학의 이념을 구현하기 위하여 예는 왜 필요한가 하는 의문이었다. 사실 이러한 의문은 그가 도학자였고, 역학과 성리학에 조예가 깊은 학자였기 때문에 자연스럽게 발생하는 것이다.

지금까지 살핀 내용들은 그러한 질문에 답변 자료가 될 만한 것으로서 선택된 그의 예의 개념과 의미들이었다. 특히 그의 예 개념을 五常, 中, 敬과 관련지어 살펴본 것으로부터 다음과 같은 의미를 얻을 수 있었다. 첫째 오상과 관련하여 예란 인간의 본성에서 비롯되는 자

---

64) 위의 책, 170~171쪽.

발적인 도덕적 심성이 근원이 되어서 실천된다는 것, 둘째 중과 관련하여 예는 인간이 도의 혹은 도리를 실천하고자 할 때 만나야 하는 사물[환경]과의 합당한 관계의 양식이라는 점 그리고 인간은 그 중을 얻을 수 있도록 공부와 실천의 노력이 있어야 한다는 점, 셋째 경과 관련하여 예실천은 경의 상태를 확보함으로써 심신의 일관성을 얻고 그로 인하여 오상을 잘 발휘하고 매사에 중을 얻을 수 있다는 의미들이다. 그리고 대도는 예가 구현됨으로써 전체가 조화를 얻어 共生과 共榮으로 나아가는 길이 된다고 정의할 수 있는데, 중요한 것은 여헌이 예를 대도의 구현을 위한 가장 직접적이고 절대적인 과정으로 생각한 점이다.

그러한 그의 사고를 명확히 보여주는 한편 독자적인 예설의 例로서 본 연구에서는 「혼의」, 「분찬중사망의략」, 「청침추숭소」, 「청정부묘소」를 분석하였다. 「혼의」는 『주자가례』와 『의례』의 예문을 절충 조화한 가운데 조선의 고유한 혼인 풍속을 그 체제에 편입시킨 점이 매우 중요한 특징이다. 즉 친영례를 생략하고 婦家에서 同牢의식을 거행하도록 한 점이 그것이다. 이는 당시 조선의 家禮類 禮書들이 『주자가례』의 체제를 벗어난 것이 드문 것과 대조적이다. 그러나 실제로 당시의 혼인의 풍속은 조정에서 아무리 親迎을 지키도록 강조했어도 잘 지켜지지 않았고, 退溪 같은 사족도 친영례를 거행하지 않았던 것이다. 아마도 이러한 상황에서 여헌은 조선의 時俗을 유교의 혼례 체제 속에 포함시킴으로써 오히려 실제 생활에서의 유교 혼례의 적용도를 더욱 높이고자 했던 것으로 생각된다. 이 점이 그가 도를 현실에 구현하여 가는 한 방법이자 특징이라고 할 수 있다. 그것은 그의 예학의 현실성, 실용성 등 실질적 사고의 한 표현이라고 생각된다. 아울러 「분찬중사망의략」은 특히 전시의 특수한 상황이 가져온 제사의례 거행이 어려운 난국 속에서도 효의 도리를 충실히 다할 수 있는 예를 모색한 점에서 매우 중요한 예학적 자료가 된다. 그는 전란 중에서도 효의 도리는 다하지 않으면 안 된다는 도학적 태도를 충실히 보여주었다. 그런데 그 도리를 표현하는 방식은 정상적 예문의 고수가 불가능한 상태에서 변용할 수 있는 범위를 지방의 제작, 제물의 설치, 제찬의 준비 등 상세하게 제시하고 있는 점이 특징이다. 이러한 그의 사고는 무엇보다도 전시의 상황에서 정상적인 예문을 고수하는 것이 虛禮가 된다는 점에 대한 경계, 아울러 質에 바탕한 文飾이 실질적인 行禮가 된다는 점을 예학적으로 근거를 밝힌 점에 중요한 의의가 있다.

이와 같은 그의 예설은 일종의 權道에 의한 예의 변용의 가능성을 일정한 기준인 도리 즉 經에 근거하여 보여준 것이다. 그러나 그렇다고 하여 그가 방임적인 권도의 운용을 인정한 것은 아니다. 그 사례가 인조의 원종 추숭과 부묘에 대한 그의 반대 입장을 표명한 상소문이었다. 여기에서 그는 사사로운 효는 정리에 입각한 대의에 굴하여야 옳다는 입장을 표명하였다. 즉 당시 추숭과 부묘를 계획하고 찬동하였던 인조를 비롯한 여러 인물들은 인조의 효심을 추숭과 부묘에까지 성사시키고자 하였다. 이는 과거에 중국에서 그러한 사례가 있었음을 타당성의 근거로 삼은 것이었다. 그러나 여헌은 이에 대하여 추숭과 부묘에 해당하는 덕이나 공이 있어야 한다는 의리와 역사적 전거를 밝히고, 그 실질도 없고 역사적 전거와도 어긋나는 추숭과 부묘는 부당하다는 입장을 분명히 하였다. 이러한 입장은 궁극적으로는 임금의 대도 실현이 사사로운 효를 앞세움으로써 실패할 수 있다는 경계와 맞닿아 있다. 그렇다면 이는 유교의 의리를 충실하게 예문으로 구현하는 것이 대도의 실현이고, 사회와 민생의 안녕과 직결된다는 입장을 보여주는 것이다. 그것을 통하여 그는 공과 사의 구별을 엄격히 하고 공을 통한 질서의 확립의 중요성을 보여주었던 것이다.

이렇게 보면 그의 유학에서 예는 과연 어떠한 의미와 위상을 지니는 것인가 하는 의문에 대한 답이 다소 명확해졌다. 즉 그의 예학적 사고에 입각해서 본다면, 도학에서 추구하는 大道의 구현의 절대적이고 필수적인 규범 형식이 곧 예이고, 그러므로 예에 대한 논의는 유학의 본령을 회복하는 데에 역시 필수적이고 절대적이라고 할 수 있다. 그러나 그는 예를 일정한 형식에 국한하여 이해하는 것이 아니라 인간의 성정에 근거하여 이해하기 때문에 예문보다는 예의 질에 입각하여 예의 時宜와 원리적 합당성을 인정하는 입장을 취한다. 그 때문에 그는 예의 범위를 조선의 시속까지 널리 수용할 수 있도록 학문적으로 열어 놓았다. 이 점은 그의 예학이 포괄하는 예의 범위가 조선의 시속까지 확장될 수 있었다는 사실과 함께, 전시라는 특수한 상황에서의 예실천의 준거와 규범까지도 마련함으로써 그는 결과적으로 합례적 생활의 영역과 상황을 더욱 확장하였던 것이다. 이 점에서 그의 예학은 매우 중요한 의의가 있는 것이고, 그로 인하여 人能弘道 非道弘人을 생각하게 하는 점이 아닐 수 없다.

愚伏의 禮學思想1)

1. 서 론

16세기 후반부터 17세기 초반까지의 시기는 禮에 관한 관심이 그 어느 때보다 증폭되는 시기임에 틀림없다. 이러한 시기에 이르러 각 지역별로 또는 학문연원별로 禮學의 大家가 배출되었는데, 愚伏(鄭経世, 1563~1633)은 영남 지역 退溪學派의 연원에서 배출한 禮學者이다. 愚伏이 보내고 답한 서신들의 대부분은 禮를 언급하거나 禮疑에 관한 문답이라는 사실로써 이 시기의 士大夫들은 禮를 모르면 처신하기 어려웠던 시기임을 미루어 알 수 있다.

본 고는 우선 그의 예학에 관한 기본적인 탐구가 그동안 시도되지 않았다는 점을 고려하여 그의 예학 전반의 체계와 내용을 포괄적으로

---

1)『愚伏鄭経世先生研究』愚伏先生紀念事業會, 1996. 7

검토하는 것을 일차적 목적으로 삼는다. 따라서 크게 네 부분으로 나누어 고찰을 시도한다. 우선 그의 禮관념, 둘째 예학적 수양론에 나타난 예학의 철학적 기초, 셋째 예학적 정치사상으로서 務實사상과 名分 중시의 입장, 넷째 그의 예학관계 저술들 즉 「思問錄」, 「養正篇」, 書翰文 및 雜著와 기타 글 등을 고찰하기로 한다.

이러한 고찰에 근거하여 해명해 보고자 하는 것은 우선 16세기 후반과 17세기 전반에 예학이 흥성하게 된 원인의 하나가 理氣論의 발달에 있다고 할 때[2] 직접적인 이론적 연관성은 무엇인가라는 의문 그리고 理氣論의 학파적 분리현상에 따른 禮學의 지역별 학파별 경향의 차이는 있는가, 있다면 그것은 무엇인가라는 의문 등이다.[3] 17세기 조선의 禮學을 주도한 학자 중의 한 사람이 바로 우복이었다고 한다면, 우복의 예학관계 자료들은 이에 관한 모종의 해명 자료를 담고 있음에 틀림없다고 사려된다. 그리고 기존의 연구들 가운데는 修養論 또는 理氣論적 입장의 차이와 禮論상의 차이는 직접적 연관이 없다고 하고, 비학문적인 요소가 예론의 차이를 결과했다고 보는 관점들이 있다. 본고에서는 우복의 修養論과 理氣論이 禮관념, 또는 禮論과 어떠한 관련이 있는가를 살핌으로써 이를 검토해 보고자 한다.

---

2) 尹絲淳, 「朝鮮朝 禮思想의 研究」, 「韓國儒學思想論」, 열음사, 1986, 71~74쪽에서는 禮學은 전란(倭亂, 胡亂) 후의 질서 회복과 안정 추구의 방책으로 추구된 것이라고 볼 수 있지만, 그보다는 15, 6세기를 거치는 동안 예 사상의 발달이 있었고 16세기에서 18세기에 걸친 人性論의 탐구가 17세기 禮學 흥성과 본질적인 연관이 있다고 해명하고 '本性 내지 理를 절대시함으로써 오는 결과가 곧 禮 절대시 관념'이라고 하였다.

池斗煥, 「朝鮮後期 禮訟 研究」 「釜大史學」 11, 1987에서는 理發을 부정하고 氣發만을 인정하는 西人은 氣의 可變性만 인정하고 理의 절대불변을 내세워 天下同禮를 주장하고, 南人은 理發과 氣發의 인정에 따라 理의 가변성을 인정하는 입장이었고 이 입장이 王者不同士庶라는 견해를 낳았다고 이해한다.

3) 禮說의 차이와 理氣論의 차이와의 연관성에 대해서 밝힌 논문은 지두환의 상게논문 외에 李在龍, 「16세기 朝鮮朝 性理學의 規範的 意味」, 「民族文化研究」 24, 1991과 高英津, 「朝鮮 中期 禮說과 禮書」 서울대 박사학위논문, 1992, 8,이 있다. 전자는 17세기 서인과 남인의 禮論의 차이는 主理 · 主氣라는 이기론적 입장의 차이와는 무관한 당파성의 현상에 의한 것이라고 규정하고 있고, 후자는 理氣心性論, 修養論의 차이보다는 오히려 經書批判, 正統論에 대한 인식의 차이, 정치적 입장 등에 의해서 비롯되었다고 결론짓는다.

고찰의 대상으로 삼은 자료들은 「愚伏先生文集」과 「愚伏先生別集」에 수록된 자료들이다. 그가 저술하려고 시도했던 「喪禮參考」는 蒼石(李埈)이 撰한 墓誌銘에 의하면 成書되지 못하고 말았다.[4] 그의 書翰과 雜著 등의 說을 정리하면 그의 喪禮說의 체계화가 가능할 것으로 생각되지만, 이 작업은 후일의 연구로 미룬다. 그 밖에는 「朱文酌海」와 같은 그의 편저를 들 수 있다. 이에 대해서는 자세히 고찰하지 못했으므로 후일 더 상세한 연구를 기필할 수밖에 없다.

본 고찰에서는 儒學의 한 분야인 禮學에서는 특히 禮를 그 중심 원리로 삼는다는 점에 착안하여, 기존의 理氣論 중심의 고찰과 달리 禮의 특징을 중심으로 한 고찰방법을 세웠다. 우선 그의 禮관념에서 나타나는 務實은 修養의 문제를 禮學의 중심에 위치시킨다는 점을 중시하였고, 또한 그것은 정치사상에서도 實을 숭상하는 禮學을 귀결하였음을 밝혀보고자 한다. 또한 그의 예학관계 저술은 이러한 修養과 實踐의 근거와 방법을 확보하기 위한 것으로서 수양론과 정치사상과 상호 연관된다고 할 수 있다. 따라서 본 고는 그의 禮學이 理氣論에 근거한 禮관념으로부터 수양론, 정치사상, 經書비판과 저술에 이르기까지 모두가 유기적 연관성을 지닌다고 하는 점을 조명하는 데에도 초점을 맞추었음을 밝힌다.

현재 국사학계에서 이루어지는 조선시대 禮學 또는 禮訟에 관한 연구가 식민사관의 극복을 위한 긍정적 관점에서 이 시대의 禮관계의 문제 일반을 다루는 것은 환영할 일이라고 생각되지만, 한편으로는 禮의 존재가치를 조선시대라는 역사적 공간에 한정시킴으로써 구시대의 유물로 생각하게 한다는 우려를 완전히 배제할 수 없다. 이러한 연구는 특히 당시 시대공간과 그 시대의 이슈를 중심으로 각 학자들의 禮論을 대조해 보고 있기 때문에 나타나는 결과라고 생각된다.

본 고는 이와 달리 禮에는 시대를 초월하는 보편적 가치가 내재해

---

4) 別集 9, 19a, '公嘗輯古今喪禮 名日喪禮參考 未及成書'.

있다는 관점에서 禮의 원리와 가치를 탐구한다는 입장도 견지한다. 그리고 시대공간으로부터 예학자의 이론을 살피는 작업 못지않게 예학자의 禮意識의 본질로부터 구성되는 禮에 관한 제 이론을 추구해 보는 관점을 중시하기로 한다. 물론 그의 禮意識이 시대적 산물임을 무시하는 것은 아니지만, 그렇더라도 그가 禮를 향한 학문적 실천적 의지의 학문적 체계화와 유형화는 禮의 가치를 보편화시키는 면이 있는 것이다. 여기에서 그의 禮學이 지니는 시대적 사명감의 본질이자 보편적 가치를 파악할 수 있을 것으로 생각된다.

본론에 앞서서 예학의 배경으로서 고려할 만한 시대적 학문적 배경을 간단히 설명하면 다음과 같다. 우복의 학문은 主理的 理氣論과 禮學으로써 士林派의 道學 전통을 계승한다. 그는 이로써 임진왜란의 前後에 흥기하는 陽明學, 佛敎, 道家사상 등에 대해 비판적으로 대처하는 한편, 敎化와 禮治의 再興[5]에 철학적 기반을 마련하였던 것으로 보인다. 退溪의 「傳習錄辨」, 西厓의 陸王學 비판 諸說[6] 등 異端배척을 우복 역시 계승하는 사실[7], 佛敎, 道家 사상과 儒敎의 다른 점을 특히 禮를 거론하여 설명하는 점, 「사문록」, 「양정편」 등의 저술 등은 그의 禮學의 입지가 학문적으로는 道學의 재정립을 목적으로 하고 있음을 보여준다. 또한 정치적으로도 宗統과 같은 사회질서의 명분적 구심점에 해당하는 大義의 확립으로부터, 宗廟 祭享의 성실한 실천에 의한 君民一體의 정신적 구심점의 확보, 國初에 제정된 각종 規式의 준수에 의한 공정하고도 객관성 있는 정치, 號牌 量田의 공정한 실시에 의한 均平的인 국가운영과 民本政治, 無法度에서 오는 낭비와 사치를 경계

---

5) 道南書院의 건립, 五賢의 文廟配享 奏請, 尙州鄕案의 제정과 보급, 契 구성을 통한 향촌사회 질서의 재확립 및 각종 儀禮에 관한 논의 등을 그 예로 들 수 있다.
6) 「西厓全書」 本集 권15의 「知行合一說」, 「象山學與佛一樣」, 「王陽明以良知爲學」, 「王陽明」 등의 글.
7) 文集 14, 14b, 李芝峯의 「采薪錄辨疑」에서 芝峯의 '天地萬物本吾一體 故善窮萬物之理者 不干萬物于一身'에 대해서 이는 陽明의 致良知說에 가깝다고 비판 배척한다. 文集 卷14, 15, '道在於民生日用之間(中略)莊子所謂道在屎尿 亦此意也'라는 芝峯의 설명에 대해서 그는 道家와 佛敎를 함께 비판하고 그것과 儒學의 다른 점을 설명한다.

하고 國家財政의 備蓄과 節儉을 강조하는 것 등등 그는 務實과 務本의 정치사상을 보여준다. 이 점은 그의 禮學이 본래 도학적 우주관과 인간관, 수양관 및 정치사상의 연장에 있음을 보여주는 것이다.

　그러나 그중에서도 전란 후 사람들의 도덕심의 상실이 그에겐 가장 심각한 문제였다. '사람들이 常性을 잃었다.'[8]고 하는 그의 언급이 적절한 예이다. 이는 도덕적 敎化에 의한 心性의 淨化가 시급하다는 절박한 의식의 표출이다. 그것은 사회질서의 재건은 다름 아닌 인간의 敎化에 있다는 사고에서 비롯되는 문제의식이다. 아마도 禮가 깊이 탐구된 것은 그 점과의 관련성이 크다고 보인다. 즉 그의 예학에서 禮는 心性의 정화와 도덕적 교화의 재건을 위한 방법론의 중심에 위치하였던 것이다. 이러한 시대상황과 그의 意識을 바탕으로 하여 그의 禮사상을 고찰하기로 한다.

2. 禮의 주요관념

1) 禮　文

　그의 문집과 별집에서 사용되는 禮는 대체로 禮經 또는 禮書의 규정된 禮文[9]을 가리키는 경우가 일반적이다. 그리고 經文[10], 變禮[11], 人事[12], 威儀[13], 儀[14], 式[15], 制[16], 理[17], 道[18], 情理[19], 中制[20], 權

---

8) 文集 15, 2b 「洛社合稧序」 '一經變亂 人失常性 或不知孝悌爲何事……'.
9) 文集 11, 13a 「答康明甫論竝有喪 再答」, '禮文之明白 不紊如此' 등.
10) 文集 10, 4b 「與崔子謙」, '經文君字 非始封之君 則乃繼體之適孫……'.
11) 文集 10, 5a 「與崔子謙」, '使後之遇變禮者……'.
12) 文集 15, 24a 「書養正篇後示桂兒」, '程子之言曰灑掃應對形而上者也……下學人事乃上達天理之階級'.
13) 別集 3, 35.

制21), 節文22), 또는 文, 則 등이 禮의 의미로 혼용된다. 그 외에 義, 數23), 文實24), 情文25), 時26), 勢, 順, 便27), 文理28) 및 神道29) 등이 禮의 부속개념으로 사용된다. 禮俗30), 禮樂31), 情禮32)처럼 다른 개념과 병용되는 경우가 있고, 仁義, 誠33) 등이 禮와 동등한 관계로 언급되는 경우도 발견된다.

이러한 禮개념들 가운데 禮文이 가장 기본적이고 중요하다. 禮學이란 「儀禮」, 「周禮」, 「禮記」 및 그에 관한 여러 註釋 또는 「朱子家禮」, 「書儀」, 「杜氏通典」, 「丘氏儀節」 등과 같은 禮書들에 수록된 禮文에 대한 연구가 가장 기본적인 주제인 것이다. 그것을 바탕으로 禮를 실천하되 만일 그 규정에 없는 경우는 旣定 禮文을 근거로 행위의 合禮性

---

14) 文集 17, 22b~23a 鶴峯 神道碑銘, '著奉先儀'.
15) 위와 같은 곳, '慶弔之式'.
16) 文集 9, 45a 「答權仲明論深衣」, '深衣之制……'.
17) 文集 15, 16b 「一默齋記」에서 合理者＝中＝禮로 보는 관점, 別集 3, 6b 「經筵日記」에서도 九思의 아래 아홉 글자(明, 聰, 등등)를 理로 보는 것은 禮와 理를 동일시하는 것으로 볼 수 있다. 그러나 이보다 더 직접적인 理＝禮 일치 관념은 「請勿奏請追崇疏」(文集 5, 47a)에서 '是故孟孫問孝而聖人答之曰無違 無違者 生事葬祭 不背於理之謂也'에서 명확해진다.
18) 文集 14, 15b 「李芝峯采薪錄辨疑」, '吾儒之說則 視思明 聽思聰 手容恭 足容重 乃爲道也'.
19) 文集 11, 23a 「答東陽尉」, 文集 10, 10a 「答吳汝和問目」, '無於禮而義起……求之情理 似爲合當 遵行不妨……'.
20) 文集 11, 8b 「與全淨遠」, '竊念親喪哀痛之發乃是至情……而篤於孝思者 常患於過哀滅性 故 聖人爲之中制 必曰五十不致毀 六十不毀 七十惟衰麻在身……'.
21) 文集 11, 9b 「與全淨遠」.
22) 「思問錄」 33번.
23) 文集 5, 4b 「弘文館箚」, '禮必有義 論禮者必先明其義 故曰其數易陳也 其義難知也'.
24) 文集 5, 33ab 「玉堂應求言箚」, '於應天以實 不以文之道', '聖人之務實而不務文 有如此'.
25) 文集 17, 23a 鶴峯神道碑銘, '情文兩得'.
26) 그는 「禮記」의 '禮時爲大'라는 관념을 끌어서 禮는 時宜가 가장 중요함을 말한다.
27) 文集 9, 39a 「與禮判李聖徵」, '然鄙意則以爲求之於理勢而順便 則固不求盡合於禮經'.
28) 文集 11, 11(?) 「答康明甫論竝有喪 再答」, '聖人之制禮 其文理密察 有不容毫釐之差 其 輕重大小之分 雖細微處 亦未嘗混施 況於送終大事耶'.
29) 文集 10, 10b~11a 「答吳汝和問目」의 問答에서 神道로써 祔하는 문제가 논의되고 있다.
30) 文集 17, 23a 鶴峯神道碑銘, '禮俗相稱'.
31) 別集 2, 30a 「思問錄」, '仁義者 禮樂之本 禮樂者仁義之用'.
32) 文集 13, 28a 「答宋敬甫問目」, '情禮與非禮之禮者 自不同矣'.
33) 別集 2, 33b 「思問錄」, '誠在於中 而禮以將之 非禮亦無以行其誠也'.

을 강구하는 작업이 이루어지게 된다. 따라서 그에게는 經傳 또는 禮書에 규정된 禮文이 주요 연구대상일 뿐 아니라 사고와 행위의 合禮 여부를 가리는 일차적 기준이 됨은 당연하다. 실제로 그는 友人 康明甫에게 답하는 서한에서 자기의 견해[己見]보다는 註說을 잡고, 註說보다는 聖訓을 잡으라고 권고한다. 이 聖訓은 經文과 상통하는 것이다.[34]

이러한 이유에서 그는 여러 경전의 禮文에 대한 분석과 해독에 공을 들였다. 예를 들면 「思問錄」에서 행한 「禮記」제 편의 經文과 그 註釋에 대한 분석과 비판 및 교정, 또 정치적으로 논란이 많았던 仁祖의 生父와 生母에 대한 喪禮 祭禮의 논의에서 그가 「儀禮」, 「禮記」 및 각종 禮書, 史書를 참고하여 立論한 점, 童蒙의 교도를 위한 방편으로서 禮文을 제시한 「養正篇」 등이 그러한 사례이다. 그 외에도 喪具의 하나인 握手의 製法과 用例에 관한 「儀禮」文을 두고 沙溪와 벌인 논쟁, 深衣(「答權仲明論深衣」), 구邊(「答權仲明」) 등 무수히 많은 각종 禮에 관한 언급에서 「儀禮」, 「禮記」, 「周禮」등의 經文과 그것이 없을 경우는 후대의 禮書에 나타난 설을 기준으로 삼고 있다.

> 天下의 事變은 無窮하다. 「曾子問」한 편의 문답은 委曲을 纖悉했다고 말할 수 있으나 오히려 該括이 未盡한 바가 있다. 聖人이 비록 睿知가 出衆하더라도 어찌 일일이 百世 後의 무궁한 변화를 預了하여 빠뜨리지 않고 그것을 구분하여 처리해 놓을 수 있었겠는가? 역시 단지 大綱을 말할 수 있어서 후세에 變禮를 만나는 자로 하여금 援據裁制하여 泛應曲當의 근거로 삼는 바가 있게 하였던 것이다. 그러므로 罪는 많으나 刑은 다섯이고 喪은 많으나 服은 다섯이라고 말하는 것이니 위로 붙이고 아래로 붙이어 列을 짓는 것이다.[35]

여기서 적어도 두 가지 의미가 관찰된다. 첫째는 그는 성인이 제정한 禮[經文]를 기준으로 삼는다는 것이고, 둘째는 성인은 常만을 말하

---

34) 文集 11, 15b~16a 「答康明甫論竝有喪·三答」. 文集 11, 16b에서는 '守經言'이라고도 함.
35) 文集 10, 5a 「與崔子謙」.

고 變은 말하지 않으므로36) 성인이 제정한 禮에 근거하여 응용 변통을 적절히 하는 것이 필요하다는 것이다. 후자의 경우 그는 '禮旣無文 不可杜撰'37)이라고 하여 신중을 기하여야 한다는 입장이다. 그러므로 變禮에 관한 논의는 일차적으로 經文에 의거한 판단이 필요하다는 것이 그의 입장이다.38) 이러한 經文의 禮는 古今을 관통하는 불변의 표준으로서 권위가 인정되는 禮文이며 또한 行事의 規範, 形式인 것이다. 특히 그는 人倫질서와 덕목을 내용으로 삼는 규범의 문제에 관심이 컸음은 두말할 나위가 없다.

그의 문집에서 다루었던 禮文의 범위는 童蒙을 교육하기 위한 禮, 士庶人들의 일상적인 생활의례, 冠婚喪祭의 四禮 등 인륜 질서에 관계된 禮를 비롯하여, 특수 儀禮라고 할 수 있는 王室家의 喪服制와 喪祭禮, 廟號, 宗統에 관한 禮文, 외교 관행에 관한 禮文39), 書院 건물[廟와 堂]의 제도 위치, 祠堂과 神位의 位次에 관한 禮 등 매우 폭이 넓다고 할 수 있다. 그러나 후일 後期實學에서 주장하는 邦禮의 개편 또는 개혁에 관한 연구는 보이지 않는다.

또한 그의 주된 연구대상이 된 經은 「儀禮」, 「禮記」, 「周禮」, 「四書」, 「書經」, 「春秋」, 「周易」 등이고 그 밖의 禮書는 「儀禮經傳通解 · 續」, 「朱子家禮」, 「司馬書儀」, 「杜氏通典」, 「丘氏儀節」, 「鄕校禮輯」, 「國朝五禮儀」, 退溪의 「喪祭禮問答」, 西厓의 說 등이 빈번하게 언급되고 있으며 드물게 「劉岳書儀」, 「東萊宗法」과 같은 禮書의 이름도 보인다.

특히 주목할 점은 그가 「朱文酌海」라는 일종의 編著를 남겼다는 사실이다. 「朱文酌海」는 退溪의 「朱子書節要」의 연장선상에 있는 編著이다. 이는 「朱子大全」의 글들을 封事, 奏箚, 議狀, 奏狀, 申請, 辭

---

36) 文集 12, 15b 「答申汝涉」.
37) 文集 11, 30b 「答金子亨」.
38) 그것과 더불어 그는 俗, 理, 義, 情, 勢 등을 經文과 함께 고려한 판단을 신중한 자세로 취하고 있다.
39) 그는 「禮部稟帖」에서 「大明集禮」의 「蕃使朝貢儀冠服條」를 근거로 玄盤領의 色이 바뀌어야 한다고 明에 일종의 외교적 요청을 하였다.

免, 書, 雜著, 序, 記, 跋, 銘, 箴, 贊, 表, 祭文, 碑, 墓表, 墓誌銘, 行狀, 事實, 年譜의 編次로 엮은 全 16卷 8冊 규모의 편저이다.[40] 이 편저를 통하여 우복은 退溪로부터 西厓로 이어지는 주자학적인 道統意識을 확고히 하였고 朱子의 文章과 思想을 학문연마의 최상의 방법 내지는 기준으로 삼았다는 사실을 확인할 수 있다. 禮學에 있어서도 그가 주자설을 거의 절대적인 표준으로 삼는 것도 이러한 태도에 근원한 것이다.[41] 후일 宋尤菴은 「朱子書節要」와 「朱文酌海」를 합친 「節酌通編」을 편찬한다.

그 밖에 그는 이전의 성리학자들이 天命圖와 같은 理氣論的 해명에 관한 圖를 남겼던 것처럼 禮學者로서 禮學 관련 圖를 남기고 있다. 「思問錄」 맨 끝에 실린 「大祥服圖」가 그것이다.

2) 理

그는 禮를 理 또는 道와 동일시한다. 理란 所以然之故와 所當然之則의 의미와 더불어 天道의 四德인 元亨利貞 및 誠 그리고 人性의 仁義禮智信의 五常을 비롯하여 人倫의 道理, 각종 事理의 當然之則, 大義名分 등등이 모두 포함된다. 우복에 의하면 理는 無形不見[42]하며 元亨利貞이 반복하는 하나의 순환과정이기도 하다. 禮를 天理의 節文, 人事의 儀則이라고 하는 것은, 순환과정의 각 상황 단계마다 表象된 理가 禮이며, 동시에 天人合一의 구체적 방법과 원리를 내포하는 것이 禮임을 의미하는 것이다. 理一分殊의 관점으로 본다면 理와 禮는 추상과 구체, 보편과 특수, 一理와 分殊理라는 관계가 성립한다.

---

40) 이는 고려대학교 소장 「石洲文庫」本을 살핀 것이다.
41) 단 「朱子家禮」에 대해서는 그렇지 않다. 文集 11, 24a 「答吳敬甫」에서 「家禮」의 부정확한 禮文에 대한 지적과 비판이 있고, 이어서 同書 問目에 대한 答(文集 11, 25ab)에서는 '以此 觀之 則家禮乃是 初年所草 未成之書 與晚年設 不同處頗多'라고 한다.
42) 別集 3, 3b 「經筵日記」.

우복의 禮＝理 관념은 역시 이러한 관점에서 비롯된다고 추측된다.

그러나 理와 禮를 동일시하더라도 구체, 특수, 分殊理로서의 禮의 존재는 항상 현상 속에 들어 있는 理이므로 氣와 결합된 理인 것이다. 따라서 禮는 일종의 器[43](또는 氣)로써 理를 表象한 것이며 器(氣)의 결합된 理이다. 그러므로 禮는 구체화된 理 또는 理의 구체화라는 성격을 지니게 된다. 이러한 관념들은 禮란 대의명분, 인의예지 등과 같은 덕목 가치의 실천을 위한 것이라는 관념을 철저화하는 것이며, 동시에 실천의 구체적 방안을 강구하는 쪽으로 禮學을 나아가게 하는 결과를 가져온다고 추정된다.

다른 한편으로는 禮가 理와 동일시되면 일단 禮文의 절대화는 물론이고, 禮의 외연은 理의 외연만큼 확장되는 결과를 얻는다. 따라서 禮는 禮文 이외에도 理에 해당하는 대부분의 내용을 개념적 내포로 삼게 된다. 인간의 本性(理), 그것으로부터 발출되는 眞情[44](孝, 悌 또는 誠, 敬 등의 진실한 心情 등)이라든가 그것과 연관된 순수하고 선한 행위 그리고 理가 표방하는 각종의 가치 특히 仁, 義, 名分, 時宜, 便宜, 順調 등과 같은 것도 모두 禮의 외연에 들어온다. 그러한 것들은 주로 禮의 文보다는 實에 해당하는 것이고, 禮실천의 진실성 또는 합당성을 가름하는 개념적 근거가 된다고 할 수 있다.

禮와 理가 규범 혹은 가치로서 의미를 지니게 되는 까닭은 中에 있다고 할 수 있다. 聖人中制[45]라는 것이 바로 그것이다. 즉 中制란 행위와 처신이 中을 얻도록 禮가 제정되었다는 의미이다. 中이란 다름 아닌 仁, 義, 名分, 時宜, 便宜, 順調 등등 상황에 적절한 대처의 원리인 것이다. 따라서 眞情 혹은 行爲가 中을 얻게 되면 그것은 理[禮]의 실천이며 따라서 理와 禮의 범주 안에 포함된다. 그가 '情이 편안

---

43) 위와 같은 곳에서 器는 盈天地之間者로 규정.
44) 文集 10, 34b 「答李叔平」에서 擧哀之禮는 實情所發而心之所安이라고 설명한다. 禮는 經文과의 부합도 중요하지만 심정적으로도 모자람이 없고 편안한 기분을 주어야 하는 것.
45) 文集 11, 8b 「答全淨遠」.

히 여기는 바이며 理에 해가 없는 곳이 바로 禮의 所在'46)라고 하는
것이 바로 그 증례이다. 이 글의 禮는 반드시 禮文만을 의미하지 않는
다. 즉 禮文에 없다고 할지라도 情과 理에 조화되는 것이면 그것이
바로 禮라는 것이다. 이것이 그로 하여금 禮文에만 얽매이지 않고 모
종의 상황에서 情理에 고루 適宜한 것이면 禮의 차원에서 수용하도록
하는 것이다.

앞 절에서 禮文은 주로 성인이 제정한 經禮를 의미하는 것이라면,
이 理는 經, 常뿐 아니라 權, 變까지도 포함됨을 알 수 있다. 權 또는
變이란 일정하고 보편적인 禮(經, 常)와 대립하는 의미로서 예외적이거
나 변칙적인 경우를 당하여 臨機應變하는 禮인 것이다. 이미 「孟子」
에서 중요하게 인식된 權은47) 經을 보완하여 禮의 운용과 이론화가
정합성과 융통성을 지니도록 하는 요소이다. 또한 우복 당시에는 變禮
에 관한 禮疑가 무척 빈번했다. 그러나 權制와 變禮라도 역시 中制의
의미를 벗어나지는 않는다. 우복이 權制를 中制와 함께 聖人의 制禮
정신으로 간주하는48) 이면에는 禮의 근본정신이 中에 있음을 의미하
는 것이다. 그러나 그렇다고 權制와 變禮가 무원칙하게 설정되는 것은
아니고 근본적으로 經文의 微意, 先儒의 분석, 義의 소재, 情理, 時宜
와 勢便49) 등을 순차적인 비중을 두어 고려되어야 한다는 것이 그의
입장이다.

그러나 情이 지나쳐 오히려 禮를 준행하지 못할 경우도 있다. 즉

---

46) 文集 12, 37b 「答人問目」, '情之所安而無害於理者 卽禮之所在'라 한다. 文集 11, 12a에
　　서는 人情과 天理의 조화가 올바른 禮실천임을 말함. 文集 10, 13b에서는 인간관계는 情分
　　에 따라 차이가 있고 그것이 곧 禮가 생겨난 원천이라고 함.
47) 「孟子」 離婁上, '男女授受不親 禮也 嫂溺援之以手 權也'.
48) 文集 11, 9b 「與全淨遠」, '伏願老兄 深思先聖之訓 速從權制 病愈氣完之後 卽疏食以終
　　喪制 豈不甚善而爲得於孝耶', 文集 9, 33b 「答韓益之」에서는 達權守經之論이라고도 함.
49) 文集 9, 39a 「與禮判李聖徵」 '鄙意則以爲求之於理勢而順便 則固不求盡合於禮經'이라고
　　한다. 여기서 勢는 行爲, 儀式의 흐름을 의미하며 그것은 이면에 존재하는 理의 순조로움에
　　근원한다. 理의 순조로움이 勢의 편리함으로 나타난다는 것이 그의 생각이다. 그럴 경우 구태
　　여 經에 부합하지 않더라도 올바른 禮가 된다는 의식을 보이는 점이 특징이다.

'禮는 情에서 나오는 것이지만 만약 禮가 閑放하여 엄밀하지 못하면 人情이 반드시 勝하여 쉽사리 不善한 곳에 빠져든다.'50)는 그의 지적이 바로 그것이다. 그러면 그는 그것을 理로써 대립시켜 情의 過中을 제어하는 방안을 理 또는 禮로 세우고 있다.51) 이것 역시 禮가 中이란 의미와 부합한다. 眞情 純情이라고 해서 무턱대고 따르는 것이 아니고 그것을 적절한 수준에서 제어하고 조절하는 것이 곧 中의 의미이다. 마치 禮는 사람의 情이 넘지 못하도록 막는 제방과 같다는 의미의 民坊52)과 같은 것이다.

3) 實과 文

그에 의하면 禮는 實과 文으로 나누어지고, '聖人은 務實하고 務文하지는 않는다.'53) 이 말은 일차적으로 禮文을 올바르게 파악하되 실천은 그 文보다 그 實質을 실천하는 것이어야 한다는 것으로 이해된다. 여기에 愚伏禮學의 務實思想이 담겨 있다. 그가 생각하는 實이란 禮의 實質이며 文飾과는 일종의 표리관계, 내용과 형식의 관계를 이룬다. 앞서 언급한 그의 禮관념에서 義와 數는 각각 實과 文에 해당되는 것이다. 그는 이와 같이 禮의 양면을 구분해 보고 순차적인 비중의 차이를 두고 있다. 그리고 뒤에 언급하듯이 實은 本이란 의미도 있다. 務實이란 無實한 虛文에 힘쓰지 않는다는 의미이다. 그리고 務實은 誠實과 통하며 虛僞, 假飾과 상반되는 것이다. 이 務實은 그가 지향하는 實際 또는 本然의 삶의 내용이라고 할 수 있다.54)

---

50) 別集 3, 67b「經筵日記」.
51) 위와 같은 곳, '人君母后之道 必以至善開道 期於無過然後 可謂孝也', 文集 8, 22ab에서는 '反情求道', '任情失禮'라는 문구가 등장함. 文集 10, 42a「答李叔平」의 '以理節情之功'이라는 표현도 그에 해당한다고 보이며, 각주 12도 한 예이다.
52)「禮記」坊記.
53) 文集 5, 34a「玉堂應求言箚」.

특히 務實은 '下學의 第一義'[55]라고 하는 것에서 그의 禮學의 務實 관념은 下學人事로부터 출발하고 거기에 근본하는 정신임을 알 수 있다. 이것은 곧 躬行實踐에 의한 爲己之學의 구현을 그의 禮學이 목적으로 했음과 동시에 禮[人事]의 학습 숙달[下學人事]을 매우 중시하는 것이 그의 禮學임을 입증하는 것이다.

우복이 말하는 文과 實이란 앞에서 설명한 禮 자체의 형식과 내용을 말하지만, 한편으로 實은 行禮者의 眞實 또는 誠實의 의미도 있다. 그가 강조하는 務實은 禮실천에서 眞實과 誠實이 무엇보다 중요함을 말하는 것이다. 「玉堂應求言箚」를 통해서 보면, 그 務實은 反身而誠, 眞實無妄, 無一毫之虛僞, 無一息之間斷 등[56]인데, 이는 내면과 외면을 겸한 修身, 間斷없는 꾸준한 실천을 말한다. 文과 實 가운데, 實이 지키기 어렵기 때문에 그는 특히 務實을 강조한 것이다. 그러나 결과적으로는 務實이 있어야 진정한 文飾이 있게 된다는 것이 그의 생각임은 말할 나위 없다.

그가 경계하는 務文이란 誠實이 결여된 채 禮文만을 지키는 것이다. 그렇게 하여 드러난 文飾이 곧 虛文이다. 그는 虛文에 힘쓰면 '表裏不同 前後相違'[57]를 결과한다고 경계한다. 이 表裏不同 前後相違는 무엇보다도 不信을 초래하는 것이다. 특히 정치에서 臣民의 不信은 곧 民心의 離散과 紀綱의 解弛와 직결되는 것이고 禮治와 德治로써 추

---

54) 이는 근본적으로 그가 생각하는 儒學의 성격 또는 원리인 것이다. 그의 「送崔瑩中北歸序」에서 표방된 務實的 儒學觀(文集 15, 3b~4a), 實主名賓의 관념(文集 14, 1b「愚巖說」'夫名 實之賓也 蔑實而得名 智者懼焉'), 下學人事의 중시(「書後養正篇示桂兒」), 虛禮虛飾의 배격과 恤民之實로서 節儉의 중시(文集 3, 33b「應求言 敎疏」) 등등 그의 예학은 實(實事, 實質)을 매우 중시하고 강조하는 성격을 드러낸다. 이는 그가 처한 시대적 상황의 절박한 현실문제 때문이라고도 생각할 수 있으나, 다른 한편으로는 禮學的 관점과 이론의 자연스러운 귀결이라고도 볼 수 있는 점이다.

55) 文集 12, 27a「答金萬悅」.

56) 이상 文集 5, 33a「玉堂應求言箚」.

57) 文集 5, 33a「玉堂應求言箚」에서 愚伏은 仁祖에게 反正初처럼 誠實한 마음과 자세로 국정에 임하여야 하며 특히 文이 아닌 實로써 天과 民을 대하여야 함을 강조한다. 그런 의미에서 그는 '體信而達順'하여야 한다고 말한다. 信은 反身而誠, 順은 和氣致祥을 말함.

구하려는 得民心과 정반대의 결과를 낳는 것이다. 이를 거꾸로 생각하면 務實이란 表裏一致 前後一貫을 의미한다. 이 중 表는 文에 해당하고 裏는 實에 해당한다고 할 수 있다. 그러므로 務實은 양자를 조화시키고 일치시키며 나아가서 하나로 꿰다[一貫]의 의미가 있는 것이다. 이로써 務實을 위해서는 一로 나아가는 공부를 그는 매우 중요시함을 알 수 있다. 이 一은 一致 一貫의 의미 외에도 純一, 專一, 統一 등의 의미가 있다. 修身의 원리 방법이라는 관점에서 말하면 그는 一을 約禮와 동일시한다. 이에 대해서는 뒤의 수양론에서 자세히 다룬다.

그러므로 그는 특히 임금의 정치하는 자세에 대해 務實의 중요성을 강조한다. 즉 禮治의 진정한 효과는 務實과 誠實에서 온다는 의미이다. 이 實은 진실한 마음, 진실한 修行과 實踐, 실제의 효과 등의 의미를 포함한다.[58] 이 實은 또한 本의 의미와도 통한다고 할 수 있다.[59] 형식[文, 數]에만 치우치다 보면 禮는 현실의 국정 또는 백성의 삶에 구체적이고 진실한 효과와 보람을 결과하지 못한다는 의식을 그는 강하게 표출한다. 그가 「弘文館八條箚」에서 임금에게 立本務實을 강조하는 것이 그 예이다. 그리고 「玉堂論旱災箚」에서는 旱災로 인한 民의 離散之心의 收拾문제를 '於應天以實 不以文'이라는 원칙론으로써 임금에게 奏請한다. 이때 文은 避殿, 損膳, 圭璧, 薦관이고 實은 嚴恭, 寅畏, 側身, 修行이라고 그는 설명한다.[60] 전자는 禮文의 준행이라면 후자는 그것을 향한 경건하면서도 성실한 자세이다. 즉 그는 禮文의 형식 절차의 구비보다는 성실한 실천의 자세를 더 중시하는 것이다. 그 뒷글에서도 그는 이러한 마음가짐이 내면에 있어야 함을 강조한다. 그 이유는 그렇게 하여야 文의 실행도 역시 진실하며 그 결

---

58) 文集 4, 8b 「弘文館八條箚」, '天下之事有實然後有效'.
59) 위와 같은 곳, '伏以天下之事有本則必有末……有實然後有效'에서 양자는 의미가 상통한다. 그러므로 文은 末에 해당한다는 사실도 알 수 있다.
60) 그의 務實은 務本과도 통하는데 이 實 또는 本의 내용은 그의 각종 疏箚에서 드러난다. 이에 대해서는 뒤의 정치사상 편을 참고할 것.

과, 實을 갖춘 文飾이라고 할수 있는 '享天心 弭天災'할 수 있다고 그는 설명한다.

이 같은 務實은 禮治의 眞實性 및 實際性과 實效性까지도 함께 중시하는 것이 그의 禮사상임을 의미한다. 그리고 務實이 전제되면 名分과 形式도 본연의 역할을 한다는 의미를 간과하면 아니 될 듯하다.

「弘文館八條箚」에서 근본적인 國政의 대책으로서 立大志, 懋聖學에 이어 '重宗統'을 제시한 사실은 그 적절한 例이다. 宗統이란 宗法의 大義名分에 해당한다. 이 箚의 관점으로 보면 宗統이라는 명분이 손상되면 그것은 국가의 전체적인 紀綱의 와해로까지 나아갈 수 있다는 의미에서 주장된 것이 '重宗統'이다. 그리고 이 '重宗統'에 앞서서 강조된 立大志와 懋聖學은 그러한 名分의 실효를 위해서는 우선 務實의 근본이 확립되어야 한다는 취지를 내포한다고 할 수 있다. 務實이란 修養에 근본하는 것이다. 그러므로 그의 禮學에서 修養論이 차지하는 비중은 매우 크다고 할 수 있다. 이를 理本氣用說, 統體工夫說, 身心相互 交制, 敬과 誠 등의 장절로 나누어 고찰한다.

3. 禮學的 修養論

1) 理本氣用說

우복의 성리학은 근본적으로 退溪의 主理論의 관점과 이론을 계승한다. 四端七情에 관해서 理發을 인정하는 것[61], 理氣二元의 관점[62]을 그대로 취하는 것 등이 바로 그러한 증거이다. 그러나 단순한 理氣

---

61) 文集 11,22 「答曹汝益」.
62) 文集 14,27b.

論上의 계승에 그치지 않고 그것을 예학적으로 발전시키고 있다. 다음과 같은 것은 그 좋은 예이다.

> (足容重 手容恭에 대하여) 松江……九容은 理이고 氣가 아니다. 栗谷……發動하는 것은 곧 氣이다. 愚伏……運奔 執捉하는 것은 氣이고 重할 것을 기필하고(必重) 恭할 것을 기필하는(必恭) 것은 理이다.[63]

인용문에서 행위, 예를 들면 足容重의 제 요소를 하나로 묶어 發動[氣]으로 보는 율곡과 동작 자체[氣]와 禮에 맞도록 기필하는 작용[理]의 둘로 나누어 보는 우복의 차이점은 四七論에 대한 퇴계와 율곡의 대립적인 입장을 상기시키는 동시에, 理와 禮에 의한 表裏일치를 중시하는 관념을 시사한다. 必重 必恭의 必을 일단 내면에서 發하는 '禮 지향 의식'이라고 한다면, 그것을 理라고 규정하는 것은 禮실천은 理發의 결과라는 점을 인정한다는 의미로 볼 수 있다. 그리고 必의 의미는 예외 없이 始終一貫한다는 의미도 있다. 따라서 '理發'과 '禮의 지향'은 바로 理와 禮에 의한 表裏一致와 前後一貫이 그의 禮學의 중심 주제임을 시사한다.

그런 한편 그는 '理本氣用'[64]이라는 독특한 명제를 정립한다. 이 명제는 理의 體用[65]과 구별된다. 이 명제의 특이함은 理의 體用이 아닌 理氣의 相互 體用과 유사하다는 점이다. 이 本用의 근원은 體用관념에 바탕을 둔 것으로 추측된다. 본래 體用은 一源으로 생각되는 것이므로 서로 다른 두 實在인 理와 氣를 體用으로 엮는다는 것은 이론상 난점이 있다고 생각된다. 이 때문에 그는 體를 本으로 바꾸어 理氣의 本用 관념을 취한 것으로 추측된다.

그런데 本用이란 관념을 정립하는 더 근본적인 이유는 어디에 있을

---

63) 文集 14, 26a.
64) 文集 11, 22a 「答曹汝益」, '理爲之本而氣爲之用 乃天地陰陽造化之妙'.
65) 文集 12, 29b 「答李器哉朱書疑問」에서 理體用은 仁體愛用의 방식으로도 변용된다.

까? 그가 理本을 주장하는 것은 理의 體를 주장하는 것과 크게 다르지 않다고 생각된다. 그러나 理本에 氣의 用을 결합시킨 것이 새로운 명제정립의 중심 취지가 있는 곳으로 생각된다. 이 本用관념이 사용되는 곳은 性情(四端七情)의 해석66)과 『禮記』禮文의 해석67) 등이다. 이 사항들은 사실상 禮의 실천과 긴밀한 관련을 지닌다.

앞에서 살핀 것처럼 인간의 禮실천은 心情과 行爲에 의한 理의 표상이다. 즉 理에 근거한 일정한 형식[儀則]과 행위[심정]의 합치가 곧 禮실천이다. 그 경우 마음은 비록 理[禮]를 지향하더라도 행위가 그것을 관철시키지 못하는 문제, 겉으로는 禮를 지키는 것 같으나 內實[진실]이 결여된 문제들이 충분히 예상된다. 이같이 禮學에서는 신체의 행위라는 요소가 중요하게 취급될 수 있는 것이다. 이 신체의 행위 자체는 形氣에 관련된 것이다. 이 신체의 행위 또는 形氣의 所爲는 氣의 작용이 아닐 수 없다. 또한 禮는 理와 동일시되기도 하지만 실은 理와 일치된 器[理與器一68)]로 간주될 수 있는 것이다. 따라서 禮실천에 관한 이론은 一理의 體用만으로는 행위에 관한 설명이 불충분하다는 자각이 있었을 것으로 추측된다.

즉 退溪學에서 存在[所以然]와 當爲[所當然]의 一致를 설명하는 이론적 근거인 理體用說에서 所當然의 具現이란 「理의 具體化」를 의미하는데, 理의 구체화는 氣用을 제외하고 설명할 수 있을까라는 疑問이 그에게 있었을 것으로 생각된다. 즉 그 具體化란 성리학의 원리상 氣의 작용을 수반하지 않을 수 없고 또 그것은 禮의 節次라는 형식을 배제하여서는 아니 되는 것이다. 그러므로 氣[形氣]의 소위를 철저히 배제하려는 것이 퇴계의 입장이었다면69), 우복은 오히려 氣를 철저히 理에 부합

---

66) 文集 11, 22a「答曹汝益」.
67) 別集 2, 30a「思問錄」禮記 樂記 篇의 글. 여기서 그는 仁義는 禮樂의 本, 禮樂은 仁義의 用이라고 한다. 이때 仁義는 理에 禮樂은 氣에 각각 상응하는 것으로 생각된다.
68) 別集 3, 6b. 그 밖에도 道卽器, 器卽道(文集 13, 25a) 理氣不相分(文集 13, 24b), '方見得卽形而理在其中'(文集 13, 24b) 이러한 관념들은「論語」九思의 설명에 적용되는 것들이다.
69) 尹絲淳,「存在와 當爲에 관한 退溪의 一致視」「韓國儒學思想論」열음사 1986, 87～89쪽.

하도록 끌어들여서 禮[理]라는 기준에 의해 길들이는 적극적인 수양의 이론을 정립하는 쪽으로 선회하였다고 할 수 있다. 그때 禮가 방법론의 중추에 있게 된다. 다음은 그러한 例로 삼기에 적절한 글이다.

> 聖人은 사람을 가르칠 때마다 '居處恭 執事敬' '言忠信 行篤敬' '非禮勿視聽言動' '出文如見大賓 使民如承大祭'라고 말씀하셨다. 이 중 어느 것도 사람 外面의 形象이 있는 곳에 노력을 들이는 것이 아닌 것이 없으니 마음은 자연 풀어지지 않고 仁도 여기에 있게 되는 것이다.[70]

'사람 외면의 形象이 있는 곳' 즉 신체에 공을 들인다는 것은 곧 形氣를 수양의 대상으로 포함시킨다는 것이다. 이는 形氣를 理를 근본으로 삼도록 길들인다는 목적이 있는 것이다. 이는 理에 근본한 氣用의 중요성을 그가 인식했다는 판단이 증거이다.

그의 本用관념은 대체로 세 가지 층차가 있다. 첫째 天地의 造化와 萬有에 대한 것, 둘째 性情관계 등 내면 작용의 해명, 셋째 心情(仁義)과 禮樂, 즉 심리적 작용과 객관적 규범과의 관계로 나누어진다. 理本氣用은 이러한 세 가지 층차의 本用관념을 포괄하는 근원적 명제로 볼 수 있다. 이에 의하면 理本氣用은 天地의 陰陽造化와 같은 우주론적 사고, 인간 내면의 심성론적 분석이 바탕이 된 인간의 心情과 규범적 行爲와의 관계를 포괄적으로 설명하는 체계로 취급되어도 무방하다고 생각된다.

本用은 本末, 先後관계와 가깝다.[71] 우선 本과 用은 상호 보완적이고 의존적인 것이다. 그러나 用은 本에 대해 후속적인 것이고 부차적인 것이다. 本末로 본다면 本은 作用의 뿌리라는 의미가 있다. 그뿐 아니라 本은 實의 의미도 있다.[72] 앞장에서 살핀 것을 바탕으로 보면

---

70) 文集 10, 32ab 「答李叔平」.
71) 別集 2, 30a 「思問錄」.

實은 形式에 대한 內容, 作用에 대한 眞實(價値), 過程에 대한 根源과 目的[73] 등의 의미로 생각된다. 따라서 本에는 根源, 本然(理想), 當然(궤도, 원칙) 및 目的 등의 의미가 있다고 보아도 무방하다. 이를 바탕으로 보면 발출부터 종료까지의 일체의 작용(행위)에 대한 기준으로서 초월적인 작용을 하는 것이 곧 本인 셈이다. 用은 그러한 本然과 當然을 구현하는 작용이란 의미와 함께, 根源(發出)과 目的(終了)을 一貫性 있게 始終하는 작용이라는 의미도 아울러 있는 것이다. 즉 本과 用을 대응시키면, 根源과 目的에는 行爲의 一貫性, 本然과 當然에는 行爲의 合理性이 각각 대응함을 알 수 있다.

한편 理本氣用에 세 층차가 있다는 것은 사실 그의 언급을 근거로 말한 것일 뿐이지, 사실상 그의 사고 내에서는 세 층차가 일련의 과정으로 연결되고 있다고 보인다. 이 「과정」이란 관점에서 보면 더욱 理本氣用은 禮에 의한 修養 및 實踐과의 관련성이 더욱 분명해진다. 理本은 合禮的인 행위 또는 삶은 天理로부터 발출하여 天理로 귀결되어야 옳다는 점을 말하고, 氣用은 삶의 과정에서 禮에 의한 理의 具體化 과정을 말한다고 할 수 있다. 이에 근거해서 본다면 理本氣用은 禮(理)에 의거한 삶의 一貫性과 合理性에 관한 원리로도 생각될 수 있다.

따라서 합리성과 일관성의 固守가 곧 그의 예학적 수양론의 문제의식의 골간이 되는 것이다. 精一에 관한 설명에서 그의 문제의식이 잘 드러난다.

精이란 그것이 形氣에서 나오는가 義理에서 나오는가를 살펴서 선

---

72) 그는 別集 2, 30a 「思問錄」에서 仁義를 禮樂의 본, 禮樂을 仁義의 用으로 간주한다. 그리고 「孟子」의 '禮之實節文斯二者 樂之實樂斯二者'를 인용하여 仁義와 禮樂의 本末先後관계에 관한 경전적 근거로 제시한다. 여기서 仁義는 禮樂이란 형식의 實이 된다고 생각되었음을 알 수 있다.

73) 「孟子」에서 禮之實節文斯(仁義)二者라고 할 때 禮樂의 존재는 궁극적으로 仁義를 실현하기 위한 것으로 생각되는 것이다. 그리고 그는 禮의 실천은 務文보다 務實이 중요하다고 하면서 前後相違가 없어야 한다고 한다. 이는 곧 始終一貫의 의미인데, 여기서 禮의 實은 始와 동시에 終이라는 의미가 잡힌다.

택하는 것이고, 一이란 그 本心을 지켜서 人欲에 흐르지 않도록 하는 것입니다. 그렇게 한 후에 過不及하는 어긋남이 없게 되니 이것으로써 精一執中의 묘함이 있게 되는 것입니다.[74]

聖人이 되는 공부는 단지 精一 두 글자에 있습니다. 擇善은 精이고固執은 一입니다. 孔子의 말씀으로 말씀드리자면 博我以文은 精이고 約我以禮는 一입니다.[75]

위 글을 정리하면 擇善＝精＝博文, 固執＝一＝約禮와 같은 등식이 성립한다. 전자는 합리성의 추구와 후자는 일관성의 추구와 각각 연관된다고 할 수 있다. 先博文 後約禮라는 순서가 있지만 실은 양자는 상호 의존적인 것이다. 그리고 그 결과는 執中, 즉 天理(禮)에 적합한 행위(사유 포함)의 지속(固執, 一貫)으로 나타난다고 할 수 있다. 이 중 특히 일관성의 관건을 約禮로 보고 있는 점은 그의 수양론이 禮를 어떻게 중시하는가에 관한 호기심을 일으킨다. 一은 表裏一致, 前後一貫, 純一, 專一, 統一 등을 말한다고 할 수 있다.[76] 그러므로 一＝約禮는 그에게 있어서, 첫째 사유(또는 심정)와 행위의 一致(또는 身心의 一致)를 가져오고, 둘째로 그것을 일련의 삶의 과정 속에서 一貫하는 능력을 배양하는 중추적 원리가 곧 禮임을 말해주는 것이다. 셋째 禮에 의한 修養은 心身의 統一과 專一 純一을 결과한다는 의미도 담겨 있다. 그리고 簡易라는 의미에서도 約을 볼 수 있는데[77], 그렇다면 約禮 또는 一은 매사를 근본적인 禮義 또는 原理로 요약하여 실행하여야만 편리하고도 適宜하다는 점을 함께 시사한다고 할 수 있다. 愚伏

---

74) 別集 3, 25a.
75) 別集 3, 25b.
76) 文集 4, 2b 「玉堂論旱災箚」에서 一은 伊尹의 一德, 中庸의 誠과 같으며, 一於眞實而不雜以虛僞라고 설명한다. 그리고 이러한 一의 자세가 결국 일의 성취와 有終을 가능케 한다고도 설명한다. 이 一은 매우 중요한 원리로 그에게 인식되고 있었던 것이다.
77) 文集 15, 2b 「洛社合계序」 '故日人人 親其親長其長 而天下平 其爲道 豈不約而易耶'에서 그는 約과 易를 동일하게 간주하며 親親 長長이라는 禮원리를 約易하다고 간주한다.

의 理本氣用이라는 명제에 입각한 이상의 推論은 결국 그의 統體工
夫說에 주목하게 한다.

2) 統體工夫說

統體工夫란 결론부터 말하자면 身心을 고루 다스려 합리성과 일관
성을 확보하는 공부이다. 이 統體工夫에서 그의 예학적 수양론의 특색
이 잘 드러난다. 이러한 그의 관념은 근본적으로 『小學』書를 중시하
는 조선의 道學에 연원을 둔 것이면서도 학문의 기초단계에 국한되지
않고 전반적인 學問의 단계로 확산되어 있다.

「經筵日記」에서 행한 人君의 修身之道의 강설이 하나의 예이다.

> 仁君은 반드시 道로써 修身하여야만 그 인물을 얻을 수 있습니다.
> 진실로 修身의 공부가 없으면 인물을 취함이 기필코 精密하지 못합
> 니다. (「中庸」의) 齋明盛服은 내면과 외면을 겸하여 그것(修身之道)
> 을 말한 것입니다. 사람은 반드시 肅然히 경건히 하고 두려워한 뒤
> 에야 心地가 맑게 될 수 있고, 衣를 단정히 하고 帶를 허름하지 않
> 게 맨 뒤에야 威儀를 굳건히 유지할 수 있는 것이니, 그것이 곧 修
> 身의 핵심인 것입니다.[78]

내면과 외면을 두루 닦는다는 것은 유학의 근본적 입장이다.[79] 위
글의 心地와 威儀가 수양의 대상이듯이, 그는 항상 治心과 檢身이 병
행된 修養을 강조한다. 治心과 檢身은 곧 다음의 의미이다. 마음의 淸
明本然한 體로써 處事應物의 근본을 삼는 동시에 惰慢邪僻한 습관을
몸에 물들지 않게 視聽言動을 항상 禮로 말미암아 한다는 것이 그것

---

78) 別集 3. 35.
79) 文集 4. 11b「弘文館八條箚」에서 그는 行解相資 動靜交養 博文約禮의 노력을 근본적인
　　유학적 수양공부의 방법으로 간주한다.

이다.80) 그리고 治心과 檢身은 이원적 병행에 그치는 것이 아니고 양자가 상호 영향을 준다는 것이 그의 관점이다. 그 연관방식에 주목되는 점이 있다.

그에 의하면 外를 다스림[檢身]으로써 內까지도 다스려진다[治心]. 그와 절친한 사이였던 李蒼石(名, 埈)에게 답한 서한81)에서 그것이 설명되고 있다. 그는 『論語』의 '居處恭 執事敬'(子路), '言忠信 行篤敬'(衛靈公), '非禮勿視聽言動'(顔淵), '出門如見大賓 使民如承大祭'(顔淵) 등을 예로 들고 이것들은 治心의 방법이라고 설명한다. 그에 의하면 이 말씀들은 外面의 形象處에 加功하는 것이지만 그것은 자연히 마음이 풀어지지 않게 한다는 것이다.82) 그 뒤에 이어서 '人事上에서 着力하면 裏面은 자연히 收斂된다.'고 설명을 붙인다.83) 그는 바로 이러한 점에 聖人 말씀의 微意가 있다고 설명한다. 즉 성인이 비록 性과 心은 언급하지 않았어도 그 미치는 범위는 내면의 性과 心을 포괄한다는 것이다.84)

그의 예학에서 外에 加功하여 內까지도 수렴한다는 것은 氣質의 變化 및 存心養性의 방법론이다. 먼저 氣質의 변화부터 보면, 사람의 氣質은 不同하고 또 변하기 어렵기 때문에 學問의 도움을 얻어야 기질을 변화할 수 있다고도 말한 것85)은 氣質變化의 예이다. 위에서 그가 예로 든 『論語』의 구절들(居處恭 執事敬 등)과 『중용』의 언급(齋明盛服)들은 習禮로 인한 私欲의 自律的 또는 自然的 抑制가 지속된다면

---

80) 文集 3, 45a 「應求言 敎疏」.
81) 文集 10, 32ab 「答李叔平」.
82) 위와 같은 곳, '無非使人就外面有形象處加功 則必(民推本에는 心으로 되어 있음)自然不放而仁在是矣'.
83) 위와 같은 곳, '使後人於人事上着力 則裏面自然收斂'.
84) 전반적으로 그의 心性 理氣에 관한 저술, 또는 논의가 적었던 것은 心性보다는 禮를 언급함으로써 心性까지도 포괄하는 孔子의 입장을 추구했기 때문이라고 할 수 있다. 그런 의식이 그로 하여금 과다한 心性 理氣에 관한 논의를 止揚케 하였다고 보아도 무리가 없을 것이다. 이점 또한 그의 禮學의 한 특징으로 고려할 만한 것이다. 또 이는 下學 중시의 경향, 務實의 경향 등을 시사한다.
85) 각주 75와 같은 곳.

끝내는 氣質의 변화를 초래한다는 것이 그의 생각임은 물론이다.

存養에 관해서도 그는 이러한 원리를 고수한다. 『중용』의 存養을 動과 靜 어느 때의 공부로 보아야 하는가라는 沙溪의 문제제기에 대한 우복의 답은 그 점을 잘 보여준다. 사계는 '存養은 오로지 靜으로써 말한 것이고 涵養은 動靜을 겸하여 말하였다.'는 퇴계와 「或問」에서 그것과 반대되는 견해[朱子]의 사이에 놓인 입장의 不同을 의문으로 제시한다.[86] 이에 대해서 우복은 일단 存養靜工夫 省察動工夫라는 朱子의 말이 있음을 통해서 退溪說의 근원이 주자에게 있음을 확인한다.[87] 그러나 이어서 그러한 動靜의 구분은 大綱의 구분이고 세밀하게 살피면 存養은 실제로 動靜을 겸하는 것이라고 설명한다.[88] 그의 動時의 存養에 대한 설명을 인용한다.

> 일을 할 때는 마음을 그 일에 두어서 다시 다른 일은 생각하지 않고
> 마음으로 하여금 다른 곳으로 달려가지 못하게 한다. 어찌 그 마음
> 을 操存하고 그 性을 기르는 것이 아닌가? 이것이 이른바 動中의
> 靜이다.[89]

이에 대한 증거로서 그는 『論語』의 '居處恭 執事敬' '出門如大賓 使民如承大祭'는 곧 存心을 말하는 것인데, 靜時에만 편중되었다고 할 수는 없다고 말한다.[90] 이와 같은 설명은 주자의 존양에 대한 입장과 상통하며 퇴계와는 다른 것이다. 沙溪는 공자의 敎人法은 用處[작용 또는 행위하는 곳]에서 공부하도록 가르치는 것이라는 주자의 관점을 퇴계와 대비시켰던 것이다. 그리고 우복은 이 항목의 마지막에서

---

86) 文集 14, 30a 「金沙溪經書疑問辨論」 中庸條, '存養 退溪曰存養專以靜言之 涵養兼動靜言, 按或問存養多用靜否 朱子曰不然 孔子却都就用處敎人做工夫 退溪之言與朱子不同, 更詳之'.
87) 文集 14, 30b.
88) 위와 같은 곳.
89) 위와 같은 곳.
90) 위와 같은 곳.

存養을 靜으로써 말한다면 未當한 것 같다고 하여 사실상 퇴계의 입장을 수용하지 않음을 내비치고 있다.[91]

動은 情의 已發時, 또는 신체의 行爲時를 말한다. 動時의 存養論은 그가 退溪의 靜時의 存養論을 변형 내지는 탈피하고 있는 증거이다. 그리고 靜에 대한 해석에도 양자는 차이가 있는 셈이다. 그 원인의 설명은 그의 禮學的 사고로 귀결될 수 있을 것이다. 그의 예학적 사고란 첫째 孔子의 禮 중심의 修養論의 중시, 둘째 理本氣用, 셋째 躬行實踐에 의한 理[禮]의 구현을 중시하는 사고 등이다.

그의 存養에 대한 결론은 統體工夫[92]라는 관념으로 귀결된다. 이 統體工夫란 바로 마음[心性]뿐 아니라 身體까지도 통괄한 工夫라는 의미로 생각된다.[93] 오히려 신체에 대한 功을 통해서 내면의 心까지도 통괄하는 공부라는 의미에서 전체[統體]적이라고 생각했던 것이다. 이는 역으로 檢身이 결여된 治心만으로는 완벽한 수양이 어려움을 그가 생각했다는 증거이다. 그리고 動靜 어느 때고 모두 적용되는 공부라는 의미도 간과할 수 없다.

따라서 그의 統體工夫는 일차적으로 身의 부면을 加功하여 存心養性을 이루고, 이 存心養性에 의해 확보된 心의 주재력과 변별력으로써 다시 사고와 행위 일체를 조절한다는 방법론을 내포한다. 이 통체공부에서 그는 身으로부터 心, 心으로부터 身으로 향하는 작용방향의 二元性의 상호 조화를 말하고 있다고 할 수 있다. 달리 말하면 '身心의 相互 交制'에 의한 주재력과 일관성의 확립이 그 공부의 목적이라고 할 수 있다.

---

91) 위와 같은 곳.
92) 위와 같은 곳, '以此疑存養乃統體工夫'.
93) 統자는 本자라고 보는 견해(『禮記』祭統 鄭注), 統括의 의미, 統體라고 하면 全體, 總體라는 의미가 있다. 첫째 의미를 따라 本體工夫라고도 할 수 있으나, 그보다는 心身을 통괄한 全體的인 工夫라는 의미가 더 포괄적이라고 생각된다.

3) 身心의 相互 交制

身心의 交制는 양자의 交際 속에서 이루어지는 일종의 상호 제어작용이다. '人事上에서 着力하면 裏面은 자연히 收斂된다.'는 언급은 身으로써 心을 제어하는 방식에 대한 언급이라고 할 수 있다. 또한 반대의 예, 즉 心으로써 身을 제어하는 예는 「一黙齋記」의 '하려는 말이 입에서 나오려고 할 때 반드시 먼저 마음에서 合理한가 不合理한가를 판단해 본다.'[94]고 하는 것과 같은 것이다. 이뿐 아니라『論語』「顔淵」篇의 '非禮면 視聽言動하지 말라.'는 것에서도 心에 의한 身의 제어를 볼 수 있다. 즉 非禮는 禮와 합치여부를 思量하는 것으로서 心에 속하고 視聽言動은 그 판단에 따른 행위로서 身에 속한다. 이는 心으로써 身을 제어하는 한 방식이다. 필자가 말하는 身心의 交制는 또한 身에 加功하면 그 결과가 身뿐 아니라 心에도 나타나고 心에 加功하면 그 결과가 心뿐 아니라 身에도 나타나는 것이 필연이라는 의미이다. 이러한 身心의 相互 交制는 마음의 주재력과 일관성, 또는 순수성과 지속성을 확보하고 그로써 合禮的인 실천이 자연스럽게 이루어지도록 하기는 우복의 통체공부의 원리를 표현하기 위한 것이라고 할 수 있다.

그의 사고 속에서 이 身心의 交制는 修養과정 전반에 해당하는 원리로 간주된다고 할 수 있다. 存心養性, 動靜 間, 知行, 心의 權度, 精一, 執中, 또는 定과 靜, 敬과 畏, 誠 등 하나같이 모두가 이러한 身心의 交制를 그 근본에 관철시키고 있다고 생각된다. 그렇다면 이 交制의 원리는 하나의 초점, 구심점이 있음을 알 수 있다. 그것은 다름 아닌 人間의 完成이라는 목적이다. 인간의 완성이란 다름 아닌 聖人의 경지, 與天地合其德의 경지인 것이다. 그런데 그 경지의 성취는 단지 心만으로도 아니 되고 身만으로도 아니 된다는 유학적 사고의 맥락에 그는 性理學과 禮學으로 다가서고 있는 것이다. 그리고 그는

---

94) 文集 15, 16b.

그 원리를 특히 敬과 誠으로 내세우고 있다. 이 敬과 誠을 통해서 心身의 兼修 또는 幷修를 중시하는 가운데 그는 특히 身心의 交制가 身心 양쪽에 가져다주는 효과에 크게 주목하고 있다고 보인다.

身心은 우리가 의도적인 수양의 노력을 하지 않더라도 항상 交際하고 있는 것이다. 아니면 그것이 근본적으로 둘로 나누어질 수 없는 것이라고도 할 수 있다. 우복은 양자를 일단 구분하되 불가분의 관계라는 관점을 취한다고 판단된다. 그리고 그가 중시하는 것은 양자의 交際가 나아가야 할 방향이고, 그 다음은 그 방향에 대한 지향이 일관성 있고 지속적이어야 한다는 점 등이다. 이럴 경우 그는 신심교제의 지향성과 일관성 및 지속성의 확립에는 무엇보다도 순수한 마음을 그 충분조건으로 한다고 파악된다.[95] 다음의 그의 글은 그 순수성의 의미를 보여준다.

> 이런 까닭에 寂然하여 未發하면 거울이 텅 비고 물이 정지한 것과 같아서 萬理가 모두 갖추어지고, 感하여 드디어 通하면 일을 따라서 순조롭게 응하고 品節에 차질이 없게 된다. 먼저 窮理하여 택하고 뒤에 主敬하여 지키지 않으면 이와 같이 할 수가 없다. 虞書의 精一執中, 孔子의 이른바 格致誠正, 克己復禮, 孟子의 이른바 明善誠身은 사람에게 힘써야 할 방도를 보여주는 것이 친절하다.[96]

순수성이란 만사에 합리적으로 응할 수 있는 내면의 심적 상태를 의미한다고 할 수 있다. 그것을 그는 窮理 敬守, 精擇善一, 擇善 固執, 克己 復禮, 格致 誠正, 明善 誠身 등으로써 제시한다. 窮理, 精, 擇善格致, 明善 등을 앞세움으로써 그는 先知而行의 입장을 보여준다.

95) 文集 4, 2b「玉堂論旱災箚」'自古人君常患於欲爲而不能 有始而無終者 其病皆在於心不能純 所謂純者一而不雜之稱 伊尹之所謂一德 中庸之所謂誠是也 一於眞實而不雜以虛僞則不患於不能 一於悠久而不雜以間斷則不患於無終' 여기서 純은 眞實과 悠久의 원천이고 결국 일을 끝까지 추구하여 성사시키는 내면의 원동력으로 대단히 중시됨을 알 수 있다.
96) 文集 3, 44b「應求言敎疏」.

이때 知는 理의 인지 또는 지식을 의미하지만 단순한 지식이 아니라 是非善惡을 분별하고 非와 惡을 배척하는 마음의 변별력과 주재력의 바탕이 되는 것이다. 그런 의미에서 知는 智와 통하는 것이라고 할 수 있다. 또 지금까지 관찰된 그의 수양론상의 원리들, 즉 動中之靜, 定, 收斂, 敬, 畏, 誠 등도 위의 원리들과 상통한다고 할 수 있는데, 그것들에 의한 순수성의 조건이 무엇인가를 살펴보도록 한다.

'動中之靜'에서 靜은 행위 가운데 心이 散亂하지 않고 대상을 향해 凝集하는 현상을 의미한다.[97] 이 凝集은 收斂과 의미가 통한다. 따라서 靜은 槁木死灰처럼 心의 작용이 일체 정지한 것은 아니다.[98] 程子의 '고요한 가운데 모름지기 무엇인가 있으니 말하자면 항상 깨어 있다는 의미이다.'[99]라는 것을 소개하고 동시에 그는 스스로 '고요하면서도 능히 경건하면 그 心體는 스스로 움직인다.'[100]고 설명한다. 이는 他念 또는 物慾 등에 의한 방해로부터 자유로운 心的 상태를 의미하는 것이다.

「李芝峯采薪錄辨疑」에서 '(聖人의 心은) 動에도 역시 定하고 靜에도 역시 定한다.'고 그는 말한다.[101] 사실 動搖와 상반되는 의미의 定[102]은 그의 견해로 말하자면 立志의 堅定이다.[103] 이는 志向과도 통하는 것이다. 이 志向은 앞의 靜보다 더 구체적인 대상이 드러난다. 다음의 글들도 그러한 志向 對象에 대한 구체적인 설명에 해당하는 것들이다.

---

97) 주자는 「大學章句」 '定而後能靜'의 靜을 心不妄動이라고 해석함.
98) 이 靜은 '平心定氣' 또는 '勿令忿한之意 一毫留滯於胸中'(文集 12, 35b 「答權厚之」)과도 같은 의미이다.
99) 別集 3, 27a 「經筵日記」, '靜中須有物 謂常惺惺之意也'.
100) 위와 같은 곳, '靜而能敬 其體自活'.
101) 文集 14, 16a. 芝峯의 '聖人의 心은 動도 없고 靜도 없다.'고 한 것에 대해서 우복은 그것은 槁木死灰와 같은 것이라고 하여 유학적 관념과의 괴리를 지적한다.
102) 「大學」의 '知止而後有定 定而後能靜'의 定을 주자는 章句에서 '志有定向'이라고 한다.
103) 別集 2, 40b. 만약 堅定하지 못하면 다른 생각에 흔들려 결국 그 원래의 뜻을 빼앗기고 만다고 그는 말한다. 이때 定은 단순히 志만의 작용 상태는 아닌 듯하다. 그는 '平心定氣'에 의한 心情의 抑制를 당부한다.(文集 12, 35b 「答權厚之」) 이는 定이란 氣와도 깊은 관련이 있기 때문에 표출된 관념으로 보인다.

(1) 始終 一心으로 백성 사랑하기를 仁으로써 하면 나라를 보전할 수 있습니다.104)

(2) 君子와 小人의 異同은 公私義利가 나누어지는 곳에 있습니다. 함께 경외하고 협력하며 마음을 합하여 공경하는[同寅協恭] 자는 君子이고 阿諛하고 끼리끼리 黨을 짓는[阿諛黨比] 자는 小人입니다.105)

(3) 人君의 用人은 오로지 公正한 가운데 있습니다. 그 兩端을 잡고서 中을 판단하는 것은 殿下의 마음에 달려 있습니다.106)

(4) 人君된 사람이 진실로 능히 正心하여 天地의 氣가 順하는 데 이르면 萬物이 스스로 길러집니다. 비록 단정히 손을 모으고 엄숙하고 고요히 있는[端拱嚴邃] 가운데서도 마음은 天地와 流通하는 것이니 [存養省察에] 힘쓰지 않을 수 있겠습니까?107)

(5) 喜怒哀樂의 未發은 中이라고 하니, 이것이 학자가 정성스럽게 공부하여야 하는 곳입니다. 항상 敬畏心을 보존하여 그 中을 기르면 발할 때에 中節하는 것입니다.108)

一心仁民, 同寅協恭, 公正과 折中, 正心과 端拱嚴邃, 敬畏心에 의한 養其中 등은 임금, 君子, 學者가 志向해야 할 구체적 내용이다. 그리고 그러한 공부의 功效는 致中和 育萬物, 나라의 보전 등과 같은 데까지 미친다고 그는 주장한다. 志向은 내면의 마음을 순일하게 하는 작용이거나 또는 순일한 상태에서 나오는 현상이지만, 어디까지나 주관적이든 객관적이든 대상을 가짐으로써 가능한 것이다. 그 지향점에 대한 보편적인 실재는 天理 또는 至善의 所在이지만 현실에서는 다양한 現象에 담긴 事理 또는 禮를 찾는 자세가 요구될 것이다.

---

104) 別集 3, 8b.
105) 別集 3, 11b.
106) 別集 3, 12a.
107) 別集 3, 28a.
108) 別集 3, 28b.

4) 敬과 誠

그렇다면 내면에서 자연적으로 이러한 志向이 이루어지는 단계에 이르도록 하는 방법 또는 그 원리에 대해서 그가 어떻게 생각하고 있는가가 궁금하다. 그 원리는 일단 행위와 정신에서의 收斂이라고 할 수 있다.[109] 九思[110], 九容[111], 四勿[112] 등이 객관세계의 禮의 所在에 대한 지향이라면 이러한 지향이 근본적으로 純粹하게 관철되도록 하는 이면의 작용은 收斂이라고 할 수 있다.[113] 檢身의 檢과 治心의 治도 이러한 收斂의 의미에서는 상호 공통된다고 할 수 있다. 이 收斂은 放肆 散亂과 반대되는 것으로서 구체적인 상황 속에서 그 상황에 맞는 몸가짐과 용모에 부합하게 외면의 形象處를 정돈하고 단속하는 것이고, 내면의 잡다한 意, 知, 情, 欲 등을 한군데로 모아 하나로 鎔融하여 흘러가게 하는 것과 다름없다. 精一의 一과도 같은 것이 수렴이며 동시에 마음의 純一과도 통한다. 그렇다면 그는 多를 一로 모으고 융합하는 것이 곧 순수성과 일관성 등의 전제조건이라고 생각하였음도 알 수 있다. 그리고 一로 수렴하면 할수록 多를 두루 포괄하여 하나도 빠뜨림 없이 주재하고 통솔하는 능력이 배양된다고 하는 것도 여기에 상정되어 있는 것이다.

또한 理本氣用에서는 수렴의 근원적 귀결처가 바로 마음의 理, 즉 本性 또는 未發之中임을 시사한다. 앞절의 인용문 (5)는 그 中을 기른

---

109) 「양정편」 분석 참조.
110) 『論語』 「季氏」, '孔子曰 君子 有九思 視思明 聽思聰 色思溫 貌思恭 言思忠 事思敬 疑思問 忿思難 見得思義', 우복은 이를 文集 14, 15ab 「李芝峯采薪錄辨疑」에서 불교 도가와 다른 유학의 원리가 곧 禮의 지향과 실천에 있음을 밝히며 九思를 인용한다.
111) 『禮記』 「玉藻」, '君子之容……足容重 手容恭 目容端 口容止 聲容靜 頭容直 氣容肅 立容德 色容莊', 우복은 이에 대해서 足容이 必重하고 手容이 必恭한다고 할 때 必은 곧 理發이라고 설명함으로써 退溪의 주리론을 계승하는 입장임을 시사한다.(文集 14, 26b)
112) 『論語』 「顔淵」, '非禮勿視 非禮勿聽 非禮勿言 非禮勿動', 우복은 이를 하나의 중요한 수양론으로 간주한다. 「一黙齋記」 참조.
113) 「양정편」의 주제가 바로 收斂이다. 본 고 「양정편」 분석 참조.

다는 방향으로 수렴이 진행되어야 함을 말하는 것이다. 사실 이 理 또는 中은 四端 또는 五常 등과 같은 德目의 다양성을 일관하는 것이다. 그러므로 수렴이란 곧 외부의 다양한 현상 또는 상황에 유연하게 합리적으로 대처할 수 있는 心的 대응력을 확립한다는 의미와 다를 것이 없다. 문제는 이러한 動靜間의 定, 즉 志向, 收斂 등의 공부를 일관하여 지속하려고 할 때 의지해야 할 원리의 모색과 정립이다.

그에 의하면 그것은 敬과 誠이라고 할 수 있다. 먼저 敬에 대해 살펴면, 敬은 '成始成終의 工夫'[114], '敬則心自不放'[115]이라는 견해는 위에서 말한 志向, 收斂 등을 포괄하는 원리가 곧 敬임을 의미한다. 또 '恭則主於貌, 敬則主於心'[116], 敬의 요점은 '畏'[117], 窮理한 것을 지켜 잃지 않는 원리[118], 敬의 반대는 肆[119] 등의 견해도 있다. '主於心'이라는 것은 外貌보다는 內心의 부면에서 주로 관철되는 원리가 곧 敬이며, 肆와 반대된다고 하는 것은 放漫하지 않다는 의미인데, 특히 畏를 敬의 골자로 보는 점이 중요하다.

이 畏는 사실 바깥으로 지향하면서도 안으로 수렴되는 마음의 실상인 듯하다. 그가 畏의 대상으로 열거하는 데서 그 점이 잘 드러난다. 그는 君主가 畏할 대상을 天－祖宗－民－大臣－臺諫의 순서로 제시한다.[120] 그리고 이러한 대상에 대한 敬畏心이 每事를 解弛하지 않도록 한다고 그는 말한다.[121] 그가 恒常 敬畏가 필요하다고 하는 것은 꾸준한 畏를 중시한다는 것이다.[122] 그리고 畏의 구체적 대상을 설정한다는 것은 그 대상을 대하는 適宜한 방식, 天과 祖宗에 대해서는 『

---

114) 別集 3, 41a.
115) 文集 12, 30b 「答李器哉朱書疑問」.
116) 別集 3, 41a.
117) 別集 3, 41b '其要不過畏字也'.
118) 文集 3, 44b 「應求言 敎疏」, '非窮理以擇之於先 主敬以守之於後 則不能以與此也'.
119) 위와 같은 곳, '人君尊 居人上 易於放肆 故處事常以敬畏爲主可也'.
120) 別集 3, 41b 「經筵日記」, '人君上畏天 次畏祖宗 次畏民 次畏大臣 次畏臺諫'.
121) 위와 같은 곳.
122) 위와 같은 곳.

禮記』, 『周禮』 등에 규정된 각종 祭禮, 民[123)과 大臣 臺諫[124) 등에
대해서는 理致[禮]에 합당한 人事의 실천을 늘 잊지 않아야 한다는 의
미이다. 그가 설정한 畏의 대상은 국가의 안위와 직결되는 존재들인
것이다. 그리고 그 順次는 그가 생각하는 국가 공동체의 삶에서 차지
하는 비중의 순서를 말해준다. 이는 경외심의 근저에 공동체적 삶에 대
한 우려와 기대가 있음을 의미한다.

한편 誠은 가장 어려운 공부라고 그는 말한다.[125) 誠은 間斷이 없
는 것[126), 常常誠實於中[127), 하나의 일에 전념하는 것[128), 내면에 쌓
이면 겉으로 반드시 드러나는 것[129), 일을 성취하는 요건[130), 實心[131)
등의 의미가 그의 誠관념에서 발견된다.

그의 이 관념들에 따르면 誠은 변함과 쉼이 없이[常常] 근면하게 내
면에 공을 쌓아가서[積於中] 중도에 그만둠이 없이[不容間斷] 天地와
그 德이 합하는 경지에 나아가는 工夫이다. 이 의미는 사실상 앞에서
언급한 一 또는 純一로 묶을 수 있을 것 같다. 그리고 주목되는 점은
內面의 것이 外面으로 발한다는 점이다. 이것이 그의 身心交制의 원
리가 誠에도 그대로 적용되어 생각되고 있다는 증거이기 때문이다. 예
를 들면,

---

123) 『論語』의 使民以時라는 관념도 있지만, 그는 別集 3, 55a에서 '得民之道 必從民之所欲
必不從民之所惡'이라고 말한다.
124) 別集 3, 51a에서 그는 君臣관계를 聲音의 조화에 비유하여 서로 道를 잃지 않는 관계가 필
요함을 역설한다. 『論語』의 '使臣以禮'는 그의 그러한 관념의 근원일 것이다.
125) 別集 3, 38b.
126) 別集 3, 38b '聖人之德……莫非至誠之極而無所間斷故然也', '註所謂旣無虛假者 常常
誠實於中 故不容暫間'.
127) 위와 같은 곳. 文集 12, 27b 「答金萬悅」에서 지적되는 懶惰는 誠實과 반대되는 것이다. 여
기서 懶惰는 '堅立其志 不容放下'로 치료된다고 하는데, 이는 立志堅定과 收斂의 工夫와
상통한다. 이로써 誠은 立志 收斂 또는 敬과 상호 밀접한 관련 있는 공부임을 알 수 있다.
128) 別集 3, 39a '誠字最有味 凡事若無誠 不可爲矣 設以讀書一事言之 必專念於字句間 不
爲他念所撓 可以爲文 不然則文不就也'.
129) 別集 3, 38b '若誠於中則面而背 此所謂驗於外也', '積於中者廣厚則見於外者 自然高明
氣象矣'.
130) 別集 3, 38b '必誠而後 可有爲也'.
131) 別集 3, 39b '愛民之心 常切於中 不以他意間之 然後乃爲實心也'.

만약 마음속[中]에서 誠하면 얼굴이 밝고 등이 곧게 펴집니다. 이것이 이른바 외면에서 징험되는 것입니다. 마음속에 쌓인 것[積於中]이 두텁고 넓으면 외면에 보이는 것도 자연적으로 高明한 氣象이 있는 것입니다.[132]

이는 禮의 實行으로써 積功하면 마음에 그것이 쌓이고[積於中] 그것이 다시 곧 외면[신체]에 자연적으로 드러난다는 점을 말한 것이다.[133] 내면의 理에 대한 '守'를 원리로 삼는 敬과 다른 誠의 내용은 곧 '積於中'에서 발견된다. 앞서 언급한 '明善誠身'[134]은 誠이 行과 관련되는 덕목임을 보여준다. 따라서 積於中은 지속적인 실천에 의한 積德을 가리킨다고 추측된다. 積於中은 단지 내면적인 것만은 아니고, 외향적으로 實事를 진실하게 성취한다는 의미까지도 포함된다. 따라서 이는 誠이 事業成就의 원리로도 간주됨을 시사한다. 그에 의하면 誠은 天地의 德, 聖人의 德인데[135], 이 모두가 실제의 事業성취와 깊은 관련이 있다. 즉 天地의 自然生成萬物, 聖人의 與天地合其德, 人君의 總理庶事 등[136], 이는 모두가 誠의 功效라고 그는 설명하는 것이다.

그러므로 敬[畏心]이 국가, 사회 등 공동체의 삶을 우려하고 기대하는 憂患意識이라면 誠은 그 敬畏心을 구체적인 事業의 꾸준한 추진으로써 성취하는 방법 원리에 해당한다는 점에서 상호 연관됨이 발견된다. 그가 수양의 방법론인 禮에다가 그 중추적인 원리로서 敬과 誠을 세우고 있다는 사실은 그의 禮學이 지향하는 바를 시사한다. 이 점이 매우 중요하다. 즉 실제적이고 구체적인 人事 또는 국가와 백성을 위한 事業을 순수하고 진실하며, 間斷없이 성실하게 추구하는 것이 곧

---

132) 別集 3, 38b.
133) 바로 이 점에서 誠은 身心의 相互 交制에 의한 수양과 실천의 대표적이고 포괄적인 원리로 간주될 수 있다.
134) 文集 3, 44b 「應求言敎疏」.
135) 別集 3, 38b.
136) 위와 같은 곳.

그의 禮學이 指向하는 바인 것이다. 그는 그러한 事業의 추진과 성취는 格物, 窮理, 心의 權度, 先知而行, 動中之靜, 立志堅定, 存心養性 등 일련의 과정에서 이루어지는 身心의 相互 交制가 가져오는 순수함, 일관성, 주재력, 지속성 등이 절대적인 기반이 된다는 자각하에 敬과 誠이란 원리로써 그러한 일련의 수양과 실천을 관철하는 것이 옳다고 생각하였다고 할 수 있다.

4. 禮治思想

1) 務本과 務實의 정치사상

그의 禮學은 務本과 務實의 사상을 담고 있다. 末보다는 本, 虛名[虛文]보다는 實質과 實效를 중시하는 사고가 바로 그것이다. 이는 그의 대부분의 箚子와 疏를 관류하는 정신이다. 務本 務實의 思想은 원래가 儒學의 근본정신이며 儒學이 實學이 되는 이유인데, 지금까지의 고찰에 근거하더라도 愚伏에게서는 성리학으로부터 禮學으로 중심이 동이 된 實學의 면모를 보인다. 여기서는 「玉堂請自强箚」, 「應求言敎疏」를 중심으로 그의 務實 務本의 禮學思想을 고찰하기로 한다.

이 箚疏들은 戰亂 中(壬辰倭亂) 혹은 그 후에 작성된 글들이다. 따라서 이 疏箚들은 매우 실제적이고 긴요한 정책적 급선무를 건의한 것이라는 점에서 공통점이 있다. 전란 중의 절박한 시기(1595년)에 작성된 「玉堂請自强箚」는 祖宗의 魂靈에 대한 廟享을 自强策의 근본으로 奏請한 것이다. 이 箚는 宣祖의 정치에 대한 염증과 기피적 자세를 우려하는 諫言을 담고 있다. 이 箚를 올린 직접적 계기는 宣祖가 스스로 '감히 廟에 들어가지 못하겠다.'고 하여 사실상 祖宗에 대한 廟享을 기피하려고 下教한 사실에 있다.[137] 이에 대해서 그는 廟享이 국정뿐 아니라 적에 대항하는 自强의 정신적 근원이 된다는 점을 忠諫하고 있다.

그는 사람이 죽어서 魂氣가 散하면 스스로 다시 모일 수는 없더라도[不可復聚] 돌아간 祖考의 精神은 곧 自家[子孫]의 정신에 의존하여 다시 모일 수 있음을 전제한다. 齊戒하여 자기의 精神을 하나로 모으면 祖考의 정신과 一氣가 되어 하나의 이치로 서로 감응하여 마침내 祭享에 祖考의 정신이 강림한다는 이치를 그는 설명한다.[138] 이는 그의 신념에 해당하는 것이지만 현실적으로 그것을 중시하는 것은 다음과 같은 이유에서이다. 그는 『周易』의 渙卦와 萃卦의 '왕이 廟를 두심이 지극하다.'[王假有廟]에 근거하여, 자기정신의 응집이 단순히 祖考정신의 復聚에 그치지 않고 '民의 聚'까지 결과한다고 한다.[139] 그리하여 백성들이 의연히 重恢光復의 사업을 己任으로 삼고, 討賊復讐를 己憂로 삼을 것이라고 하고 있다.[140]

이글의 내용은 君主의 一心이 위로는 英靈들과 아래로는 백성의 마음을 꿰는 추뉴라는 관념을 근거로, 그 一心이 自强을 지향하는 가운데 매사를 성실한 자세로 임하면 되지 않는 일이 없음을 강조한다.[141] 그리고 그 一心은 우선 廟享에서 精神을 하나로 모으는 것에 있다고 설명한 셈이다. 정신의 통일은 禮의 정성스런 실천을 통해서 이루어진다고 생각한다. 즉 祭享에 사용되는 黍稷과 明水 그리고 발기름을 취하고 맑은 대[蕭]를 불사르는 것 등을 精誠들여 하는 것이며 이러한 禮儀의 이행이 곧 祖考의 已散한 정신을 聚한다는 점을 그는 강조한다.[142] 여기서 그는 禮의 근엄하고 성실한 실행이 국가의 위기극복과

---

137) 文集 3, 25b「玉堂請自强箚」.
138) 文集 3, 25b「玉堂請自强箚」. '人之死也 魂氣旣散 不可復聚 而所賴自家精神 便是祖考精神 故七日戒三日齊 求諸上下陰陽 先集自家精神則一氣所感 理無不應 奏假之際 洋洋降臨'.
139) 文集 3, 26a「玉堂請自强箚」.
140) 文集 3, 27b「玉堂請自强箚」.
141) 文集 3, 28a「玉堂請自强箚」. '殿下一念自强便是體乾之功 而措之事業無所爲而不如其志'.
142) 文集 3, 26a「玉堂請自强箚」.

깊은 관련이 있음을 시사한다. 그 관련이란 '君主의 一心', '祖考의 精神', '民의 意識'을 自强이라는 목적으로 모으는 것이므로 다름 아닌 정신적 구심점의 확립을 말하는 것이다. 특히 그 구심점의 확립은 廟享이란 祭儀로써 이루어져야 한다는 것인데, 儒敎를 국교로 삼은 조선에 있어서는 宗廟의 제향에 담긴 상징적인 의미가 매우 컸음을 이로써 알수 있다. 그리고 그는 自强의 근원에 臣民과 王의 정신적 일체감이 있으며, 그 일체감의 근본은 다름 아닌 祭享에 있다는 사고를 보여준다.

이는 공자의 祭禮를 중시한 정치사상 즉 '체제사의 설을 알면 천하를 다스리는 것이 손바닥을 들여다보는 것처럼 쉽다.'[143), 『周易』 觀卦의 象辭 '聖人이 神道로써 가르침을 베푸니 천하가 복종한다.'는 등의 儒學의 祭禮 중시의 사고에 근원을 둔 것이라고 할 수 있다.

한편 光海君 집정 때에 상소한 「應求言敎疏」에서는 당시의 供上紙가 祖宗朝의 規式보다도 더 美好한 품질로 上納되어야 하는 데서 비롯되는 심각한 폐단을 거론한다. 우복은 規式에 맞게 供上紙의 품질을 낮추고 규정 이상의 數를 줄이는 것을 대책으로 제시한다.[144) 그런데 이는 당시 전란을 겪으면서 국가 전체가 생존의 위기에 처한 상태인데도 오히려 과거보다 심해진 奢侈풍조에 대한 경계와 언조를 같이 하는 것이다.[145) 그 때문에 또한 宮闕에서의 節儉을 그는 강조한다. 그것이 결국은 民生의 안정과 결부되기 때문이다. 여기서 그의 예학과 관련된 사항으로서 주목되는 것은 「規式」을 기준으로 光海君 代의 실정을 지적 비판하고 있다는 점이다. 規式은 일종의 禮이다. 그러므로 失政과 風俗의 폐단에 대한 비판과 그 개선을 禮의 객관적 공정성을 기준으로 촉구하는 것은 制度에 의한 객관성과 공정성이 살아 있는

---

143) 「論語」 八佾.
144) 文集 3, 34ab.
145) 文集 3, 33b~34a 「應求言敎疏」, '況今兵戈喪亂之餘生齒未息 田野不闢 出郊而視之 則蓬蒿荊棘 一望無際者 在在皆然 粟米麻絲之出於土地者 不能百一於平時 此正君臣上下惡衣菲食 爲民惜財之日 而奈之何奢侈之風 經亂愈甚 下士衣綾段 韋布服細絹 吏胥賤隷饗華重肉 是乃收以溝澮而泄以尾閭 古人所謂奢侈之災甚於水旱者 大可懼也'.

정치야말로 그의 예학이 지향하는 바임을 의미한다.

이 供上紙는 왕 또는 왕궁에서는 수많은 비품 가운데 하나이기 때문에 실제의 調達과정에서 나타나는 民과 各邑守令, 該司官員의 부담을 제대로 헤아리기 어려운 것이다. 더군다나 規式보다 좋은 품격의 공상지가 상납되지 않을 경우 관원과 수령이 坐罷되는 일이 있다는 것146)은 그만큼 백성에게 부담이 가중되고 있다는 증거이다. 그는 이러한 事例를 당시 정치의 문제 일반을 비판하기 위한 하나의 전제 격으로 거론한 것이며, 따라서 당시는 禮治라는 이념에 어울리지 않는 無秩序와 無法度가 횡행하고 있었고 그것이 곧 민생과 국가재정의 파탄을 몰고 오는 근본원인임을 그는 지적하고자 한 것이다.

이에 이어서 그는 懿仁王后喪에 이은 山陵大役과 전란 이후 빈번한 詔使接待 등의 일에 있어서 일종의 非禮之禮147)로써 수시로 民生에 부담을 준 것(不當於禮, 有傷於民148))을 지적하고 그것은 근본적으로 豪華 奢侈에 젖어 국고를 탕진하고 民力을 竭盡시켜서 국가의 파산과 멸망을 초래함을 경계한다.149) 그는 『禮記』의 '나라에 9년치의 저축이 없으면 不足이라 하고, 6년치의 저축이 없으면 乏이라 하고, 3년치 저축이 없으면 國非其國'150)이라고 한다는 것을 인용하고 周代 이래의 量入爲出의 禮法을 상술한다.151) 그런데 당시 그가 파악한 바에 의하면 국가의 經費 통계[數]가 '1년의 수입이 1년의 비용을 대기에 부족한' 극도로 궁핍한 상황이었다.152) 그리하여 그는 '千乘을 가

---

146) 文集 3, 34a, '供上紙一事言之……少或不謹則該司官員各邑守令無不坐罷'.
147) 이 표현은 文集 3, 37a 「應求言敎疏」에 나옴. 山陵大役에서 禮에 不當하다고 지적된 것은 '梓宮至山 經夜幕次 自前例用油幕排設 而起造假家羅絡 山上望之如神力所爲'의 내용이다.(文集 3, 35b)
148) 文集 3, 35b 「應求言敎疏」.
149) 文集 3, 35a~37b 「應求言敎疏」.
150) 『禮記』 王制篇.
151) 文集 3, 37a~b 「應求言敎疏」.
152) 文集 3, 37b~38a 「應求言敎疏」, '竊聞國家經費之數 一年之入不足以供一年之用 所謂 國非其國不足以言之……'.

진 나라의 임금이 寒乞兒가 되어 살 길을 모색하는 지경이 되면 어찌 나라를 다스릴 수 있겠는가'[153]라고 반문하기까지 한다.

그 외에도 그는 당시에 婚姻, 喪葬, 賓客의 禮 등에서 갈수록 華盛에만 힘쓰는 奢侈 풍조를 지적한다.[154] 그는 궁궐의 풍조가 곧 閭巷의 풍속에 깊은 영향을 미치기 때문에 특히 이렇게 엄한 비판을 가하였던 것이라고 할 수 있다. 이에 대한 그의 대안은 우선 節儉之道를 反求하라는 것이고, 財貨의 사용을 制度에 의하여 절제 있게 하여야 한다는 것, 백성의 勞役, 賦稅를 공정히 제도에 맞추어 하여야 한다는 등의 내용을 지닌다.[155] 그리고 궁극적으로는 임금의 治心과 檢身이 매사에 근본임을 강조하는 쪽으로 이 疏는 귀결되고 있다.[156]

이상의 분석에서는 그의 禮學에서 禮는 失政을 비판하는 객관적 기준으로서 그 자리가 확고함을 알 수 있다. 그리고 그는 당시 전란 직후의 궁핍한 처지에서도 오히려 호화판 사치를 일삼는 잘못된 풍조를 禮의 節儉정신과 원리를 통하여 비판하고 있다. 특히 『禮記』의 文에 근거하여 國家財政上 備蓄을 중시하는 것은 그의 禮學的 經世思想을 보여주는 부분이다. 그의 예학적 경세사상은 制度를 준수하는 節儉과 적어도 9년 앞을 내다보는 備蓄을 강조함으로써 국가재정의 충족과 민생의 救恤이라는 實效를 願望하고 있었던 것이다.

이상을 종합하면 그의 예학은 정치사상으로서 첫째 제도에 의한 공정성, 객관성, 합리성을 존중하는 정신, 둘째 節儉과 備蓄에 의한 國家財政의 운영을 통한 民本政治의 추구정신 즉 그의 표현대로 하면 '節用愛民'[157], 셋째 實心과 實事의 일관성을 중시하는 정신이 담겨 있다고 할 수 있다. 네 번째로 名分的 實體의 존중을 통한 王을 비롯

---

153) 文集 3, 38a「應求言敎疏」, '豈有千乘之君 作此寒乞兒計活而可以爲國者乎'.
154) 文集 3, 38a「應求言敎疏」.
155) 이상 文集 3, 37b~38a「應求言敎疏」.
156) 文集 3, 45a「應求言敎疏」.
157) 文集 9, 44b「答李玉汝」別紙.

한 臣民의 일체감을 형성하려는 입장도 하나의 특징이다. 이는 그가 道學의 정신적 지주였던 寒暄堂, 一두, 靜庵, 晦齋, 退溪 등의 五賢을 文廟에 종사시키려고 하는 이유, 왕의 宗統을 중시하는 이유이다.

「弘文館八條箚」에서는 反正으로 즉위한 仁祖에 대하여 立大志, 懋聖學, 重宗統, 盡孝敬, 納諫諍, 公視聽, 嚴宮禁, 鎭人心 등 모두 여덟 조목으로써 政治의 근본을 개진한다. 특히 重宗統은 왕과 국가의 권위의 근원은 공정한 大義의 실행에 있다는 주장이다. 그가 생각하는 국가권력의 정당성의 근원이 무엇인가에 대해서는 절을 바꾸어서 논하기로 한다.

2) 名分과 實情의 조화

宗統을 중시한다[重宗統]는 것은 특히 王統에서 受重의 統序를 엄정히 확립한다는 것이다. 受重의 重은 『儀禮』喪服의 '受重者必以尊服服之'가 출전으로서, 宗法사회에서 適統으로서 大宗을 계승하는 권한을 의미한다. 受重이란 血統에 근거하여 宗廟[家廟]의 祭享을 주관하는 의무와 권리를 계승함을 의미하기도 한다. 이 宗統과 관련되어 언급되는 物無二本 家無二尊이라는 것은, 宗統이란 질서의 핵이며 어지럽혀서는 아니 되는 '名分의 實體'임을 의미하는 것이다. 더군다나 이것을 사회질서의 보편적 유형으로 삼았던 조선시대에서 帝王의 承統은 그러한 종법질서의 窮極 또는 象徵으로서의 의미가 막중하다고 우복을 비롯한 대다수의 관료 학자들은 생각하였던 것이다. 즉 왕통은 大義의 근원으로서 그것이 정당한가 아닌가 하는 것은 王權의 권위 및 紀綱의 정립과도 직결되는 것으로서 신성시되는 것이다.

仁祖 즉위 원년에 所生父 定遠君 제사의 祝文의 稱號문제로 발단된 議禮에서, 여러 입장들은 각각 추구하는 목적과 禮를 보는 관점,

나아가서 왕권의 정당성 정통성의 근원을 확립하는 방식들이 서로 달랐다. 「弘文館八條箚」에서 重宗統을 제시한 愚伏은 우선적으로 合禮的이고 대의명분에도 합당한 系統의 수립, 즉 宗法이라는 보편적이고도 객관적 禮制에 부합하는 방식이 왕권의 정당성을 낳는다는 입장이었다. 이 입장은 당시 沙溪의 견해와 함께 正論으로 인정되던 것이었다. 그러나 후술하듯이 우복과 사계는 중요한 의견차이가 있었고, 이 議禮에서 우복의 견해가 채택되었던 것은 우복의 견해가 名分과 實情에 두루 합당한 예론으로서 時宜를 얻었기 때문으로 평가된다. 이에 대한 우복의 입장의 핵심적 내용을 정리하면 다음과 같다.

仁祖는 宣祖의 제5子인 定遠君의 所生으로서 祖父인 宣祖의 王統을 계승하였다. 反正에 의하여 伯父인 光海君을 王統에서 제외시켰기 때문에 仁祖는 변칙적으로 즉위한 셈이고, 王統은 宣祖로부터 직접 계승한 것이 되었다. 定遠君의 제사 축문에서 호칭문제가 대두되었던 것은 바로 이러한 王統의 소재가 광해군으로부터 인조로 옮겨간 것이 원인이었다. 稱號란 王統의 소재를 알려주는 매우 민감한 문제이며 유학적으로는 정치의 근본인 正名과 직결되는 문제이다. 이러한 의론 속에서 그는 「弘文館八條箚」를 통해서 정원군에 대하여 考를 칭하되 '皇'자를 더해서는 아니 되고 인조 자신은 子를 칭하되 '孝'자를 더해서는 아니 된다고 주장하였다. 이는 정원군을 宣祖(祖)와 仁祖(孫)의 王統에서는 배제함으로써 宗統은 지키되 그렇다고 하여 父子의 人倫과 情理를 무시하여서도 아니 된다는 입장에서 세워진 禮論이다. 이는 宗統이라는 大義와 함께 父子간의 恩情도 역시 인정하지 않을 수 없는 필연성에 근거한 것으로 볼 수 있다.

이후 仁祖의 生母인 具 氏의 服喪을 논의하는 과정에서 같은 성질의 문제가 재발되었다. 이 과정에서 우복은 仁祖의 不杖朞服을 주장하고 王后의 禮로서 葬禮지낼 수 없음을 상소하였고, 潛冶(朴知誡), 李貴 등이 定遠君을 元宗으로 追崇하려는 것에 대하여 끝까지 초지일관

반대하면서 그 부당성에 대하여 철저하게 고증과 立論으로써 대응하였다. 즉 그는 宣祖 → 元宗(定遠君) → 仁祖라는 王統을 옳다고 주장하는 潛冶 등의 견해를 비판 거부했던 것이다. 이러한 그의 전후 입장과 이론 및 전거를 잘 보여주는 글이 「議喪禮箚」, 「擬上議禮箚」, 「弘文館箚」, 「請姑停園號箚」, 「請姑停親祭箚」, 「請勿奏請追崇疏」 등이고, 啓文으로는 「私廟屬號博考前例啓」, 「政院論李義吉疏啓」, 「議禮合司啓」 등이 있다.

이것이 己亥禮訟의 前奏라고 인식될 정도로 학자와 관료 그리고 仁祖 사이에 빈번하고도 열기 띤 議論이 진행되었다. 그 근본적인 원인은 일차적으로 일종의 所生父母를 王統의 系統 속으로 포함시키기 위해 追崇하려고 하였던 왕의 내심에 있었다. 즉 支孫으로서 入承大統한 仁祖가 所生父母를 왕과 왕후의 禮로써 祭祀하고 服을 입으려고 한 데 원인이 있었다. 왕의 反正에 功이 있던 李貴를 비롯한 몇몇 인사들은 왕의 입장에 동조하였으며, 山林으로 추대된 潛冶는 왕과 공신들에게 이론적 근거를 제공하였다. 愚伏은 이에 반대하고 그 부당성을 지적한 것이다.

그 부당성이란 무리하게 小宗을 大統에 합치시키려는 것이어서 禮의 원리상 수용불가능한 것이지만, 더 나아가서 우복이 반대하는 이유는 公正한 大義가 서느냐 서지 못하느냐 하는 계기가 되기 때문이다. 帝王은 宗廟社稷의 重을 물려받고 億兆臣民의 主가 되는 자리이므로 특히 이러한 義를 어겨서는 아니 된다는 것이 그의 견해이다.[158] 그는 이를 어기면 亂倫 失禮이며 나아가서 天地의 常經을 어지럽히는 것이라고 단호히 거부하였던 것이다.[159]

현재 이에 대해서는 기존 연구논문들[160]에서 議禮의 발단부터 종료까

---

158) 文集 4, 11b~12a 「弘文館八條箚」.
159) 文集 4, 13a, '程子譏其亂倫失禮', 文集 4, 14a, '此眞所謂以小宗而合大統之說 而天地之常經亂矣'.
160) 徐仁漢, 「仁祖初 服制論議에 대한 小考」 북악사론 창간호, 1989. 5.

지의 과정에 대한 분석과 그 의의에 대한 평가가 이루어지고 있다. 그러므로 여기서는 그러한 議禮 과정에 대한 상술은 피하고 다만 우복의 「弘文館八條箚」에 나타난 입장을 분석하고 그 특징과 예학적 의의를 살피고자 한다. 그리고 定遠君의 호칭 문제로부터 仁祖의 生母 具 氏의 服喪 및 定遠君 追崇에 이르기까지의 議禮에서 우복이 취한 입장은 일관성이 있는데, 그 근본은 바로 仁祖와 정원군 및 王統과의 관계인 것이다. 그러므로 여기서는 이에 대한 그의 입장의 요체를 「弘文館八條箚」를 바탕으로 분석하고 그의 예학적 관점의 특징을 구명하도록 한다.

그에 앞서서 한 가지 소개할 사실이 있다. 우복은 宣祖의 廟號가 부적절하다는 견해를 개진한 일이 있다. 「請去昏朝所上宣廟祖字啓」에서 그는 光海君代에 宣廟에 올린 祖字의 廟號가 부적절함을 상주함으로써 宗字로의 改號를 奏請하고 있다. 그에 의하면 祖는 功으로써 칭하는 것이고 宗은 德으로써 칭하는 것이며 원래는 양자 간에 高下의 차이는 없다.[161] 그리고 이러한 祖字號는 역대의 創業主와 中絶된 國統을 再造한 군주에 칭하는 것인데 宣祖의 경우 國統이 中絶되었다고 볼 수는 없다는 것이 그의 관점이다.[162] 그러므로 祖字를 붙인다고 해서 宣祖를 실상 尊崇하는 것은 아니므로 改號하는 것이 옳다는 것이 그의 주청의 요점이다. 이것도 역시 禮學에서 중시하는 名分 또는 正名의 문제에 속한다. 명분의 근거는 곧 實際의 일이기 때문에 名은 實과 부합되어야만 명분으로서 제구실한다는 것이 그의 생각이다. 이것 역시 實主名賓을 중시하는 그의 禮學的 입장을 명확히 보여주는 하나의 증례에 속한다.

李迎春,「沙溪禮學과 國家典禮」「沙溪思想研究」1991.
李迎春,「潛冶 朴知誡의 禮學과 元宗追崇論」清溪史學 7, 1990. 12.
高英津,「朝鮮 中期 禮說과 禮書」서울대 국사학과 박사학위논문 1992. 8.
禹仁秀,「17世紀 山林의 勢力基盤과 政治的 機能」慶北大사학과 박사학위논문 1992. 12.
金世鳳,「17세기 禮論의 樣相과 政治的 意味」.
161) 文集 8, 9b.
162) 위와 같은 곳.

3) 定遠君 稱號에 관한 禮論

仁祖代의 일련의 議禮과정에서 우복이 취한 입장은 우선 다음의 관점하에서 照觀하여야 한다. 事體의 파악을 禮적용의 前提로 삼는 점이 바로 名에 앞서서 實을 중시하는 태도이다.[163] 事體는 實에 해당하고 稱號는 名에 해당한다. 즉 일의 본질에 해당하는 事體가 제대로 파악되어야 해당 禮文의 선택과 응용 및 역사적 先例의 원용을 통해서 적절한 稱號의 선정이 가능하게 된다. 仁祖反正 직후 生父 定遠君의 祭祀 축문의 稱號문제에 대한 議禮에 있어서 우복이 파악한 事體는 다음과 같다. 宣祖를 이어 왕위 계승을 한 仁祖는 宣祖에게는 親孫이다. 定遠君은 선조의 第5子이므로 仁祖는 小宗으로서 大宗에 入後하여 大統[王統]을 계승한 위치이다.

그는 이와 유사한 역사적 先例 두 가지를 들고 同異를 설명한다. 우선 宋 英宗의 경우와는 대체로 유사하지만 약간 다른 면이 있다고 그는 설명한다. 중국 宋의 仁宗을 계승한 英宗의 生父 복王은 仁宗의 從兄이다. 英宗은 生父인 복王을 皇伯父라고 칭하고 王子 宗樸으로 襲爵 奉祀케 하였던 것이다. 둘째 漢 昭帝의 왕통을 계승한 宣帝는 兄의 孫으로서 帝位를 계승한 例이다. 즉 宣帝는 昭帝의 兄인 戾大子의 孫이자 史皇孫(名 史良제)의 아들이다. 宣帝는 그의 生父인 史皇孫을 처음에는 '悼考'라고 칭하였다가 뒤에 '皇考'라고 칭하였다. '皇'은 帝位 또는 王位를 계승한 경우에 붙이는 名號이다. 우복에 의하면 '皇考'라는 칭호 때문에 范鎭은 '小宗으로써 大宗의 統에 합쳤다.'고 비판하였고, 程子도 그 때문에 '亂倫失禮'라고 비판하였다는 것이다.[164]

---

163) 그는 宋 英宗이 濮王을 皇伯으로 칭한 先例가 있음을 거론한 다음에 '至於今日事體則與此微有不同'(文集 4, 12a「弘文館八條箚」)이라고 말한다. 事體의 파악이 禮文적용의 전제가 되기 때문이다.

164) 여기서 이 사안을 보는 관점이 沙溪와 다른 점이 나타난다. 사계는 程子의 비판은 考라는 칭호 자체에 대한 것이라고 본다. 그러나 우복은 皇자가 문제되었다는 것이다.

그런데 당시 沙溪는 무릇 立後者는 所後에 대해서는 父母라 칭하고 所生에 대해서는 伯叔이라고 칭한다는 『儀禮』의 禮文에 의거 仁祖도 정원군을 伯叔으로 칭하여야 옳다는 입장을 세웠다. 沙溪는 『春秋』 文公 2년 經文인 '僖公'에 대한 傳의 '父子祖禰之說'을 인용하여 '무릇 서로 統을 이은 자는 兄弟, 叔姪, 祖孫관계를 막론하고 모두 父라고 불러야 마땅'하(凡相繼者 無論兄弟叔姪祖孫 皆當稱父)므로 사실상 宣祖와 仁祖는 祖孫관계가 아닌 父子관계로 보아야 한다는 것으로 압축되고 있다. 따라서 仁祖는 宣祖에 대해 稱考하여야 한다는 것이다.[165] 즉 沙溪는 仁祖는 宣祖를 禰廟로 대하고 父子관계로 삼아야 大統이 선다고 주장하였다. 그리고 위의 史皇孫과 宣帝의 事例에 대하여 범진과 정자의 비판이 있었던 이유에 대해서 沙溪는 '(皇)考'라는 칭호 때문이라고 간주하는 점[166]이 우복과 다르다. 그러나 우복은 처음에 '悼考'라고 칭하였을 때는 비판이 없었다가 '皇考'라고 고치자 범진과 정자의 비판이 있었던 사실을 분명히 한다.

潛冶는 이후 전개된 元宗追崇과 入廟論의 대표자로서 우복 사계와 정면으로 대립되는 예론을 세웠다. 李貴의 定遠君長子論과 더불어 그의 大統論은 예학의 관점에서는 예외적인 것이었다.[167] 그는 宣祖를 祖廟로 삼고 정원군을 인조의 禰廟로 삼아 大統에 공백이 없도록 하여야 한다는 입장이다.[168] 우복은 사계의 견해에 대해서는 대개 正論이나 中道를 얻지는 못한 반면 潛冶의 논리는 無理하다고 평하였

---

165) 文集 9, 37b 「答李聖徵」에서는 사계의 입장의 근거와 그에 대한 우복의 비판적 입장이 서술되고 있다. '惟金丈引春秋僖公三傳中父子祖禰之說 而謂凡相繼者無論兄弟叔姪祖孫皆當稱父 此則恐未然 閔公弟也而同於父 僖公兄也而同於子者 乃禮家所謂嘗爲君臣便同父子者 何可据此而便謂今日主上當以宣廟爲考也'. 여기서도 『춘추』의 閔公과 僖公과의 관계와 宣祖와 仁祖와의 관계는 같지 않다고 보는 우복의 관점이 드러난다. 이것도 역시 事體의 파악에 있어서 우복과 같지 않다.

166) 『沙溪全書』 卷48, 行狀, '漢宣帝以其所生父 尊爲皇考 范氏曰宣帝於昭帝爲孫 則稱父爲皇考可也 而議者終不以爲是者 以其小宗合大宗之統也 程子亦曰 亂倫失禮固已甚矣 宣帝以孫行入繼大統 爲昭帝之後 則不可以私親上繼於祖明矣'.

167) 이영춘 전게논문 239쪽.

168) 沙溪와 潛冶의 大統論은 이영춘의 전게논문 각주 44와 45에 도식화되어 있다.

다.169) 당시 禮曹의 계문170)을 보면 우복의 견해는 당시 조정의 衆論과 동일하였고 사실상 그 의론을 주도한 예론이었음을 알 수 있다.

우복은 『儀禮』에서 爲人後者는 그의 子가 되므로 所後를 父母라고 부르고 齊衰三年의 服을 입고 所生은 伯 또는 叔이라 부르고 不杖朞를 입는다고 한 것을 기준으로 하여 해당 事體를 보고 있다.171) 이것은 沙溪와 같다. 그리고 受重의 義, 物無二本 家無二尊이라는 大義名分과 親親 尊尊에 따른 禮의 隆殺의 원리를 근거로 所生父母에 대한 禮는 낮추어야 마땅하다고 간주한다.172) 禮의 隆殺란 이 경우 '義之所在 恩有所屈'이라는 의미이다. 이렇게 하여야 情과 禮가 조화를 이루게 된다는 것이 그의 생각인 것이다. 더구나 宗廟社稷의 重을 받아서 億兆臣民의 主가 되는 자리는 그 義의 重함이 士家의 大宗의 後가 되는 것에 비길 정도가 아니라는 것이다.173) 그 王統의 大義를 지키지 못하면 當時에 비난받는 것은 물론이고 後世에서도 비난받는 것이므로 매우 치밀하고 신중하게 禮를 이행하여야 한다고 주장한다.174)

그러나 그렇다고 해서 우복은 사계의 견해처럼 정원군을 伯叔父로 불러서는 아니 된다는 입장이다. 왜냐하면 우복은 위의 역사적 先例 두 경우 모두 『儀禮』喪服傳에서 말하는 爲人後者에 해당하는 것은 사실이나, 전자는 종형의 아들로서 入後한 것이고, 후자는 兄孫으로서 入後한 것이 다르다. 우복은 仁祖의 事體는 후자와 비슷하다고 본다. 이 관점이 그로 하여금 정원군에 대한 稱考를 주장토록 하였던 것이다. 후자의 경우 만일 漢의 宣帝가 爲人後者는 所後를 父母로 부른다는 禮에 따라서 祖父 항렬인 昭帝를 考로 부르게 되면 宣帝의 親

---

169) 『仁祖實錄』 2년 10월 23일.(甲辰)
170) 위와 같은 곳.
171) 文集 4, 11b 「弘文館八條箚」, '禮爲人後者爲之子 故稱所後爲父母而服齊衰三年 稱本生爲伯叔而服不杖朞 此非薄於所生也 誠以旣爲之後則受重之義甚大 而物無二本家無二尊 故不得不爲之隆殺也'.
172) 文集 4, 11b 「弘文館八條箚」.
173) 文集 4, 11b~12a 「弘文館八條箚」.
174) 文集 4, 12a 「弘文館八條箚」.

父인 史皇孫은 降一等하여 兄으로 대하여야 하는 경우가 발생한다는 것이다. 마찬가지로 沙溪처럼 宣祖를 考로 칭하고 정원군을 伯叔으로 칭하면 父子관계인 宣祖와 정원군을 같은 항렬에 놓는 것이 된다. 사계의 주장은 왕통의 특수함을 인정하여야 한다는 관점이지만, 왕통의 특수함을 인정하더라도 宣祖와 정원군을 같은 항렬로 대우할 수는 없다는 점에 우복은 초점을 맞추어 禮論을 구성한다. 仁祖가 宣祖를 考로 칭하면 정원군에 대해서는 兄으로 하는 것이 마땅한데, 그것도 父를 兄으로 대하는 失禮와 亂倫을 범하는 것이 된다는 것이 우복이 파악한 事體의 골자이다.

그러므로 우복은 다음과 같이 건의하고 있다.

> 생각건대 전하는 宣廟의 孫이니 昭穆은 변경할 수 없고 祖禰도 어지럽혀서는 아니 되는 것입니다. 그러므로 단지 祖라고 칭할 수 있고 감히 考라고 칭할 수는 없는 것입니다. 이미 그렇게 宣廟에 대하여 祖라고 칭하고 스스로는 孫이라고 칭하였으니 비록 所生에 대하여 考라 칭하고 스스로는 子라고 칭하여도 嫌疑에 봉착하는 난관은 없을 것입니다.[175)]

이러한 설명을 통하여 그는 禮官이 마련한 案대로 하여도 무방하다는 것을 건의한다.[176)]

여기서 주목되는 것은 우복이 사계와 똑같은 禮文에 근거하면서도 事體를 보는 관점과 지향점이 다르다는 점이다. 상대적인 면이 있지만 사계는 禮文을 절대시하고 그것으로써 仁祖의 事體를 규정하려는 입장이 엿보인다면, 우복은 事體에 따라서 禮文적용의 융통성을 중시하는 입장이다. 이는 實에 근거한 名의 부여라는 그의 예학적 원칙과도 부합한다. 또 이러한 變禮에 대하여 經과 權의 조화를 추구하는 입장

---

175) 文集 4, 12a~b 「弘文館八條箚」.
176) 禮官의 건의란 仁祖가 정원군의 제사에 親祭하거나 혹은 遣官할 때 考를 칭하되 '皇'자는 더하지 말고 스스로 子를 칭하되 '孝'자는 더하지 말라는 내용이다.

이 우복에게서 발견된다. 따라서 상대적인 판단이기는 하지만, 사계가 禮라는 형식과 명분을 중시하는 입장이라면, 우복은 명분과 실제를 조화시키려는 입장이 상호 비교된다. 즉 王統의 大義를 엄격히 주장하는 것이 원칙이되 仁祖의 경우는 특수하기 때문에 정원군과의 父子관계를 일률적으로 부정할 수만은 없다는 것이 그의 견해의 요점인 것이다.

그러므로 定遠君의 稱號문제에 한해서 우복의 예론을 본다면 대체적으로 大義名分과 禮文의 엄격한 적용을 옳다고 하는 입장과 그렇다고 하더라도 實情을 별도의 계통으로 인정하는 일종의 情과 理의 融和를 강조한 점에 특색이 있다. 이는 私的인 情에 의하여 宗統의 질서를 무시하고 파괴해서는 물론 아니 되지만, 반대로 宗統을 규정한 禮文에만 이끌려서 현실적인 父子의 恩德과 孝의 眞情마저도 외면해서도 아니 된다는 견해가 그의 예론의 특징임을 보여준다. 바로 이러한 요소들로 인하여 그의 예론은 당시인들의 儀禮를 대하는 情感에 부합하였다고 할 수 있다.

결론적으로 그의 예론은 天理·人情 또는 禮·情의 적절한 조화를 통하여 실제와 명분의 적절한 균형을 취하는 데서 오는 時宜適切한 예론이며, 바로 그 점이 당시인들의 名分意識과도 부합하고 情感과도 일치하는 결과를 가져왔던 것이라고 할 수 있다.

5. 예학관계 저술

1) 思問錄

연보에 의하면 「思問錄」은 光海君 17년(1617) 沈憬 사건에 의해 체포되어 이듬해 석방된 이후 仁祖反正(1623)으로 관직에 복귀하기까지

약 6년간 향리에 거하는 기간에 집필된 것이다. 「答襄明瑞」에서 「사문록」은 '평소 독서할 때에 의심스럽고 어렵게 생각되던 것들이 속에 가득 찬 것을 손가는 대로 끄집어내어서 기록하여 한 권의 책을 만든 것'이라고 언급하였다.[177) 「사문록」이 완성되었을 때는 그가 이미 환갑을 맞이한 노년이다. 그러므로 「사문록」은 그의 經學의 완숙함이 배어 있는 역작이라고 할 수 있다. 이 기간에는 「사문록」 이외에도 『朱文酌海』의 편집도 이루어졌다. 「사문록」은 현재 『愚伏先生別集』 卷2에 수록되어 있다. 그 분량은 그리 많지 않지만 우복 예학의 정수를 보여주는 저작으로서 매우 귀중한 가치가 있다고 할 수 있다.

「사문록」은 크게 易學과 禮學의 두 부분으로 구분된다. 「사문록」의 편찬 대상으로 삼은 것은, 첫째 『周易』의 象數的인 측면을 다룬 朱熹의 『易學啓蒙』과 退溪의 『啓蒙傳疑』, 둘째 『禮記』의 여러 편, 셋째 황간 楊復의 『儀禮經傳通解續』, 넷째 大祥服圖 등으로 구분된다. 『역학계몽』(『계몽전의』)에 대해서는 모두 18條, 『예기』에 대해서는 모두 74條를 다루고 있다. 이에 비해 『儀禮經傳通解續』은 한 항목에 불과하다. 마지막 大祥服圖는 楊復의 「儀禮喪服圖式」 내에 그 항목이 빠져 있기 때문에 그것을 보완하기 위해 그린 것이다. 그러므로 「사문록」은 『역학계몽』에 관한 것과 『예기』에 관한 것이 주가 되는 셈이다.

「사문록」 편찬의 동기 또는 목적 취지 등을 알려주는 序 또는 跋文이 없기 때문에 그의 편찬 의도를 단정하기는 곤란하지만 그 체제와 내용으로 미루어 다음과 같은 추측이 가능하다. 「사문록」은 다소 예외가 있지만 대체로 『易學啓蒙』(『계몽전의』), 『禮記』, 『의례경전통해속』 등의 본문 또는 그 註의 誤釋 誤字에 대한 변론과 교정 그리고 불충분한 해설에 대한 보충을 통해서 그 원전의 의미를 정확히 이해할 수 있는 경학적 기초를 마련하려는 취지가 작용한 것으로 생각된다.

---

177) 文集 9, 24b~25a.

가. 易學啓蒙篇

우복의 비판 대상이 되는 것은 朱熹의 뜻을 받들어 『역학계몽』의 편찬 작업을 했다고 전하는 蔡元定, 胡方平[178], 『易學啓蒙意見』이라는 저술을 낸 韓邦奇[179], 周謨 등의 설이며, 퇴계의 『啓蒙傳疑』까지도 포함된다. 여기서는 그의 학설이 본격적으로 제기되는 것은 물론 아니지만, 타인의 易說에 대한 그의 비판 속에서 그의 역학적 입장과 理氣論적 입장 등이 드러난다. 여기서 한 가지 확언할 수 있는 사실은 『역학계몽』에 대한 註說들의 오류들을 바로잡음으로써 朱子의 本意에 접근하려고 하는 학문적 의도가 그에게 있으며, 동시에 그는 朱子의 易說을 易學의 한 기준으로 삼고 있다고 할 수 있다는 점이다. 그 밖에도 훈고적인 측면에서의 異議 제기와 비판이 들어 있다.

「사문록」의 이 부분은 예학과의 직접적인 관련은 적은 것으로 생각될 수 있으나, 사실은 그렇지 않다고 추측된다. 보다 깊고 상세한 연구가 있어야 하겠으나, 「사문록」 편찬체계로 볼 때 그의 예학과 역학은 매우 밀접한 연관을 지닌 經學 분야라고 할 수 있다. 「사문록」의 체제는 『역학계몽』 편을 제외하고는 전부 禮의 經傳에 대한 의문점을 생각하는(思問) 것이다. 그러므로 그의 「사문록」의 편찬 취지가 전반적으로는 예학의 기초를 다지는 데 있다고까지 할 수 있는 면이 있고, 그렇다고 한다면 「사문록」 『역학계몽』 편 역시 예학의 철학적 기초(理氣 象數論적 근거)를 추구하는 목적이 간접적으로 내포되어 있다고 할 수 있을 것이다. 그의 經學에서 역학과 예학과의 연관성은 이미 그가 33세인 宣祖 28년(1595)에 상주한 「玉堂請自强疏」에서 발견된다. 이 疏에서 그는 흩어진 民心의 歸合을 위하여 임진왜란으로 불탄 宗廟의 재건을 통해 祭享을 올릴 것을 주장한다. 宗廟의 再建과 祭享은 다름 아닌 禮治의 기본이 되는 것인데, 그것의 당위성을 『周易』 渙卦

---

178) 宋의 儒學者, 號는 玉齋, 「易學啓蒙通釋」을 지음.
179) 『易學啓蒙意見』 저술이 있음. 明代의 선비, 字汝節, 號 苑洛.

와 萃卦의 '왕이 廟를 두심이 지극하다.'(王假有廟)는 經文을 근거로 그는 주장하는 것이다. 이 두 괘는 민심의 離散과 歸合의 이치를 卦象으로 보여준 것이다. 그가 종묘의 재건과 제향의 조속한 시행을 건의하면서 이 같은 易卦를 인용하여 설명하는 것은 그의 예학적 사고가 역학과 상호 긴밀한 연관성을 지닌다는 방증의 하나라고 할 수 있다. 다만 「사문록」 역학계몽 편에서는 이러한 식의 직접적인 연관성을 보여주는 설명은 찾아보기 어렵기 때문에, 그의 역학과 예학 간의 이론적 사변적 연관성을 찾는 것은 시간을 요한다고 할 수 있다.

나. 『禮記』篇

그의 禮學의 경향을 잘 보여주는 것은 「사문록」 가운데서도 『예기』에 관한 篇이다. 『예기』 편은 「사문록」 전체의 3분의 2 이상의 분량이며, 치밀한 경학적 고찰과 辨析이 매우 돋보이는 역작이다. 편의상 표를 만들어 「예기 사문록」의 구성을 살피기로 한다.

<표 1>

篇 名	經 文	문제되는 내용
曲禮 上	1. 上於東階則先右足 上於西階則先左足	集說
	2. 席間函丈	疏說
曲禮 下	3. 君子行禮 不求變俗 祭祀之禮……	集說
	4. 凡非弔喪非見國君 無不答拜者	集說
檀弓 上	5. 孔子旣祥五日 彈琴而不成聲……	經文의 誤記라는 비판
	6. 夏后氏殯於東階之上則猶在阼也……	集說
	7. 孔子之喪 二三子皆而出……	集說
	8. 曾子與客立於門側 其徒趨而出……	集說分註에 인용된 臨川 吳氏說
檀弓 下	9. 其變而之吉祭也 比至於……	集說
	10. 所擧於晉國 管庫之士七十有餘家……	集說과 長樂 陳氏說
	11. 戰于郎 公叔禺人 遇負杖入堡者息曰	集說

篇 名	經 文	문제되는 내용
月令	12. 季春 命國難九門……	集說
	13. 仲夏 日長至陰陽爭 死生分	集說
	14. 季夏 命婦官 染采必以法……	集說
	15. 毋發令而待 以妨神農之事	集說
	16. 孟秋 鷹乃祭鳥 用始行戮	集說
	17. 仲秋 循行犧牲視全具按芻……	集說
	18. 仲冬 湛熾必潔	集說
曾子問	19. 孔子曰魯昭公練而舉酬行旅非禮也……	經文의 誤謬라는 추정
	20. 塙已葬 塙之伯父致命女氏曰……	集說과 疏說
文王世子	21. 君之於世子也 親父也 尊則君也……	集說과 吳氏說
	22. 庶子治之 雖有三命 不踰父兄	經文의 錯簡
	23. 至于賵贈含 皆有正焉	集說
文王世子	24. 敬弔臨賻賵 睦友之道也	集說
	25. 適饌省醴 養老之珍具云云	集說
	26. 是故聖人之記事也 慮之以大……	集說
禮運	27. 國有患 君死社稷謂之義……	集說
郊特牲	28. 貴誠之義也	集說
	29. 士使之射 不能則辭以疾……	集說
	30. 天子大蜡八	集說
	31. 蜡之祭也 主先嗇而祭司嗇也……	集說
內則	32. 夫婦皆齋而宗敬	集說
	33. 五帝憲養氣體而不乞言……	集說
	34. 遂左還授師……	集說
玉藻	35. 君如尸行接武 大夫繼武……	集說
	36. 聲容靜 / 玉色	集說
	37. 天子搢珽 方正於天下也	集說
	38. 祭席不由前爲席	集說과 疏說
	39. 凡尊必尙玄酒 唯君面尊……	經文자체의 순서 위치의 변경
明堂位	40. 孟春乘大輅	集說
喪服小記	41. 庶子不祭祖者 明其宗也……	集說
	42. 世子不降妻之父母……	集說
	43. 父爲天子諸侯 子爲士……	판단보류(集說 역시 불분명)
	44. 虞杖不入於室 杖不升於堂	鄭注 채택, 集說 비판

篇　名	經　文	문제되는 내용
喪服小記	45. 除喪者先重者 易服者易輕者	集說
	46. 繼父不同居也者 必嘗同居……	集說
	47. 宗子母在爲妻呑	集說
大傳	48. 追王太王亶父 王季歷……	集說
	49. 聖人南面而聽天下云云	集說
	50. 自仁率親 等而上之至于祖名曰輕……	疏說
學記	51. 君子之敎喩也 道而不牽……	集說
	52. 力不能問 然後語之	集說
樂記	53. 淸廟之瑟 朱弦而疏越……	集說
	54. 仁以愛之 義以正之 如此則民治行矣	集說
	55. 志微忄殺之音作而民思憂云云	集說에 인용된 劉氏說
	56. 武王克殷反商	集說의 근원추정
	57. 上客臨曰云云 客立于門西……	經文의 오류 가능성
	58. 男子於王父則配……	集說
喪大記	59. 寢 東首於北下	經文의 자에 대한 의문
	60. 疾病內外皆掃 男女改服	集說
	61. 大斂布絞 縮者三 橫者五……	集說
祭法	62. 有天下者祭百神……	集說
祭義	63. 樂以迎來 哀以送往……	鄭注
	64. 祭之日入室……	集說
	65. 日出於東 月生於西	
	66. 陰陽長短 終始相巡……	集說의 方氏說
祭統	67. 夫祭有三重焉……	集說
	68. 尸飮五 君洗玉爵獻卿……	經文의 誤衍
經解	69. 隆禮由禮 謂之有方之士……	集說의 方氏說
哀公問	70. 公曰寡人旣聞此言也……	集說
	71. 子曰師乎前吾語女乎	集說
	72. 子曰仁有數 義有長短小大	集說과 呂氏說
服問	73. 有大功之喪 亦如之 小功無變也	集說
射義	74. 天子之所以養諸侯而兵不用……	集說

위의 <表 1>에서 보는 바와 같이 「사문록」은 『禮記』 전편 가운데 25편을 대상으로 각 편의 문제되는 구절을 논한 것이다. 그 문제되는 구절의 經文 혹은 그 註釋이 논의의 대상이 되고 있다. 위의 표를 통해서 보면 集說(陳澔의 註釋)에 관한 비판이 가장 많아서 모두 58번 이루어졌고, 그다음으로 經文 자체의 문제점을 거론한 것이 7군데이며, 鄭玄의 注와 孔穎達의 疏 및 기타 학자들의 주석에 대한 비판이 그 나머지를 채우고 있으며, 經文의 이해를 명확히 하기 위한 설명도 시도되고 있다.

그런데 <表 1>의 문제되는 내용에서 集說 이외에 鄭注와 孔疏 그리고 方氏, 呂氏, 吳氏, 劉氏, 陳氏설들은 사실상 모두 해당 經文에 대한 註로 陳澔의 『禮記集說』에 수록된 것이다. 우복은 자신의 견해가 타당함을 입증하려는 경우 간혹 『集說』에 分註로 수록된 것도 거론하기도 한다. 그는 陳澔의 註釋(『집설』)과 『집설』에 인용된 여타 주석들을 면밀히 검토하여 經文의 原義를 명확히 하는 노력을 하였고, 나아가서는 『禮記』 經文 자체에서 발견되는 錯簡, 誤衍 등도 변별하고 있다.

그러므로 그의 「사문록」 예기 편은 『집설』을 근본 텍스트로 삼은 것임을 알 수 있다. 그런데 한 가지 판단하기 곤란한 문제는 그가 『집설』의 극복을 추구했는가 아니면 『집설』의 禮學 經傳으로서의 정확성을 보완하기 위해서 「사문록」을 편찬했는가 하는 점이다. 『집설』의 방대함과 「사문록」의 분량을 비교하면 아무래도 후자 쪽이 옳다고 생각된다. 그러나 뒤에서 다시 논술하게 되지만 陳澔의 예학적 관점과 견해를 비판적으로 극복하는 항목도 적지 않다. 또한 經典的 근거 위에 陳澔의 『集說』을 재조정하는 禮學者로서의 비판적 안목은 특출한 면모도 보인다. 따라서 전반적으로는 그의 「사문록」 『예기』 편은 일단 「禮記集說」의 예학 경전으로서의 정확성을 보완하기 위한 목적으로 편찬된 것이라고 보는 것이 무리가 없을 것이다. 그러나 그렇다고 하더

라도 여러 가지 방법에 의한 그의 『집설』에 대한 비판과 대안의 제시
는 그의 예학적 경지가 진호의 그것을 극복하는 단계에 이르렀음을 시
사하는 것이 아닐 수 없다고 생각된다. 그리고 분량상의 비율을 떠나
서 보면 「사문록」은 『집설』보다는 經 자체로 회귀하는 예학적 입장도
보이고 있는 것 또한 사실이다.

그의 의문과 비판의 방식을 정리해 보면 대체로 다음의 유형들로 구
분된다.

ⓐ 禮의 이념 또는 원리에 입각한 변론.

ⓑ 經(『禮記』, 『周易』, 『論語』, 『儀禮』, 『周禮』, 『爾雅』, 『孝經』,
   『孟子』 등)과 朱子說에 입각한 고증과 비판.

ⓒ 철학적 이치(理氣論, 本用관념)에 입각한 새 해석.

ⓓ 文勢, 文法, 또는 文義 照觀에 의한 비판.

ⓔ 훈고에 의한 誤字의 교정.

위와 같은 구별은 편의상 이루어진 것이며, 대체로 위의 방식들이
한 구절의 논의에 混用되고 있다고 해야 할 것이다. 그러면 그 증례들
을 구체적으로 검토하기로 한다.

① 禮의 이념과 원리에 의한 비판

위 ⓐ의 예로서 먼저 「사문록」 예기 편 첫 번째 글을 보기로 한다.
이는 『禮記』 曲禮上의 '上於東階則先右足 上於西階則先左足'의 이
유에 대한 그의 변론이다.

> 賓과 主가 同行할 때는 서로 얼굴을 마주하며 서로 등을 지지는 않
> 는다. 그렇게 한 다음에라야 敬을 다하는 도[致敬之道]를 얻는 것이
> 다. 계단을 오르고 문에 들어설 때에도 역시 서로 마주 보는 것으로
> 서 禮를 삼아야 앞뒤의 品節이 차질 없게 되는 것이다. 주인이 東階
> 에 오를 때 층계마다 오른발을 먼저 올리는 것은 그 얼굴이 서쪽을
> 향하게 하여 눈길이 항상 賓客에게서 떨어지지 않도록 하려는 것이

다. 賓客이 西階를 오를 때 매 층계마다 왼발을 먼저 올리는 것은 그 얼굴이 동쪽을 향하여 눈길이 항상 주인에게서 떨어지지 않도록 하려는 것이다. (陳澔의) 註에서 각각 들어온 門의 左右를 따라서 한다고 말한 것은 의미가 없는 듯하다.[180]

이 논의에서 그는 '禮는 致敬之道'라는 관념을 견지하고, 『集說』의 오류를 규정하고 있다. 여기서 禮는 敬을 실천하는 방도라는 관념이 그의 禮文 해석의 원칙으로 자리잡고 있음을 확인할 수 있다. 즉 그는 아무리 사소한 儀節이더라도 敬의 태도를 잃지 않도록 하는 배려가 담겨 있을 것이라는 관점으로써 『禮記』를 해석하고 있는 것이다. 이것은 禮文을 대하는 그의 해석학적 관점의 하나라고 할 수 있을 것이다. 그리고 그가 이렇게 일종의 해석학적 원칙을 충실히 적용한 비판을 행하는 이면에는 실제적인 행위를 통한 검토가 있었을 것이라는 추측도 가능하다.

그 밖의 곳(<表 1> 43번 항목)에서 그는 禮文 해석의 원리가 天理와 人情이라는 점도 간접적이나마 시사하고 있다.[181] 43번에서는 經文에서 설정한 경우(父가 天子 諸侯이고 子가 士)를 상정하기가 어렵다는 이유로 闕疑處로 남겨놓아 일종의 판단보류의 자세를 취한다.[182]

② 經文의 교정

다음은 고증과 禮의 원리에 의한 추론으로써 經文의 誤字를 교정한 예를 보기로 한다. 위 <表 1>의 5번은 '孔子旣祥五日 彈琴而不成聲 十日而成笙歌'「檀弓上」라는 경문 가운데 祥은 禫의 誤字임을 밝히는 항목이다. 이 항목에서 그는 「예기」 檀弓上의 '祥而縞 是月禫徙月樂', '魯人朝祥而暮歌者 子路笑之 夫子曰又多乎哉 踰月則其善也', 喪大記의 '禫而內無哭者 樂作矣'라는 세 조목의 경문을 근거로 禫제

---

180) 別集 2, 12a 「思問錄」.
181) 別集 2, 27a 「思問錄」, '按繼父之尊 從己之卑 天理人情 豈宜如此'.
182) 위와 같은 곳.

사를 지내기 전에는 악곡을 연주하고 노래를 부르는 이치가 없다는 점을 고증한다. 그리고 「雜記 下」의 '親喪外除'와 間傳의 '禫而後狀 禫而後纖 無所不佩'에 의거하여 祥에 이르러 居喪의 기간이 이미 끝나서 脫喪(25月)의 儀節을 시행할 수 있다고 해도 실제로는 돌아간 어버이에 대한 哀痛한 情이 아직도 내면에 남아 있기 때문에 聖人은 祥에 이르러도 아직 純吉한 방식으로 처신하지 못한다고 그는 설명한다.[183] 이와 같은 經文에 의한 고증과 人情에 입각한 추론을 통하여 그는 이 구절의 祥은 禫의 오자라고 확언하고 있다. 그는 이와 같은 고증의 결론으로서 다음과 같이 언급한다.

> 대저 이 經(『예기』)의 기록된 것은 잘못된 것이 많으니 또한 이 글자의 잘못됨이 기록의 잘못이 아님을 알겠는가?[184]

그 밖에도 經文의 오류 가능성을 제시하는 예는 <表 1>의 57번이고, 68번에서는 잘못해서 부적당하게 끼어들어간 문구[誤衍]를 집어내고 있다. 그리고 19번에서는 孔子의 언급이 아닐 것이라는 의문을 제기하는 항목도 있다. 이상에서 언급한 항목(5, 57, 68)의 經文 矯正은 『禮記集說』 또는 그 이전의 『禮記注疏』에서 이루어진 것이 아닌 새로운 것으로서 그의 발견으로 간주될 만한 것이다.

이러한 誤字의 발견 또는 그에 대한 주장이 성립하는 배경에는 기존의 註釋과는 다른 관점, 또는 보다 철저한 禮 원리의 적용이라는 講學의 태도가 작용했기 때문임을 부언한다. 이로써 우복의 『예기』 이해는 『예기』 경문들을 상호 연관짓고 비교하는 방법과 경문들과 관련된 사실을 언급한 기타 경전의 문구까지 동원하여 철저한 고증과 훈고를 행하는 차원에 나아갔고 그 결과 기존의 주석서들에서 밝히지 않았던 經文의 오류에 대해서도 자신 있게 언급하는 차원까지 도달했음을 보

183) 別集 2, 13b~14a 「思問錄」.
184) 別集 2, 14a 「思問錄」.

여준다. 원래 『예기』는 漢代에 이르러 집적된 경전으로서 孔子 이외의 여러 儒者들의 설이 섞여 있을 뿐 아니라 記者의 오류도 적지 않게 지적되어 오던 것이기 때문에, 그가 疑古의 태도를 지니는 것은 오히려 당연하다고 할 수 있다.

그러나 그렇다고 하더라도 그가 『예기』에 대하여 경솔하게 오류를 변별하려고 한 것은 절대로 아니라고 판단된다. 그 점은 「사문록」『예기』편 대부분의 항목에서 보여준 신중하면서도 치밀한 변론과 그에 따른 集說의 誤讀, 誤釋에 대한 구명 및 경문의 진실한 이해에 도달하려는 그의 노력 등에서 충분히 감지되는 바이다.

③ 理氣論에 의한 비판

당시 성리학자들의 철학적 이론이라고 할 수 있는 理氣論적 관념에 입각한 비판이 담긴 항목들도 있다. 「月令」편은 해[歲]의 순환과정에서 나타나는 각 계절과 각 月의 변화 현상과 그 이치 및 時候마다 알맞은 정치의 道理와 生活儀禮 등을 제정한 禮文이다. 여기에 대해서 『集說』의 편자인 陳澔가 다시 氣관념(陰陽과 五行)에 입각한 철학적 설명을 가한 부분이 또한 우복의 비판 대상이 된다. 그 항목들은 곧 12, 13, 15 등이다. 이 항목들에서 주로 季節에 대해서 배정하는 陰氣와 陽氣 또는 五行의 氣의 설명이 틀렸다는 점을 지적하는 동시에, 經文의 微意를 간파하지 못한 데서 오는 오류(13)도 지적하고 있다.

그뿐 아니라 66번은 그의 陰陽觀을 잘 보여주는 항목이라고 할 수 있다. 이 항목은 「祭義」편의 '陰陽長短 終始相巡 以致天下之和'라는 구절에 대한 方氏說을 비판한 것인데, 여기에 그의 陰陽의 氣를 보는 관점이 적어도 이원적임을 드러낸다. 66번 항목을 인용해 본다.

　　살피건대 陰陽은 對待로 말하는 경우가 있고 流行으로 말하는 경우
　　가 있다. '陽은 넉넉하고(饒) 陰은 모자라다(乏)', '陽은 크고 陰은
　　작다', '陽은 나아가고(進) 陰은 물러선다(退)' 등은 對待로 大分한

것이다. 음양이 流行하는 때에 이르면 그들의 饒, 乏, 進, 退는 다시 번갈아 消長한다. 마치 추위가 一分 늘면 더위가 一分 줄고 밤이 一刻 늘면 낮이 一刻 주는 것과 같아서, 陽이라고 해서 항상 넉넉하여 나아가기만 하는 것이 아니고 陰이라고 해서 항상 모자라서 물러가기만 하는 것도 아니다. 이에 하나의 음과 하나의 양이 서로 뒤섞여 엇갈려서 변화가 그치지 않게 되어 한 해의 功을 이루는 것이다. 이 經의 이른바 '終始相巡而致天下之和'라는 것은 바로 二氣의 流行을 가리키는 것이니, 거기서 말하는 長短은 곧 낮과 밤, 추위와 더위의 消長과 進退라는 의미는 의심의 여지가 없다. 方氏는 여기서 '陽의 道는 항상 넉넉하고 陰의 道는 항상 모자란다. 그러므로 (二氣가) 다니면 氣가 되고 부여되면 形이 되는데, 무릇 陽에 속한 것은 모두 길고 陰에 속한 것은 모두 짧다.'고 하였다. 이는 對待로 大分하여 바뀔 수 없는(고정적인) 속성으로써 말한 것이다. 그런데 (그는) 이어서 말하기를 '한 번은 길어지고 한 번은 짧아져서(一長一短) 마지막이 되면 다시 시작함이 있어서 서로 이어져 순환함이 일찍이 끊김이 없는 까닭에 天下의 調和를 오게 하는 것'이라고 하였다. 이러면 앞뒤가 서로 모순되고 首尾가 일치하지 않아서[衡決] 말이 되지 않을 뿐 아니라 이른바 '一長一短' '終始相巡'이라는 것은 어떤 것을 가리켜 말하는 것인가? 造化에서 구하지만 가까운 것은 보지 못한 것이다.[185]

이 글에서 우복은 對待와 流行이라는 두 관점으로 經文의 陰陽과 그 설명을 풀이하여야 함을 주장한다. 이상에서 『禮記』의 해석에 있어서 理氣論(특히 氣論)을 동원한 변론이 있었다고 하는 사실에서, 그의 『禮記』 해석은 이기론이라는 철학적 사고의 기반 위에서 그 정밀함을 얻는 면이 있다고 할 수 있다. 따라서 조선조 성리학의 理氣論의 발달과 심화가 禮經學의 기초가 됨을 시사하는 증거가 바로 여기에 있다고 할 수 있다.

---

185) 別集 2, 33a~b「思問錄」.

④ 本用관념에 의한 비판

철학적 사고를 통한 비판의 예는 그 밖에도 여러 곳에서 산견된다. 54번 항목 「樂記」 편의 '仁以愛之 義以正之 如此則民治行矣'라는 구절에서 陳澔의 註가 仁義를 禮樂之補라고 해석하는 데 대한 그의 반론이 하나의 예이다. 그는 仁義는 禮樂之本, 禮樂은 仁義之用이라고 하여 兩 項을 상호 本과 用의 관계라고 간주함으로써 진호의 주를 倒置된 것이라고 비판한다. 그는 禮는 仁義를 節文한 것이고 樂은 仁義를 즐기는 것[樂]이라는 『孟子』의 관점에 근거하여 이 점을 설명한다. 그러나 이 사고는 『論語』의 文質관념으로 더 소급할 수 있다. 또한 그에 의하면 禮樂보다 仁義가 더 근원적인 이유는 후자가 하늘이 부여한 인간의 本性인 반면 전자는 그 性으로부터 이루어지는 인간의 일이기 때문이다. 즉 天[仁義의 性] → 人[禮樂의 事]이라는 先後本末의 이치상 仁義가 禮樂의 근본이 된다는 것이다.[186] 그리고 그가 禮樂의 修養 또는 실천에서 仁義의 性 또는 그 情이 기반이 된다고 생각하는 점도 함께 알 수 있다.

그리고 67번 항목은 [祭統] 편의 '夫祭有三重焉 獻之屬莫重於祼 聲莫重於升歌 舞莫重於武宿夜 此周道也 凡三道者所以假於外而以增君子之志也'에서 진호의 주석과 다르게 해석하는 점도 주목된다. 여기서 禮를 보는 관점에 있어서 진호보다 우복은 禮란 인간의 내면적 誠心을 표출하는 方道라는 점에 더 깊은 관심을 지니고 있음이 드러난다.

> 살피건대 슬픔을 다하고 진심을 다하는 것을 마치 살아계신 분을 뵙듯이 하는 것은 진실한 마음[誠]이 내면을 주관하는 것이다. 오르고 내리며 祭物을 바치고 술잔을 올리며 소리 내어 노래하고 음악을 연주하여 음식을 들게 하는 것은 禮가 외면을 나타내는 것이다. 誠이 속에 있어야 禮로써 그것을 행하는 것이며, 禮가 아니면 또한 그 誠을 행할 길이 없는 것이다. 그러므로 '三道(祼, 升歌, 武宿夜)는

---

186) 別集 2, 30a 「思問錄」.

외형적인 일[外]을 빌려서 그 君子의 생각을 더하게 하는 것'이라고 말했던 것이다. 이른바 '外'가 곧 세 가지 방식[三道]임은 所以라는 글자와 글의 흐름[文勢]을 자세히 본다면 지극히 분명하며, 이 세 가지 방식이 다시 外物을 빌려 온다는 것은 아니다. 陳 氏는 祼은 鬱蒼酒에서 빌려 오고 歌는 聲音에서 빌려 오고 舞는 방패와 큰 도끼[干戚]에서 빌려 온다고 하였으니 억지로 끌어댄 것이 심하여서 의미가 없다.[187]

사실 이 인용문은 진호와 우복의 차이는 단순히 禮를 보는 관점보다는 禮文을 보는 禮學者的 안목에 있다고 느끼게 하는 점이 있다. 그리고 이 글은 그의 禮學이 단순히 文物의 具備에 의한 禮節의 履行을 중시하는 데 머물지 않고 내면적 심성의 발로로서의 禮실천에 대하여 깊은 관심을 지니고 있음도 시사한다. 이러한 그의 사고를 위에서 언급한 仁義와 禮樂의 관계를 本과 用으로 설명한 점에 비추어 보자면, '誠本禮用'의 관념이라고 할 수 있다. '誠이 속에 있어야 禮로써 그것을 행하는 것이며, 禮가 아니면 또한 그 誠을 행할 길이 없다.'고 하는 대목에서는 誠本禮用의 상호 의존관계의 심화를 볼 수 있다.

⑤ 「思問錄」의 의의
한편 「喪服小記」, 「雜記」, 「喪大記」, 「服問」, 「祭義」, 「祭統」 등에 대한 면밀한 검토가 있었던 듯하며, 이 과정에서도 우복은 喪祭禮에 관한 經文에 대한 주석에서 여러 문제점을 발견하고 그에 대한 辨析을 가하고 있다.
그 밖의 경우는 대부분 集說의 편자(陳澔)가 구두를 잘못 끊었거나 문자 또는 구문의 의미를 잘못 해석한 곳을 집어내어 변석한 글들이 대부분이다. 여기서도 우복의 치밀하고도 신중한 논리전개에 의한 辨析에 주목할 필요가 있다.

---

187) 別集 2, 33b~34a 「思問錄」.

이상의 고찰은 피상적인 고찰에 해당하지만 이것으로나마 그의 「사문록」 예기 편의 특징과 업적을 결론짓자면 다음과 같이 말할 수 있을 것이다.

첫째 易學과 禮學과의 결합, 둘째 경문의 오류와 오자의 시정, 셋째 『예기』를 비롯한 제 경전 및 朱子說을 동원한 고증, 넷째 집설의 오류에 대한 精細하고 緻密한 辨析 다섯째 집설이 일부 수용하는 정현의 注와 공영달의 疏에 대해서도 비판을 가하여 禮文의 잘못된 해석을 바로잡는 점 등을 들 수 있다. 여섯째 禮(또는 禮樂)와 誠(또는 仁義)의 관계를 用과 本의 관계로 보는 사고이다. 일곱째 道學의 실천지향적 정신에서 비롯된 禮에 대한 직접적 체험과 심화 발달된 理氣論에 근거한 禮經學의 발전가능성을 열어주었다는 점이다.

그러면 우복의 「사문록」에서 이루어진 『禮記』 經文 및 註釋의 오류에 대한 변석과 교정은 어떠한 학문적 의의를 지니는가? 이 시기에 이르러 古禮의 정확한 認識에 대한 사회적 요청이 증가되었고, 그것이 원인이 되어 『儀禮』, 『禮記』 등 禮經에 대한 학자들의 연구가 심화되었다고 할 수 있다. 우복의 스승인 西厓가 찬술한 『喪禮考證』과 鶴峯(金誠日)의 同名의 禮書에서 함께 『禮記』의 喪禮 관련 글이 『朱子家禮』의 내용을 보완하는 의미에서 인용 고증되었던 것을 볼 수 있다.[188] 이로써 『주자가례』에 대한 보완과 일부 수정이 『예기』에 의존하여 이루어지는 예학의 심화과정을 말할 수 있게 된다. 조선 초기 權近의 『禮記淺見錄』과 魚孝瞻의 『禮記日抄』 이래로 『禮記』에 관한 독자적인 연구서가 없던 상황에서 17세기 초에는 李恒福의 『四禮訓蒙』(1614년), 鄭逑의 『禮記喪禮分類』(1615년), 金尙憲의 『讀禮隨초』(1618년) 등이 잇달아 저술되고 있다.[189] 시기적으로 우복의 「사문록」 저술은 바로 그러한 시대적 추이의 한 양상으로 볼 수 있는 것이다.

---

188) 高英津, 「16세기 후반 喪祭禮書의 發展과 그 意義」 奎章閣 14. 서울대학교 도서관, 1991., 54~60쪽.
189) 高英津, 「朝鮮中期 禮說과 禮書」 서울대 대학원 박사학위논문 1992. 8, 240~252쪽 참조.

西厓와 鶴峯의『상례고증』은『家禮』의 체제에 맞추어『예기』諸文을 인용하여『家禮』설의 고증과 보완을 지향했던 것이고,『四禮訓蒙』과 『禮記喪禮分類』는 四禮의 체제에 맞추어『禮記』의 관련설을 인용하여 재편집한 것인데 비하여,「사문록」은『禮記集說』의 변석을 통한 經文과 集說의 諸 註의 誤謬와 衍文 誤字 등을 교정하는 것이었다는 점에서『禮記』연구의 상당한 진전을 보인다.190) 또한『禮記』제 편의 경문에 대한 변석을 행한 沙溪의『經書辨疑』에서 변의의 대상으로 삼은 諸 經典 가운데『禮記』부분도 매우 중요한 의의를 지니는 것이 사실이다. 그러나 우복의「사문록」은 치밀한 변증에 있어서 당시 他 禮書의 추종을 불허한다.「사문록」은 그의 저술에서뿐 아니라 당시 예학관계 저술들 가운데서도 白眉에 속하는 탁월한 업적이 아닐 수 없다. 당시의『禮記』연구서들과의 비교연구가 더 진행되어야 하지만, 잠정적으로 결론을 내리자면「사문록」은 禮의 실천적 경험과 理氣論 및 經書批判에 의하여 '朝鮮 禮學에서 禮經學의 본격화'를 이룩한 의의가 높다고 할 수 있다.

2) 養正篇

「養正篇」의 跋文에 해당하는「書養正篇後示桂兒」에 의하면 萬曆 甲辰年(1604)에「양정편」이 편찬되었다. 이 篇을 익혀서 기초로 삼고 반드시『小學』의 학습으로 나아가야 함을 그는 아들(杺)에게 당부한다. 즉「양정편」은『小學』의 교육 이념에 바탕을 두면서도『소학』書보다 더 초보적인 수준의 교과서로 만들어진 것이다.「양정편」은 明儒가 편찬했다는『鄕校輯禮』191)의 童子禮 篇의 내용에 약간의 수정(刪改)을 가한 것이라고 한다. 구성은「檢束身心之禮」,「入事父兄出事師

---

190) 위와 같은 곳.
191) 文集 13, 27b「答宋敬甫問目」에 의하면 明儒 屠羲英의 所著이며 丘氏儀節에 增添한 것.

長通行之禮」,「書堂肄業之禮」의 3부분에 모두 28조목의 禮節로 되어 있다. 그 조목은 다음과 같다.

「檢束身心之禮」 1.盥櫛 2.整服 3.叉手 4.揖 5.拜 6.跪 7.立 8.坐 9.步趨 10.言語 11.視聽 12.飲食

「入事父兄出事師長通行之禮」 13.灑掃 14.應對 15.進退 16.溫凊 17.定省 18.出入 19.饋饌 20.侍坐 21.隨行 22.邂逅 23.執役

「書堂肄業之禮」 24.受業 25.會揖 26.居處 27.讀書 28.寫字

각 조목의 내용은 대체로 구체적인 행위 예절에 대한 자세한 설명으로 이루어졌다. 이러한 내용들은 儒敎 敎育의 첫 단계가 身의 檢束을 바탕으로 해서 孝悌 恭敬 등을 몸과 마음에 자리 잡도록 하는 데에 중점을 두고 있음을 보여주는 것이다. 그리고 서당에서의 학습방법과 태도에 관한 것도 역시 禮節의 한 부류로 취급하고 있다. 이는 禮節이 학습의 대상이 되면서도 동시에 그 원리가 된다는 사실을 보여준다. 童蒙 교육의 초보단계에서 禮節을 부과하여 익히게 하는 점은, 곧 예절의 학습은 어떠한 지식의 학습보다도 우선적이라는 그의 교육학적 입장을 나타낸다.

「書養正篇後示桂兒」에서는 「양정편」의 편찬 동기와 목적은 일단 여덟 살 된 아들의 訓誨에 있다고 할 수 있지만, 근본적으로는 그러한 禮節교육의 중요성에 대한 경험적 확신에서 비롯되고 있음이 밝혀진다. 그의 다음과 같은 述懷가 그 점을 말해준다.

> 내가 여덟 살 때에 先君子께서 文公(朱熹)의 『小學』書로써 日課를 주시고 日用 間에 겸손과 공경의 방도로써 간절히 교육[提耳]하신 것이 심히 정성스럽고 또한 절실하셨다. 不肖하고 無狀한 나로서는 그 가르침을 그대로 받들어 행하여 어기지 않을[奉承 遵守] 수 없어서 마침내 성취한 바는 없었다. 그러나 교만하고 도리에서 벗어난 행동으로써 마을 사람들에 죄를 짓지 아니한 것은 모두 先君子의 恩德인 것이다. 이제 내가 아들을 두어 역시 여덟 살이다. 생각건대

재롱을 즐기는 것에 빠져서 가르치고 타이르는 것을 못하면 이는 자식을 사랑하지 않음이 심한 것이 된다. 오호! 옛사람의 이른바 바야흐로 부모의 은혜를 안다고 하는 것이 어찌 자식을 길러주는[養子] 것만으로 알게 되는 것인가? 나는 슬프기도 하거니와 두렵기까지 하여 선군자의 가르침에 의거하여 『小學』으로써 일과를 주려 하니 또한 그가 文字에 어두운 것이 생각되어서 (『소학』으로) 갑작스럽게 말할 수 없었다.[192]

여기서 '교만하고 도리에서 벗어난 행동으로써 마을 사람들에 죄를 짓지 아니한 것은 모두 先君子의 恩德'이라고 하는 것은 바로 인간으로서의 올바른 자세와 처신의 방법을 잃지 않은 것은 바로 兒童期에 선친으로부터 받은 『小學』의 교육에 있다는 경험적 확신의 언표인 것이다. 이러한 확신이 어린 자식에 대한 禮節교육으로 그대로 연결되는 것이다. 여기서 단순한 물질적인 후원자로서의 養育뿐 아니라 바른 사람이 되도록 가르치는 敎育을 그는 父의 자식에 대한 道理로 깊이 인식하고 있었던 점을 확인할 수 있을 것이다. 그 때문에 篇名을 '養正'이라고 결정했던 것으로 짐작된다.

그러나 그보다 더 주목되는 점이 있다. 우선 그가 인간으로서의 올바른 자세와 처신의 방법을 익히는 때를 다름 아닌 10살 이전의 아동시기로 보고 있다는 점, 둘째 그 교육을 지식의 주입이 아닌 禮節의 습득으로 해야 한다고 하는 점, 셋째 위에 소개된 「양정편」 구성과 조목에서 나타나듯이 예절의 교육을 '身心의 檢束 → 父兄에 대한 孝悌와 師長에 대한 恭敬 → 書堂에서의 肄業'의 순서로 제시하고 있는 점 등이다. 이러한 점들을 종합하면 禮는 인간의 올바른 됨됨이를 기초하는 방도로서 그에게 인식되었음을 알 수 있다. 그리고 세 번째 사실에 의하면 그러한 인간의 올바른 됨됨이는 對人관계에 앞서서 자신의 몸과 마음의 단속이 무엇보다 우선적이라고 그는 생각했음을 알 수

---

192) 文集 15, 23b~24a.

있다. 이는 성리학에서 강조되는 '爲己之學' 이념을 아동교육의 차원으로 구체화시킨 것이라고 할 수 있을 것이다.

그러나 그렇다고 해서 「身心檢束之禮」 이외에 「入事父兄出事師長通行之禮」와 「書堂肄業之禮」의 성격이 다른 것은 아니다. 이러한 구분은 처하는 상황(여기서는 家庭 內에서의 對가족관계, 가정 밖에서의 대인관계 및 통행할 때의 예절, 書堂에서 肄業할 때로 구분되어 있다.)에 따라서 자신이 취해야 할 몸가짐과 마음가짐에 대한 것을 제시한 것이므로 본질상 「身心檢束之禮」의 상황에 따른 변용에 해당한다고 하여 과언이 아니다. 「書堂肄業之禮」의 讀書의 禮로써 예를 들면,

> 몸가짐을 가지런히 하고 생각을 차분히 한다. 글자를 보고 구절을 끊어 구분하고 (그 뜻을) 玩味하면서 천천히 읽는다. 글자마다 그 뜻을 분명히 알도록 힘써야 한다. 눈으로 다른 곳을 보고 손으로 다른 물건을 희롱하여서는 아니 된다. 모름지기 熟讀하여 막힘없이 외도록 한다. 또 반드시 날마다 이치를 익히고 달마다 通讀하여서 종신토록 잊지 않도록 한다.[193]

「양정편」의 내용을 분석하면 身心의 檢束은 身에 대한 檢束을 통해서 마음의 檢束까지 바라는 방식을 취한다는 점이 특징이다. 위에 나열한 조목별 禮는 한결같이 몸(盥櫛), 의복(整服), 행위(叉手, 揖, 拜, 跪, 立, 坐, 步趨, 言語, 視聽, 飮食) 등 외면적으로 표시되는 容貌에 대한 것이다. 이는 원래 禮의 속성이 그렇기 때문이기도 하다. 檢束이라는 것은 다시 말하면 남에게 혐오감을 주거나 불쾌감을 주는 몸가짐(얼굴 표정과 衣髮 및 行爲)을 삼간다는 것, 또는 몸가짐을 산만하거나 어지럽게 하지 않고 단정하게 하여서 밖으로는 타인에 대한 공경의 자세를 잃지 않고 안으로는 자신의 마음을 통일하고 집중하는 것을 의미한다고 할 수 있다. 盥櫛로부터 시작되는 모든 예절이 衣髮과 容貌

---

193) 別集 2, 43a.

를 단정히 하는 것을 학습하게 하는 가운데, 특히 叉手 이하 飮食까지의 예절은 타인에 대해 恭敬을 표시하는 구체적인 행동 방식을 학습하게 한다. 그리고 상호 유기적 연관성을 지니는 이 예절들은 한 몸으로써 同時 또는 연차적으로 표현하는 행동의 절차와 그 방법인 것이다. 가령 서서[立] 스승이 하시는 말씀을 보고 듣는다[視聽]든가, 앉아서[坐] 말한다[言語]든가, 새벽에 일어나 세수하고 빗질하여 용모를 다듬고[盥櫛] 옷을 단정히 입고[整服] 집안 어른께 안부를 여쭐 때 절하고[拜] 무릎 꿇고[跪] 앉아서[坐] 말씀을 청취한다든가 하는 것이 그러한 예이다. 이러한 예절에서 공통되는 점은 '勿令散亂'(盥櫛), '其儀度務爲詳緩 不可急迫'(拜), '定身' '斂身'(坐), '其掉臂跳足 最爲輕浮 常宜收斂'(步趨), '凡童子常宜緘口靜默 不得輕忽出言'(言語), '收斂精神 常使耳目專一' '凝視收聽 毋使心慮馳外'(視聽), '斂身'(飮食) 등과 같이 散亂이 아닌 收斂, 整頓, 愼重에 초점을 두는 점이다. 이것이 바로 檢束의 본질이라고 간주될 만한 것이 아닐까? 다시 이를 한 마디로 개괄하면 외면과 내면의 收斂이라고 할 수 있다.

앞에서 살핀 내용을 종합하면 收斂은 '敬'을 체득하는 연습이다. 敬은 원래 『禮記』에서 禮의 근본정신으로 강조되던 것이고[194], 성리학으로부터 '主一無適'이라는 내면 수양의 원리로서의 의미가 추가되었다. 收斂의 의미를 음미하면 收斂에는 지향하는 것이 있음을 알 수 있다. 위에 열거한 視聽의 예에서 '耳目을 專一케 한다.'는 것은 視聽의 대상에 대해 마음을 응집시키는 것을 의미한다. 즉 收斂은 心身의 凝集과 다르지 않다. 이러한 수렴은 「양정편」 모든 예절에 각 상황과 방식에 따라 변형된 형태로 설명되고 있다. 즉 「양정편」은 모든 禮節이 恭敬과 收斂으로써 일관되어야 함을 잘 보여준다.

궁극적으로는 「양정편」의 收斂은 지극한 이치[至理]에 대한 지향을 의미한다. 다음과 같은 설명은 그 점을 단적으로 보여준다.

---

194) 『禮記』 「曲禮上」, '曲禮曰毋不敬……'.

일찍이 程子의 말씀을 들건대 '灑掃應對는 形而上의 것이다.'라고 하였다. 대저 灑掃 應對는 人事 중에서 지극히 가까운[至近] 것이며 形而下의 것 중에서 지극히 조잡하고 천한 것이다. 그러나 그 속에 본디 지극한 이치[至理]를 품고 있으니 仁을 행하는 근본이 거기에 있는 것이다. 그러므로 '形而上者'라고 말했던 것이다. 人事를 下學 하는 것은 곧 天理에 上達하는 계단이니, 君子의 道가 어찌 먼저 할 것이라고 해서 전하고 어찌 뒤에 할 것이라고 해서 게을리 하겠는가? 이 篇의 말이 비록 심히 淺近하나 聖人이 되는 功은 실로 여기에 기인하는 것이다. 어찌 소홀히 하여 힘쓰지 않아서야 되겠는가?[195]

'灑掃應對는 形而上者'라는 한 마디가 「양정편」의 교육이념을 상징 한다. 예절의 습득으로써 지극한 이치[至理]의 자연스런 체득과 仁을 실천하는 근본의 확립까지도 염원하는 것이 곧 그의 아동교육의 목표 인 것이다. 다시 말하면 올바른 가치관의 정립은 아동시기부터 이루어 져야 한다는 것 그리고 그 방식은 예절의 반복적인 실행 즉 체험을 통 한 自覺의 경로를 열어주려고 하는 경험 중시의 관점이 내재해 있으 며, 그 이면에는 인간의 身心은 상호 交制함으로써 보다 全人的인 성 장이 가능하다는 철학적 관점이 작용하고 있다.

3) 書翰 諸文

우복이 타인과 교환한 서한은 愚伏先生文集 卷9부터 卷13까지 그 리고 愚伏先生別集 卷1에 수록되어 있다. 서한문을 살피는 것은 이 시대 儒賢들의 공통적 관심사를 직접 확인하기에 가장 적당한 자료라 는 점에 그 의의가 있다. 우복이 교환한 서신들은 특히 禮에 관한 내 용이 절대적으로 높은 비율을 차지한다. 한편 退溪 栗谷의 시대를 풍

---

195) 文集 15, 24a 「書養正篇後示桂兒」.

미했던 四端七情論辨, 人心道心論辨 등 理氣論的 論辨의 열기는 그의 서한에서는 찾아보기 극히 어렵다. 理氣論에 있어서 그가 退溪와 西厓의 계통에 있음을 알려주는 자료가 산견되기는 하지만, 이 당시는 禮學이 주된 학문 사조로 등장하였음을 알 수 있다.

우복이 교신했던 인사들은 그의 스승인 西厓를 비롯하여 西厓門下에서 함께 수학한 인사들[196] 그 밖에 嶺南과 畿湖의 유현들이 두루 포함되어 있다. 이 당시 선비들이 禮를 논하면서 근거했던 禮書는 「禮記」, 「儀禮」 등 경전 이외에 「朱子家禮」, 「杜氏通典」, 「丘氏儀節」, 「書儀」, 「儀禮經傳通解」・「儀禮經傳通解續」, 「儀禮圖式」 등이다. 드물게는 「東萊宗法」, 「劉岳書儀」, 「鄕校禮輯」 등도 거론된다. 朝鮮의 유학자들의 설로는 退溪, 西厓를 비롯하여 沙溪, 寒岡, 久庵의 설 등이 자주 등장하는 가운데 高峯 栗谷의 설도 언급된다. 우복은 禮書들 간의 불일치 혹은 變禮에 관한 논의에서는 우선적으로 經傳과 그 註釋들 그리고 「朱子家禮」, 「杜氏通典」, 「丘氏儀節」, 「書儀」, 「國朝五禮儀」, 「東萊宗法」 등 禮書의 설을 검토하거나, 退溪의 說 또는 그의 스승인 西厓의 行禮의 事實을 근거하여 판단을 내리는 경우가 있다. 이럴 때 판단 근거는 한 마디로 말하기는 어렵지만, 經文과 天理, 또는 人情 및 그 밖의 원리들에 두고 있다. 이러한 禮書와 學說의 원용에서 특히 주목할 점이 있다. 그것은 예외가 있긴 하나 주로 朱子의 說이나 관점이 禮文의 해석 또는 變禮의 판단에 근본적인 기준으로 작용하고 있다는 점이다. 그러면 이 같은 인식에 근거하여서 그의 書翰에 나타난 禮說을 다음의 분류에 의하여 고찰하고자 한다. 첫째 논의된 禮의 범위와 종류, 둘째 退溪의 禮說에 대한 그의 입장, 셋째 沙溪의 禮說에 대한 입장, 넷째 古禮에 대한 인식 등이다.

---

196) 李墺, 李埈, 康應哲, 裵龍吉, 曹友仁, 黃紐, 洪瑋, 洪鎬, 全湜, 柳袗 등.

① 논의된 禮의 범위와 종류

서한문에는 당시의 실제적인 事案과 결부되어 발휘된 그의 禮論이 수록된 것과 타인 또는 자신의 禮疑를 해명하는 형태로 크게 나눌 수 있을 것이다. 전자에 해당하는 것은 「呈金牧使文」, 「答李聖徵」, 「與禮判李聖徵」, 「與崔子謙」, 「答張持國」 등으로서 道南書院의 건립에 관한 입장, 世子의 冠禮절차에 대한 이론, 仁祖의 生母喪에서의 服制에 관한 禮論 등이다. 그 밖의 禮를 다룬 대부분의 서한들은 禮疑의 해명을 추구한 것이다.

그의 서한에서 언급된 禮의 종류와 범위를 말하자면, 우선 書院制度, 文廟制度에 관한 禮가 그의 커다란 관심사였음을 알 수 있다. 「上西厓先生稟目」은 그의 스승인 西厓에게 道南書院[197]의 건립에 있어서 廟와 堂의 위치, 廟 中 神位의 位置와 次序, 書院의 名號 등에 관해서 稟問한 글이다. 그리고 서원의 명호 '道南'도 西厓의 답을 통해서 확정되었다는 것을 알 수 있다. 廟를 堂의 정후 면에 위치시키는 것보다는 약간 동쪽으로 세우는 것이 좋다는 西厓의 견해가 제시되고 있고, 廟 中 神位의 位次는 '以中爲尊'의 방식이 아닌 朱子의 '尙右以西爲上之說'에 의하여야 할 것이라고 서애는 답하고 있다. 이때 서애는 朱子의 글 가운데 「濂溪兩程祠堂記」와 「四賢祠記」에 근거할 것을 권유하고 있다. 여기서 西厓의 書院제도는 朱子의 그것에 근원하고 있으며, 愚伏이 朱子說을 중심으로 삼는 것은 西厓를 계승한 것이라는 판단이 가능하다. 그 밖에 「答申叔正」書는 齋室과 廈屋의 제도에 대해 언급되어 있다.

도남서원의 건립 취지와 동기 등에 관해서 볼 수 있는 글은 여럿이지만 그의 「與李漢陰」, 「呈金牧使文」과 같은 글들이 좋은 참고자료

---

197) 1605년(宣祖38) 경상도 尙州에 건립됨. 鄭夢周, 金宏弼, 鄭汝昌, 李彦迪, 李滉, 五賢을 배향하였으나 후에 盧守愼, 柳成龍, 鄭經世가 함께 배향되었다. 1677년(肅宗3)에 賜額을 받았으나 1871년(高宗8) 毁撤되었다.

가 된다. 「與李漢陰」에서 우복은 道南書院의 건립의 취지와 廟(三間) 堂(五間)의 규모를 언급하고 있다. 金尙容에게 보낸 「呈金牧使文」에 서는 '하나의 서원을 건립하여 이 고장의 士子들로 하여금 모두 모여 서 觀善하는 곳으로 삼게 하고 先賢을 廟饗함으로써 尊師 崇道의 법 [典]을 높이도록 한다.'는 그 취지를 밝히고 있다. 그 밖에 「與鄭寒岡」 에서도 文廟制度에 관하여 한강에게 문의하고 있다.

「答李聖徵」, 「與崔子謙」, 「與張持國」은 仁祖 登極 이후 仁祖의 生父와 生母를 追尊하려는 論議에 대한 우복의 입장과 理論을 담고 있다. 月沙(李廷龜)에 대한 答書인 「答李聖徵」에서 愚伏은 月沙와 상호 근접한 입장임을 시사하면서, 약간 다른 견해를 제시한 沙溪說의 문제점을 지적한다.[198]

「與崔子謙」은 丙寅年(1626) 仁祖의 生母 具 氏의 初喪 뒤에 服制 를 논하는 과정에서 遲川(崔鳴吉)이 중도에 입장을 바꿔서 潛冶(朴知 誠)의 疏說에 동조하여 나간 것을 비판한 글이다. 潛冶는 생모 구 씨 에 대하여 인조는 三年服을 입고 정원군은 宣祖와 仁祖의 중간을 잇 는 禰廟로 致隆해야 마땅하다는 의견을 주장하였다. 이 의견은 『禮記 』 喪服小記의 小宗과 大宗의 해석에 근거를 두고 있는데 이에 대하 여 우복은 宗의 의미를 잘못 이해한 결과라고 비판하고 있다.[199] 또 두 번째 「與崔子謙」에서 우복은 지천의 「議禮說」을 두 항목에 걸쳐 서 논박하고 있다. 이 議禮說도 계운궁 상제와 관련된 仁祖의 宗法상 의 위치와 行禮를 논한 것이다. 이러한 글들은 이 사건과 관련하여 우 복이 올린 箚子와 疏文 및 啓辭를 함께 검토하여 보는 것이 사건의 추이를 용이하게 파악할 수 있게 할 것이다.[200]

---

198) 이에 대해서는 3. 禮學의 現實的 應用 (3) 定遠君 稱號에 관한 愚伏의 입장에서 상술함.
199) 잠야는 『禮記』 喪服小記 '繼禰者爲小宗'에 근거하여 繼先祖者爲大宗이라는 주장도 하였 던 것이다. 그러나 우복은 해당 문구 전체(別子爲祖 繼別爲宗 繼禰者爲小宗……祖遷於上 宗易於下 尊祖故敬宗……)의 文理가 그렇지 않다고 비판하고 있다.
200) 이 議禮는 여러 관점과 이론이 복잡하게 얽혀 있는 것이기 때문에 별도의 기회에 이 議禮에 서의 우복의 입장과 예설을 정리하기로 한다.

「與禮判李聖徵」은 世子의 冠禮를 앞두고 習儀하는 과정 준비과정에서 세자의 西向拜를 南向拜로 해야 한다는 우복의 주장과 그 근거가 밝혀져 있다. 우복의 주장이 理順勢便하다는 것이 입증되어서 南向拜로 고쳤다는 후기가 붙어 있다. 이 書는 冠禮에 관한 禮를 언급한 서한이다.

이처럼 드물게 논한 것은 또한 婚禮이다. 「答金子亨」, 「答申明叔」 등이 그것이다. 전자는 親迎 時 具饌에 관한 문제를 다루었으며, 후자는 昏禮 沃盥之節에 관한 문제에 대해서 兩家가 議定할 것을 권하는 내용이다. 한편 「答權仲明論深衣」는 深衣制度에 대한 우복의 견해를 담고 있다. 그는 久庵(韓百謙)의 深衣說을 비판하고 있다. 우복은 『禮記』 「玉藻」文에 의거한 제도를 고수하면서, 久庵說은 衣는 단지 便함을 취한다는 관점으로써 임의로 裁減하고 있다고 그 부당함을 비판한다. 특히 그는 深衣는 古制(縫掖之衣, 褒衣博帶)인데 오늘날의 의복보다 寬博함을 嫌疑하여서 今日의 俗樣에 맞추려고 해서는 아니 됨을 주장한다. 여기서 그의 古制를 중시하고 명확히 하려는 입장을 알 수 있다.

그 밖에는 주로 喪禮에 관한 禮疑들의 해명이다. 다음의 表로써 예시한다.

<表2>

答金沙溪 問目	① 握手說에 관한 異見. ② 「喪服小記」經文 '從服者所從亡則已 屬從者所從 雖沒也服'에 대한 疏說(惟女君雖沒 妾猶服女君之黨)의 妾字 밑에 子字가 脫여부. ③ 『家禮』朞年服條註의 楊氏說(출가한 姊妹는 서로 朞年服을 입어야 한다는 조항이 첨부되어야 옳다는 견해)의 근거가 없어서 따를 수 없다는 사계의 의문과 그에 대한 동의. ④ 冠禮를 치르지 않은 童子에게는 首絰을 얹지 않는다는 申義慶 說의 옳음을 인정. ⑤ 環絰에 대해 『丘氏儀節』은 斬衰服만 착용한다고 주장, 『儀禮』『禮記』와 다른 이유. ⑥ 裹肚(屍身의 殮襲具)에 대한 문의와 답.
答李潤卿	① 練祭(潤月이 낄 때라도)는 以歲計함. ② 喪事(葬 練祥)日의 卜筮에 禮疑면 從厚. ③ 널 싣는 수레(柩路). ④ 遷葬은 古禮가 아니고 『丘氏儀節』에서 처음으로 遷葬의 儀式이 나타남.
答吳汝和 (允諧)問目	① 曾玄孫이 曾高祖喪을 대신 주관하는 자의 妻는 從服하는 例. ② 祖父母之喪에 長子가 喪中 죽으면 長孫이 대신 喪을 주관하는 例. ③ 父死 未殯 時 母死의 경우 服을 입는 禮. ④ 變禮(無於禮者之禮)는 情理에 구하여 합당하면 시행해도 무방함. ⑤ 祖廟가 없는 小宗의 新主의 祔處는 구태여 入祖廟할 필요가 없음. ⑥ 家禮 出家女의 降服을 小功으로 한 家禮圖는 오류이며 『儀禮』의 大功이 옳음.
答吳汝和 (允諧)問目	⑦ 緦服은 不降한다는 理는 없다고 생각됨(경전에 없음). ⑧ 喪儀節과 不忍之情의 의미. ⑨ 三年喪 기간에는 正祭라도 退溪說을 따라 子弟로 하여금 攝行케 함이 似當. ⑩ 朋友喪에 過祥後弔 時에도 情分에 따라 哭을 하는 것이 좋음. ㉠ 禫祭는 無杖이면 不行.
答任卓爾 (屹)問目	① 현재의 祠堂 制度와 古廟제도는 다르고 故로 位置排設도 많은 것이 不同. ② 経착용文, 『儀禮』는 小斂條, 『家禮』는 成服條에 始見, 단 家禮圖는 『儀禮』의 의함. ③ 楊復은 黃榦의 제자이고 儀禮喪服圖式著함. ④ 高閌 예설 중 祠版은 神主이고 位牌는 神主와 不同. ⑤ 總角義(今俗의 한 가닥으로 따는 것은 非古制). ⑥ 古人의 齋戒에 玄端服으로써 深居하고 不與人坐하는 것은 思親에 專念하는 것. ⑦ 綴旁은 『禮記』注疏에 상세히 나옴. ⑧ 綴足의 용도(『儀禮』文 '綴足用燕机'의 의미). ⑨ 橫布作襴인데 襴衫之制는 不明(朱子의 君臣服議에 근거한 추론).
答吳敬甫 (問目)	朱子家禮 練服條의 의문점과 家禮에 대한 不信 표방. ① 小祥에 練服을 別製함이 나음(別製: 西厓=沙溪=瓊山=儀通, 不別製: 退溪說=家禮). ② 家禮는 未完의 書이며 晩年說과 不同處가 頗多함(家禮小祥條 미비점 지적). ③ 先考를 先妣墓西에 遷窆 후 墓祭를 合設하는 것이 似當. ④ 墓祭 時에 主人 不在면 不擧哀. ⑤ (墓祭에) 主人 不在라도 祝은 不可無.
答申汝涉 問目	① 在家發引 후 6, 7일 뒤 폄하면 葬地에서 再發引절차 불가피. ② 葬地가 數百 里 遠地면 子弟를 남겨두고 신속히 돌아와 堂室에서 三虞禮를 행할 것. ③ 母喪에 老父가 隨柩 못 할 때의 虞祭祝文은 禮의 攝主之文에 따를 것. ④ 卒哭 이후 從弟에게 布로 망건처럼 씌우는 禮에 대해 半信하면서 인정.

<表2>의 問目들은 물론 그의 書翰의 일부에 지나지 않지만 당시 禮에 관한 관심이 주로 喪禮와 祭禮에 집중되어 있음을 분명히 보여준다. 이들은 喪禮의 節次, 期限, 服制, 喪主, 喪具, 葬具 및 祭禮 등의 禮疑問答이다. 위 表에는 없지만 28항목에 달하는 問目에 답한 「答宋敬甫問目」 第2書도 역시 祭禮와 喪禮에 관한 문답이다.

<表2> 이외에도 우복의 서한들은 주로 喪禮와 祭禮에 관한 문답들로 채워져 있다. 이는 16세기 말부터 17세기 초반까지의 예학은 四禮 가운데 喪祭禮에 관한 연구와 실행에 깊은 관심을 지니고 있다는 일반론을 그대로 입증하는 것이다. 우복은 그러한 禮學의 경향을 선도하던 학자로 간주되는 것이다.

이 중에 「答沙溪問目」은 당시 禮學者들의 관심이 喪禮에 집중되어 있음을 보여주는 한편, 그 관심이 경학적 차원의 연구로 심화되고 있음도 보여준다. 훈고, 고증 및 異本 『儀禮』의 대조를 통한 經文의 확정을 지향하는 논의가 있었다는 증거이다.

② 退溪의 禮說에 대한 입장

그렇다면 궁금한 것은 우복의 禮學은 退溪, 寒岡, 沙溪 등의 학설에 대해서 어떠한 입장을 취하는가 하는 것이다. 이는 그의 禮學의 경향과 嶺南의 예학과 畿湖의 예학과의 차이점을 과연 어떠한 차원에서 구명하는 것이 옳은가에 대한 판단과 연결되어 있다고 할 수 있으며, 나아가서는 근본적으로 學派(嶺南과 畿湖)의 分立에 따른 禮學 입장과 경향의 근본적인 차이를 인정할 수 있는가의 여부, 있다면 그 이유 또는 근거는 무엇인가에 대한 판단도 이끌어내는 계기를 찾을 수 있을 것이다.

일단 그의 서한들을 검토하면 그는 退溪의 禮說에 대해 근본적인 신뢰를 보이고 있다고 할 수 있다. 이는 그의 스승인 西厓로부터 계승되는 태도로 보인다. 「上西厓先生稟目」에 대한 西厓의 答 가운데 退

溪가 이미 정한 易東書院의 廟堂의 제도를 따를 것을 권유하는 데서 잘 나타난다. 그 밖에 「與鄭寒岡」 別紙, 「答吳汝和問目」 3항, 「答李叔平」 第9書, 「答吳敬甫問目」 1항, 「答金子亨」, 「答申汝涉」 第5書, 「答金時直」, 「答宋敬甫問目」 第2書 1, 9, 13, 23항 등에서 퇴계의 설을 근거로 삼거나 채택하고 있는 것을 볼 수 있다.

그가 퇴계설을 추종하는 이유를 살펴보기로 한다. 먼저 「與鄭寒岡」 別紙에서 우복은 先人의 神主를 모실 別室을 마련하려고 할 때의 禮疑를 묻는다. 우복 당시의 풍속은 旁親無後者는 廟 中 東壁下에 그 神主를 봉안한다. 그러나 朱子說에 의하면 廟 안에 龕室을 두어서 그 안에 安祔하여야 하는데 당시는 부득이하여 동벽에 安祔하는 것이다. 그러나 龕室을 두는 문제도 우복으로서는 의문이 발생한다. 즉 동일한 감실 내에 祔主할 대상이 여럿이고 또한 남녀가 하나의 감실에 부주될 경우 이는 살아있는 사람의 이치로 보아 未安하다는 것이다. 그러므로 退溪의 '主人이 禮를 階下에서 행하는데 妻와 弟가 廟 中에 祔主되어 있으면 미안하기 때문에 別室에 藏하는 것이 마땅하다.'는 견해를 따르기로 결론짓는다. 이는 『家禮』의 四時正祭에 妻 이하는 階下에 設位한다는 의미와 통하기 때문이다. 그리고 朱子의 「答陳焞妻喪問目」에서 '祔는 반드시 家廟에 하되 小位를 傍設하여 그 신주를 봉안하며, 廟 中에 별도로 位를 別設하여서는 아니 된다.'고 한 것을 근거로 삼고 있다. 여기서 傍設小位는 廟의 傍이라고 할 수 있다. 여기서 우복은 상이한 주자설에 대해서는 현실성 있는 禮說을 택하고, 退溪의 禮說로써 그 선택의 기준으로 삼는다는 사실이 발견된다.

또한 奉祀 代數에 대해서 國制(時王之制)는 三代를 규정하였고 朱子(『朱子家禮』)와 程子는 四代(高祖)를 봉사해야 한다고 하였다.[201] 이에 대해서 우복은 退溪說을 좇아서 선택의 여지를 남기고 있다. 退溪는 國制를 준행하는 것이 마땅하다고 하는 한편 程朱의 禮論에 의

---

201) 文集 13, 28b 「答宋敬甫問目」에서는 四大奉祀를 古禮라고 간주한다.

거 高祖까지 祭祀하여도 무방하다는 절충적 입장이다.[202] 程子의 四代奉祀論은 服制에 高祖까지 복을 입는다는 점에 근거한다고 우복은 설명한다.[203] 時王之制와 古禮의 병행을 인정하는 것, 당시 好禮之家에서는 四代奉祀하는 집도 있었다는 설명을 종합하면 퇴계의 설은 당시 禮俗을 고려한 현실론적 입장에 해당하는 것이다. 우복도 그러한 현실의 禮俗을 모종의 명분에 의하여 거부하거나 선별적으로 부정하지 않는 관용적인 입장인 것이다.

또 우복은 子가 喪主가 되고 그 母가 主婦가 되는 禮가 있음을『家禮』註에 근거하여 인정하면서 子가 初獻하고 主婦가 亞獻하는 禮가 있음을 退溪의 설을 근거로 인정한다.[204] 이는 卑者(子)가 초헌하였을 때 尊者(母)가 아헌하는 사례로서 顚倒 繆戾되었다고 생각되기 쉬운 것이지만, 退溪의 확답이 있는 만큼 의심을 가질 필요가 없다는 것이 우복의 견해이다.

그러나 이와 달리 퇴계와 다른 의견을 보이는 예 또한 없지 않다.「答宋敬甫問目」第2書 9항은 喪中인 사람이 죽었을 경우 斂襲은 그 사람이 입고 있던 凶服으로 할 것인가, 아니면 吉服으로 할 것인가라는 禮疑이다. 이에 대해 우복은 退溪의 正論인 '當用吉服'을 수용하면서도 죽은 사람이 입고 있었던 흉복을 棺 內 右邊에 넣어주어야 한다는 퇴계의 說은 긍정하지 않는다. 오히려 西厓와 寒岡의 설대로 生時의 喪次에 놓아두었다가 喪을 마치면 제거하는 것이 옳다고 설명한다.[205] 이는 退溪로부터 西厓와 寒岡으로 변화발전된 禮說을 그가 수용한 사례라고 할 수 있다.

또 小祥에 練服을 別製할 필요 없이 辟領, 負版, 衰 등을 제거하면 된다는 退溪의 설에 대해서 우복은 練服을 별도로 지어 입어야 한다고

---

202) 文集 10, 28b「答李叔平」.
203) 위와 같은 곳.
204) 文集 12, 19b~20a「答申汝涉」.
205) 文集 13, 30b「答宋敬甫問目」.

異見을 제시한다.[206) 退溪는 『朱子家禮』에 근원을 둔 것이고 우복은 『丘氏儀節』에 근원을 둔다. 우복의 설은 西厓가 인정하였다는 점과 『丘氏儀節』을 근거로 하는 것이며, 또 현실적으로 初喪 때에 입은 衰服은 1년이 지나면 해지고 구멍이 뚫려서 입기가 곤란하다는 점을 들고 있다. 이는 禮文보다는 事勢라는 현실적 형편을 고려한 예설이다. 그리고 卒哭에도 受服하는 절차가 있는데 하물며 그보다 더 오랜 뒤의 練時에 初喪 時의 衰服을 그대로 입는다는 것은 이치가 맞지 않는다는 것이다. 이 항목에서 우복은 『朱子家禮』는 晚年의 定論이 아니기 때문에 禮文의 신빙성이 적음을 의심하고 있다. 이러한 그의 의문과 事勢로써 생각해 본다는 그의 태도를 결부시키면, 『주자가례』는 初年所草로서 그만큼 禮의 실행에 따른 경험이 부족한 상태에서 저술된 것이라는 그의 부정적 평가를 읽을 수 있다. '以事勢度之'[207)의 事勢란 禮를 실행하면서 얻는 體驗, 經驗이 상정된 것이다. 그것은 간접적인 경험이든 직접적인 경험이든 경험의 중요성을 말하는 것임에 틀림없다. 따라서 그는 禮疑의 해석에서 行禮의 경험을 중시한 일면이 있다고 할 수 있다.

③ 沙溪와의 禮學論辨

그의 견해가 사계의 견해와 확연하게 다르게 주장되는 사례는 「答金沙溪問目」 1, 2항의 握手에 관한 설명과 「與李聖徵」에서 仁祖가 그의 先親인 정원군에 대해 稱考한다는 우복의 견해와 伯叔父로 칭해야 한다는 사계의 견해의 대립 같은 것이 그것이다. 또한 「答宋敬甫問目」 第2書 13, 22항도 그러한 예이다. 특히 握手에 관해서는 사계와 논쟁을 벌인 것이므로 당시 禮學에 있어서의 논변으로서 주목될 만한 것이다. 이 논변은 주로 握手의 개념 및 製作法에 관한 것이다. 「答金沙溪問目」에 의하면 우복이 이전에 사계에게 握手는 양손에 각

---

206) 文集 11, 25ab 「答吳敬甫問目」.
207) 위와 같은 곳.

각 하나씩 사용하는 것인가(用二) 양손을 하나로 감싸는 것인가(用一)에 대해서 문의한 일이 있는 듯하다. 이 문의를 통해서 우복은 사계와 더불어 用二說로 결론을 얻었다고 기록하였다. 그런데 兩人의 의견이 일치하지 않는 부분은 同 問目에 수록된 사계의 첫 번째 問目과 그것과 함께 보낸 「握手辨」에서 주장되는 내용에 대한 것이었다. 첫 번째 문목에서 사계는 그 요지를 말한다. 사계는 『儀禮』 賈公彦疏는 본래 '今裏親膚'로 되어 있는 것을 당시인들이 '令裏親膚'라고 오인하였다고 주장한다. 그의 이 주장은 두 번째 문목에서 밝히듯이 自家 所藏의 唐本『儀禮』와 他人으로부터 빌린 唐本『儀禮』의 문자가 모두 그러한 점을 근거로 한 것이다. 따라서 그는 鄕本『儀禮』는 誤印이라고 주장한다.

그러나 우복은 '裏親膚'라는 것이 文順理明하므로 구태여 '裏親膚'로 바꾸려 할 필요가 없다. 그리고 令字가 아닌 今자가 맞다고 한다면 今자 밑에 言자가 붙어야만 의미가 순조롭게 통한다고 그는 말한다. 따라서 沙溪의 주견대로 고쳐서 본다면 文理도 전혀 통하지 않고 의미도 이루어지지 않는다고 비판한다. 沙溪는 握手의 握의 의미라든가 數値 등을 들어가면서 자기설의 타당성을 주장하지만, 우복은 여기에 대해서 직접적인 반응을 보이지 않는다. 그보다는 우복은 唐本『儀禮』를 근거로 하여 현재 통용되는 『儀禮』(鄕本)를 誤印이라고 주장하는 사계의 태도를 경계하면서 보다 신중하게 재고할 것을 요청한다. 이는 禮文에 관한 한 신중하여 그 變改를 경솔하게 인정하지 않으려는 우복의 입장이 나타난 부분이다.

이와 같이 하여 그는 沙溪의 禮文 해석에 대해서는 쉽게 동조하지 않을 뿐 아니라 사계의 해석의 부정확성까지도 비판하는 경우가 있었음도 「答宋敬甫問目」 22항에서 보여준다.

그 밖에도 祝文에 관해서 우복은 退溪, 寒岡, 沙溪 등과 이견을 보이고 있다. 退溪와 寒岡은 禫祭 祝文에도 그대로 孤哀子라고 칭한다는 견해이고, 沙溪와 『喪禮備要』는 『禮記』 雜記에 근거하여 祔祭부터 孝子라고 칭한다는 견해인 데 반하여, 우복은 虞祭부터 禫祭의 儀節을 이행하는 과정에서는 先祖에 대해서는 孝, 亡者에 대해서는 哀라고 칭하는 것이 무방하다는 견해이다. 이는 『丘氏儀節』에 근거한 것이며, 退溪(寒岡)와 沙溪(『喪禮備要』) 양자의 설을 절충하는 듯한 禮說이다.

이상의 두 가지 예를 살피면 禮文에 관한 문제에 있어서는 우복은 신중한 입장임을 알 수 있다. 그리고 祝文上의 이견에서 우복은 매우 독자적인 입장이다.

다른 한편으로 그는 沙溪를 禮學의 선배로서 존경하고 있었다. 同春(宋浚吉)에게 喪三年不祭라는 古禮를 따르되 栗谷의 忌祭, 墓祭, 四時節祀를 행한 사적을 참고하는 것도 가능하지만, 「儀禮」에 저촉되는 것이 있을 경우에는 沙溪에게 질의하여 행하도록 권유한다. 이러한 점을 보더라도 우복은 沙溪의 禮學에 대하여 신뢰하는 관점이 있었음을 부정할 수 없다.

④ 古禮(古制)와 時王之制에 대한 입장

그의 서한문에서는 대체로 古禮(古制, 先王之制)와 時王之制 또는 今俗 등이 상호 대립적인 의미로 사용된다. 대체적으로 그는 古禮와 時王之制의 병행적인 모색을 통한 정확하면서 義가 있고 또한 현실성이 있는 禮를 정립하려고 노력하였다고 할 수 있다. 古禮란 孔子 이전의 先王 또는 孔子에 의해 정립된 禮를 의미하며 실질적으로는 『儀禮』, 『禮記』, 『周禮』 등 經에 수록된 禮文을 가리키는 것이다.[208] 경우에 따라서는 程朱의 禮說이 古禮로 간주된다. 이에 대하여 時王之制는 『國朝五禮儀』(이하 『五禮儀』)에 규정된 예문을 지칭하는 것이다.

그는 다음과 같은 몇 가지 이유에서 古禮를 추구하고 있다. 첫째 禮

---

208) 그는 「答康明甫論竝有喪」에서 『禮記』 「曾子問」, 「喪服小記」, 『儀禮』 「士虞記」 文을 인용하여 康應哲의 竝有喪 時 殯에 관한 禮疑에 답하였다고 술회한다.(文集 11, 17b)

疑 해명의 기준, 둘째 今俗 또는 時王之制의 미비점 보완 또는 교정의 근거 및 대안, 셋째 실행 예절 또는 제도의 합당성의 근거로서 古禮를 적극적으로 구하고 해명한다. 그러나 예외적으로 변경되어야 할 대상으로 古禮를 대하는 경우도 없지 않다.

전자의 例에 해당하는 것은 매우 많다. 「與崔子謙」에서 '爲人後者'의 개념을 『儀禮』 喪服의 子夏傳에 의거하여 해명하여 바로잡으려고 하는 것, 「答權仲明論深衣」에서 당시 논란이 많았던 深衣制度에 대하여 『禮記』 玉藻文을 근거로 정확성을 기하려고 하는 것, 「答任卓爾問目」 6항에서 古人의 齊戒의 이치와 이유를 설명하는 것, 同書 10항에서 朋友喪에 祥을 지난 후에 弔하여 哭하는 禮의 有無를 『禮記』 「檀弓文」에 의거하여 해명하는 것, 「答吳汝和問目」 9항에서 喪三年不祭라는 古禮를 추종하면서 그에 어긋나는 주자설은 실상 따르지 않는 것 그리고 世子의 冠禮를 논한 「與禮判李聖徵」에서 『五禮儀』보다는 『儀禮』에 입각한 儀節의 마련을 권고하는 것 등등은 부분적이기는 하지만 그러한 사례에 해당하는 것이다.

이와 같이 그가 古禮를 구하는 이유는 어디에 있을까? 그는 '聖人의 制禮는 그 文理가 密察하여 毫釐의 차질도 용납함이 없으니, 그 輕重 大小의 구분은 비록 細微한 곳에서도 일찍이 혼란스럽게 베풀어진 곳은 하나도 없다.'[209]고 말함으로써 聖人에 의하여 제정된 禮를 이상시하는 신념을 보여준다. 이러한 언급 뒤에 父母가 비슷한 시기에 사망했을 경우(竝有喪)의 先後 喪儀 節次의 先後에 관한 曾子와 孔子의 문답이 있었음을 언급하는 것은 그가 생각하는 성인은 적어도 孔子와 曾子를 지칭하는 것임을 알 수 있다. 古禮 또는 經文은 그에 의하여 聖訓[210], 經言[211] 등으로도 일컬어진다. 經의 의미에서 알 수 있듯이 그는 古禮 또는 聖訓을 보편적이고 불변적인 것으로 간주함을

---

209) 文集 11, 12b~13a 「答康明甫論竝有喪」.
210) 文集 11, 16a.
211) 文集 11, 16b.

알 수 있다.

그는 아울러 '聖人은 常을 말하고 變을 말하지는 않는다.'[212]고 말한다. 이는 聖人의 古禮 자체가 보편적이면서 불변적인 기준(常禮)을 다룬 것으로서 과거, 현재, 미래에 통용되는 禮임을 그가 확신한다는 암시가 있지만, 그보다는 그러한 常禮에 근거한 變禮의 올바른 추구가 학자로서 해야 할 임무임을 강조하는 의미가 들어 있다. 즉 성인은 비록 變을 말하지는 않았지만, 常 속에 이미 變의 기틀이 내재해 있다는 의미이다. 그러므로 變禮에 대한 연구는 바로 經文에 근거하지 않으면 아니 된다는 그의 입장을 여기서 발견할 수 있다. 즉 당시 士大夫 계층에서 禮의 실행이 보편화되면 될수록 經文에 없는 禮의 變通에 관한 의문이 많아짐은 자연스러운 일이다. 그는 이 같은 變禮에 대한 대응을 經文에 근거하여 풀려는 일종의 경학적 예학의 일면을 보인다고도 할 수 있다. 또한 이러한 經을 근본으로 간주하는 입장이 그로 하여금 禮學을 『家禮』의 보완과 고증의 차원을 넘어서 經學으로 발전시키고 심화시키도록 하였다고 말할 수 있는 것이다. 그의 「思問錄」에서 나타난 『禮記』에 대한 경학적 연구와 그 심도는 그것의 적절한 증례가 되는 것이다.

그러나 그는 槨에 한해서는 과거에 사용하던 木槨보다는 당시에 사용하기 시작하던 石灰隔(槨 대용)의 견고성과 실용성을 근거로 灰隔을 권장한다. 이는 禮의 理致나 意味가 아닌 실용적인 禮의 道具에 대해서는 實用性에 입각한 변화를 추구하는 면을 보여준다. 이 점은 그의 예학의 실용성 중시의 경향이 있음을 보여주는 한 면이다.

한편 그는 時王之制에 대해서는 古禮보다 한 단계 낮은 차원에서 그 중요성을 생각한다. 즉 그는 일차적으로 古禮에 근거하되 古禮에 특별한 규정이 없을 경우는 時王之制에 근거한 실행을 모색하거나 권장하는 입장이 발견된다. 이는 그가 古禮(聖人의 制禮)는 天理에 입각

---

212) 文集 12, 15b 「答申汝涉」.

한 보편성을 지녔다고 생각하는 한편 時王之制는 국가의 차원에서 정립한 공인된 제도로서의 객관성과 보편성을 인정하는 것이다. 그가 「答韓益之」 別紙에서 『浦江鄭氏家儀』는 非古非今이라고 하여 古禮도 아니고 時王之制도 아니라고 비판하는 것을 보면, 그는 古禮가 아닐 경우는 時王之制라는 식의 순차를 두고 있는 듯하다. 그리고 奉祀의 代數에서 古禮와 時王之制를 함께 인정하는 점은 그가 時王之制에 대해 古禮 다음으로 커다란 비중을 두고 있음을 짐작게 한다. 이는 그가 原則(古禮)과 현실(時王之制)의 융통 조화의 필요성을 인정한다는 증거이다.

그러나 古禮와 時王之制의 사이에는 그 나름대로 참고하고 원용하는 禮書들이 여럿임을 간과하면 아니 된다. 대체로 그는 古禮를 근본적 기준으로 삼고 時王之制와 기타 禮書 또는 先儒의 禮說들을 고루 참고하여 變禮의 정립에 노력하였던 것이다. 그의 禮學은 일차적으로 經文, 이차적으로 『五禮儀』, 『朱子家禮』, 『書儀』, 『通典』, 『儀禮經傳通解』 등 각종 禮書의 文에 근거하여 變禮를 조율하였다고 할 수 있다.

그러나 그렇더라도 經文 또는 禮書의 文에 기록되지 않은 禮(無於禮者之禮)에 대해서는 經文, 기타 禮文 등을 참고하고 照觀하는 동시에 義의 所在와 情의 이치를 적절하게 조화시키는 방법으로써 變禮에 대처하고 있다. 그의 禮學이란 이와 같이 經文과 禮書의 文 및 義와 情을 상호 조화시키는 실행예절을 정립하는 데서 그 정확도와 숙련도가 심화되었던 것이다.

4) 雜著 기타 諸文

우복선생문집의 雜著는 卷14에 수록되어 있으며 분량은 그리 많지 않다. 잡저 가운데 직접적으로 禮學과 관련된 자료를 담고 있는 기사는

「朝天記事」, 「復者朝服」, 「哭先復復而後行死事」, 「灰隔」, 「燔石灰記事」, 「外棺用松脂方」, 「金沙溪經書疑問辨論」, 「榜諭江陵一鄕文」 등이다.

「復者朝服」은 初喪의 절차인 復을 死者의 평상시 복장인 朝服으로 하여야 사자의 精神이 來反하게 할 수 있다는 점을 『儀禮』 「士喪禮」의 疏에 의거하여 밝히는 한편, 『周禮』 「大喪」에 근거하여 內喪에는 閣人이 復하는 것이 마땅하다는 것을 밝히고 있다.[213] 「哭先復復而後行死事」의 요점은 復 儀節을 행할 때는 輟哭하는 것이 마땅하다는 것이다. 그는 '復은 盡愛之道'라는 『禮記』 檀弓下文을 인용하여 亡者의 回生을 바라는 마음으로 행하는 것이 곧 復이며, 동시에 '神道는 尙靜한다.'는 관념하에 復을 할 때는 哭을 거두는 것이 옳다는 설명을 하고 있다. 이는 禮의 의미에 대한 올바른 이해를 열어주기 위한 글로 볼 수 있다.

「灰隔」, 「燔石灰記事」, 「外棺用松脂方」과 같은 글들은 당시 새롭게 도입되는 葬禮法에 관한 그의 관찰과 실험을 기록한 것이다. 「隔灰」에 의하면 당시인들은 첫째 隔이 土脈을 끊어서 吉地가 응하지 못하게 한다, 둘째 濕氣가 壅鬱하여 槨이 쉽사리 부패한다는 등의 이유로 灰隔을 기피하고 있다. 전자에 대해서 그것은 術家의 無理한 說이므로 믿을 게 못 된다고 우복은 문제로 삼지 않는다. 그러나 후자에 대해서는 이치가 혹 그러할 수도 있다는 점을 인정하면서도 『周禮』에 근거하여 오히려 권장할 일임을 밝힌다. 『周禮』 「地官」 掌蜃의 經文과 注 및 疏에서 밝히는 바가 모두 槨을 설치하기 전에 蜃으로써 壙의 下面을 막으면 濕氣를 방지할 수 있다는 사실임을 근거로 삼아서 그는 오히려 예로부터 灰를 사용했음을 입증한다.[214] 그리고 濕氣는 아래로부터 蒸上하는 것이므로 灰를 木槨과 土 사이에 설치하면 오히

---

213) 文集 14, 8~9a 「復者朝服」.
214) 文集 14, 9b 「灰隔」, '周禮掌蜃 掌斂互物 蜃物 以共壙之蜃 註互物蚌蛤之屬 猶塞也 將井槨先塞下以蜃禦濕也 疏曰未施槨前 已施蜃灰於槨下以擬禦襲也 據此則古人於壙底 固已用灰矣'.

려 그 습기를 차단하는 효과가 있음도 설명한다.

「燔石灰記事」는 1620년(庚申) 叔父의 葬禮에 灰隔을 설치하기 위하여 石灰를 만드는 과정과 그것을 葬法에 응용한 방식 등에 관한 기록이다. 기사의 내용을 요약하면 다음과 같다. 먼저 이해 9월에 蘆山에서 돌을 떠내고(伐石) 산기슭에서 불로 태워서 刀馬山에 옮기는 과정에 대한 설명이다. 첫날에 11人을 부려 나무를 베고 石崖를 불로 태우고(燒石崖), 이튿날 아침에 13人을 부려 한쪽에서는 石崖를 두드려 부수고 한쪽에서는 등에 지고 평지로 날랐다. 그러나 사용하기에 부족하다고 생각되어 오후에 벌목하고 石崖를 불로 태워 다음 날 9人을 부려서 약 120여 바리 정도의 양을 확보했다. 다시 다음 날 25人을 부려 伐木하고 坎을 팠다. 그다음 날 18人을 부려 坎 中에 나무와 돌을 쌓고 불로 태웠다. 4일 동안에 연인원 76人을 동원한 것이다. 木石이 모두 탄 다음에 60마리의 소를 이용하여 날랐다. 제작한 석회 1바리마다 10말(斗) 꼴로 전체 60바리에 600말이 돌가루였으니 대략 20바리가량은 버리는 것이었다. 築灰는 『家禮』式에 의거하여 沙土와 함께 섞으니 600말이 1000말처럼 되었다. 棺의 바닥은 2寸 정도 四旁은 9寸 정도로 하고 棺上은 약 3촌 정도로 석회를 치니 남는 것이 수십 말이었다.

이렇게 石灰를 만들어 灰隔을 치게 되면 그 견고함이 도끼로 찍어도 부수기 어려울 정도임을 그는 견문에 의거하여 밝히고 있다. 그러므로 그는 당시 새롭게 도입되던 灰隔에 의한 葬法을 선호하였던 사실을 이로써 알 수 있다. 이러한 것은 당시 『朱子家禮』의 준행이 일반화되는 과정에서 喪禮의 준수를 엄격히 추구하였던 풍조와 상호 연관되는 것이고, 또한 그의 禮學이 실제의 行事經驗 및 과학적 관찰에 의거하여 이루어진 실험적 정신이 바탕에 깔린 학문이었음을 시사하는 것이다. 따라서 이 글들은 예학적인 면뿐 아니라 사실 기록으로서도 의의 있는 것이라고 할 수 있다.

그리고 「朝天記事」는 그가 明에 사신으로 갔을 때 朝鮮 使臣의 명 조정에서의 반열을 변경시킨 일에 대한 記事이다. 그는 演禮하는 때에 조선 사신이 袈裟를 걸친 僧流와 道巾을 두른 道士와 동일한 반열에 들게 되어 있는 것을 이상하게 여기고 중국의 관리에게 질문하였으나, 국초 이래의 관례이며 『大明會典』에 따른 것이므로 변경할 수 없다는 대답을 들었다. 그러나 鳴鞭整班할 때에 그는 때마침(適然) 東班正九 品의 동쪽, 書狀과 從九品의 行列에 進立하였다. 그러나 그렇게 했다 고 해서 담당 관리에게 呵禁을 당하지 않았으며, 후에 『大明輯禮』을 攷閱하니 '進貢藩使位在文官班位之東'이라는 규정이 있어서 비로소 그의 班位 변경이 마땅한 것이었음을 알았다고 기록하고 있다.

「榜諭江陵一鄕文」은 당시 강릉 지역의 풍속(특히 상제)을 유교적 禮를 기준으로 교정하려는 그의 입장과 직접적인 방침을 보여준다. 이 는 당시 우리의 儒敎的 禮俗化의 지역별 진전 상황을 따져 볼 수 있 는 자료를 담고 있다.

「金沙溪經書疑問辨論」에서는 「小學」과 「四書」에 대한 沙溪의 의문에 대한 우복의 답변이 담겨 있다. 「小學」 10個條, 「大學」 7개조, 「中庸」 8 개조, 「論語」 5개조, 「孟子」 5개조, 도합 35개조에 걸친 답변이 기재되 어 있다. 여기서 흥미 있는 것은 沙溪는 주로 退溪의 說에 대한 우복의 견해를 확인하는 조목이 있다는 사실이다.[215] 여기서 우복의 退溪學派의 입장이면서도 퇴계설의 변화를 추구하는 이론도 나타나고 있다.

雜著 이외의 부분에서 예학 관련 자료를 담고 있다고 보이는 글들을 열거하면 다음과 같다. 그의 정치사상과 예학과의 연관성을 보여주는 자료로서는 卷3의 「玉堂請自强箚」, 「玉堂請守都城箚」, 卷4의 「弘文 館八條箚」 등을 꼽을 수 있다. 그의 도남서원 건립과 함께 열성으로 추구된 사업인 五賢의 문묘종사 주청을 알 수 있는 글은 卷3의 「請從

---

215) 沙溪는 이러한 疑問을 愚伏뿐 아니라 다른 여러 학자에게 던지면서 그들의 답변을 모아서 『經 書辨疑』로 편찬하고 있다. 여기에 우복의 설이 다수 채택되고 있으나 경우에 따라서 沙溪는 자 신의 입장에 맞는 것으로 재단하고 있는 부분도 있다.

祀五賢文廟疏」이다. 그리고 仁祖의 先親의 追崇과 生母 啓運宮의 服喪에 관한 議禮 과정과 우복의 입장을 밝혀주는 자료들은 卷4의 「擬上議禮箚」, 「議喪禮箚」, 卷5의 「弘文館箚」, 「請勿奏請追崇疏」, 卷8의 「私廟屬號博考前例啓」, 「政院論李義吉疏啓」, 「議禮合司啓」 등을 대표적인 것으로 꼽을 수 있다.

또한 「經筵日記」는 1623년(癸亥)부터 1629년(己巳)까지 仁祖를 侍講한 내용을 日記體로 기록한 것이다. 여기서 강론된 경전들은 『論語』, 「大學衍義」, 「孟子」, 「中庸」, 「書經」 등이다. 특히 당시 侍講之才라는 명성을 얻었던 우복의 경서 강론의 精說을 살펴볼 수 있는 자료이며, 그의 經學思想과 哲學의 관점 및 내용, 理想 등을 고찰할 수 있는 자료로서 매우 귀중한 가치가 있다. 그리고 그것을 통하여 그의 禮學의 근본사상 또는 철학적 기반을 체계화할 수 있는 점도 중요하다.

6. 結 論

본 고의 내용을 종합하면 다음과 같다. 그의 禮관념은 禮文과 天理가 핵심이 된다. 이에 의해서 그는 聖人이 제정한 禮文(古禮)을 절대시함은 물론이고 그것이 당시에도 보편적 가치를 지니는 것으로 생각한다. 그런데 그의 禮관념은 理로 인해서 禮文 이외의 것까지도 禮에 포괄하는 개념적 외연의 확장을 보여준다. 變禮와 經文과의 사이에서 나타나는 그의 禮해석의 일관성 정합성은 바로 이러한 天理=禮라는 관념에 기초하는 것으로 볼 수 있다. 그리고 그는 禮의 속성을 文과 實로 구별해 보고, 務文보다는 務實을 특히 중시한다. 이 務實은 또한 行禮者의 진실성과 성실성을 의미하며, 그것은 表裏一致 前後一貫하는 실천을 결과하는 것이다. 이 때문에 그는 禮學에서 무엇보다도 禮

의 學習에 의한 修養을 매우 중시하는 것이다.

그의 수양론은 다음과 같은 점에서 예학적 특징을 지닌다. 첫째 공자의 禮 중심의 수양론의 철저한 계승이다. 그에 의하면 공자는 心性에 대한 수양방법을 거의 언급지 않고 다만 禮의 학습과 실천만을 언급했는데 이는 身에 加功하면 그것이 저절로 내면까지도 수렴하도록 하는 이치를 보여주는 것이다. 둘째 따라서 그는 治心에 앞선 檢身의 중요성을 특히 강조했다. 檢身이란 禮라는 儀則에 적합하도록 신체를 길들이는 작업이다. 셋째 그는 檢身에 의한 治心은 곧 身心의 收斂을 통한 정신의 凝集力, 純一, 專一, 統一을 의미하는 것이다. 넷째 이렇게 하여 확보된 心의 주재력은 다시 身과 心을 통솔하여 聖人의 인격을 지향하는 것이다.

이러한 내용을 골자로 하는 그의 수양론에서 주목되는 것은 이러한 원리를 理本氣用이라는 그의 명제로서 포괄하여 볼 수 있다는 점이다. 그뿐 아니라 統體工夫說, 身心의 相互 交制에 관한 그의 관념, 敬誠의 철학 등은 그의 예학적 수양론의 중핵이 되는 원리라고 고찰되었다. 理本氣用이라는 명제를 통해서 그의 禮學과 理氣論과의 깊숙한 상호관련성을 발견할 수 있다. 그의 '理與器一', '理在形中', '理氣不相分' 등의 관념도 禮 또는 禮실천의 이치를 포괄한 명제로 볼 수 있다.

그러나 禮論과 理氣論과의 연관성 여부를 따진다는 것보다는 성리학 전반에서 禮學의 역할이 어느 정도 증대되고 있는가를 따지는 것이 성리학 내에서의 禮學의 위상을 이해하는 길이라고 할 때, 우복은 수양론을 통해서 예학을 성리학의 핵심적 위치로 부상시키고 있다고 할 수 있다. 왜냐하면 爲己之學을 표방하는 성리학에서 修養論은 매우 핵심적인 주제가 되기 때문이다. 그러나 그에 이르러서는 心性에 관한 토의보다는 情과 理에 근거를 둔 禮의 수양과 실천에 관한 토의가 거의 압도적인 비중을 차지하고 있다는 점은 매우 중요한 변화라고 해야할 것이다. 또한 전 시대의 理氣論辨이 주로 天命, 本性, 心情이라는 범주에 국한되어 있었던 것과 달리 그는 心性情에 身을 추가하여 논의의 관점을 身心의 상호 관계로 개괄하는 점도 특징이다. 이 결과 그는 主靜的 修養보다는 行爲를 중시하는 수양을 강조하게 되었음도 주요한 내용이다. 결과적으로 그에게서는 道學的 범주 속에서 主理的 思考에 바탕한 禮學의 부상을 하나의 특징으로 꼽을 수 있을 것이다.

그가 禮 수양을 통해서 지향하는 것은 表裏一致, 前後一貫에서 오는 믿음직한 인간이자 실천이다. 이는 다시 말하면 인간의 處身과 處事는 동기에서도 純善하고 결과도 동기와 부합하는 것, 처음부터 끝까지 변치 않는 성실한 자세와 실천이 중요하다는 의미이다. 평범한 개인은 물론이고 관리 국왕까지 모두 그러하다는 것이다. 이것이 곧 그의 務實의 의미이다.

한편 그는 정치에서의 務實과 務本을 강조한다. 이는 修養의 강조는 물론이고, 禮制의 준행을 통한 大義名分의 확립, 規式에 입각한 객관성과 공정성을 추구하는 對民 行政, 禮에 의한 규모 있고 계획성 있는 국가재정의 운영과 節儉 등과 같이 禮制를 근본으로 한 爲民政治, 즉 禮治의 본질을 여실히 보여주는 것이다. 또한 그는 定遠君 稱號를 둘러싼 議禮에서 근본적으로는 禮制에 의한 宗統의 大義를 중시하는 한편, 仁祖와 定遠君 및 宣祖의 관계처럼 일찍이 선례를 찾아보기 어려운 특수한 경우에는 大義와 더불어 人情이 조화되어야 한다는 입장을 보인다. 그리하여 그는 '皇考'가 아닌 '考'라는 칭호를 제시하여 당시인들의 禮意識과 부합하는 中正한 예론을 폈다고 할 수 있다. 이는 그의 禮論이 事體의 파악을 禮文보다 앞세운 결과인데, 이는 禮文으로써 事體를 규정하려는 입장이 아니라는 점에서 그의 實主名賓的인 사고와 상통한다고 할 수 있고, 이것이 그의 禮論과 禮學이 현실성, 실제성, 시의성을 확보할 수 있었던 근원적 이유라고 고찰된다.

이러한 점으로 미루어 그의 禮學은 形式과 名分에 치우치지 않는 중용적 성격을 지니게 됨은 물론이고 매우 건전한 實學的 성격까지도 내포한다고 할 수 있다. 아직 더 검토해야 할 부분이 많지만, 잠정적이나마 얻을 수 있는 결론은 그의 수양론이 人事의 實行(下學人事)을 무엇보다 강조하는 것은 行實을 다듬는 데서 오는 내면의 積德을 중시하기 때문이라고 할 때, 이는 성리학의 이상을 실제의 行事를 통하여 성취하려는 것이라고도 볼 수 있는 부분이다. 특히 孔子가 心性에 대한 언급보다는 禮의 숙달을 강조했던 정신을 그가 계승하는 것은 매우 중요한 시사를 담고 있다. 즉 그의 禮學이 근본적으로 공자의 禮실천의 정신으로 거슬러 올라감으로써 觀念과 思索에 머물지 않고 實踐과 實際를 중시하는 儒學의 정신을 모색하고 있음을 시사한다. 단 그의 예학의 철학적 토대가 理氣論에 있고, 邦禮에 관한 포괄적이고도 근본적인 개혁을 추구하는 점은 나타나지 않는다는 점에서 後期實學과의 차이가 있다고 할 수 있지만, 한편으로는 그의 시대가 아직 전반적인 개혁을 추구할 단계가 되지 않았다는 생각도 가능할 것이다.

이 외에도 그의 예학에서 중요한 것은 「思問錄」과 「養正篇」과 같은 저술이다. 전자는 우선 易學과 禮學의 상호 관련성을 암시한다는 점에서 추후의 고찰이 요청된다고 생각된다. 「사문록」 예기 편에 한정시켜 본다면, 우선 이는 『禮記集說』을 텍스트로 한 經書批判의 성격을 지닌 저술이라는 특징을 지닌다. 이는 단순히 『家禮』의 체제에 『예기』의 文을 보완하거나 고증하는 방식의 저술이 아님은 물론이고, 『예기』를 읽고 단순히 중요한 구절을 메모한 것도 아니다. 『예기』의 경문과 集說의 諸 註에 나타난 誤謬, 誤字, 衍文 등을 세밀한 분석과 고증 및 추론을 통하여 교정한 것이 바로 그의 「사문록」이다. 본 고에서는 「사문록」의 비판 대상과 항목을 表로 작성 분석하였고, 그 결과를 상세히 분석하였다. 중요한 것은 「예기」 經文의 오류의 발견과 교정이 시도되었다는 사실, 理氣論과 本用관념에 의한 集說의 비판, 敬의 이념으로서 禮를 일관되게 해석하려는 관점 등이며, 이외에도 集說 諸 註의 誤衍을 교정하는 그의 훈고 고증의 작업의 치밀함 등을 살펴볼 수 있었다. 또한 「사문록」은 그의 禮論이 근본적으로 理氣論의 발달의 결과임을 보여준다는 점에서도 理氣論과 禮學의 발달과의 함수관계를 시사한다. 고찰 결과 「사문록」예기 편은 그의 禮學이 당시의 예학을 본격적인 經學의 차원으로 선도하는 것이었다는 점에서 매우 예학사적인 의의가 크다고 할 수 있다.

「양정편」은 대체로 爲己之學의 이념과 방법론을 예학자적 입장에서 제시한 童蒙의 교육을 위한 교과서이다. 여기서 그는 禮에 의한 교육은 恭敬과 收斂을 그 일관된 원리로 하고 있음을 보여준다. 이것이 그의 예학적 수양론과 상호 관련됨은 두말할 나위 없다.

그의 書翰文에서는 書院의 건립을 위한 書院의 廟堂제도의 문답이 그의 주요 관심사였음을 보여주는 한편, 대체로 喪祭禮 특히 喪禮에 관한 禮疑問答이 많았음이 주목된다. 실제 喪禮의 실행에서 부딪치는 禮疑와 함께 經書 등을 연구하면서 대하는 의문 등이 학파를 초월해서 활발하게 논의되었던 분위기를 읽을 수 있다. 한편 그의 禮說은 근본적으로 朱子의 관점에 기초하되 대체로 현실적인 禮의 운용에 있어서는 退溪와 西厓의 관점이 기준이 된다는 점을 확인할 수 있었으며, 이는 그의 退溪의 主理的 理氣論의 계승과 禮學의 承統이 함께 이루어졌음을 보여주는 증거라고 할 수 있다. 그러나 그는 실험정신과 경험 중시의 관점 및 禮經과 기타 禮書의 진지한 考究를 통해서 退溪의 학설을 변화 발전시킴으로써 退溪를 뛰어넘어 禮學의 一家를 이루었다고 평가될 수 있다.

한편 그의 禮해석은 일차적으로 경문을 근거로 하고, 경문에 규정되지 않은 變禮는 그의 天理와 人情 및 義에 입각한 추론을 통하여 현실적이고도 正中함을 잃지 않는 禮論을 구사하였다고 할 수 있다. 이것이 그의 禮學을 名分과 實質 어느 한쪽에 치우치지 않는 균형 있고 中庸的인 가치를 지니게 하는 것이며, 특히 이는 근본적으로 그의 理＝禮관념의 소산이라고 생각된다.

또한 그는 書翰을 통해서 『朱子家禮』의 한계를 지적하고 사실상 그의 禮論 및 禮學의 근거로서 중요성을 인정치 않는 입장을 시사한다.[216] 그의 예학관계 저술에서 『家禮』식의 관점과 체제를 탈피하고 직접 경학으로 나아가 古禮의 근원을 모색하고 확인하는 작업을 하도록 하는 이유라고 할 수 있다. 그는 古禮와 時王之制를 조화한 禮실천을 추구하는 입장이 있지만, 근본적으로는 古禮를 經으로서 절대시하고 時王之制를 次善으로 간주하는 입장이다. 따라서 이러한 古禮 중시의 입장이 그로 하여금 經學을 지향하도록 하였다는 판단을 할 수 있다. 이는 당시 禮의 行用의 일반화에 따른 禮에 관한 관심이 결국 古禮의 연구와 해명 쪽으로 나아가는 학문적 결과를 낳았음을 보여주는 예이다.

그의 잡저에서는 당시 葬法의 하나로서 灰隔에 관한 실험과 관찰 및 기록을 남겼던 점, 明에 使臣 갔을 때 잘못된 관행을 바로잡은 일종의 外交的 측면의 禮관계 기사 등등 禮의 실천과 관련된 그의 記事들이 주목된다.

이상의 종합을 통하여 서론에서 제기했던 의문들은 해명이 된 셈이다. 그것을 다시 한 번 언급하자면, 理氣論과 禮學과의 관련은 수양론과 禮를 해석하는 관점에도 예외 없이 드러난다고 하는 점을 발견할 수 있다. 따라서 앞으로는 그러한 점에 주목하여 이 시대 예학과 이기론적 입장과의 연관성에 대한 비교 고찰이 필요하다고 할 수 있다. 또한 우복을 중심으로 이러한 이기론적인 禮해석의 문제가 토론되었던 것은 당시 禮學界에서 우복의 이론과 사색이 정상에 위치함을 의미한다고 해석될 수 있다. 그러나 전반적으로 보자면 그의 禮學의 철학적 기초로서 退溪계통의 主理的 理氣論의 관점과 사고체계가 자리함을 간과할 수 없고, 퇴계로부터 전승한 이기론의 정밀성이 『禮記集說』의 오류를 변석하는 기반이 되었음을 중시할 필요가 있다.

---

216) 단 그는 「丘氏儀節」은 「養正篇」의 편찬과 祭禮, 喪禮에 참고하는 빈도가 높다.

또 영남학파와 기호학파의 理氣論上의 차이가 禮學 이론과의 차이와 어떠한 연관성이 있는가 하는 점에 대해서는 비교가 더 필요하지만, 일단 九容의 해석에 나타난 栗谷, 松江 등의 畿湖學派의 관점과 愚伏의 차이는 바로 四七論에 있어서 퇴계와 율곡의 차이처럼 분명하다. 또한 그와 관련하여 그의 理本氣用의 관점도 오히려 退溪說의 禮學的 變用이라고도 추정할 수 있다.

또한 학파별 禮論의 차이에 관해서는 우복과 사계의 정원군 칭호에서 보였던 입장의 차이가 매우 중요한 시사를 담고 있는 듯하다. 즉 사계가 禮文을 근본으로 삼아 事體를 규정하려는 입장이라면, 우복은 事體를 우선하여 거기에 禮文의 融通性 있는 적용을 추구한다는 입장에서 중요한 차이를 보인다. 그 事體에 바로 인간의 義와 情이 함께 작용하는 것이다. 그는 양자를 理라는 이름 아래 조화시켜야 한다는 입장이다. 즉 형식보다는 내용을 더 중요시하는 것이 그의 입장인 셈이다. 禮文의 융통성 있는 적용은 그의 理＝禮라는 관념, 즉 禮관념이 理[實理, 天理]만큼 확장되는 데서 오는 결과라고 생각되며, 한편으로는 實主名賓의 입장에 근거하여 文보다는 實, 형식보다는 實質[事體]을 중시한 결과이자 名分과 情理의 조화를 추구한 결과라고도 생각되는 바이다. 이것은 그의 主理的 사고가 다만 형식의 절대성에 국한하지 않고, 인간의 形式을 통하여 표상되어야 하는 眞情과 大義를 더 본질적인 것 간주하는 데서 기인하는 것이라고 생각된다.

결론적으로 그의 예학은 修養, 著述, 實踐 등이 상호 유기적으로 연관 진행된 데서 형성된 학문적 사상적 실체라고 파악된다. 즉 그의 예학은 修養과 實踐에서 비롯된 풍부한 경험과 진지한 사색에 의하여 현실에 적합하고 의미 있고 실용적인 예학의 정립을 추구하였다고 할 수 있다. 그것은 務本에 의하여 당면한 각종의 시대적 과제의 해결을 도모하려는 그의 근본주의적 정신의 산물이라고 할 수 있다.

그리고 그의 禮學은 특히 수양론을 중심으로 하면, 사림파의 『小學』

중시의 경향과 退溪 栗谷시대의 心性情에 관한 理氣論的 해석과 수양론을 예학적으로 종합 변화시킨 것이라고 할 수 있고, 사상사적으로 그의 禮學이 성리학과 구별되는 성격을 지니고 등장하는 새로운 사상으로서의 正體가 바로 그 점에 있다고 생각된다.

또한 그의 務實사상이란 곧 禮를 익힘으로써 表裏가 一致하고 전후의 언행이 一貫하는 순수하고도 진실한 인간의 성취를 지향하는 것이다. 또한 그러한 인간이야말로 禮와 같은 객관적 제도를 공정하게 지켜서 事業을 성취할 수 있다는 것이 그의 신념이다. 즉 사회활동 또는 정치에 있어서 공정하고 균평한 실천은 무엇보다도 禮와 誠, 敬에 의한 修養이 전제가 된다는 점, 특히 그 방식을 禮라는 신체적 행위와 心性의 통일로써 제시하는 점은 오늘날 도덕의식의 마비와 실천정신의 실종과도 같은 病理현상의 치유에 하나의 귀중한 교훈으로서 새겨야 할 것이다.

참고자료

『愚伏集』 大東本.

『愚伏集』 민족문화추진회 영인본(民推本).

『朱文酌海』 고려대 도서관 石洲文庫本.

『四書集注』 성대 대동문화연구원 영인본.

『禮記集說』 漢文教材編纂委員會編.

『周禮注疏』 上海古籍出版社.

『儀禮注疏』 中華書局 十三經注疏.

『儀禮經傳通解·續』 欽定四庫全書本.

『春秋三傳』.

『周易傳義』 朝鮮圖書株式會社藏版本.

『書經集傳』 朝鮮圖書株式會社藏版本.

增補『退溪全書』 成大 대동문화연구원 영인본.

『秋巒實記』 秋巒實記發刊推進委員會.

『西厓全書』 西厓先生紀念事業會 刊.

『寒岡全集』 驪江出版社 影印本.

『沙溪全書』 亞細亞文化社 影印本(『石潭及門諸賢集』 壹 貳冊 收錄).

『潛冶集』.

『月沙集』.

『遲川集』 東竺文化社 영인본.

『谿谷集』 景文社 영인본.

『仁祖實錄』.

玄相允, 『朝鮮儒學史』 玄音社.

尹絲淳, 『韓國儒學思想論』 열음사, 1986.

李丙燾, 『韓國儒學史』 亞細亞文化社, 1987.

劉明鍾, 『朝鮮後期性理學』 以文出版社, 1985.

『沙溪思想研究』 沙溪·愼獨齋先生紀念事業會, 1991.

『鶴峯의 學問과 救國活動』 鶴峯金先生紀念事業會, 1993.

呂思勉, 『秦漢史』 上海古籍出版社, 1983.

尹絲淳, 『性理學과 禮』.

周 何, 『李退溪의 禮學』.

池斗煥, 『朝鮮後期 禮訟 硏究』 釜大史學 11, 1987, 6.

權五鳳, 『變禮에 관한 退溪先生의 禮講』 退溪學報 第61輯, 1989. 3.

徐仁漢, 『仁祖初 服制論議에 대한 小考』 북악사론 1, 1989. 5.

李迎春, 『潛冶 朴知誠의 禮學과 元宗追崇論』 淸溪私學 7, 1990.

高英津, 『16세기 후반 喪祭禮書의 發展과 그 意義』 奎章閣 14, 1991.

高英津, 『16세기 말 四禮書의 성립과 禮學의 발달』 韓國文化 12, 1991. 12.

高英津, 『朝鮮 中期 禮說과 禮書』 서울대 박사학위논문, 1992. 12.

李在龍, 『16세기 朝鮮朝 性理學의 規範的 意味』, 『民族文化硏究』 24, 1991.

金世鳳, 『17세기 禮論의 樣相과 政治的 意味』 東洋學.

近代 嶺南 禮制의 事例와 그 特徵[1]
―『家禮補闕』을 중심으로―

1. 서 론

오늘날 우리들의 禮의식의 근원을 더듬어보면 조선시대 후기의 그
것으로 소급된다. 조선 후기는 대체로 임진왜란을 전후한 시기부터 19
세기 말엽까지의 기간을 말한다. 이 시기에는 性理學의 탐구와 실천에
조예가 깊은 학자들이 다수 배출되고 동시에 성리학의 이념의 실천을
위한 禮에 대한 연구가 심화되어 왔다. 영남을 대표하는 성리학자인
퇴계의 문하에서는 寒岡(鄭逑), 鶴峯(金誠一), 西厓(柳成龍), 芝山(曺
好益) 등이 예에 관한 연구를 통해서 각각 중요한 예학 관계 저술을
남겼고, 또한 그들 각각의 문하에서는 예의 연구와 실천에 뛰어난 선

1)『韓國思想史學』23, 韓國思想史學會, 2004. 12

비들이 대를 이어 배출되었다. 또 그것은 南冥의 문하에서 배출된 다수의 예학자들의 활동 및 업적과도 깊은 관련이 있다. 이러한 선비들이 이 지역의 禮俗의 형성과 전파에 끼친 영향은 막론하고 지대했다. 같은 시기에 기호 지역에서도 禮學이 흥성한 점은 서로 비슷하다. 대체로 기호와 영남의 이러한 경향이 조선시대부터 오늘날까지의 예문화를 주도해 왔던 것이다. 그러므로 17세기부터 발달한 조선 후기의 禮學과 그에 의해 정립되고 실행된 禮制가 오늘날 우리의 禮意識과 禮文化의 근간이 되고 있다고 해도 무방할 것이다.

21세기를 맞이한 오늘날 전통적인 유교 禮制는 현대 사회에 적합하지 않으므로 그것을 거부해야 한다거나 그로부터 탈피해야 한다고 생각하는 사람들이 많다. 또 그와는 달리 서구의 자본주의와 더불어 유입된 개인주의의 사고방식과 생활 태도가 우리의 공동체 정신에 입각한 미풍양속을 파괴했다는 지적을 바탕으로 그것을 회복하기 위해서 유교 예제가 필요하다는 견해도 강하게 대두되고 있다. 이러한 주장들은 상호 모순되는 것이 아니라, 과거의 예제가 현대 사회에 적용되기 어려움을 알려주는 동시에 그것의 현대적 재해석과 수정 변형을 통한 현대적인 禮실천이 불가피하다는 점을 알려주는 것이다.

현대적인 예의 정립과 실천 방안의 강구를 위해서는 먼저 과거 전통시대의 예가 어떤 것이었는가를 살펴야 한다. 즉 예제의 형식과 내용 내지는 원리의 면까지도 두루 이해함으로써 현대에 적합한 예의 정립과 응용 및 변화의 가능성을 찾을 수 있는 것이기 때문이다. 17세기 이후의 영남 지역의 예제를 정리해 보는 이유가 여기에 있다. 嶺南은 특히 書院과 祠宇가 발달한 지역이었으며, 향촌에는 대를 이어 거주해 온 양반 士族들의 禮俗이 고도로 발달했던 지역이다. 그러한 遺風이 아직도 이어지는 곳이 바로 현재의 영남이다. 또한 영남에는 이 지역 출신 유학자들이 편찬하고 저술한 禮書의 수도 많을 뿐 아니라 오늘날까지 전해오는 것도 많이 있다. 본 고에서는 이에 근거하여 영남 지역의 冠婚喪祭의 四禮의 제도와 그 事例를 고찰하고자 한다.

17세기 이후에 영남 지역에서 정립되고 실행되었던 예제들 가운데 『朱子家禮』를 근본으로 삼은 것이 많다. 그러나 조선시대 말기로 오면서 『주자가례』를 보완하든가 아니면 古禮를 추구함으로써 더 완벽한 禮의 실천을 위한 예제가 정립되는 현상도 관찰된다. 또 다른 한편으로는 『주자가례』가 준행된 것은 대체로 양반 士族의 가문의 일이고, 서민들의 가정에서 그것과는 다른 이른바 俗禮라는 것이 지켜졌다. 이러한 현상은 家家禮로 다양성이 발휘되는 현상과 더불어 영남 지역의 禮制가 어느 한 가지 원리에 의해서 획일적으로 설명되기 어려운 것임을 의미한다. 그럼에도 불구하고 선행 實査와 정리 기록들은 영남 지역의 예제를 이해하는 데에 많은 도움을 준다. 그리고 영남 지역은 지역 자체가 좁지 않을 뿐 아니라 유학의 전통도 단일한 계통이 아닌데다 家禮마저 家家禮의 성격을 지니고 있기 때문에 지역을 경북 지역으로 좁히고, 조사의 대상을 어느 한 가지 예서를 중심으로 四禮 전반의 제도와 그 특징을 검토해 보기로 한다. 그리고 그것을 바탕으로 지금까지 조사된 이 지역의 예제와의 간략한 비교를 행하기로 한다.

영남 지역의 관혼상제의 정리에 있어서 다음 두 가지 서적이 중요한 참고자료 역할을 했다. 경상북도와 영남대학교가 공동으로 발간한 『慶北禮樂誌』와 文化公報部 文化財管理局에서 펴낸 『韓國民俗綜合調査報告書』 禮節 篇이 그것이다.[2] 후자의 조사보고서는 경북 지역의 禮書 가운데 저자가 밝혀지지 않은 『四禮受用』과 『四禮抄略』을 바탕으로 한 것인데, 본 고에서는 그것을 참고하였다. 그러나 주된 고찰 대상은 野村(張允相)의 『家禮補闕』[3]로 삼았다. 『家禮補闕』은 19세기부터

---

2) 『경북예악지』는 경북의 여러 지역의 禮俗과 事例를 풍부하게 제공한다. 『한국민속종합조사보고서』는 경상도뿐 아니라 다른 지역의 예속까지도 함께 기록한 것이므로 상세함에 있어서는 전자에 못 미친다. 그러나 타 지역의 예속과 경상도 예속을 비교해 볼 수 있다는 점에서 좋은 참고가 된다.

3) 野村의 생몰연대는 1868-1946년이다. 출생 지역은 경상도 星州이다. 『家禮補闕』은 『野村文集』坤에 실려 있다. 『野村文集』은 그동안 家藏되어 오다가 보관상 문제가 있어서 그것을

20세기 초엽까지 경북 星州와 仁同 지역의 張 氏 문중의 家禮를 집성하고 정리한 것으로 생각된다.[4] 이는 이보다 약 1세기가량 앞선 東岩(柳長源)의 『常變通攷』[5]에 비해서는 실제상의 行禮를 더 고려한 禮書라고 판단된다. 그렇게 볼 수 있는 근거는 이 안에 각 절차마다 기록되어 있는 笏記, 告式, 祝辭들에 있다. 이러한 판단에 근거하여 영남 지역 예제의 한 가지 事例로서 『家禮補闕』을 택하여 살펴보기로 한다.

2. 영남 지역 禮制의 배경

『慶北禮樂誌』의 통계로 본다면 지금까지 경상북도 지역에서 발간된 예서는 88개로 집계되고 있다. 물론 알려지지 않은 것을 합친다면 더 많을 것으로 추정된다. 이 가운데 편찬자가 확실한 것은 76개이며 나머지는 불분명하거나 알 수 없는 경우에 속한다.[6] 그러나 이 조사에서

다시 복원하여 영인하여 출간하였다.

4) 이 禮書는 당시에 실행되었던 家禮나 禮俗에 대한 民俗誌的 성격의 보고서라기보다는 일종의 禮의 원리를 재정립하고 그에 관한 증례를 보강하여 완벽한 家禮의 기준을 세우려는 학문적(禮學的) 성격이 강한 서적이다. 때문에 이 예서에 정리된 내용들이 과연 그대로 실천되었는가 그리고 그것이 과연 당시 일반의 예속과 일치하는가 하는 점에 대해서는 설명하기가 곤란한 점이 있다. 그렇지만 그렇다고 하더라도 근본적으로는 이것이 당시 士族 양반가문의 行禮에 중요한 기준이 되었음을 미루어 본다면 이것이 당시 예속 가운데 하나의 표준이었음은 의심할 여지가 없는 것이다.

5) 全州柳氏水谷派之文獻叢刊 第五輯 解題에 따르면 편찬자의 호는 東岩이며 생몰연대는 1724~1796년이다. 『常變通攷』는 純祖30년(1803)에 목판본으로 간행된 것이다. 『常變通攷』는 18세기 안동 지역의 禮書인데 이는 고증과 자료의 집성에 총력을 기울인 예서이며, 그러한 폭넓고 상세한 고증을 통해서 常禮는 물론 變禮에 대해서도 일정한 규범을 제시하려고 한 것이라고 판단된다. 그러한 이유에서 『常變通攷』는 예학적 견지에서 볼 때 그 학문적 가치를 높이 살 수 있을 것이다. 그리고 『常變通攷』가 제시하는 禮制에 대해서도 상세하게 연구해 볼 필요성을 인정하지 않을 수 없을 것이다. 전반적으로 볼 때 『常變通攷』는 『주자가례』의 틀을 바탕으로 한 것이라는 점에서 禮制의 면에서 『家禮補闕』과 근본적 성격을 같이한다. 그러나 『常變通攷』는 고증이 대단히 상세하고 넓게 이루어졌고 行禮 그 자체보다는 辭典的 便覽이라는 목적에 더 기울어진 예서로 보인다. 본 고에서는 전통시대의 冠婚喪祭 四禮의 制度의 사례로서 다루기에는 지면의 제약 때문에 『常變通攷』에 관한 연구와 소개는 일단 보류하기로 한다.

6) 『慶北禮樂誌』 179-181쪽.

포함하지 못한 것도 더 있을 것으로 추측되거니와, 본 고에서 참고로 삼은 野村의 『家禮補闕』도 역시 거기에 포함되지 않은 禮書이다.

『慶北禮樂誌』의 이 자료에 의하면 다음의 내용들이 특기할 만한 것이다. 첫째, 지역으로 보아 저자와 그의 생존연대가 확인된 76개의 문헌 가운데 安東이 28개, 永川이 10개, 星州가 7개, 奉化와 漆谷이 각각 4개, 慶州 · 榮州 · 醴泉 · 尙州가 각각 3개씩으로 나타나 있다.7) 둘째, 시기에 의한 통계는 안동을 중심으로 16세기부터 발달하기 시작하여 17~19세기에는 안동과 영주를 중심으로 가장 활발하게 발달하고 있음을 보여준다.8) 그런데 19세기에는 안동과 영주 이외의 지역인 봉화, 상주, 칠곡, 성주 등지에서도 비교적 활발한 예서의 편찬과 간행이 있었다. 이는 기존의 중심축의 해체라기보다는 영남 지역에서의 예제가 안동과 영주에만 한정되지 않고 여타 지역으로 활발히 보급되는 현상과 과정으로 이해될 수 있는 것으로 설명된다.9)

그러면 이러한 역사적 현상의 배후에서 작용한 예학의 발전과정 내지는 예속의 변화과정은 어떠할까? 지금까지의 연구에 의하면 16세기는 성리학의 이해가 전 시대보다 심화되면서 그것의 실천을 위한 예제의 연구와 학습도 진전되어 나가는 시기였다. 16세기 이전에 주목할 만한 예서로는 李崇仁의 「士大夫廟祭儀」, 許稠의 「喪祭辨說」, 李賢輔의 「酒禮(祭禮附)」, 李彦迪의 「奉先雜儀」 등이 있다. 그러나 이들의 영향이 퇴계의 시대와 그 이후에도 그대로 지속되었다고 보기는 어렵다. 그보다는 퇴계에 의해서 이 지역의 예학과 예속이 형성되고 지속된 것으로 보는 견해가 더 타당성을 지닌다. 퇴계에 이르러서는 그의 문인들에 의하여 정리 기록된 『退溪喪祭禮問答』이 있는데, 바로 이것은 퇴계의 예학적 관점과 내용을 담고 있다. 이후 그의 제자인 寒岡(鄭逑)의 『五先生禮說問答』, 鶴峯(金誠一)의 『喪禮考證』, 西厓(柳

---

7) 『경북예악지』 181쪽 참조.
8) 上同.
9) 上同.

成龍)의 『喪禮考證』, 芝山(曺好益)의 『家禮考證』, 艮齋(李德弘)의 『家禮註解』 등 예서들이 편찬된다. 이후에도 학봉의 문하에서는 葛庵(李玄逸) 등의 학자들이, 서애의 문하에서는 愚伏(鄭經世), 蒼石(李埈)과 같은 학자들이 그 맥락을 이었다. 그 외에도 퇴계의 문인이라고는 할 수 없지만, 이 지역에서 학문적으로 많은 영향을 기친 旅軒(張顯光)도 17세기 예학의 흐름에 중요한 영향을 끼친 학자이다. 대체로 이들은 상호 영향을 주고받으면서도, 『의례』, 『예기』, 『주례』 등에 대한 해석상의 차이와 『주자가례』에 대한 입장 차이에 의하여 예문의 정립과 실행에 차이를 보였다. 퇴계학파에 속하는 유학자들의 禮書와 禮學에 대해서는 아직 체계적인 연구가 미진한 까닭에 현재 상태로는 자세히 언급하기가 어렵다.

다만 한 가지 분명한 것은 퇴계의 예학 태도가 중국의 『주자가례』만을 추종하는 것이 아니고 朱子 이전의 宋儒들이나 또는 國制(『國朝五禮儀』)와의 조화를 꾀하는 것이었다는 사실이다. 또 퇴계의 예학은 당시에 조예가 깊은 것으로 정평이 있었는데 그것은 그가 『주자가례』의 세계에 머물지 않고 『의례』, 『예기』 등과 같은 古經에 깊이 침잠하여서 禮의 근원을 정확히 이해하고 있었기 때문이라고 생각된다. 그렇기 때문에 퇴계 이후의 예학이 『주자가례』를 절대시하는 쪽으로 발전하기보다는 古經에 나타난 古禮와의 조화를 추구하는 태도가 유지되었다고 생각된다. 또한 그 태도는 禮의 근본정신을 간편함과 검소함을 추구하고, 또 義理와 人情을 살릴 수 있어야 한다는 점으로 해석하고, 禮經이나 禮書에 정해지지 않은 變禮에 대해서도 뚜렷한 입장을 보여준다.

禮學的 연구와 그 결실인 예서의 형태와 내용은 조선 후기의 기간 내에서도 뚜렷한 변화가 관찰된다. 『慶北禮樂誌』의 자료에 의하면 다음과 같은 내용이다.[10] 16세기 이전에는 주로 상례와 제례가 중심이

10) 『慶北禮樂誌』 179 - 183쪽 참조.

되어서 저술되었지만, 17세기에 들어와서는 四禮 전반에 걸친 이해와 예문의 정립으로 나아간다는 점이 하나의 중요한 변화이다. 그리고 18세기 중반에 들어서면 常禮뿐 아니라 變禮를 자세하게 다룬 예서들이 출현하고 또한 친족 집단 또는 씨족 집단의 독자적인 의례서가 출현하는 것은 또 커다란 진전이다. 이렇게 하여 19세기에 이르러 영남 지역의 예제와 예속은 지역적 문중적 특징이 다양하게 발휘되는 시대로 접어들었다고 할 수 있다.

위의 변화 과정에서 주목되는 현상이 바로 18세기의 그것이다. 우선 상례뿐 아니라 변례를 추구한 예서는 李象靖의 『四禮常變通攷』와 柳長源의 『常變通攷』이다. 그리고 친족 또는 씨족의 독자적인 예서는 李周遠의 『安陵世典』과 李翼龍의 『英陽家禮』가 대표적이며 그 밖에도 『聞韶家禮』도 있다. 이러한 예서들의 출현은 상호 밀접한 관계가 있다. 우선은 『주자가례』 중심의 예속이 발전 심화되어 가는 과정에서 예문에 규정된 常禮로는 포괄할 수 없는 다양한 상황에 상응하는 행위의 예절에 대한 필요성이 變禮의 연구와 정립을 낳았다. 그리고 嫡長子相續制와 父家長制를 기축으로 하는 『주자가례』를 준행하게 되면서 父系를 중심으로 한 친족 집단의 발달을 가져왔다. 친족 집단의 발달은 곧 각 집단별로 가문의 독자성과 우월성을 드러내고 가문의 결속력을 다지기 위해서 자체의 의례서를 필요로 하게 된 것으로 분석된다.[11] 그러한 사례로서 주목해야 할 것이 이주원의 『안릉세전』이라고 한다.[12]

그 밖에도 경북 지역에는 한글 홀기와 가사 형태의 상례서가 있다. 전자는 안동에서 발견된 것으로서 제목은 『忌祭祀笏記』(긔졔ᄉ홀긔)이다. 이는 1841년의 저술로 추정된다. 후자는 安東郡 臨河面 水谷洞에서 발견된 「初終祭禮歌」인데, 喪禮를 敎術하는 것으로서 일종의 歌辭體 예서이다.[13]

---

11) 경북예악지 183쪽.
12) 『안릉세전』의 자료는 『경북예악지』 184-213쪽에 그것의 書誌사항과 禮制의 대강이 編次에 의하여 소개되었다.

이제 앞으로 살피고자 하는『家禮補闕』은 이러한 영남 지역의 예학 내지는 예서 편찬의 전통을 배경으로 이루어진 것이다. 아직 그 학문적 연원이나 예학의 연원에 대해서는 더 많은 연구가 필요하지만, 家狀의 기록으로 미루어 보아 그의 학문은 우선 旅軒으로부터 이어지는 仁同 張氏의 家學을 계승하는 한편 경상북도 성주 지역의 유학의 맥을 수용하였던 것으로 판단된다.[14] 그가 등장하기에 앞서서 이 지역은 원래 안동 지역과 긴밀한 관련을 갖는 학문풍토였으며 寒岡의 학맥이 전해오는 곳이고, 寒洲(李震相), 大溪(李承熙)의 학문이 또한 그에게 이어지고 있었다. 따라서『家禮補闕』은 조선 말기 영남 지역의 예학의 한 전형을 보여주는 것이며, 또한 서민보다는 특히 양반 士族의 儀禮制度의 한 전형을 파악할 수 있는 좋은 자료라고 생각된다.

3.『家禮補闕』의 의례적 특징

1) 체제의 변화

대략적으로 살피면『가례보궐』의 체제는 관혼상제의 각 의례를 通禮1, 通禮2, 通禮3, 通禮4로 나누었고, 각 통례마다 각 의례에 중심이 되는 예제를 규정하고 각각의 의절을 규정한 것이 특징이다. 즉 冠禮를 다루는 通禮1의 서두에는 緇冠深衣制度를 두어서 치관과 심의의 제도법을 상세하게 규정하였다. 이 치관과 심의제도는 원래『주자가례』

---

13) 이들의 내용과 관계 기사가『慶北禮樂誌』213－231쪽 사이에 자세하게 실려 있다.
14) 野村은 凝窩 李源祚의 손자인 李達熙에게 수학하였으며, 大溪 李承熙(1847－1916)는 그의 婦의 再從祖叔이 된다. 이러한 사실로 미루어 보아서 野村은 우선 星州 지역의 韓末 主理論者인 寒洲 李震相의 학문을 계승하는 것으로 보인다. 또 四未軒(張福樞)으로부터 받은 학문적 영향도 크다고 할 수 있다.(『野村文集』坤, 附錄 家狀 참조)

에서는 관례의 뒤에 있었고 이를 楊復이 祠堂章 뒤로 끌어 옮겨놓았던 것이다. 그런데 野村이 이를 『가례보궐』의 맨 앞에 옮겨놓은 것은 衣冠은 평시 거처와 충입할 때의 常儀가 되기 때문이라고 하였다.[15] 혼례를 규정한 通禮2에는 居家雜儀를 두었는데, 그 내용은 家長의 道, 卑幼의 道, 子婦事父母舅姑의 道, 當嚴內外의 道, 拜揖獻壽의 道, 敎子의 道, 御婢僕의 道 등으로 구성되어 있다. 이는 원래 혼례의 뒤에 있었던 것을 혼례의 앞으로 옮겨놓은 것이다. 그렇게 한 이유는 이러한 의절들은 집안에서 평소에 겪는 일들로서 윤리를 바르게 하고, 恩愛를 돈독히 하는 일의 근본이 바로 이들에 달려 있으며, 또 이렇게 평소에 예와 법도를 익히는 과정이야말로 남녀가 시집 장가들 때의 절문과 부부가 친절해야 하는 情禮를 실험하는 과정이라고 그는 설명한다.[16]

또 상례를 다룬 通禮3의 서두에는 居喪雜儀를 두었다. 이것 역시 상례의 뒤에 있었던 것을 앞으로 옮겨놓은 것이다. 제례를 다룬 通禮4의 서두에는 祠堂의 제도에 대하여 규정하였는데 그 내용은 『주자가례』의 그것과 다르지 않다. 그는 이를 앞에 둔 이유에 대하여 군자가 가정에 거처하면서 日用 常行하는 사이에 尊祖 敬宗을 대강으로 삼도록 하기 위한 것이라고 밝힌다.[17]

이상으로 본다면 『가례보궐』은 『주자가례』의 사당 심의제도를 앞에 두고 사례를 관혼상제의 순서대로 배치했던 것과 다른 체제를 보인다. 위에 살핀 것처럼 이는 각 의례의 중심적 의미와 그것을 실천적으로 익힐 수 있는 예문과 제도를 서두에 부각시킴으로써 그 중요성을 강조하는 면이 있다. 이는 『가례보궐』의 체제가 『주자가례』의 예의식을 적극적 실천으로 유도하기 위한 목적을 지닌 것으로 이해될 수 있는 면이다.

---

15) 『野村文集』坤, 『家禮補闕』(이하 補闕로 표기함) 141쪽.
16) 補闕 166~167쪽.
17) 補闕 324쪽.

2) 冠禮와 笄禮

　　관례가 필요한 이유는 『常變通攷』에 의하면 "나이 이십이 되면 血
氣는 未定하지만 善惡에 대한 趣向은 이 시기에 판가름이 나므로 成
人의 禮로써 권장하는[責] 것"[18]이다. 따라서 관례란 사회의 한 구성
원으로서의 역할을 권장하는 한편 진정한 인격체로서의 성장을 유도한
다는 취지를 지닌 의식이라고 할 수 있다. 또 『禮記』「冠義」에서는
관례를 禮의 시작이라고 하였다. 그 이유는 관례를 치러야 비로소 사
람 된 도리(자식, 신하)를 할 수 있게 된다고 보았기 때문인데, 이는
나라의 살림을 운영하고 그에 참여하는 구성원들이 어린이들의 방식으
로 임할 수는 없기 때문이라고 해석된다. 그 때문에 과거에는 관례를
禮의 시초라고 하여 그 禮는 작지만 경건하게 실행하였던 것이다. 관
례는 五禮로 나눌 때는 嘉禮에 속하는 것이다.

　　오늘날 관례가 시행되는 사례는 거의 관찰되지 않는다. 간혹 1980년
대까지 시행된 사례가 보고되기는 하였지만 그것은 대단히 특수한 예
에 불과하다. 즉 『경북예악지』에서는 최근이라고 할 수 있는 1982년
義城 金氏 靑溪公派 문중에서 행한 관례를 사진과 함께 소개하고 있
다.[19] 대체로 안동을 중심으로 한 경북 지역에서는 1910년대까지는 양
반가문에서 관례를 행하였다고 한다.[20]

　　한말의 星州 지역의 유학자인 管軒 都漢基(1862－1902)의 문집에
는 1891년에 시행된 집안의 冠禮笏記가 기록되어 있다.[21] 그리고 野
村의 『家禮補闕』에는 冠禮와 笄禮의 의식절차가 소개되고 있으며, 『
常變通攷』에는 자세한 사례와 고증 및 찬자의 견해가 함께 기록되어

---

18) 이는 『禮記』「曲禮」 편의 "二十日弱冠"에 대한 永嘉 戴氏溪의 해설을 옮겨 적은 것이다. 그
　　원문은 "二十血氣猶未定 然趨向善惡判於此矣 故責於成人之禮"이다.
19) 『韓國民俗綜合調査報告書』 禮節 篇 288쪽에 의하면 호남지방에서는 1985년에 관례가 시
　　행된 기록이 있다. 그러나 호남이든 영남이든 관례는 지극히 드문 사례를 남기고 있다.
20) 上同.
21) 管軒先生文集 권14 「家兒冠禮視笏記」 참조.

있다. 또한『경북예악지』에는 사례수용과 사례초략의 내용이 간략하나마 소개되어 있다. 이와 비교되는 관례의 내용을 野村의『家禮補闕』로부터 추출하면 다음과 같다.

먼저 관례의 조건에 해당하는 연령을 비롯한 자격 등에 관해서는『朱子家禮』등에서 언급한 내용과 대동소이하다. 즉 15세로부터 20세 사이의 남자로서『孝經』,『論語』의 글과 의미에 통하며 대강이나마 禮義를 알게 된 사람이라야[22] 하고, 또 부모에게 朞年服 이상의 喪이 없는 경우에 행할 수 있으며, 부모가 大功服을 입었을 경우 아직 장례를 치르지 못했으면 행할 수 없다.

『家禮補闕』의 절차들은 대체적으로『주자가례』의 절차에 근본을 두고 있으므로,『주자가례』와 같은 점보다는 다르면서 특징적인 점을 중심으로 살피는 것이 바람직하다.

먼저 예식을 거행하기 위해서 사전에 준비하는 절차에도 여러 차이점이 발견된다. 첫째, 예식을 거행하는 날을 正月 내의 하루를 택한다고 하는 점이다. 이는 古禮에서 冠禮의 日字를 점을 쳐서 결정한다고 하는 것과 다른 점이다.[23] 그리고 당시 俗禮에서는 혼인을 정하여 놓은 다음에 吉日을 골라서 冠禮를 행한다고도 한다.[24] 둘째, 戒賓의 절차에서 주인이 빈객 될 사람의 집 앞에 가서 청할 때에 "某有子某親之子某 將加冠於其首 責以成人 願賢者之敎之也"라 하고 賓이 답하면 대답하기를 "賢者重有命 某敢不從"이라고 한다.[25] 이 중 밑줄 친 부분은『朱子家禮』와 다른 점이다. 앞으로 이어지는 절차에서도 이와 같이 한다고 한다. 이는 恭敬의 태도를 높이는 것이라고 보인다.

셋째, 예식 당일 새벽에 진설하는 冠服의 종류에 차이가 있다. 行禮에 필요한 관복에 대하여『朱子家禮』는 有官者와 無官者의 冠服을 구

---

22) 補闕 147쪽.
23) 補闕 148쪽.
24) 上同.
25) 補闕 149쪽.

별하고 있지만, 『家禮補闕』은 그러한 구별 없이 公服, 帶, 靴, 笏, 襴衫, 皂衫, 深衣, 大帶, 履, 櫛, 纚, 掠을 준비하는 것이 차이점이다.26)

넷째, 『가례보궐』은 賓을 맞이하는 예부터 각 절차마다 笏記를 제시하였다. 일례로 初加의 홀기는 다음과 같다.

> "賓揖將冠者出房立于席右向席　贊者取櫛纚掠置右席左興立於將冠者至左　賓揖將冠者卽席西向跪　贊者卽席如其向跪爲之櫛合紒施掠　賓乃降　主人亦降　賓盥畢(儀禮再加三加皆盥)　主人升揖復位　執事者以冠巾盤進　賓降一等受冠笄執之正容徐詣冠者前向之祝."27)

이러한 홀기의 예시는 혼례, 상례, 제례에서도 많이 이루어졌으며, 이렇게 의절마다 홀기를 예시하는 것은 『가례보궐』의 특징 중의 하나이다.

다섯째, 三加의 축문의 내용이 매우 특징적이다. 初加는 관자가 방에서 深衣를 입고 履를 신고 나오면 그에게 緇布冠을 얹는 절차이다.28) 이때 읽는 축사의 내용에는 "吉月令日　始加元服　責以成人　入于聖學　棄爾幼志　順爾成德　壽考維祺　以介景福"이라고 함으로써, 成人의 조건을 聖學에 입문하는 것으로 요구하는 점이 특징적이다. 再加의 祝辭도 "吉月令日　乃申爾服　責以成人　勉于聖學　謹爾威儀　淑愼爾德　眉壽永年　享受遐福"이라고 하고, 三加의 축사도 "歲正月吉　咸加爾服　責以成人　克勤聖學　兄弟俱在　以成厥德　黃耉無彊　受天之慶"이라고 하여 聖學을 열심히 근면히 하길 권장하는 것이 특징적이다.29)

여자의 계례의 시기에 관해서 『常變通攷』는 혼인이 정해지면(許嫁) 행하였으나30) 나이 20이 되면 혼인이 정해지지 않았어도 笄禮를 한

---

26) 補闕 150쪽.
27) 補闕 152쪽.
28) 補闕 151쪽, 小註.
29) 補闕 152~154쪽.
30) 『儀禮』士昏記註, 許嫁已受納徵禮也.

다[31]고 하고, 『家禮補闕』은 시집갈 때쯤 계례를 한다고 하면서, 15세
가 되면 시집가지 않더라도 계례를 하는 것으로 규정하고 있다.[32] 笄
禮의 주인에 대해서 『常變通攷』와 『家禮補闕』 모두 母가 主人이 된
다고 한다.

『가례보궐』에 의하면 笄禮의 절차는 대체로 관례와 비슷하나 다음의
사항들이 특기할 만한 점이다. 賓은 親姻의 婦女 가운데 어질고[賢]
예의가 있는 사람을 고른다. 그리고 자리의 진설은 관례처럼 하지만 中
堂에 布席하여서 (관례 때의) 衆子의 자리처럼 하는 것이 다르다.[33] 관
례는 三加하나 계례는 單加로 끝난다.[34] 따라서 축사에서도 삼가의 명
칭 대신에 笄加라는 명칭을 사용한다.[35] 이때 관을 얹고 계를 꽂는데,
계례 당사자는 背子를 입는다.[36] 당시 俗에서는 綠衣紅裳을 입는데
그것도 무방하다고 한다.[37] 그리고 관과 계를 얹을 때에 축사는 언문
(한글)으로 된 축사라도 읽는 것이 읽지 않는 것보다는 낫다고 한다.[38]

3) 昏 禮

『禮記』 昏義는 婚禮의 의의를 다음과 같이 설명한다. "장차 두 姓
의 좋은 점을 합하여 위로는 宗廟를 섬기고 아래로는 後世로 이어주
는 것이므로 君子가 중요시했다. 이 때문에 昏禮는 納采, 問名, 納吉,
納徵, 請期를 모두 主人이 사당에 제향을 올리고 절하며 門外에서 맞

---

31) 『禮記』 雜記. 女雖未許嫁 年二十而笄禮之.
32) 補闕 158쪽. 年十五 雖未許嫁亦笄. 그리고 당시 풍속에는 신랑 될 사람이 결혼하기 위하여
    신부될 여자의 집에 도착해서 처소에서 기다리고 있을 때 비로소 계례를 한다고 소개하면서 그
    것은 고례와 어긋난다고 설명하고 있다.(앞과 같은 곳)
33) 中堂은 正堂이 아니며 室에 가까운 堂이다. 옛날에는 堂의 前半을 비워서 堂이라 하고 後半
    을 채워서 室로 삼았다고 한다.(「補闕」)
34) 補闕 159쪽.
35) 上同.
36) 上同.
37) 上同 小註.
38) 補闕 159쪽.

아 들어와 揖讓하고 올라와서 사당에서 명을 듣는다. 이는 昏禮를 敬愼하고 重正하게 하도록 하는 것이다."

昏禮의 절차에 있어서 『儀禮』士昏禮는 중국 周나라에서 納采, 問名, 納徵, 納幣, 請期, 親迎이라는 여섯 가지 절차[六禮]를 행하였음을 보여준다. 『주자가례』는 이것을 議婚, 納采, 納幣, 親迎의 四禮로 조정하였다. 우리나라에서는 전통적으로 婚談, 四柱, 擇日, 納幣, 禮式, 于歸의 六禮를 지켜왔다고 한다. 조선시대에 王家나 사족들의 집안에서는 『주자가례』의 혼례를 준행하였지만 서민 집안에서는 우리의 전통적인 육례를 행했다고 한다.

그런데 앞으로 살피게 될 『家禮補闕』은 주자의 四禮에 다시 古禮의 절차를 가하는 한편, 俗禮는 불합리하므로 古禮에 맞도록 개정되어야 한다는 입장을 보인다.[39]

전통 혼례와 중국의 혼례(周六禮, 『주자가례』)의 차이점은 특히 親迎의 행사 여부에 있다. 중국에서는 신랑이 신부의 집에 가서 친히 신부를 맞이하여 신랑의 집으로 와서 혼인의 예식을 거행하는데 그것이 곧 親迎이다. 그러나 전통 혼례는 신랑이 신부의 집에 가서 혼인 예식을 거행하는 점 그리고 신부가 바로 媤家로 오지 않고 하루나 3일 또는 아이를 낳은 다음에 혹은 지방에 따라서는 1년이나 2년 정도 지나서 媤家로 오는 점이 차이가 있다.[40]

우선 영남 지역의 혼례의 事例의 하나로서 『가례보궐』의 혼례를 정리하고, 다음에 『상변통고』의 내용을 중요한 차이점만 언급한다.

『가례보궐』은 『주자가례』와 같이 첫 번째 절차를 議婚으로 정하였다. 이 절차 속에는 먼저 혼인의 적령기에 대해서 『가례보궐』의 특징적인 규정이 있다. 『常變通攷』는 『朱子家禮』를 따라서 남자의 나이는 16세부터 30세 사이, 여자의 나이는 14세부터 20세 사이로 정하고 있

---

39) 이는 『常變通攷』도 유사한 입장이다.
40) 文化公報部 文化財管理局에서 펴낸 『韓國民俗綜合調査報告書』 禮節 篇 전라도 혼례부분 참조.

다. 그러나 『家禮補闕』에서는 혼인이 가능한 남자의 나이는 16세부터 25세 사이, 여자의 나이는 14세부터 20세 사이로 정하고 있다. 그러나 가장 적합한 연령은 남자 17세부터 25세, 여자 16세부터 20세라고 설명을 덧붙였다. 『가례보궐』에서 남자의 나이의 上限을 25세로 낮춘 이유는 남자의 나이가 30세가 되면 혼인할 나이로는 너무 늦다는 것이다.[41] 『상변통고』의 규정이 조선시대의 전통적인 禮의식을 그대로 계승하고 있다고 할 수 있으나 『가례보궐』의 설도 『주자가례』와 司馬光의 『書儀』의 관념을 반영하면서도 현실을 감안한 것이라고 볼 수 있다. 그리고 媒氏를 놓아서 혼담을 하되 신부 집에서 허락하기를 기다린 뒤에 納采한다고 한다. 『가례보궐』은 納采의 書式을 아래와 같이 규정하였는데, 이는 『주자가례』에 없는 것을 補入한 것이다. 그 書式은 "某女親事 旣蒙賢子勤導 言定于某姓某之子 信重之地 敢不從命 此意通于彼家 從速成禮如何"이다.[42]

두 번째 절차로 『가례보궐』은 納采라고 정하고 이를 言定과 같다고 하였다.[43] 納采란 신랑 집에서 아무개의 딸을 신부로 채택했음을 알리는 예인데, 『常變通攷』는 古禮의 六禮 가운데 問名을 함께 포함한 절차로 간주한다.[44] 그러나 『家禮補闕』은 이를 問名에 선행하는 절차로 구분한다. 납채의 핵심절차는 子弟를 使者로 삼아서 女氏의 집으로 보내어서 女氏의 주인에게 납채의 서식을 전하는 것이다. 이때의 서식은 "伏蒙尊慈 有惠許以令女 旣室僕之子某 玆有先人之禮 謹遣使者納采"로 하는 것이다.[45] 그리고 여씨의 주인은 復書를 使者에게 주고 나서 禮로써 대접한다. 復書式은 다음과 같다. "伏蒙慈惠 某女親事 旣承納采 私門之幸 玆有先人之禮 敬備以俟問名."[46]

---

41) 補闕 172~173쪽.
42) 補闕 175쪽.
43) 上同.
44) 『常變通攷』 274쪽 상단. "古有六禮 家禮略去納吉請期 只用納采納幣親迎以從簡省 今擬以問名并入納采 而以納吉請期 并入納幣 以備六禮之目 ‥‥‥‥".
45) 補闕 176쪽.

세 번째 절차로 정한 것이 問名이다. 이 절차는 野村이 周 六禮의 절차인 問名으로부터 納吉, 納吉로부터 請期가 『주자가례』에는 빠졌다고 보고 補闕한 부분이다.[47] 問名이란 신부감으로 고른 사람의 이름과 나이를 물어보아 장차 그것으로써 吉凶을 정하려고 하는 것이다. 그런데 당시의 풍속에 壻家에서 먼저 壻氏의 四星을 女家에 보내고 그것을 '剛先'이라고 하는데, 그것은 古禮와 어긋난다고 그는 설명한다.[48] 따라서 이 절차는 古禮의 정신과 의식을 회복하기 위하여 보궐한 것이라고 생각된다.[49]

네 번째 절차가 納吉이다. 납길이란 問名하여 신부감으로 예정한 여자의 이름과 나이를 얻어서 그것으로써 신랑의 배필로서 적당한가를 점치고, 그 결과가 吉하게 나오면 신부 집에 통고하는 절차이다. 이 절차도 野村이 『주자가례』에 누락된 것으로 보고 補闕한 것이다.[50] 당시의 풍속은 涓吉하고서 請期를 하는데, 야촌은 이를 古禮와 어긋난다고 한다.[51] 古禮와 어긋난다는 것은 곧 야촌의 견지에서 볼 때 예식에 불합리함이 있음을 의미하는 것이다. 涓吉이란 신랑 측에서 보낸 四柱를 보고 여자 측에서 吉日을 택하는 절차이다. 야촌은 古禮에 따라서 納吉을 한 다음에 請期해야 옳다고 생각한다.

다섯 번째 절차는 請期이다. 이 절차도 다시 古禮에 맞추어 야촌이 삽입한 것이다. 그리고 먼저 壻氏가 女氏에게 글을 갖추어서 사자를 보내는 절차와 그에 대한 復書를 보내오는 절차가 필요하다. 楊復이 『주자가례』 註에서 請期는 納幣와 親迎의 중간 儀節이라고 한 것은 잘못이라고 야촌은 비판한다.[52]

---

46) 補闕 177쪽.
47) 補闕 178쪽.
48) 上同.
49) 補闕 178쪽.
50) 야촌은 "家禮以納采爲六禮之始 以納幣親迎爲六禮之終 而中間問名納吉請期三節闕而不傳 今此補闕焉"이라고 한다.(補闕 180쪽)
51) 補闕 180쪽.
52) 補闕 181쪽.

여섯 번째 절차는 納幣이다. 「家禮補闕」에서는 壻家에서 장가들기 삼 일 전에 납폐를 행하고 女家에서는 시집간[嫁] 삼일 후에 풀보기 상(饟)을 보내는 것이 급하지도 않고 늦지도 않으며, 당시 풍속은 당일에 납폐하는데 이는 대단히 늦은 것 같다고 한다.[53] 『가례보궐』에서는 납폐에 色繒을 쓴다고 한다. 단 가세의 貧富에 따라 적당하게 하는데 적게 하면 두 단을 넘지 않게 하고, 많게 하더라도 열 단을 넘지 않게 한다. 당시의 풍속은 납폐의 품목으로 비녀[釵], 팔찌[釧], 염소고기와 술[羊酒], 과실 등을 보낸다고 하면서 이것도 可하다고 『가례보궐』은 설명한다.[54] 또 당시에는 신분의 貴賤, 家勢의 貧富에 관계없이 모두 검은 비단[玄]과 붉은 비단[纁] 각 한 단씩을 써서 儷皮之儀에 대신하는 것이 간편한 듯하다고 한다.[55]

일곱 번째 절차인 親迎은 신랑 될 사람이 신부 될 사람을 직접 맞이해오는 절차이며, 혼례의 당일에 거행하는 것으로서 혼례의 핵심적인 절차이다. 이 절차에 대해서『가례보궐』은 대체로『주자가례』의 내용을 그대로 따르고 있다. 친영의 절차에 대해서도『가례보궐』은 壻家의 주인이 친영 가는 아들에게 명하는 의식, 女家의 주인이 신랑을 맞이하고 신랑이 奠雁하는 절차, 交拜禮[56], 同牢와 合졸禮 등의 절차에 대한 홀기를 예시하였다.[57]

『가례보궐』의 혼인의 절차는『주자가례』를 기본으로 하면서도 고례의 육례를 복원하려는 뜻이 반영되어 있는 것이 특징이다. 즉 問名, 納吉, 請期가 각각 독립된 하나의 의식으로 구분되어 연결되어 설정되었다. 이는『주자가례』가 그것을 빠트렸기 때문에 補闕한다는 의미를

---

53) 補闕 182쪽.
54) 上同.
55) 上同.
56) 交拜禮에 관해서 司馬 氏『書儀』는 婦가 夫에게 먼저 拜한다고 하고, 程伊川은 夫가 婦에게 먼저 拜한다고 한다. 이에 대해서 朱子는 婦人과 男子가 禮를 행할 때는 모두 婦人이 俠拜를 하고 두 번씩 하는 것이 禮이므로, 婦先二拜하면 夫答一拜하고 婦가 다시 二拜하면 壻가 다시 答一拜하는 것이 옳다고 한다.(『常變通攷』 282쪽)『家禮補闕』도 이 설을 따른다.
57) 補闕 184～194쪽.

시사한다. 그러나 『상변통고』에서는 『주자가례』 자체는 그것들을 빠트린 것이 아니고 축약한 것으로 간주한다. 때문에 納采 의식 속에 問名과 納吉을 넣었고 納幣 의식 속에 請期를 넣었다.

4) 喪 禮

상례의 의의와 喪禮에 임하는 근본적인 태도에 대해서는 『家禮補闕』과 『常變通攷』가 『禮記』의 여러 篇과 『儀禮』「士喪禮」 등에서 관련된 내용의 글을 인용하고 있다. 이것을 모두 옮기거나 다 설명하는 것은 지면관계상 생략한다. 다만 『家禮補闕』에서 居喪雜儀 말미에 이러한 모든 古禮를 오늘날의 어질고 효성스런 군자 가운데는 틀림없이 모두 행할 수 있는 사람이 있을 것이라고 하고, 스스로 남김없이 때를 가리고 힘을 헤아려서 행한다면 가능하다고 한다.[58] 이는 당시 사람들도 古禮를 정성스러우면서도 정확하게 이행했던 사람이 많지 않았음을 시사한다. 그것은 원래 喪禮의 전반적인 절차를 실행하기 위해서는 많은 정성이 필요하다는 의미로도 이해된다.

상례는 전반적인 절차가 다음과 같다. 사망한 첫째 날은 初終과 襲을 하고, 둘째 날은 小斂을 하고, 셋째 날은 大斂을 하고, 넷째 날은 成服을 한다. 죽은 후 31일부터 90일 사이에는 治葬을 한다. 그리고 그 이후에 이어지는 喪中祭禮는 虞祭, 卒哭, 祔祭, 小祥, 大祥, 禫祭, 吉祭[祫祭]이다. 이러한 절차 못지않게 중요하게 생각되는 제도는 다름 아닌 服喪이다. 『家禮補闕』의 상례 절차는 『주자가례』의 절차를 그대로 수용하고 따르고 있다. 즉 初終, 襲, 小斂, 大斂, 成服, 朝夕哭奠과 上食, 弔奠賻, 治葬, 遷柩, 朝祖, 奠, 賻, 祖奠, 遣奠, 發引, 及墓, 下棺, 祠后土, 題木主, 成墳, 反哭(返魂) 등의 절차와 喪中祭禮로

---

58) 補闕 203쪽.

서 虞祭, 卒哭, 祔, 小祥, 大祥, 禫 등의 절차가 대체적으로『주자가
례』의 그것과 차이가 없다. 그러나『가례보궐』은 禫 이후 祫祭를 마
지막 절차로 두고 있는 점이 다르다.

　그 절차들 가운데『주자가례』와 다르거나 보입된 내용으로서 중요
한 것을 밝히면 다음과 같다. 우선 초종 절차 가운데 廢牀, 屬纊, 定
尸, 奠, 帷 등의 절차와 護喪을 정한 뒤에 祝과 相禮를 정하는 절차
가 보입되었고, 治棺 뒤에 告廟의 절차가 보입되었다. 이 외에도 초종
전체 절차에 관한 芻記가 보입되었다. 이는『가례보궐』이 상례의 절차
를 빈틈없는 정밀한 절차가 되도록 하기 위한 보완을 목적으로 한 예
서임을 보여주는 사례이다.

　또 棺을 만드는 방법에 대해서 다음과 같이 설명한다. 護喪이 匠人
을 시켜서 견고한 소나무를 골라서 만드는데 두께는 三寸이나 二寸
반으로 하고, 그 제도는 네모반듯하고 곧게 하는데 머리 부분은 크고
발 부분은 작게 하여 겨우 시신을 받아들일 수 있을 정도로 하고 높고
크게 하지 말아야 한다. 바깥은 옻칠하고 안에는 송진을 입히고 銀釘
12매를 써서 天地板을 합한다.(옛날에는 은정을 썼으나 근세에는 木釘
을 쓴다고도 한다.)[59]

　小殮의 절차에서 속례를 소개하여 권장하고 있다. 사망 이튿날 집사
자가 小殮, 衣, 衾을 진설한다. 속례에서는 頜擎을 사용한다. 함경이란
비단[帛]을 사용하여 帒[전대]를 만들어 그 안에 새 솜을 채워 넣은
것인데 용도는 목덜미에 걸어서 아래턱을 당겨 올리는 역할을 하는 것
이다. 이것이 있어야만 小殮에서 縱絞를 잡아당겨서 매듭질 때 頭部
가 움츠려서 구부러지는 것을 면할 수 있다고 한다.[60] 이는 속례의 장
점을 편입함으로써 실용성을 높이는 점으로 간주될 수 있다.

　成服에 대해서『가례보궐』의 내용은『주자가례』의 그것과 다른 점

---

59) 補闕 207쪽.
60) 補闕 216쪽.

이 있다. 대렴의 다음 날(第四日) 五服의 사람은 각자 해당하는 복을 입고 들어와 자리에 나아간다. 이렇게 오복의 제도에 맞게 상복을 입는 것을 成服이라고 한다. 그 다음에 朝哭하고 의례대로 서로 조문한다. 『家禮補闕』은 성복에 관한 부분을 크게 成服具와 服制로 구분하여 편집하였다. 그리고 각각의 말미에 해당하는 圖와 說明을 붙였다. 成服具의 내용은 斬衰衣裳, 衰, 負版, 辟領, 衽, 帶下圍, 冠, 首絰, 腰絰, 絞帶, 苴杖削杖, 屨, 大袖, 長裙, 蓋頭, 頭𢄼, 竹釵, 麻屨의 材質과 製法 및 착용법에 관한 설명이다. 服制의 내용은 斬衰三年, 齊衰三年(杖朞, 不杖朞, 五月, 三月), 大功九月, 小功五月, 緦麻三月, 殤의 순서로 되어 있다. 그리고 이 服制를 정리한 圖說로서 本宗五服之圖, 妻爲夫黨服之圖, 外族母黨妻黨服之圖, 出家女爲本宗降服圖, 爲人後者爲本宗降服圖, 妾服圖가 실려 있다. 이 가운데 뒤의 三圖는 野村이 補入한 것이다. 그리고 본래 『주자가례』에 있었던 三父八母服制之圖는 빠졌다. 그 이유는 『주자가례』의 三父八母服圖의 복제가 雜亂하다고 여겨서 그가 삭제한 것이다.[61]

治葬의 절차에서 『가례보궐』은 고유의 풍속을 소개하고 이를 권장한다. 『가례보궐』에 의하면, 壙을 팔 때에 우리의 풍속에 壙 안에는 金銀珠玉寶貝 따위를 넣지 않는데 그것 때문에 盜患이 없는 것이고, 合窆할 때에는 夫西妻東이 옳다고 하고, 地道는 우측을 높은 것으로 삼고 神道는 서쪽을 上으로 삼는 것이니 서쪽이 우측이 된다.[62]

朝祖의 절차에 널[柩]을 모시고 사당의 祖에게 인사를 드리도록 하는 절차가 있다. 그런데 이 절차에 대해서 『가례보궐』은 널을 받들고 사당에서 조상에게 인사드리도록 하는 것보다는 魂帛만을 받들고서 인사드리도록 하는 것이 간편하다고 한다. 그 절차는 먼저 奠倚卓을 받들고 앞에 가면 銘旌이 그것을 뒤따르고 魂帛이 다음으로 따라가며

---

61) 補闕 246쪽.
62) 補闕 259쪽.

사당 앞에 이르러 혼백상자를 席上에 놓고 北向하여 서서 곡한다. 이에 대한 告式도 예시되어 있다.[63]

遣奠과 發靷의 의식과 절차는 대체로 『주자가례』를 준행하고 있다. 이 절차에서 행하는 告式도 『주자가례』의 그것들과 다르지 않다. 그런데 『家禮補闕』은 당시의 예속에서 상여의 행차에 主婦와 諸婦가 步從하는 폐단을 제거한 것을 간편하다고 여겨서 이 속례를 따르는 것도 해로울 것이 없다고 한다. 또 만약 喪路가 대단히 멀다면 그 형세가 대단히 불편할 것이라고 이유를 덧붙인다. 그리고 이에 대해서 누군가 『주자가례』에서 이미 정해진 예식이라서 폐할 수 없다는 반론을 하였는데, 이에 대해서도 원래 『주자가례』가 간편함 때문에 俗禮를 따르는 예가 많았음을 근거로 들어서 자신의 견해의 정당성을 세우고 있다.[64]

及墓, 下棺, 祠后土, 成墳 등의 절차에서 주목되는 것은 후토신에게 제사하는 절차와 誌石을 놓는 절차의 사이에 明器 등을 묻는 절차를 『家禮補闕』은 생략하고 있는 점이다. 그 이유는 명기 등의 臟物 때문에 墓가 도굴될 염려가 있기 때문이라고 한다.[65]

反哭 이후 절차 가운데 특기할 사항은 廬墓에 관한 것이다. 墓祭에 대해서 『가례보궐』은 宗子는 집에서 神魂을 받들고 衆子가 墓所에서 體魄을 지키는 것은 무방할 듯하다고 한다.[66]

喪中祭禮 가운데 졸곡의 다음 날 행하는 祔에서 『가례보궐』은 『雜記』의 예문을 인용하면서 亡人이 남자일 경우는 祖考의 신위에 祖考妣의 신위를 配하지만 여자일 경우는 祖考妣의 신위만 모신다고 하였다.[67] 그리고 祖考가 前後로 娶妻하여 祖考妣가 一人이 아닌 경우에 祔祭는 단지 所生母에게 祔한다고 하였다.[68] 그리고 祠堂에 나아가서

---

63) 補闕 264쪽.
64) 補闕 267쪽.
65) 補闕 273–274쪽.
66) 補闕 282쪽.
67) 補闕 292쪽.
68) 上同.

(祖考의) 神主를 받들고 座에 모실 때, 만약 喪主가 宗子가 아니고 繼祖宗子와 異居하는 경우에는 宗子가 사당의 祖考에게 祔祭를 거행함을 고하고 喪主의 집에서 (祖考의) 虛位를 베풀고 제사를 지내고 제사를 마치면 그 虛位를 제거하는 것이 『주자가례』의 절차인데, 『가례보궐』은 虛位보다는 紙牌를 써서 제사를 지내고 제사를 마치면 그것을 불태우는 것이 인정상 낫다고 본다.[69]

大祥의 절차에서 『주자가례』에는 大祥을 마친 뒤에 遷主를 매장하는 절차가 있기 때문에 祠堂에 고하는 절차가 있지만 『가례보궐』에서는 그 절차를 祫祭로 대체하고 여기서는 생략한다.

『가례보궐』은 祫祭의 절차에 대해서 다음과 같이 규정한다. 禫祭를 지내고 한 달 뒤에 협제를 지낸다. 이 제사는 祖考의 列位와 新位를 합설하기 위하여 제사 지내는 절차이다. 담제를 지낸 다음 날 협제 지낼 날을 점쳐서 정한다. 삼 일 전에 목욕재계를 한다. 하루 전에 遷主를 고한다. 正寢을 청소하고 倚卓의 먼지를 닦고 털어내어서 五代祖考妣의 자리부터 堂의 西北壁 아래에 南向하도록 설치하고 이어서 高祖考妣부터 祖考妣의 자리까지 차례대로 마련한다. 考妣의 자리는 東壁 아래에 西向하여 마련한다. 제기를 진설하고 찬을 준비한다. 玄服을 차려 입는다.[盛服] 신주를 바깥으로 모신다는 것을 고한다. 祭儀는 時祭와 같다. 이와 아울러 五代祖의 신주는 체천되어 埋主된다. 이에 필요한 埋主告墓式도 제시되어 있다.[70]

5) 祭 禮

祭禮는 吉禮에 속한다. 제사의 종류는 喪中의 虞祭와 小祥, 大祥,

---

69) 補闕 293쪽.
70) 補闕 306~314쪽.

禪祭 외에 時祭, 茶禮, 忌祭, 墓祭 등이 있다.[71] 『경북예악지』는 茶禮(月城 지방과 尙州 지방), 不遷位 忌祭(前同), 忌祭(월성 지방의 驪江 李氏 門中, 月城 孫氏 門中, 晉州 鄭氏 門中), 時祀(安東, 鶴峯 金誠一의 묘소의 時祭, 愚伏 鄭經世의 墓所 時祭)를 實査한 것을 정리해 놓았기 때문에 영남의 祭禮문화를 이해하는 데에 좋은 자료가 된다.

『가례보궐』은 祭禮 앞에 祠堂에 관한 儀禮를 설명하고 이어서 四時祭, 忌祭, 墓祭에 관한 儀禮를 다루고 있다. 祭禮를 언급하기에 앞서서 祠堂에 관한 설명과 제도를 밝히고 있는 점이 『주자가례』의 체제로부터 변형된 점이다. 祠堂에서 이루어지는 居家의 일상적 行禮는 곧 조상을 높이고 종통을 공경하는 것(尊祖敬宗)을 그 大綱으로 삼는 것이다.[72] 또 그러한 사실에서 제례는 祠堂을 중심으로 尊祖敬宗을 지향하는 儀禮로 생각된 것이었음을 미루어 알 수 있다. 『家禮補闕』은 여기서 四代奉祀를 바탕으로 祭禮의 제도를 정립하고 있다.

『가례보궐』의 제례는 전반적으로 『주자가례』의 의식을 따르고 있다. 四時祭는 현재 이를 거행하는 가정이 드물지만 전통 제례의식 가운데서 가장 중요한 의례였다. 사시제의 절차는 대체적으로 『주자가례』와 대동소이하다.

忌祭는 돌아가신 날[喪日]에 지내는 제사인데, 이날에는 雜事를 禁

---

71) 驪江 李氏 門中에서 펴낸 『祭祀에 대하여』라는 책자에 있는 내용인데 이는 『慶北禮樂誌』 361쪽에서 재인용한 것이다. 이 내용을 옮기면 다음과 같다. (가) 時祭란 철을 따라서 일 년에 네 번 사당에 지내던 제사였으나 현재는 거의 지내지 않고 있다. (나) 茶禮는 음력으로 다달이 초하루, 보름, 생신 등에 간단히 낮에 지내는 제사이나 현재는 年始祭와 秋夕에 지내는 節祀가 있다. 前에는 설, 단오, 추석, 동지의 네 번 茶禮가 있었으나 간소화하여 두 번만 지내게 되었다. 茶祀라고도 부른다. (다) 忌祭는 돌아가신 날 지내는 제사로, 오늘날 보통 제사라고 부르는 것이다. (라) 墓祭는 墓祀라고도 하며 始祖에서부터 모든 祖上들의 墓所에 가서 지내는 제사로 대개 봄(3月)이나 가을(음력 10月)에 날짜를 정하여 지내고 있다. 이 밖에 薦이라는 것이 있는데 이것은 薦新이라 해서 철에 따라 새로 나온 곡식으로 만든 음식이나 과일 등을 祠堂에 올리던 것을 말한다. 그러나 사당이 거의 없어진 오늘날 대개의 가정에서 천신은 하지 않는다.
72) 補闕 324쪽. 右君子居家日用常行之間 以尊祖敬宗爲大綱 故特著祭禮篇首.

忌한다. 하루 전에 時祭와 동일한 의식으로 齊戒한다. 단지 一位만 설한다. 대부분의 절차는 시제와 같다. 다만 變服의 절차에서 『주자가례』와 다른 것이 있다. 『가례보궐』에서는 날이 밝을 무렵 주인 이하는 變服한다. 『朱子家禮』에 의하면 禰일 경우에는 주인과 형제는 黪紗幞頭黪布衫布裏 角帶를 착용하고, 祖 이상이면 黪紗衫을 착용하고 傍親일 경우는 皂紗衫을 착용한다. 주부는 髢만 틀고 장식을 제거하며 白大衣에 淡黃帔를 착용한다. 나머지 다른 사람들은 華盛한 복장을 한다. 그런데 『家禮補闕』은 禰일 경우 孝巾(바깥은 고운 베, 안쪽은 종이를 바르며 위아래가 모두 열려 있으며 그 모양은 正方하다. 제사를 행할 때에 착용한다.), 素帶, 白衣를 입고, 祖 이상일 경우는 玄冠, 素帶, 素衣를 착용한다고 한다.[73] 그리고 제사 지내는 때는 質明이며 五更에 제사 지내는 것은 예가 아니라고 한다. 그 이유는 質明은 陰이 물러가고 陽이 나아가는 때인데, 神道는 陽에 속하기 때문이라고 설명한다.[74]

參神, 降神, 進饌을 時祭와 같은 방식으로 한다. 初獻의 절차는 시제의 儀와 같게 하지만, 祝辭는 다르다. 亞獻, 終獻, 侑食, 闔門, 啓門, 告利成은 모두 時祭와 똑같이 한다. 다만 受胙하지 않는다. 辭神, 納主, 徹은 모두 時祭의 儀와 같이 한다. 단 餕은 하지 않는다. 이날에는 음주하지 않고 食肉하지 않고 음악을 듣지 않는다. 黪巾에 素帶를 하고 거하다가 저녁에 바깥채에서 잠든다.[75]

墓祭에 대해서 『가례보궐』은 다음과 같이 규정한다. 삼월 상순에 택일하고 하루 전에 齊戒한다. 묘제는 삼월 중순부터 하순 사이에 지내면 되며 원래 祭祀日을 정해놓고 제사 지내도 무방하다.[76] 饌을 준비한다. 묘 앞에 時祭에 진설하는 것처럼 하되 다시 魚肉, 米麪食을 각

---

73) 補闕 336쪽.
74) 上同.
75) 補闕 337~338쪽.
76) 補闕 341쪽.

각 하나의 大盤에 진설하여 后土神에게 제사한다. 다음 날에 물 뿌리고 청소한다. 자리를 깔고 찬을 진설한다. 參神하고 강신하고 초헌한다. 아헌, 종헌, 辭神, 徹의 절차에 이어서 후토신에게 제사한다. 자리를 펴고 찬을 진설한다. 降神, 參神하고 一獻한다. 辭神하고 곧 徹하여 물러간다.

『가례보궐』은 九月 상순에도 墓祭를 지내는 절차가 보입되어 있다.77) 『가례보궐』에서 삼월과 구월에 묘제를 지내야 한다고 하는 것이 특징이다. 삼월에 지내는 이유는 이미 雨露가 묘지를 적시는 계절이 되었다는 점이고 구월에 지내는 이유는 霜露가 내리는 절기라는 점이다. 때문에 『가례보궐』은 당시의 속례에 시월에 묘제 지내는 것을 옳지 않다고 본다. 시월이 되면 이미 겨울로 들어가 눈이 내릴 때이고 특히 墓가 있는 山上에는 寒風이 凓洌하고 酒饌에 얼음이 얼고 執事는 손에 입김을 쏘이게 되는 까닭에 마음이 편치 못하게 된다고 한다. 또 그것은 古人의 경계하는 바(履霜之感)에도 어긋난다는 것이다. 그러므로 시월 제사는 하지 않는 것이 옳고 그것을 구월 중순과 하순에 해야 옳다고 한다.78)

4. 『家禮補闕』의 특징

이상에서 살핀 『家禮補闕』은 그 이름이 시사하듯이 『주자가례』의 체제를 바탕으로 『주자가례』로는 예를 실행하기에 부족한 점을 補入한 儀禮書임을 알 수 있다. 전반적으로 보아서 『주자가례』의 체제를 충실히 수용한 예서라는 점을 일차적인 특징으로 꼽을 수 있다.

---

77) 補闕 344쪽.
78) 上同.

그렇지만 단순히 『주자가례』의 추종이 아니라 昏禮에서 보듯이 古禮의 復活을 시도하여 『주자가례』의 혼례를 보완하려 했던 점, 喪禮에서 成服에 관한 服制에서 出家女爲本宗降服圖, 爲人後者爲本宗降服圖, 妾服圖 등을 첨가하고 잡란한 복제를 이유로 三父八母服制圖를 『주자가례』로부터 제거한 점, 大輿의 제도를 달리하는 점, 祭禮에서 廬墓와 墓祭를 중요시한 점 등은 『家禮補闕』의 내용상 주목할 점들이다. 昏禮上의 변화에서는 『家禮補闕』이 古禮의 절차에서 보다 합리적인 의례 제도의 근본을 발견했다는 의미와 함께 당시의 현실에서 요청되는 禮制의 보완을 위해 예의 원리와 절차에 대한 연구가 심화된 단계였다는 사실을 시사해준다. 또 복제의 例와 廬墓, 墓祭 등의 例에서는 당시의 士族의 현실 의례가 『주자가례』만으로는 충족되지 못했음을 시사한다. 전래의 속례를 수용하거나(墓祭 廬墓) 大輿의 제도를 달리 강구하는 점 그리고 상여행차에 있어서 婦女의 步從을 바꾸는 것이 좋다고 한 점, 또한 그 자신이 俗禮를 따르는 것이 朱子의 簡便을 추구했던 입장과 다르지 않다는 사실을 강조하는 점(喪禮 發靷) 등은 『家禮補闕』의 禮制가 현실성과 便宜함을 함께 고려한 실용 예제를 지향했음을 보여준다. 따라서 『家禮補闕』은 『주자가례』를 바탕으로 하면서도 당시의 현실에 적합하도록 많은 부분을 보완하여 편리함을 높이는 동시에 합리성을 높이려는 의도가 작용한 禮書라고 할 수 있다.

특히 『가례보궐』은 서두에 緇冠 深衣制度를 두어서 衣冠의 제도를 강조하였고, 제례에서는 祠堂을 축으로 하여 이루어지는 일상적 의례를 중시한다는 판단을 가능하게 한다. 이는 『주자가례』로부터 전승된 가부장제 중심적 禮制로서의 합리성을 자신의 합리성으로 수용하고 있음을 보여주며, 종래의 父家長的 宗法秩序의 수호를 목적하였던 것이라고 할 수 있다. 그러한 근거는 우선 宗子의 존재와 역할이 四禮의 시행 어디서나 중심에 위치한다는 점에서 찾을 수 있다. 그러한 문제의식의 또 다른 표상으로 나타난 것이 혼례에서 剛先과 涓吉, 于歸 등의 의식을 부정하고 오히려 古禮의 問名, 納吉, 請期 등의 의식을 부활하려고 했던 점이라고 할 수 있다. 問名, 納吉, 請期, 親迎은 俗 禮에 비해서 壻家에서 혼사를 선도하는 것이라고 볼 수 있을 것이다.

또 한 가지 특기할 사항은 冠禮의 三加禮의 祝辭의 내용에서 成人 의 도리를 행할 것을 요구하는 한편 聖學에 들어가서 聖學으로써 勉 勵하라는 훈계이다. 이것은 『주자가례』에 없는 부분으로서 보완된 것 이다. 聖學이란 성리학적 소양에 입각한 聖人이 되는 공부를 말한다. 여기서 젊은이에게 곧 聖人이라는 理想을 강조함으로써 이상적인 인 격체로서의 성숙을 요청하는 뜻을 발견할 수 있다. 이는 당시의 儀禮 가 단지 형식에 치우친 것이 아니라 인격적 성숙이라는 내실과 이상을 지향하는 방편으로서 이해되었음을 시사한다.

5. 近代 嶺南 禮制의 특징

이러한 『家禮補闕』의 특징과 더불어 『경북예악지』에 나타난 여러 지역의 四禮의 대체적인 내용을 함께 관찰하여 영남 예제의 특징을 말할 수 있을 것이다. 이상에서 살핀 바는 『家禮補闕』에서 제시하는 四禮의 중추적인 내용들이다. 지면관계상 생략된 내용도 있지만, 당시 사족들의 儀禮의 한 전형을 파악하는 데 도움이 될 것이라고 생각된 다. 현 단계에서 『家禮補闕』은 경북 지역의 예제를 이해하고 그것의 특징을 파악하는 데 있어서 많은 도움이 된다고 할 수 있다. 그러면 이미 1980년대 말에 이루어진 경북 지역의 禮俗에 관한 대대적인 조 사와 결과보고서, 즉 『경북예악지』와 『韓國民俗綜合調査報告書』 禮 節 篇의 내용들을 대략적으로 참조하여 경북 지역의 예제의 특징을 설명하고자 한다.

첫째, 관혼상제의 전반적인 예제는 그 근본을 『주자가례』에 두고 있다. 본 고에서 살핀 『家禮補闕』, 『常變通攷』뿐 아니라 『경북예악지』, 『한국민속종합조사보고서』 예절 편에서 조사보고된 예서들의 대부분이 그 점에서 공통점을 보인다.

둘째, 그러나 冠禮는 19세기 말과 20세기 초의 기간부터 점차 행해지지 않게 되어서 근래에 와서는 관례를 거행하는 예는 극히 찾아보기 어려운 상태가 되었다. 때문에 四禮 가운데서 冠禮는 현재로서는 연속되지 않는 예에 속한다. 그러나 비록 상투를 틀어 올리거나 관을 사용할 수는 없게 되었다고 하더라도 관례의 취지와 정신은 오늘날에도 계승하여 다시 보편화하지 않으면 안 될 정도로 중요한 儀禮임에 주목할 필요가 있다. 특히 관례를 禮의 始作이라고 하여 四禮의 머리에 둔 점을 잘 음미하여 실행 가능한 예절을 모색하고 정립하는 노력이 필요하다고 할 수 있다.

셋째, 四禮 가운데서 한국의 전통적인 예제가 가장 뿌리 깊으면서도 강력하게 작용하는 분야는 昏禮이다. 이는 경북 안동 지역의 昏禮俗에 관한 조사기록에서도 드러난다. 조선 후기로부터 현재까지 거행되는 이 지역의 전통혼례는 『주자가례』의 체제와 형식에서 많이 벗어나서 독자적인 관행과 내용을 지닌다고 할 수 있다. 그러나 유학자들은 그것을 불합리하다고 생각하고 바로잡으려고 했다. 昏禮俗 교정의 기준은 『常變通攷』는 『주자가례』에 두고 있지만 『家禮補闕』은 古禮의 六禮에 두고 있는 것이 중요한 차이점이다.

넷째, 喪祭禮에 있어서 그 禮制의 근본은 『주자가례』에 두면서도 당시 풍속에서 행해지는 俗禮를 반영하고 그 의의를 존중하는 태도를 보인다. 예를 들면 『家禮補闕』은 喪禮의 절차 가운데 反哭 이후에 俗禮로서 거행되는 廬墓를 긍정적으로 인정하고 수용한다. 그리고 祭禮에 있어서도 墓祭의 의식을 별도의 독립된 내용으로 취급하는 것은 물론,

당시 예속이 음력 시월에 묘제를 지내는 것의 불합리함을 지적하면서 시기를 3월과 9월로 교정하는 것도 그러한 증례라고 할 수 있다.

다섯째, 『家禮補闕』의 고찰에서 관찰되었던 특징 가운데 하나가 원래의 『주자가례』의 祝辭와 告式 등을 변형하거나 보완한 점이 있었다는 사실이다. 이는 『家禮補闕』뿐 아니라 많은 家家禮에서도 축사와 고식의 변형이 이루어지고 있음이 확인된다. 그 변형의 이유와 방식에 대해서는 진전된 연구가 필요하지만, 적어도 冠婚喪祭가 家禮로서 가문의 번영과 화목을 꾀하거나 그것을 가능케 할 報恩, 孝誠 등의 윤리의식을 강조하는 것이 중요한 이유라고 생각된다.

여섯째, 俗禮를 부정하거나 그 반대로 수용 융합하면서도 『주자가례』 혹은 古禮(『禮記』, 『儀禮』 등)의 기준을 강조하고 있는 점이 공통점이다. 이는 더 넓혀서 본다면 경북 지역 전반의 冠婚喪祭 禮制에서 관찰되는 특징이라고 할 수 있다. 이는 적어도 두 가지 의미로 해석된다. 하나는 禮制를 정립하면서 중요한 것은 인륜도덕의 마땅한 도리[義理]에 입각한 합리성을 추구하는 것이다. 또 하나는 그 義理를 유교식 종법제도에 입각한 父家長的 원리로서 표방한다는 점이다. 그렇게 말할 수 있는 근거는 관혼상제의 의식이 宗子 혹은 承重孫이 주관하는 것으로 설명되고 있는 점 등에서 찾을 수 있다. 때문에 이 시대의 四禮 제도는 대가족제도 혹은 종법제도의 철저한 받침이 있기 때문에 시행 가능했던 것임을 알 수 있다.

마지막으로 冠婚喪祭는 인륜의 시작과 끝을 담아서 표현하는 절차이다. 이러한 절차에서 중요한 것은 단지 형식의 준수가 아니다. 『家禮補闕』에서도 누누이 강조하는 것은 인간의 眞情과 人倫德目의 표상인 것이다. 바로 이것이 유교의 禮俗이 영남 지역에 美風良俗의 근간으로 자리잡아 왔던 까닭이라고 할 수 있을 것이다.

6. 결 론

이상의 내용은 19세기부터 20세기에 걸쳐서 생존했던 野村의『가례보
궐』의 예제를 중심으로 근대 영남 지역의 예제의 특징을 살핀 것이다.
한정되나마 비교의 시각을 유지하기 위하여『주자가례』와『상변통고』
및『경북예악지』등에 조사 보고된 예서와 그 예문들을 참고하였다.

이러한 탐구가 근대 영남 지역의 예제의 한 측면을 보여준다는 점에
서는 의의가 있을 것으로 생각된다. 여기서 나타난『주자가례』체제의
변형과 고례 및 속례의 보입을 통한 합리성의 보완과 실용성의 증가는
당시의 사대부가의 예속이 구한말의 어려운 상황에서도 그 예문화의
맥을 어떻게 이어 왔는가 하는 점을 짐작하도록 하여준다. 그리고 그
를 통해서 조선 후기부터 발전되어 온 영남 지역의 여러 예학적 경향
들의 귀착점 가운데 하나의 유형을 밝힐 수 있을 것이며, 그 유형은
다름 아닌『주자가례』의 보완을 통해서 고례의 예문을 회복하는 동시
에 현실적 실행가능성을 높이려는 예학적 태도라고 규정지을 수 있을
것이다. 아직『가례보궐』의 실제 행례의 사례에 대한 조사보고가 없는
상태에서 속단하기는 이르지만, 적어도 이 예서의 예는 각종 홀기와
고식을 담은 것으로 보아서 당시 그리고 이후에도 장씨 문중에서는 행
례 시에 적극적으로 참고해야 하는 예서로서 간주되었을 것으로 추측
된다. 그러한 점에서 이 예서에 관련되어서 이 예서에 따른 의례 실행
의 사례를 조사하고, 그것을 바탕으로 이 예서에 규정된 예문의 실제
적 행례의 방식을 연구할 필요성이 있을 것이다. 왜냐하면 그것이『가
례보궐』이 예서로서 지니는 실제적 의의를 밝히는 방법이 되기 때문이
다. 그리고 이를 통해서 근대 영남 지역의 예제의 사례와 특징을 더욱
구체적이고 실증적으로 밝히는 길이 열릴 것이다. 이에 대해서는 향후
의 과제로 남겨둔다.

그리고 『경북예악지』와 『한국민속종합조사보고서』 예절 편 등의 자료에서 보듯이 근대 영남 지역의 예제는 가가례의 현상으로 인하여 매우 그 갈래가 복잡하고 단순하지 않은 것이 특징이다. 따라서 앞으로는 이 시대의 영남 지역의 다양한 예서에 규정된 예문과 그 체제에 대한 더욱 면밀한 탐구와 정리가 필요하다고 할 수 있을 것이며, 이를 통해서 당시대의 예제적 변천과 실천 경향을 더욱 깊고 넓게 탐구하는 것이 필요하다고 할 수 있다. 이것 역시 향후 중요한 과제로 남겨두고자 한다.

유권종

▌약 력

고려대학교 철학과 및 동대학원 철학박사(동양철학전공)
한국유교학회 부회장 겸 연구위원장
오스트리아 비엔나 대학 철학과 방문학자(2005년 2월~2006년 2월)
LG연암재단 해외연구교수(2005년)

▌주요논문 및 저서

「茶山禮學硏究」(박사학위논문)
「退溪 禮學 硏究의 과제와 전망」
「한국인의 유교적 마음의 구성에 대한 분석과 이에 기초한 청소년 禮교육 모델 개발」
「인공지능 시뮬레이션을 위한 조선 성리학 통합심성모델의 구성과 서구 심리모델과의 비교」
「중국 儒學의 圖說과 의의」

『명재 윤증의 학문연원과 가학』, 충남대학교 유학연구소, 2006
『퇴계학맥의 지역적 전개』, 경북대 퇴계연구소, 2004
『여헌 장현광의 학문세계: 우주와 인간』, 고대민족문화연구원 한국사상사연구소, 2004

예학과 심학

초판인쇄 | 2009년 12월 31일
초판발행 | 2009년 12월 31일

지은이 | 유권종
펴낸이 | 채종준
펴낸곳 | 한국학술정보㈜
주 소 | 경기도 파주시 교하읍 문발리 파주출판문화정보산업단지 513-5
전 화 | 031) 908-3181(대표)
팩 스 | 031) 908-3189
홈페이지 | http://www.kstudy.com
E-mail | 출판사업부 publish@kstudy.com

등 록 | 제일산-115호(2000. 6. 19)

ISBN   978-89-268-0643-2 93150 (Paper Book)
        978-89-268-0644-9 98150 (e-Book)

내일을여는지식 ██ 은 시대와 시대의 지식을 이어 갑니다.